기후
리바이어던

KB079606

이 저서는 2018년 대한민국 교육부와 한국연구재단의 지원을 받아 수행된 연구임 (NRF-2018S1A6A3A03043497)

HI24
Mobility
Humanities
Interconnect

기후 리바이어던

조엘 웨인라이트 · 제프 만 지음
장용준 옮김

지구 미래에 관한 정치 이론

CLIMATE
LEVIATHAN

앨피

우리는 이제껏 살아오면서 기후변화라는 것을 곧 닥쳐올 위협으로, 어쩌면 조만간 직면해야 할 도전 과제로만 생각해 왔다. 그런 시절은 다 지났다. 오늘날 세계 모든 곳에서 우리가 걱정해 온 위협은 더 이상 단지 잠재적인 위협이 아니라 급속도로 현실이 되고 있다.

모든 대륙에서 번번이 기록을 경신하고 있는 기온. 그 비율이 너무 높아 유일하게 타당한 비교는 인간의 기억을 뛰어넘는 지구적 지각변동밖에 없는 멸종률. 온갖 종들과 각종 생태계가 그들의 지리적 범주를 바꾸려고 분투 중인데, 산호초처럼 재빨리 움직일 수 없는 생물은 아예 절멸하고 있다. 높아지는 해수면, 불타는 숲, 사라지는 빙하, 나날이 규모가 커지는 폭풍우 ….

이런 변화의 근본적인 원인은 잘 알려져 있다. 지구 대기의 특정 미량 가스들의 비율이 증가하는 것(어림잡아 이산화탄소CO_2는 백만분율로 250에서 400으로 늘었고, 메탄CH_4은 십억분율로 700에서 1,700으로 늘었다)은 태양에너지가 지구의 대양과 육지 및 대기에 더 큰 비율로 머문다는 것을 의미하고, 이는 지구 기후 체계에서 열에너지의 흐름이 변화하는 것을 의미한다.[*] 세계 기온이 오르면서 날씨도 변하고 있다. 현재 전 지구적으로 도시들을 괴롭히고 있는 참을 수 없는 여름뿐만 아니라 기복이 심한 강수량은 홍수나 가뭄, 변덕스러운 기온 변화와 더 강한 폭풍우를 유발하고 있다. 이 변화는 이미 세계 모든 이에게 큰 피해를 주고 있지만, 가장 큰 피해자는 상대적으로 가난하고 힘없는 사람들과 우리 그리고 이 지구를 공유하고 있는 다른 생명들이다. 기후변화가 유발한 고통이 너무 급속도로 가속화하고 있어서 그 피해를 비교 기록할 원장元帳조차 없다.

우리가 기후변화에 대처하려면 무엇을 해야 할지 알게 된 지는 오래되었다. 지층에서 탄소(CO_2와 CH_4에서의 'C')를 취해서 대기로 뿜어내는 일을 멈추는 것. 이는 석탄과 석유와 가스를 채굴해 태우는 것을 멈추는 걸 의미한다. 화석연료를 그것이 생성된 지층에 남겨두어야 한다. 가축을 훨씬 적게 사육하고, 삼림을 벌목하는 일을 멈추는 것도 크게 도움이 될 것이다. 그럴 능력이 있는 사람들이 그런 조치들을 취했다면 우리는 지금쯤 기후변화의 끔찍한 영향을 피했을 수도 있다. 그러나 그런 조치들은 취해지지 않았다. 막대한 양의 온실가스 배출은 평범한 사람들이 아니라 세계 부유한 소수의 선택이나 활동의 부산물이다. 그 소수의 부자들이 왜 아무 일도 안 했는

---

[*] 이것은 단순화한 이야기다. 자세한 내용은 Intergovernmental Panel on Climate Change, *Fifth Assessment Report*, Working Group I, 2013 참조.

지, 그리고 그것이 우리의 정치적 미래에 어떤 의미를 지니는지가 이 책에서 다룰 중요한 문제들이다.

우리는 지금 기후변화와 싸우고 있지만 기후변화가 가져올 가장 중요한 생태적·정치적 영향력은 아직 기다려 보아야 한다. 그 영향력을 분석하고 예상하는 과업은 굉장히 큰일이다. 한편으로 지구의 생태와 정치는 굉장히 복잡하고 거의 무한대의 다양한 영향력에 좌우되기 때문이며, 다른 한편으로 기후변화가 지구에서 인간으로 살아간다는 것이 어떤 의미인지 그 의미까지 변화시키고 있기 때문이다.** 이런 의미에서 '인류세Anthropocene'란 용어는 우리의 현 위치를 정확하게 알려 주는 유용한 지시어다. 즉, 우리는 인간의 활동이 생태적·지질적으로 결정적인 힘이 되는 자연사의 새로운 시기로 향하는 전이轉移 단계 또는 그러한 시기로 진입하는 초입 단계이다.*** 그러나 다른 의미에서 인류세란 용어는 도움이 되지 않는다. 그 이유는 지구 역사에서 이 새로운 시기를 촉발한 보편적인 '인간의' 동인動因이란 것이 없다는 점을 기후변화가 명백히 보여 주고, '우리 모두'가 이해하고 경험하는 공통의 시점이란 게 없기 때문이다. 오히려 각기 다른 인간 공동체와 우리 시대를 추론하며 헤쳐 나갈 방법만

** 우리는 북미에서 영어로 이 글을 쓰고 있다. 이 책의 출처는 지구 위기를 유발하는 사회조직과 분리될 수 없다.

*** 접미사 '-cene'(Pleistocene, Holocene, Anthropocene)은 '새롭다'는 뜻의 그리스어 kainos에서 유래한 말이다. C. Bonneuil and J. Fressoz, *The Shock of the Anthropocene: The Earth, History and Us*, New York: Verso, 2016 참조.

있을 뿐이다.

이 책은 우리 지구의 미래에 관한 정치적 이론을 제공한다. 우리의 작업은 2009년 코펜하겐 기후 정상회담 이전의 그 의기양양한 날들에 시작되었다. 이 프로젝트는 기후정의climate justice운동의 자기비판과 정화淨化 노력으로 출현했다. 우리는 자본주의사회가 왜 우리 지구의 위기를 만들어 냈고 기후변화를 경감시키는 데에 실패했는지 그 이유를 설명하고자 정치철학과 자본주의 정치경제학 비판의 탄탄한 전통을 이용한다. 그러나 이것은 그저 자본주의가 생태계에 끼치는 영향에 대한 또 하나의 마르크스주의 비판(그런 비판이 귀중하긴 해도)이 아니다. 오히려, 우리는 이 영향력의 정치적 효과에 관심을 둔다.

급격한 기후변화는 지구적 정치경제를 변화시킬 것이고, 우리 세계의 기본적 정치구조, 즉 우리가 "정치의 적응"이라고 부르는 절차들을 바꿀 것이다. 우리의 요지는, 지구온난화가 단순히 모든 걸 바꾸게 하거나 무너지게 할 것이라고 말하는 게 아니다. 우리는 기후변화의 압박 하에 현재의 지구 질서에 대한 현재의 도전들이 심화되면서 기존의 주권 형태들이 우리가 '지구적'이라 부르는 것 하나로 수렴될 것이라고 주장한다. 이 주장을 진척시키고자 우리는 자연과 정치경제와 주권을 이해하기 위해 이루어졌던 철학적 시도들, 그 다양한 범주의 '고전적' 출처와 더 '최근'의 이론 둘 다 다룰 것이다. 그 결과는 지구적 기후변화를 고찰하는 정치철학의 축조, 우리가 희망하는바, 우리의 위기에 적합한 기여이다.

제1부에서는 우리 프로젝트의 지평을 살피며 급속도로 온난화되는 세계에서 펼쳐질 것으로 예상되는 잠재적 정치경제적 행로들을 개괄할 것이다. 제2부에서는 가장 가능성이 높을 것으로 보이는 행로, 즉 우리가 '기후 리바이어던'이라고 부르는 것을 상세히 살펴볼 것이다. 제3부에서는 급진적인 대안을 개괄할 것이다.

이것은 기본적으로 이론적 프로젝트이지만, 우리는 그 기저에 있는 정치적 이해관계를 명백하고도 구체적으로 이야기하고 싶다. 현재까지 주요 자본주의국가에서 실질적인 탄소 경감은 거의 없었다. 이 책을 쓰는 동안에도 세계 탄소 배출은 매년 끊임없이 증가했고 감소의 징후는 보이지 않았다. 세계 주요 국가들이 2015년 12월 파리에서 합의한 지구 평균기온 상승 제한선 1.5℃를 실현할 변화에는 다가서지조차 못하고 있다. 사실 「파리기후변화협약」은 온난화를 가속시키는 탄소 배출을 규제할 어떠한 실질적 제한도 두지 않았다(물론 트럼프는 미국을 "「파리협약」에서" 빼내어 협약의 전망을 흐렸다).♦ 세계는 빠르게 뜨거워지고 있고, 지구가 필요로 하는 급속도의 대규모 탄소 감축은 기존 정치경제구조의 근본적인 변화 없이는 불가능하다.

우리가 반드시 해야 하는 일이지만, 크든 작든 감축을 통해 급속

♦ 「파리협약」이 효력을 발휘하기 시작한 2016년은 기록상 가장 기온이 높은 해였다. 놀랍게도 산업화 이전 시기보다 1.1℃ 더 높았고, 2015년 이전 기록보다 0.06℃ 더 높은 기온이었다. World Meteorological Association, "WMO Statement on the State of the Global Climate in 2016," *WMO* No. 1189, 3, available at library.wmo.int.

한 기후변화를 막으면서 그것이 가져올 정치적 여파도 주의 깊게 고려해야 한다. 기후과학이 보여 주듯, 급격하게 변화된 세계 환경은 지구상에서 인간의 삶이 조직되는 방식에도 지대한 영향을 끼치기 때문이다. 소설가부터 물리학자에 이르기까지, 군사전략가부터 하위 사회집단의 유기적 지식인에 이르기까지, 이 질문은 많은 이들의 마음속에 자리하고 있다. 그러나 이 질문과 관련된 정치이론은 대기 중 화학작용보다도 덜 알려져 있다. 이것은 큰 문제가 아닐 수 없다. 안정적인 정치 개념이야말로 상대적으로 안정적인 세계 환경에서만 유효할 수 있다. 세계가 격동기에 있으면 우리가 '정치적'이라고 부르는 인간 삶의 영역에 관한 정의와 내용도 격변을 겪을 수밖에 없다. 따라서 정치이론도 자연사 안에서, 그 의미를 비판적으로 숙고할 때에만 의미를 가질 수 있다. 우리가 인정하건 아니건, 우리의 모든 사고는 환경적이다. 우리가 자연에 반항할 때조차도.

불행히도, 급속한 환경 변화에 관한 전망은 주류의 "진보적" 사상가들 사이에서 충분한 이론적 대응을 이끌어 내지 못했다. 대부분 경건한 유토피아풍("지구를 구하기 위한 10가지 간단한 방법")이거나, 시장 해결에 호소("배출권 거래제")하거나, 허무주의적("우린 망했어")이다.* 모두 거짓된 해결책이다. 좌파라고 해서 더 잘한 일도 없

---

* 이 중 후자만 인용한다. "we're fucked"라는 표현은 기후변화에 관한 정치적 글에 자주 등장한다. 예를 들어, Roy Scranton's *Learning to Die in the Anthropocene*, New York, City Lights, 2015, 16; Wen Stephenson, *What We Are Fighting for Now Is Each Other: Dispatches from the Front Lines of Climate Justice*, Boston, Beacon Press, 2015, 35. 영국 과학자인 스티븐 에모트는 다큐멘터리 〈Ten Billion〉(2015)에서 같은 단어를 사용한다. 이 말

고, 민주주의와 자유·평등·정의를 위한 투쟁에서 기후를 그저 주변적인 것으로 치부한 건 똑같다. 기후변화를 막는 노력이야말로 이런 이상들이 근본적으로 중시하는 토대인데도 말이다. 민주주의, 자유, 평등, 정의와 같은 이상들이야말로 기후변화로 인해 급진적으로 변모될 세계에서 정의를 위한 싸움의 핵심 목표들이다.

따라서 우리의 목표는 기후를 좀 더 정치적으로 만드는 데에 있다. 이 목표는 이론을, 우리의 위기를 개념화하고 그것을 이해하는 데에 이용하는 범주들 간의 관계를 파악할 방법을 필요로 한다. 더 뜨거워지는 지구와 그것이 불러올 불가피한 정치경제적 변화를 헤쳐 나가는 데에 도움을 줄 이론 말이다. 그런 이론은 환경 변화를 과학적으로 분석하는 일을 포함해야 하지만, 너무 정치적으로 연관되길 바라서는 안 된다. 환경적 결정론에 빠지지 않고 세계의 정치-생태적 측면에서 앞으로 어떤 미래가 도래할지를 이해하려고 애쓰는 이론이어야 한다. 그 이론은 도래할 사회-생태적 변화들을 자연사의 한 전환점으로 간주해야 한다. 우리는 이 책을 통해 그 이론과 그 이론이 알려 줄 분투에 기여하고자 한다. 우리의 이론이 틀린 것으로 판명될지라도, 거짓된 희망에 호소하지 않고 대안을 제시한다는 점에서 가치를 찾으려 한다.

우리는 기후정치를 오랫동안 연구해 왔고, 많은 사람의 도움을 받

의 반복이 반영하는 정치적 낙담은 우리 정치적 상상력의 한계를 나타낸다. "우리"가 정말 "망했다"면 투쟁이라도 조직해야 하지 않나. 이에 대해선 파멸 운운보다 더 강력한 정치적 분석이 필요하다.

았다. 그들 모두를 열거하기란 불가능하다. 일상의 수많은 대화와 일련의 세부적인 독서와 비평 끝에 나온 이 연구에서 우리의 독자적 아이디어와 다른 이들의 생각을 따로 떼어 구별할 수 없다.

이 책의 아이디어는 우리의 논문 〈기후 리바이어던〉에 처음 실렸다(Antipode 45, no. 1, 1-22). 논문 발간에 도움을 준 저널에 감사 드린다. 후속 연구는 '기후변화와 정치의 적응'이라는 제목으로 실었다(Annals of the Association of American Geographers 105, no. 2, 313-21.). 이 두 논문의 많은 내용이 이 책에 실렸고, 그 아이디어들을 더 심화된 연구에 사용할 수 있도록 허락해 준 와일리블랙웰Wiley-Blackwell과 루틀리지Routledge에 감사를 표한다. 더 제한적으로 이용한 우리의 다른 논문들은 인용 처리했다.

이 주장들의 초기 아이디어들을 열정적으로 논의하며 여러 곳에서 많은 도움을 받았다. 버크넬대학, 펜실베이니아 주립대학, 브리티시컬럼비아 대학, UC버클리대학, 오하이오주립대학, 클라크대학, 캐나다의 사이먼프레이저 대학, 빅토리아대학, 켄터키대학, 하버드대학, 애리조나대학, 웁살라대학, 웨스트 버지니아 대학, 밴쿠버 사회연구소. 이 책의 출간 및 내용을 더 훌륭하게 만들도록 도와준 분들께 깊은 감사를 표한다. 버소출판사Verso의 연구자들(세바스찬 부겐, 던컨 랜슬렘, 특히 이다 아우데), 댄 애들먼, 키란 애서, 조쉬 바칸, 패트릭 비가, 미셸 보너, 제이슨 박스, 브루스 브라운, 브래드 브라이언, 에밀리 카메론, 브렛 크리스토퍼스, 로즈마리 콜라드, 글렌 쿨타드, 셀레나 쿠튀르, 뎁 커란, 피터 커티스, 제시카 뎀시, 니콜 에차트, 존 포란, 비나이 기드와니, 짐 글래스맨, 제시 골드스타인, 마커스 그린, 매트 헌, 닉 하이넨, 암 조할, 월 존스, 코진 카라타니, 마크 키어, 인디 켄트, 브라이언 킹, 폴 킹스베리, 제이크 코섹, 마젠 라반, 필립 르비용, 래리 로만, 이승욱, 베른하르트 말크무스, 제임스 매카시, 크리스틴 머서, 산제이 나라얀, 마리아나 니콜슨, 쉬리 파스테르나크, 샬리니 사트쿠나난단, 재닛 스터전, 스테파니 웨이크필드, 마리아 발스탐. 모든 저작권은 풀뿌리 국제기후정의 이니셔티브(grassrootsonline.org)에 기증한다.

기후변화와 기후변화가 만들어 내는 세계 정치에 관해 잠시라도 생각해 본 사람이라면 누구나(그런 사람은 많다) 상황이 매우 어렵고, 미래가 매우 절망적이며, 때로 잠을 이루기 어려울 정도임을 잘 안다. 때로 도망치고 싶을 때도 있다. 많이 알수록, 그 심연을 들여다볼수록 모든 희망을 포기하고 싶어진다. 그러나 우리에게는 매일 눈을 뜨면 보게 되는, 그러지 말아야 할 이유가 되는 이들이 있다. 그들에게 이 책을 바친다. 이네스와 시머스와 핀.

차례

우리 미래를 둘러싼 '판타지'

이 책은 급속한 기후변화 상황에 처한 세계의 정치 미래를 조망한다. 다가올 수십 년 동안 우리 삶의 모습이 변화할 것이라고 이 책은 주장한다. 그런 변화가 이미 명백해 보인다면, 그것을 자세히 들여다보고 설명하는 게 가치 있는 일일 것이다. 보통은 언급을 하지 않고 연구하지 않기 때문이다. 우리가 살고 있는 미국과 캐나다에서는 기후변화에 관한 과학적 사실(이에 대해서는 기후변화에 관한 정부 간 협의체의 보고서가 단 하나의 최상의 가이드이다: IPCC 2018 참조)에 익숙한 사람들조차도 그저 미래가 현재보다 조금 더 더울 뿐이라고 생각하는 경향이 있다. 값비싼 홍수보험과 더 많은 냉방과 매연으로 인한 항공기 지연 등이 일어날 뿐, 현재와 유사한 세계가 펼쳐지리라 생각한다. 산호초만 사라질 뿐, 자유주의적 자본주의는 계속될 것이라고 믿는다.

그러한 미래는 판타지다. 그런 세계가 실현될 가능성은 0에 가깝다고 생각한다. 2050년의 세계, 또는 2100년의 세계는 그저 2022년보다 조금 더 뜨거워진 세계가 아닐 것이다. 인간 사회의 재조직을 수반하지 않는 현실적인 시나리오는 단 하나도 없다.

우리는 사회의 붕괴를 예측하지 않는다. 종으로서 인간은 거의 확실히 다음 세기에도 살아남을 것이다. 그러나 우리가 변화하는 지구에서 삶을 영위할 수 있을지의 문제에서 가장 불확실한 점은, 누가 살아남고 그들이 어떻게 살아갈지 하는 문제이다. 미래의 경감이 어느 정도로 이루어지건 간에 그와 상관없이 피할 수 없는 실질적 적응을 위한 부담의 분배와, 그 분배가 결정되고 실행되는 정치경제적 제도가 지금 우리가 직면한 가장 중요한 문제들일 것이다.

인류 문명의 근간이 되는 현재의 제도들 중에서 가장 주도적인 제도는, 주권적/영토본위적 자본주의 국민국가이다. 사실상 다른 모든 정치경제 조직 형태들의 권한과 기능은 여기서 파생하고 이것에 좌우된다. 국민국가 없는 세계는 상상하기 어렵다. 심지어 세계적 규모의 권력이라고 자처하는 것들도 제국주의 국민국가의 영토적 확장 또는 군사정치적 확장을 통해, 더 낙관적으로 모두를 포함하는 하나의 인류/하나의 국가의 집단적 창설을 통해, 국민국가의 구심성을 당연하게 받아들인다. 어느 경우이건 국민국가는 살아남는다.

근대 국민국가의 기원을 언제로 보건, 지구적 기후변화의 가속화는 이 역사에 가장 큰 위협이다. 기후변화는 이 국민국가 또는 저 국민국가에 대한 하나의 위협에서 멈추지 않는다. 그것은 인류 집합체를 조직하는 방법으로서의 국민국가 자체에 위협이 된다. 본질상 지구적 문제이다. 따라서 기존 국민국가 중 헤게모니를 행사하는 국가들의 기후변화에 관한 대응과 그들 사이의 관계에서의 대응, 또 그들의 노력에 대한 대중적 대응은 미래 인류의 삶에 막대한 영향을 끼칠 것이다. 그 결과가 최소한이나마 민주적이기를 바란다면, 국가들과 엘리트들이 미래의 모습을 어떤 방식으로 결정할지 등등의 문제를 고민하고 고찰해야 한다. 기후정의를 위한 운동들이 미래의 정의와 자유, 공정을 보장해 주길 바란다면, 현재의 위기가 어떻게 진행될지부터 연구하고 그 분석에 의거해 사회를 변화시킬 일을 체계화시켜야 한다. 바로 이것이 우리가 이 책에서 시도하는 것이다.

네 가지 미래 경로

이 책《기후 리바이어던》은 현재의 지정학적 질서에서 출현 가능한 일련의 미래를 연구한다. 그 질서가 자본주의적 영토 국민국가에 의해 지배되기 때문에, 우리가 추측하는 미래들은 급속도로 온난화되고 있는 세계에서 자본주의 국민국가가 갖는 지위에 관해 반드시 물어야만 하는 근본적 질문들에서 드러난다. 국민국가 토대의 제로섬 영토주권 배분이 급속한 기후변화에 직면해서도 계속될 수 있을까? 그 세계가 자본의 속박에 그대로 묶여 있게 될까?

주권과 자본이라는 이 두 질문은 네 가지 광범한 경로로 향한다. 이 이상한 미래들을 다루기 쉽도록 '기후 리바이어던'과 '기후 마오', '기후 베헤못', '기후 X'라고 지칭한다. 기후 리바이어던은 지구적 기후변화가 제기하는 소위 '집단행동 문제'를 극복할 수 있는 한 가지 형태의 행성적 주권을 조직하여 자본주의 강화에 전념하는 떠오르는 지구적 질서를 묘사한다. 기후 마오는 비슷하게 지구적 규모의 '해결책'을 대변하지만 비자본주의적 질서에 전념하는 것이다. 기후 베헤못은 맹목적 애국주의 자본주의와 민족적 정치에 고취된 지구적 협정으로서 기후변화가 국가자본에 제기하는 위협을 부인(비난할 수 있을 때까지만)한다. 기후 X는 우리가 지구적 기후정의에 적합하다고 생각하는 운동들의 집합체에 부여한 이름이다. 즉, 비자본주의적 정치경제를 구축하고 현재의 주권 논리를 거부하는 다층적 규모의 유대를 구축하는 운동이다.

이 네 가지 광범한 궤도들이 실현될 가능성은 각기 다르다. 가장 바람직한 것은 아니더라도 기후 리바이어던이 가장 개연성이 높다. 그 이유는 프레드릭 제임슨(2003)이 "자본주의의 종말을 상상하는 것보다 세상의 종말을 상상하는 게 더 쉽다"고 말했을 때 내포한 의미와 비슷하다. 기후 리바이어던과 같은 미래는 우리가 생각하기에 그들이 인식하건 아니건 오늘날 대부분의 사람들이 바라는 바이다. 즉, 자본주의를 유지하면서 기후 과제에 적합한 지구적 거버넌스를 갖추는 것이다. 우리는 이미 세계의 자유주의적 자본주의사회 대부분에서 일종의 새로운 상식으로 기후 리바이어던이 출현하고 있음을 목격할 수 있다. 그것은 현재의 권력과 부의 지구적 배분을 극단까지 영속화할 적응을 둘러싸고 조직되는 지구적 자본주의적 권력의 방식이다. 그러한 이유로 기후 리바이어던의 배후에는 현재 재임하는 권력이 존재하는데, 거기에는 보존할 가치가 있는 기존 질서를 판단하는 국가들/정권들의 정치경제적/군사적/이데올로기적 힘이 포함된다. 세계 사람들 대부분이 코펜하겐이나 「파리기후변화협약」에서 펼쳐지는 행사들을 열중해서 지켜보는 모습을 보면 기후주권을 향한 광범한 열망이 드러난다. '지구의 생명'을 구할 통제력을 갖고서, 누가 배출할 수 있는지, 얼마나 배출할 수 있는지, 누가어떻게 적응하고 그 비용을 어떻게 할당할지를 정할 권한 말이다.

왜 '리바이어던'인가?

토머스 홉스Thomas Hobbes는 인간 사회는 그냥 내버려 두면 혼돈과 폭력으로 기우는 경향이 있다고 했다. 사회는 스스로를 조직할 능력이 없다. 홉스는 인간 삶에는 질서가 필요하다고 보았고, 우리가 절대적 주권을 갖는 게 필수적이라고 여겼다. 그리고 이 절대주권을 '리바이어던Leviathan'이라고 불렀다. 홉스는 이 주권을 사회의 모든 구성원이 무조건 복종해야 하는 사회계약으로 정당화되는 것으로 구상했다. 그 대신에 구성원들은 안전과 제한된 자유를 얻게 된다. 홉스는 그렇게 되면 구성원들이 그 안에서, 17세기 영국의 관점에서 봤을 때, 자신을 둘러싼 모든 것에서 펼쳐지고 있다고 믿은 원시적 자본주의적 삶을 누릴 수 있다고 보았다. 홉스의 주요 관심사는 동시에 자신을 둘러싸고 펼쳐지고 있다고 본 내전을 피하는 것이었다. 그는 모든 이가 절대적으로 복종하는 주권제도가 가장 안정적인 형태의 사회를 보장할 것이라고 보았다.

우리는 충실한 홉스주의자가 아니다. 우리는 마르크스주의자이다. 그러나 한 가지 중요한 의미에서 홉스주의자로서 이 책을 썼고, 홉스에게 경의를 표하고자 이 제목을 선택했다. 우리는 홉스가 저서 《리바이어던》(1651)에서 그랬던 것처럼 사변적 사고에 몰두한다. 물론 이 방면에서 우리가 유일한 연구자는 절대 아니다. 현재 모든 사람이 지구의, 인류의 미래에 대해 끊임없이 사유하고 있다. 도널드 트럼프에서 《월스트리트 저널》, 금융인 조지 소로스에 이르기까지, 엘리트들뿐 아니라 전 세계 모든 이가 그러하다. 그리고 이런 추론은 사람들을 대부분 암울한 생각에 이르게 한다. 좋건 싫건, 우리는 홉스식 사고의 복귀를 목격하고 있다. 다만, 유대와 자유와 해방에 좀 더 기울어진 방식으로 추론하는 게 좀 더 책임감이 있어 보인다.

기후 리바이어던은 자본주의가 정치경제를 조직하는 우세한 생산방식으로 계속 남아 있는 잠재적 미래에 부여한 이름이지만, 동시에 우리가 행성적 주권planetary sovereignty이라고 부르는 체제로 이끈 것이기도 하다. 홉스주의 상상력에서(따라서 마키아벨리적 상상력에서) 영토적 토대를 능가하는 주권을 형성하는 체제는 지구적 거버넌스 형태이다. 그것이 꼭 이 시나리오에서 우리가 알고 있는 국민국가의 소멸을 의미하지는 않는다. 오히려 국민국가가 개량되거나 변형되어 기후변화 자체뿐만 아니라 날씨나 난민, 식량, 물과 같은 지구적 관리의 문제를 중앙집중화하는 것이다. 그런 식으로 우리가 정치에 관해 생각하는 방식도 변화될 것이다. 이것이 바로 우리가 정치의 적응이라고 부르는 것이다. 말하자면, 리바이어던은 만들어지고 있는 세계 체제에 대한 사변적 기술이라고 할 수 있다.

이 미래를 단순히 "예측"이라고 부르는 대신에 우리는 그것을 임박한 가능성이라고 묘사한다. 우리는 이 미래의 씨앗이 이미 오늘날의 세계에서 싹트고 있음을 볼 수 있다. 이 임박한 미래는 그것이 현재 주도적인 정치 비전이기 때문에 본성상 헤게모니적이다. 그렇다고 기후 리바이어던이 피치 못할 것이라고 말하는 것은 절대 아니며, 경쟁 상대가 없다거나 이미 공고화되었다는 뜻도 아니다. 그러나 전 세계에서 상대적으로 힘 있는 사람들은 사실상 기후 리바이어던에 내기를 걸고 있으며, 그것이 상황이 전개될 방향 중 가장 가능성이 높은 방향인 것처럼 행동하고 있다. 바로 그런 점이 기후 리바이어던을 자기달성적인 예언 대상으로 만드는 잠재력을 갖는다.

베헤못

우리는 리바이어던을 구성할 아이디어와 실천이 이미 내재한다고 알고 있지만, 그것이 현재 존재한다고 주장하지 않는다. 우리는 행성적 주권이라는 전망이 화석자본fossil capital과 긴밀하게 연결된 강력한 세력들에 의해 저지되고 있는, 국민국가들에 의해 규정되는 자본주의 세계에 살고 있다. 그러므로 세계는 여전히 우리가 '기후 베헤못'이라고 부르는 것에 속박되어 있다.

기후 베헤못 역시 자본주의 현상^{現狀}을 향한 경향성을 지니지만, 리바이어던과 달리 요란하게 "반^{反}지구적"이다. 달리 말해, 그것은 반동적이며, 보통 인종차별적이고 마초적인 국가주의로 특징되는 자본주의적 질서이다. 현재 이 신념들의 균형은 기후 부정주의에서 가장 맹렬하게 드러나고 있다. 즉, 현재 부상 중인 비밀스럽게 헤게 모니적인 기후 리바이어던이 현재 미국 공화당의 대부분 그리고 영 국과 캐나다의 보수당 대부분의 원천인 국가주의-자본주의가 제기 한 제1의 "지구적" 위협이라는 음모론적 두려움을 표출하고 있다.

베헤못은 명백히 현 세계의 안정성에 상당한 위협이 되고 있다. 특히 베헤못의 현재 권좌에 미국이 포함되어 있기 때문에 더욱 그렇 다. 우리는 도널드 트럼프가 백악관에 입성하고 얼마 안 된 시점인 2017년 중반에 이 책을 마쳤다. 그가 이 역할에 완전히 준비되지 않 은 채 선출된 시점이었다. 마찬가지로, 대부분 미국 대통령에게 알 랑거리는 아첨꾼들로 이루어진 호전적인 반동적 부정주의자 세력 이 남반구와 북반구 일부 국가에서 행정부 수반 자리에 올랐다. 가 장 도드라진 이는 브라질의 자이르 보우소나루이다. 트럼프와 보우 소나루는 기후변화를 "사기"라고 주장하는 몇 안 되는 "세계 지도자" 이다. 블라디미르 푸틴과 빈 살만 알사우드 집안 또한 가끔 "회의론" 을 제기한다. 그리고 국가 차원에서는 지구온난화 과제를 인정하는 일부 국가에서도 그와 비슷한 언동이 상당한 정도로 존재한다(Malm and Zetkin Collective, 2021).

우리는 극우에 대해 매우 우려하긴 하지만, 기후 베헤못에서 극우의 사례가 일시적 현상 이상으로 자본주의 세계에 영향력을 유지할 역량을 지녔다고 평가하지는 않는다. 물론 그렇다고 그것이 걱정하지 않아도 될 이유, 싸우지 않아도 될 이유가 되지는 않는다. 중요한 것은, 그들의 정치적 정당성이 유지되기 어려울 것이라는 점이다. 그러나 베헤못의 정당성이 감소함에 따라 발생할 수 있는 가장 예측하기 어려운 반발력 중 하나가, 베헤못의 와해와 함께 불가피하게 나타날 근본주의자적 지지자 무리가 〈요한계시록〉에 호소할 것이라는 점이다. 그로 인해 그들이 갖게 될 권력과 영향력은 실로 우려스럽다. 복음주의 기독교의 편협한 세계관은 이미 트럼프와 보우소나루에게 중요한 작용을 하고 있으며, 그 신정神政 정치학이 미래에 끼칠 영향력은 지구 기후에 좌우되는 것이 아니라 **종말론적 정치적 기후**를 만들어 낼 능력에 좌우될 것이다.

물론, 현재 자본주의에 대한 무조건적인 신념이 기후 베헤못의 자체 파괴 씨앗을 내포하고 있긴 하다. 기후변화를 심각하게 받아들이지 않는 정치경제에서 자본주의의 지속성을 상상하는 것은 거의 불가능하기 때문이다. 앞으로 전 세계에서 벌어질, 또 이미 여파를 끼치고 있는 지구온난화의 사회적·생태적 영향 대부분은 유통과 축적을 위해 상대적 안정성을 필요로 하는 경제 양상에 절대적으로 부정적이다. 세분화된 기후 베헤못이 기후변화가 초래하는 사회적·생태적 변화를 다루는 것은 고사하고 이해할 능력조차 부재하다는 점은 우리를 다시 리바이어던과 같은 권위의 질서로 향하게 한다. 그러나 현재 부와 권력은 북반구에 집중되었지만, 민중과 집단 정치운동은 남반구에 집중되어 있다는 점을 잊어서는 안 된다. 예를 들어, 이미 진행 중인 기후 파괴에 직면하여 동남아시아의 대중이 자신들이 이미 종속되어 있는 세계질서의 유지에만 관심이 있는 (현재 「유엔기후변화협약」과 같은 무대에서 적어도 태동기 형태를 잡고 있는) 지구적 기후 리바이어던을 포용할 것이라고 예측할 이유는 없다. 지구온난화가 이 지역들에서 수십 억 명의 사람들을 더 빈곤하게 만들고 주변부로 내쫓고 죽게 만들고 있는 상황에서, 그들이 기존 불평등을 유지하고 심지어 강화하려는 지구적 질서를 지지한다는 것은 가당치 않아 보인다.

마오

세계 위계질서에서 "주변부"와 "반*주변부"로 뭉뚱그려지는 이 지역들도 나름의 정치경제적·이념적 역사가 있으며, 자유주의적 자본주의 발전의 규제적 이상에 대한 편협한 신념을 가진 사람은 별로 없다. 바로 이것이 우리가 제3 미래 궤도, 즉 리바이어던과 유사하지만 비자본주의적 행성적 주권에 '기후 마오'라는 이름을 부여하는 이유다. 물론 중국이 중요한 역할을 하지 않는 세계 기후 정치의 미래 시나리오를 상상하기는 어렵지만, 기후 마오가 곧 "기후 중국"을 뜻하지는 않는다.

우리가 이를 기후 마오라고 부르는 이유는, 이 미래에 대한 잠재력이 동남아시아의 급진적 정치 전통에 있을 것이라고 예측하기 때문이다. 이 지역은 시골에 토대를 둔 집산集産주의가 역사적으로 중요할 뿐만 아니라, 상당한 동시대의 조직자원을 보유하고 있는 지역이다. 물론 이는 중국의 도시 기반을 약화시켰다. 이 지역에 수십억 명의 빈민이 살고 있기 때문에, 결과적으로 많은 사람이 기후변화가 일으키는 교란에 직접적인 피해를 보는 공동체에 살게 되었다고 기후과학은 지적한다. 세계 그 어느 지역보다 위험에 처한 인구가 많기 때문에, 일단 온난화로 휘둘리는 생계와 정당성 위기가 문턱을 넘게 되면 이 지역 대중은 그 정치적/이념적 전통에 기대게 될 것이다. 우리는 기후변화 위협에 직면하여 기후 마오가 주권의 중심으로 국민국가를 포용하지 않을 것이며, 적어도 오랫동안 그러지 않을 것이라고 예측한다. 동시에 자본주의가 기후재앙을 추동하고 이를 해결할 진지한 행동을 막는다고 비난받고 그런 비난이 정당한 이상, 기후 마오는 지구적 무대에서 리바이어던과 맞설 가장 가능성 높은 비자본주의적 구성체로 대변된다.

지난 몇 년 동안 많은 이들과 이 추론들에 대한 논의를 거친 지금까지도, 자본주의에 대한 급진적 비판에서 기후 마오가 갖는 호소력은 여전히 깊은 울림을 준다. 자본주의 국민국가가 모두를 위한 정의와 자유를 실현하는 데에 실패했을 뿐만 아니라 기후행동과 특히 기후정의에 무자비한 방해물이 된다는 사실이 명백히 드러난 이상, 기후 마오의 호소력은 거의 본능적으로 와닿는다. 리바이어던과 마찬가지로, 기후 마오는 국가의 공간적/정치적 한계를 넘어 무언가를 할 것임을 약속한다. 그러나 리바이어던과 달리, 기후 마오는 애초에 문제를 발생시킨 지구를 좀먹는 자본주의 현상에 신세 지지 않을 것이다. 자본주의 현상에 신세를 진다는 점이 바로 문제 해결자로서 리바이어던의 부적합성을 드러낸다.

기후 X

우리가 묘사하는 마지막 미래 정치 궤도, 국가와 지구 차원 둘 다에서 자본주의와 주권을 거부하는 미래를 우리는 '기후 X'라고 부른다. 그러나 기후 X는 불행히도 개괄하기에 가장 어려운 것이다. 일련의 "해결책"을 위한 플레이스홀더Placeholder〔검색어 입력창에서 사용자에게 도움을 주고자 텍스트 상자에 미리 입력되어 있는 텍스트〕 변수인 X. 기후 X는 세계 기후정의운동이 쟁취하려는 세계들을 규정하는 우리의 용어다. 그 운동은 여러 규모로 조직될 것이기 때문에 X의 형태는 다양할 것이고, 그 각각은 나름의 특수한 역사적 · 지리적 조건에 따라 모양을 갖출 것이다.

그러나 이 운동들이 공유할 것이고, 반드시 공유해야 하는 두 가지 광범한 방침이 있다. 첫째는 기후변화 문제가 시작된 지점이자, 모두를 위한 공정하고 안전한 미래를 위한 그 어떤 가능성 있는 원칙도 보여 주지 못한 자본주의적 정치경제조직 형태를 거부하는 것이다. 둘째는 국가적 차원이건 부상 중인 지구적 형태이건 간에 주권이라고 사칭하는 권력에 정치적 우선권이나 지위조차 부여하는 것을 거부하는 일이다.

국민국가는 이미 "지구를 구할" 수도 없고, 구하지도 않을 것임이 증명되었다. 기후 마오는 그럴 가능성이 있지만, 마오주의Maoism는 사회정의를 설립한 방식으로 기후정의도 설립할 가능성이 크다. 사실, 우리는 국민국가와 국제 협력 및 그 실행을 도모했던 국민국가의 마구잡이식 노력이 의미 있는 행동에 방해가 되었음을 인정해야 한다. 북반구에서는 국민국가가 대량 타협기계, 항상 자본이 제1 단어이자 마지막 단어가 되는 "민주주의적" 테이블 노릇을 해 왔다. 기후 X는 주권이 공정하지 않은 권력을 약속하거나, 기후위기에 공정하지도 않고 적합하지도 않은 타협만을 약속한다는 점을 인정하는 것이다. 해결책은 그 너머에 있다. 관련된 이들의 투쟁과, 생계에 토대를 두고 조직되는 다층적인 운동들에 있다.

수세기 동안 이어져 온 원주민들의 다층적인 노력들이 실존적인 위협에 직면하여 유용하면서도 비범할 정도로 경탄스러운 조직/신념/정치적 창의성의 모델이 된다. 이 모델들은 기후 X가 의지하는 자원들을 고갈시키지 않으며, 노동자와 인종차별을 받는 공동체 등이 벌이는 수많은 투쟁처럼 그 자체가 자원이 되고 지식과 지혜와 유대의 원천이 될 것이다. 어떤 운동은 좌파 전통과 관련된 급진적 정치에 토대를 둘 것이고, 어떤 운동은 그러지 않을 것이다. 기후 X는 오직 다층적 기후정의 토대의 주권-후post-sovereign 유대 안에서만 가능하다.

녹색 뉴딜?

기후 X는 이미 많이 논의된 '녹색 뉴딜'의 형태를 띠지 않고(이명박 전 대통령의 '녹색성장' 전략은 더더욱 아니다), 앞으로도 그러지 않을 것임을 주지해야 한다. 그렇다고 국가정책을 재설정하려는 모든 시도가 자본주의 악순환인 의미 없는 그린워싱Greenwashing〔환경오염 문제는 축소하고 재활용 등을 강조하는 '위장환경주의'〕이라고 치부하는 것은 아니다. 예를 들어, 현재 미국에서 유포되고 있는 제안("녹색 뉴딜을 만들기 위한 연방정부의 의무를 인정하는 하원 결의안")이 실제 실현된다면 그것은 환영받아 마땅하다. 그것은 사실상 사회정의 일괄 법안이다. 목표의 절반이라도 실현이 아니라 보장만 된다 하더라도 미국의 정치경제에 놀랄 만한 전환점이 될 것이다. 그러나 녹색 뉴딜의 한계, 일부 가설의 개연성, 또 실제 필요한 목표 달성에 얼마나 부족한지를 신중하게 숙고하지 않은 것은 실수이다.

예측 가능한 실천적/부정주의적 비판("너무 비싸다", "에너지산업과 해당 분야 노동자들이 입을 피해가 너무 크다", "유토피아적이다" 등)은 말할 것도 없고, 녹색 뉴딜에 대해 제기할 수 있는 제1 우려 사항은, 우리에게는 국가가 나서서 전속력으로 전진하는 세계 자본주의 경제라는 유조선을 돌려세울 시간이 없다는 것이다. 그나마 국가가 주도하더라도 그 변화는 제안된 시간표대로 일어나지 않을 것이다. 이는 특히 화석자본이 지구상 다른 어느 곳보다 국가와 깊게 연루되어 있는 미국에서 잘 드러난다. 미국의 시민사회와 국가의 관계가 어떤지 우리는 안다. 그런데 녹색 뉴딜은 비국가 행위자들이 미국 정부를 돌려세우는 일에서 발휘할 능력을 과도하게 낙관하는 경향이 있다. 그런 일이 일어난다면 분명 축하할 만한 성취겠지만, 그 성취가 현재와 2030년 녹색 뉴딜 시간표 사이에 일어날 것이라고 믿기는 어렵다.

이 책《기후 리바이어던》에서는 기후변화에 관한 녹색 케인스주의식 접근법을 얼마간 상세하게 논의한다. 이 접근법은 마땅히 자본주의적 기후 리바이어던 영역 안에 놓인다. 녹색 케인스주의는 그 기원을 따져 보면 생각보다 역사가 길다. 적어도 가장 최근의 세계 경제위기 이래 그 지지자들 중에는 토머스 프리드먼과 로렌스 서머스 같은 그린워셔들뿐 아니라, 앤 페티포와 수전 조지 같은 통찰력 있는 비평가들도 있다. 녹색 케인스주의는 영향력 있는〈스턴 보고서〉와〈유럽 녹색 뉴딜〉, 그리고 거대 금융기관들이「유엔기후변화협약」당사국총회COP26에서 발족한 '탄소중립을 위한 글래스고 금융연합GFANZ'과 같은 정교한 민간 분야 제안들의 중심 플랫폼이다. 2008년 경제위기에 대한 대응으로 이명박이 "녹색성장"을 주장한 일을 기억하라(Lee 2015).

많은 이들이 녹색 뉴딜이 최고의 선택이라고 주장했다. 녹색 뉴딜의 가장 활발한 지지자들은 국민국가가 현재 존재하는 가장 강력한 제도이며, 따라서 그것을 이용하지 않는 것은 어리석은 일이라고 주장한다. 우리도 이 주장의 장점을 안다. 그러나 국가가 지금 당장 유용한 도구가 될 수 있다는 점을 인정한다 하더라도, 국가는 또한 기후 행동에 상당한 장애물이 되어 왔다. 녹색 뉴딜처럼 급진적인 제안은 기존 미국 정부의 태도와 너무나 큰 대조를 이루기 때문에 그 둘이 공존하다 보면 결국 국가의 기능·조직·정치 성향에 역사적으로 전례 없는 변화를 요구하거나, 또는 그리고 분명히 훨씬 강도가 낮은 "녹색Green" 및 훨씬 강도가 낮은 "뉴New"딜을 요구하게 될 것이다. 설사 그 계획을 마련한 이들의 아이디어와 제안을 지지한다 하더라도 국가가 나설 때까지 기다릴 수 없다. 기후변화 해결책은 이 복잡하고 위험한 위기의 순간에 각자 자신들의 삶을 일궈 가는 장소와 공동체에 머무는 사람들로부터 나와야 하고 그들이 맡아야 한다.

기후변화가 코로나19를 만나다

이 책《기후 리바이어던》은 세계 자본주의가 그 속도를 끌어내리는 힘을 만나기 직전에 출간되었다. 바로 코로나19 팬데믹이다. 누군가는 그레타 툰베리가 그토록 상상력 넘치게 꿈꾸었던 일종의 기후파업을 목격한 것이 좋은 소식이라고 말할 수도 있다. 그러나 나쁜 소식은 그게 정치투쟁이 아니라 팬데믹을 통해 도래했다는 것이다. 그래도 바람직한 결과를 가져오긴 했다. 바로 석탄발전소가 문을 닫고, 많은 공항이 겨우 문만 열어 놓고, 오일 수요가 너무나 급격히 곤두박질쳐서 한 조사에 의하면 물가가 마이너스가 되었다는 점이다. 불황이 초래한 에너지수요충격은 인류가 큰 폭의 정치경제적 변화라는 임무에 착수할 시간을 벌어 준 잠재력이 있다. 이러한 변화로 지구의 생태적 위기에서 유발되는 최악의 폭력을 모면할 수 있다. 이 소식은 너무나 좋은 것이어서 거의 기적적으로 보인다.

그러나 인플레이션 역학과 우크라이나 전쟁은 이 여세를 많이 뒤집어 놓았고, 코로나바이러스의 위기 비용은 막대하게 증가했다. 빈민들의 고통과 집계되지 않은 수백만 명의 죽음, 반동정치의 강화 등이다. 2019년 가을 동안 오하이오주 콜럼버스에서 기후행동을 요구하는 어린이들이 주 의회 의사당 앞 광장을 가득 메웠다. 같은 장소에서 사람들—지역 버전의 '포데모스podemos'〔2014년에 창당된 스페인의 좌파 대중정당. 긴축정책 반대, 부패 척결, 직접민주주의 옹호, 신자유주의적 자본주의 반대, 기후변화 반대 등을 표방했다.〕—이 포스트코로나 팻말을 흔들고 있었는데, 그들은 반동적 애국주의 좀비의 모습을 하고 있었다. 가이 포크스〔저항의 상징이 된 영국의 가톨릭 테러리스트〕 가면을 쓴 채 무기를 흔들고, 호전적인 구호를 외치며.

《기후 리바이어던》을 쓴 건 트럼프와 에르도한, 빅토르 오르반, 보우소나루, 보리스 존슨 등이 정권을 잡기 전이지만, 우리는 기후 베헤못에 관한 주장에서 그들의 정치를 예견했다. 우리는 여전히 리바이어던이 베헤못에 승리할 것이라고 예상하지만, 그들 사이의 전쟁 또한 예측했다.

 과장처럼 들리지 않게 표현하기가 힘들다. 진실은 우리가 세계사적 차원의 경제, 환경, 정치위기를 겪고 있다는 사실이다. 우리가 많이 신세를 지고 있는 멕시코 치아파스의 사파티스타 사상가들은 그것을 "폭풍"이라고 부른다(EZLN 2016). 폭풍은 새롭게 들릴 수도 있지만 우리 쪽 방향으로 불어온 지 오래되었다. 이 역학은 오래전 마르크스(2019)와 룩셈부르크(2015)가 분석했다. 그들은 급속한 경제 변화가 생산의 사회관계들을 변화시키면서도 기초가 되는 생산수단은 어떤 식으로든 변화시키지 않을 수 있다는 점을 발견했다. 그러한 위기의 한가운데에서라도 정치 지형은 프롤레타리아에게 새로운 기회를 여는 방식으로 갑작스럽게 변화할 수 있다. 그런 순간에 그들에게 결정적인 역할을 하는 요소는 바로 계급투쟁의 형태와 조직; 국가기관의 성격과 규제, 그리고 여러 국가들과 민족과 계급 간의 다층적인 상호작용이다.

 여기서 현재의 위기를 완벽하게 분석할 수는 없다. 그러나 최소한, 주요 요소들은 우리가 기후 X라고 부르는 것의 형성에 우호적이지 않아 보인다. 이런 상황에서 우리는 좌파로 통하는 대부분이, 적어도 자본주의 핵심에 있는 좌파가 기후 리바이어던의 한 버전이 밟은 경로를 밝혀낼 것이라고 기대한다. X를 향한 추동력은 실현되지 않을 경우 다시 사분면의 반대편에 있는 리바이어던으로 물러날 것이다. 이것이 폭풍에 직면한 상황에서 기후 리바이어던이 헤게모니를 잡은 이유이다. 심지어 급진적 사상가들도 그렇다. 문제의 핵심은,

자본주의국가의 정치 지형으로는 우리의 근본적인 문제들을 해결할 수 없다고 인식하는 사람들에게도, 세계를 바꿀 수 있는 급진적으로 민주적이고 사회주의적인 대안의 토대가 없어 보인다는 점이다.

《기후 리바이어던》에서 기후변화 정치에 관해 펼친 주장을 코로나19의 정치 영역에도 똑같이 적용할 수 있다. 즉, 자본주의국가의 정치 지형으로는 기존의 정치위기를 근본적으로 바꿀 수 없을 뿐만 아니라 오히려 그것을 강화시킨다는 것이다. 그 위기는, 근본적으로 자본주의라는 것이 공식적 민주주의 규범의 한계 내에서 살 수 있는 능력이 없음으로써 유발되는 위기다. 퇴적물층을 드러내는 바위사태처럼 코로나 팬데믹은 우리 사회의 층위를 보여 주는 상대적 특권의 세밀한 눈금을 볼 수 있게 해 주었다. 그런 사회에서 사회의 하위 계급 그룹들은 더 많이 고통받고 죽을 수밖에 없다.

누구든 그런 바위층들을 들여다보면, 풍경은 단단한 토대에 좌우된다는 사실을 알 수 있다. 그러나 바위들을 읽고 역사가 얼마나 지속될지 판단할 수 있으려면 일정한 자연사적 교육이 필요하다. 코로나19와 사회 층화도 마찬가지다. 많은 이들이 팬데믹이 끼친 영향력의 불공평성을 주지했지만, 그러한 불평등이 왜 지속되는지를 파악하려는 이들은 거의 없다. 이것이 바로 마르크스가 필수적인 부분이다. 우리는 《자본론》이 우리의 사회·경제 형성의 자연사를 설명하고자 쓰인 책이라는 점을 상기해야 한다(Marx [1867] 1990, 92). 그 역사를 구체화하려면 해야 할 일이 많다.

당장, 우리의 임무는 급진적인 사상의 생존을 포함하여 집단적 생존을 용이하게 할 상상적 연대 형태들을 개발하는 것이다. 현재의 위기에서 무엇이 출현할지 확실히 예측할 수 있는 사람은 아무도 없다. 다만, 현재 우리가 살고 있는 자본주의가 더욱 강력해진 버전이 될 가능성이 가장 크다. 우리가 집단적 생존과 존엄성, 삶의 기쁨을 용이하게 만드는 상상적 연대 형태들을 계발해야 하는 이유이다. 이 책의 한국어판 번역에 깊이 감사를 표한다. 우리의 사상이 급진적인 한국 사상의 풍부한 전통에 조금이나마 기여할 수 있기를 희망한다.

2022년 12월 13일

조엘 웨인라이트 · 제프 만

EZLN. [*El Ejército Zapatista de Liberación Nacional*] 2016. *Critical Thought in the Face of the Capitalist Hydra I: Contributions by the Sixth Commission of the EZLN.* Durham, NC: PaperBoat Press.

IPCC edited by Masson-Delmotte, Valérie, Panmao Zhai, Hans-Otto Pörtner, Debra Roberts, Jim Skea, Priyadarshi R. Shukla, Anna Pirani et al. 2018. Global warming of 1.5° C: An IPCC Special Report on the impacts of global warming of 1.5°C.

Jameson, Fredric. 2003. Future city. *New Left Review* 21.

Lee, Sanghun. 2015. Assessing South Korea's green growth strategy. In *The International Handbook of Political Ecology*. London: Edward Elgar, pp. 345-358.

Luxemburg, Rosa. 2015. The accumulation of capital. In *Economic Writings*, vol. 2, ed. Peter Hudis and Paul Le Blanc. London: Verso.

Malm, Andreas, and the Zetkin Collective. 2021. *White Skin, Black Fuel: On the Danger of Fossil Fascism.* London: Verso.

Marx, Karl. (1867) 1990. *Capital*, Volume I. New York: Penguin.

Marx, Karl. 2019. *The Political Writings*. Edited by David Fernbach. New York: Verso.

Wainwright, Joel, and Geoff Mann. 2018. *Climate Leviathan: A Political Theory of Our Planetary Future.* New York: Verso.

제1부

1
우리 시대의 홉스

Auctoritas non veritas facit legem
진실이 아니라 권위가 법을 만든다.

_ 홉스

1.

카를 슈미트는 "국가와 혁명, 리바이어던과 베헤못은 실제 혹은 잠재적으로 항상 존재한다"고 썼다. "리바이어던은 예기치 못한 역사적 상황에서 드러날 수 있고, 그것을 소환한 사람이 계획한 방향이 아니라 다른 방향으로 움직일 수 있다"는 것이다.[1] 토머스 홉스와 홉스가 쓴 《리바이어던》과 가장 밀접하게 관련된 현대의 사상가 슈미트에게 이는 사소한 의사진행상의 문제가 아니었다. 구약에서건 심지어 더 오래된 신화들에서건, 리바이어던은 그걸 만든 이의 포로인적은 한 번도 없었고 앞으로도 그럴 것이고 오늘날도 자유로이 움직이며 자연과 초자연 사이, 주권자과 국민 사이를 어슬렁거린다. 그러나 리바이어던은 더 이상 동지중해에 사는 머리가 여럿인 뱀이 아니라 멜빌의 고래이자 홉스의 주권자, "공화정"을 형성하는 "한 사람에게 통합된 다수"이다.

　이것은 위대한 리바이어던의 세대, 또는 (좀 더 경건하게 말하자면) 불멸의 신 아래에서 우리의 평화를 지켜 주고 방어해 주는 죽음을 면할 수 없는 신의 세대이다. 공화정의 모든 사람에 의해 그에게 주어진 이 권위로 그는 그에게 수여된 그 많은 권한과 힘을 사용할 수 있고, 그 공포로 인해 그들 모두의 의지를 형성할 수 있고, 국내에서의 평화와 외국의 적에게 대항할 상호원조를 수립할 수 있다. … 그리고 이 **사람**을 지니는 그는 주권자로 불리고 주권

을 가지며 다른 모든 이는 그의 국민이 된다.²

어떻게 이런 주권자 권력의 모습이 리바이어던이라고 불리게 된 것일까? 홉스는 그에 대한 답을 주지 않으나 참조 문헌은 분명 〈욥기〉이다. 사탄이 던진 불운에 능욕을 당한 욥은 신실한 자에게 떨어진 불의에 대항하여 비명을 지른다. 신의 대답은 친절하지도 않고 위안도 되지 않는다. 신은 욥에게 신의 정의뿐 아니라 신의 힘에 관해서도 상기시킨다. 신은 자신의 세속적 권위와 욥의 무기력의 증거인 리바이어던으로 욥을 조롱한다.

네가 낚시로 리워야단을 끌어낼 수 있겠느냐 노끈으로 그 혀를 맬
    수 있겠느냐
너는 밧줄로 그 코를 꿸 수 있겠느냐 갈고리로 그 아가미를 꿸 수
    있겠느냐
그것이 어찌 네게 계속하여 간청하겠느냐 부드럽게 네게 말하겠느냐
    …
참으로 잡으려는 그의 희망은 헛된 것이니라 그것의 모습을 보기
    만 해도 그는 기가 꺾이리라
아무도 그것을 격동시킬 만큼 담대하지 못하거든 누가 내게 감히
    대항할 수 있겠느냐
누가 먼저 내게 주고 나로 하여금 갚게 하겠느냐 온 천하에 있는
    것이 다 내 것이니라

...

세상에는 그것[리바이어던]과 비할 것이 없으니 그것은 두려움이
   없는 것으로 지음 받았구나
그것은 모든 높은 자를 내려다보며 모든 교만한 자들에게 군림하
   는 왕이니라[3]

　여기서 속세의 왕이 언급된 것은 홉스에게 리바이어던을 은유하
지만, 이는 매우 거칠게 옮긴 것이다.* 슈미트가 고심하여 설명하듯
이, 태동하는 국가주권의 형태를 리바이어던으로 홉스가 의인화한
것은 "명백히 신화적 사색에서 유래한 것이 아니다."[4] 오히려 그 이
름이 나오는 텍스트에서 리바이어던은 다른 목적으로 이용된다. 자
연이 지닌 잔인성의 화신에 다름없어 보이는 바다 괴물 리바이어던
을, 홉스는 자연 상태를 벗어날 수 있는 수단으로 그린다. 슈미트가
지적하듯, 홉스의 주권자는 '기계적 반反괴물anti-monster'이다. 그리고
욥에 대한 신의 조롱과 달리, 그 주권은 단순한 공포가 아니라 사회
계약에 기반을 둔다.
　슈미트는 자신의 1938년 리바이어던 문헌이 "눈에 띄지 않은 채
로 남아 있던" 발터 벤야민Walter Benjamin, 더 구체적으로는 벤야민의
1921년 "폭력 비평"에 대한 대응이었다고 주장했다. 논쟁의 진짜 요
지는 조르조 아감벤Girogio Agamben이 "벤야민-슈미트 서류 일체에

---

* 홉스가 〈욥기〉 41장 4절의 계약에 영감을 받았다면 이 또한 유효하다.

있는 결정적인 문서"라고 부른 것, 즉 역사에 관한 벤야민의 여덟 번째 테제에 구체적으로 나온다.[5]

억압받는 계급의 전통은 우리가 살고 있는 "비상사태"가 규칙the rule임을 알려 준다. 우리는 이러한 통찰과 조화된 역사 개념에 이르러야 한다. 그렇게 되면 우리는 진정한 비상사태를 불러오는 것이 우리의 임무임을 분명하게 깨닫게 될 것이다.[6]

미국이 테러 및 경제위기에 대한 전쟁으로 가장 최근에 비상사태를 선언한 이래, 벤야민의 여덟 번째 테제는 많은 주목을 받았고 그럴 만했다. 이 연구의 많은 부분이 "정부의 정상적 테크닉으로서의 안보 패러다임을 전례 없이 일반화하는 일이 점진적으로 예외상태를 선언하는 것을 대신해 왔다"는 아감벤의 주장에 영감을 받았다.[7] 이 논의에서 생태적 위기는 대부분 배제되어 왔다. 이것이 안타까운 이유는 이례적인 상황에서 안보 규제가 점차 지구적 문제가 되고 있기 때문이다. "정부의 정상적 테크닉으로서의 안보 패러다임"이 이제껏 상상할 수 없었던 규모와 범위로 요구되는 상황을 만들어 낸 원인 중에 경제위기를 뛰어넘는 것이 바로 지구적 기후변화이다. 지구적 위기 상황에서 주권의 안보는 어떻게 될 것인가? 뜨거워지는 지구는 리바이어던을 "깨울 만큼 강렬한가?" 아니면 리바이어던이 "자비를 간구할까?"

어쩌면 이런 주장이 과장되어 보일 수도 있다. 어쩌면 탄소 배출이라는 지니가 호리병 속으로 다시 들어갈 수도 있다. 그러나 탄소를 경감하려는 노력은 어디에 있나? 가장 명료한 신호를 제공하는 장기적 트렌드는 명백하다. 영국에서 화석연료 기반의 자본주의가 태동한 이래 탄소 배출은 꾸준히 증가해 왔다. 그런 사회구조가 퍼지고 세계를 개혁하면서 탄소 배출은 기하급수적으로 증가해 왔다. 대기 중 CO_2의 양을 나타내는 그래프는 대략 20만 년 전 인류의 출현 이래 19세기 초반까지 상대적으로 낮게 균일했다. 그런데 인류 역사의 가장 최근 0.01퍼센트 기간 동안 모든 게 바뀌었다(표 1.1 참

| 표 1.1 | 지난 1만 년간 대기 중 CO_2 농도. 불명예스러운 '하키 스틱'

출처: 기후변화에 관한 정부간 패널. 제5차 평가보고서. 실무그룹 I . 2013. ipcc.ch에서 찾아볼 수 있음

조). 어떻게든 이 '하키 스틱'을 깨뜨려야 하지만, 우리는 그 근처도 가지 못하고 있다.

2007년 이후 매우 느린 경제성장에도 세계 탄소 배출은 2000년과 2010년 사이 2.2퍼센트가 증가했다(표 1.2 참조).[8] 이는 역사상 가장 빠른 10년 단위 배출 증가율이었지만, 세계 상품생산 중심지 동아시아에서의 배출 증가로 세계 CO_2-등가의 배출이 계속 늘어나고 있기 때문에 2010~2020년에 이 기록을 다시 깰 가능성이 높다.[9] 이익을 추구하는 자본의 힘은 그 대가가 무엇이든 간에 철저히 증가를

| 표 1.2 | 하와이 마우나로아 관측소에서 관측한 대기 중 CO_2 월별 평균(1958~2017)

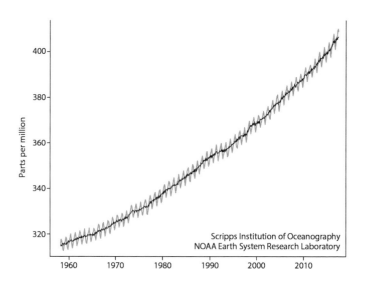

출처: 지구시스템 연구소Earth System Research Laboratory, 세계 모니터 분과. 국립해양대기청. 2017년 7월. esrl.noaa.gov에서 찾아볼 수 있음

위한 정책에 의존한다. 2007~2008년 이래 한 가지 명백한 신호는, 세계 전역의 엘리트들이 경제성장 둔화 전망에 부딪혀 펌프에 마중물을 댈 밑바닥 없는 공공자금 지원을 공언하고 신속한 행동 태세를 갖추었다는 것이다. 이익 추구는 역시 기후 문제를 악화시키는 기간시설에 의존한다. 2012년 국제에너지기구IEA는 그다지 혁명적인 단체가 아님에도 불구하고, 지금 당장 방향 전환을 하지 않으면 2017년경 세계는 재앙을 피할 수 있는 수준으로 지구온난화를 막을 가능성의 "문"이 닫힐 정도로 탄소 배출에 "몰입하는" 에너지 기간시설을 갖게 될 것이라고 경고했다. 그 기간시설들은 그 후 건설되었다.[10] 기후와 생태적 문제들이 커지면서 과학계에는 국제에너지기구의 경고와 일치하는 보고서들이 그 어느 때보다 폭증하고 있다.

우리는 독자가 기본 내용은 이미 알고 있다고 보고, 과학 보고서들이 내건 저 무시무시한 헤드라인은 들먹이지 않으려 한다. 사실 기후변화에 관한 과학계의 일치된 견해를 받아들이는 일 외에, 바람직한 정치경제적 변화를 이해하는 데에 과학적 교양이 필요한지는 의문이다. 게다가 과학을 많이 안다는 사람들 중에도 저쪽 편인 사람들이 많다. 우리가 직면한 정치적 문제들은 단순히 대중에게 과학을 전달한다고 해결되지 않는다. 기후변화에 대처하는 데에 필요한 것이 올바른 기후 데이터와 모델뿐이었다면, 1980년대에 이미 정치적 대응이 있었을 것이다. 우리가 부딪힌 문제는 상상력과 이데올로기의 위기에 더 가깝다.

사람들은 단순히 새로운 데이터가 제시되었다고 해서 세계관을 바꾸지 않는다. 무수히 많은 무시무시한 시그널에도 불구하고 북반구에 사는 대부분의 사람은 여전히 최악의 결과—식량난과 물 부족, 정치 불안, 홍수와 그 밖의 "자연재해"—가 나오는 너무 먼 곳, 혹은 너무 먼 미래에 일어날 일이라서 그것을 경험하기 전에 죽을 것이라는 믿음에 위안을 얻는다. 그런 대응은 윤리적으로 온당치 않지만 이해할 만하다. 그 이유는 기후변화의 부정적 결과들이 동시성이 없는 두 개의 리듬으로 들리기 때문이다.[11]

한편으로는 거의 들리지 않는 높아지는 해수면의 잡음이 있고, 다른 한편으로는 이따금씩 확률론적 사건들이 치고 들어와 상승하는 식량 가격이 일시적으로 멈추는 현상이 있다. 우리가 이 책 작업을 시작한 2010년, 북반구는 역사상 가장 뜨거운 여름을 맞았다. 책 작업을 마친 2017년, 그전에 이미 깨진 기록들은 한 달이 멀다 하고 다시 깨지고 있다. 극적으로 변하지 않은 곳은 세계 그 어디에도 없다. 그러나 러시아와 캐나다의 들불, 파키스탄과 잉글랜드의 홍수, 오스트레일리아와 벨리즈의 산호 백화 현상, 세계 전역의 종種 감소 등 예고되지 않은 일들이 일어나자마자, 그 일들은 매일같이 일어나는 다른 일들에 밀려 잊힌다.

큰일들은 그들만의 고음의 비명을 내지르며 비상사태를 알린다. 그러나 궁극적으로 그 배경 소음은 잠복한 형태의 비상사태이기 때문에, 기후변화를 알리는 진정한 경보는 아직 제대로 들리지 않는다. 벤야민의 "실제 비상사태" 호소도 들리지 않는다. 이에 관해서는 8장에서 살펴볼 것이다.

현재 진행 중인 세계 에너지 공급 전쟁은 다양한 전선에서 일어나고 있다. 북극을 예로 들어 보자. 그곳은 우리가 직면한 위기의 모든 모순이 한곳에 집중된 지리적 장소이다. 온난화는 북극의 빙산을 너무나 급속도로 감소시켜 2030년이면 얼음의 방해 없는 선박 통행이 예상될 정도이다.[12] 그런데 이렇게 적나라하게 드러난 지구 위기가 시급한 화석연료 감소책으로 이어지기는커녕, 북극에서 나오거나 북극을 관통하는 자원, 특히 화석연료 에너지자원의 흐름을 통제하려는 새로운 지정학적 싸움—러시아와 중국, 미국, 캐나다가 이끄는 싸움—을 부추기고 있다. 그렇게 주요 자본주의국가들은 자신들이 만들어 낸 문제를 해결하기는커녕 더 심화시키고 있다.[13]

이러한 흐름에 직면하여 미래를 평온하게 예측하기란 어렵다. 우리의 위험을 직면하는 것 자체가 우리를 공포로 몰아넣는다. 도시사회학자 마이크 데이비스Mike Davis가 말하는 것처럼, "우리 앞에 놓인 증거에 근거하는 인간의 미래에 대한 '현실적인' 견해는 메두사의 머리를 바라보는 것처럼 우리를 그저 돌로 굳게 만들 수도 있다."[14] 우리는 그런 두려움을 억누르기 위해 최선을 다했고, 기후변화가 몰고 올 가능성이 가장 큰 정치경제 미래상들을 숙고하고자 이 책을 썼다. 그 모든 한계와 추측에도 불구하고, 이 임무를 위한 지령은 우리에게 닥친 위험 중 작지 않은 부분을 차지하는 임박한 정치경제 구조에서 나온다. 무엇보다, 우리는 어려운 질문을 던지는 것을 두려워해서는 안 된다.

2.

우선, 매우 어려운 두 범주의 질문들을 생각해 보자. 첫째, 세계 탄소 배출을 대량으로 감축하려면 어떻게 해야 하는가? 어떤 정치적 절차 또는 전략들이, 공정한 방식으로, 이를 가능하게 할 수 있을까? 기후 정의의 이름으로 혁명(들)이 가능할까? 혁명은 어떻게 보일까? 둘째, 탄소 배출이 적절히 감축되지 않고(그럴 가능성이 매우 높아 보인다), 기후변화가 지구적으로 무시하거나 뒤집기에 불가능한 지점에 이르면 그 정치경제적 결과는 어떨까? 어떤 절차, 전략, 사회구조가 출현해 주도권을 장악할 것인가? 현대 세계를 규정하는 자본주의 국민국가라는 정치-경제구조는 재앙적 기후변화를 이기고 살아남을 수 있을까? 어떻게, 어떤 형태로? 지구적 변화가 몰고 올 결과로 자본주의 국민국가의 향후 변화상에 대한 이론이 우리에게 있는가?

변화를 사실로 상정할 때, 이 질문들에 대한 답은 설혹 있더라도 매우 적다. 현재의 위기에 적합한 정치를 개발해야 하는 우리의 과제는 세계적으로 펼쳐지는 기후정의운동과 맥을 같이하며 이러한 문제들에 대한 정교한 대응책을 요구하고 있다. 그것은 물론 쉽지 않다. 일관된 답은 이론의 문제를 넘어, 사회적·생태적 변화 전망과 이를 가로막는 장애물을 타진하는 정치투쟁 형태의 문제이기도 하다.

많은 이들이 이 여러 문제들을 숙고하고 있다. 최근 기후변화와 관련된 정치적 변화를 연구하는 학자들이 굉장히 많은데, 특히 환경

사회학과 비판적 인문지리학, 국제관계 분야에서 주목할 만한 기여가 있었다.[*] 그러나 기후변화가 '특정 학문 분야에 국한되지 않는' 복잡한 문제라는 점에서, 급진적 변화를 예측하는 놀라운 작업들이 대부분 학계 밖에서 나왔다는 점은 놀라운 일이 아닐 수 있다. 예를 들어, 나오미 클라인Naomi Klein의《이것이 모든 것을 바꾼다: 자본주의 대 기후This Changes Everything: Capitalism vs. the Climate》는 우리의 첫 번째 질문, "기후정의라는 이름으로 우리가 혁명(들)을 생각할 수 있을까? 그렇다면 그것은 어떤 모습일까?"에 긍정적인 답을 준다. 클라인은 우리가 "블로카디아Blockadia"로부터 세계적 운동을 구축함으로써 자본주의와 기후정의 간 투쟁의 교착상태를 극복할 수 있다고 주장한다.

블로카디아는 지도상의 특정 위치가 아니라 국경을 넘나들며 이동하는 갈등 지대로, 노천굴 광산이건 가스 시추건 타르 샌드 송유관이건 채취 사업으로 땅을 파고 구멍을 뚫는 곳이면 어디든 불쑥 나타나며 빈도가 더 잦아지고 강도도 세지고 있다. 상호연결성이 점차 커지고 있는 이러한 저항 고립 지대들을 하나로 결합하는 것은 채광/화석연료 기업들의 순전한 야망이다. 고가의 상품과 고위험 "비재래식" 연료를 탐색하면서 그들은 무수히 많은 새로운 영

---

[*] 이 분야들의 연구에서 선택적으로 요약을 해도 다루기 힘들 정도로(그리고 다소 임의적인) 많은 목록이 나온다.

토에 그 지역 생태계에 미칠 충격 따윈 상관하지 않고 가차 없이 쳐들어간다는 사실은 … 블로카디아를 연결하는 또 다른 것은, 최전선에 있는 사람들이 전형적인 활동가가 아닌 것 같고, 이 블로카디아 현장에 있는 사람들이 저 블로카디아 현장에 있는 사람들과 닮아 보이지 않는다는 사실이다. 그 사람들은 지역 의회에서 열리는 회의를 메우고, 수도에서 행진하고, 경찰 호송차로 끌려가고, 심지어 불도저와 땅 사이에 몸을 던진다. 그들은 오히려 각기 자신들이 사는 장소와 닮아 보이고, 다른 모든 이와 닮아 보인다. 지역 가게 주인, 대학교수, 고등학생, 할머니…. 고위험 극한 추출에 대한 저항은 전 세계적으로 일반 대중 사이에서 광범위한 네트워크를 구축하고 있으며 … 민주주의의 심오한 형태, 즉 건강한 물과 공기와 토양이라는 집단 생존에 필수적인 자원에 대한 실제적 규제권을 공동체에 부여하는 민주주의를 향한 욕망에 추동된다. 그 과정에서 이런 장소-기반 저항은 진행 중인 실제 기후범죄를 막고 있다. 하향식 환경론의 실패와 더불어 그런 성공을 보면, 기후변화를 걱정하는 많은 젊은이가 번지르르한 환경단체와 저 대단한 UN 정상회의를 거부하고 있다는 것을 알 수 있다. 대신에 그들은 블로카디아 방어벽으로 몰리고 있다.[15]

《이것이 모든 것을 바꾼다: 자본주의 대 기후》의 모든 내용에 동의하는 것은 아니지만(자본주의와 그 역사에 관한 클라인의 접근법을 두고 우리도 논쟁을 벌인다), 우리는 공동체와 환경의 새로운 관계라는 이름으로 화석연료와 자본주의 정치경제를 전복하는 블로카디아에서 기원한 이 운동의 유토피아적 비전을 강력하게 옹호한다. "불도저와 땅 사이에 몸을 들이대는" 집단행동을 통해 민주주의를 수정한다는 클라인의 예시적 정치학prefigurative politics의 비전은 기후정의 혁명이 어떤 모습을 띨지에 관한 질문에 생기 넘치고 강력한 답을 제시한다. 그러므로 클라인은 합당한 이유로 국제 기후정의운동의 최전선에 서 왔다.

최근 관련 저술들의 또 다른 비평적 흐름은, 사회적·생태적 변화를 어둡게 전망한다는 것이다. 클라인과는 대조적으로 철학자 데일 제이미슨Dale Jamieson은 블로카디아가 추동하는 변화를 가져올 기회의 시간은 이미 닫혔다고 말한다. 세계는 군건하게 기후변화에 매몰되어 있다. 인류세人類世에 대한 윤리적 대응을 이끌어 내려면, 우리가 역사적으로 어디에 위치해 있는지부터 받아들여야 한다고 그는 주장한다. 즉, 기후과학이 보여 준 통찰력을 가지고 극적인 정치경제적 변화를 이끌어야 했는데 그렇게 하지 않았다는 의미이며, 이제 그럴 수 있는 시기의 끝에 다다랐다는 말이다.

1992년 역사상 가장 많은 세계 정상들이 리우 환경회담에 모였고, 1만 7천 명 이상이 대안적 NGO 포럼에 참석했다. 이때가 진정한 세계 환경운동의 시작점이었다. … 리우의 꿈은 북반구와 남반구의 나라들이 서로 힘을 합쳐 지구환경을 보호하고 세계의 빈민층을 구세하자는 것이었다. 이후 거의 20년간의 분투 후 코펜하겐 기후변화회의COP15가 열린 2009년, 그 꿈은 끝났다는 것이 명백해졌다. 세계 사람들이 지구적 가치를 변화시켜 기후변화 문제를 해결하겠다는 희망은 끝이 났다. 내가 이해하고 싶은 것은, 그 세월 동안 무슨 일이 일어나서 지금의 상황에 이르렀는가 하는 것이다. 그것을 이해해야만 미래에서 살아남을 수 있는 열쇠를 쥘 수 있다.[16]

제이미슨의 주장이 갖는 힘은 그 결연한 현실주의다. 그는 의미 있는 경감(재앙을 피할 수 있는 배출 감축)이 여전히 가능한지에 관한 논쟁을 보류한다. 그 대신, 우리가 실패한 이유를 설명하는 데에 주력한다. 그의 설명은 중요한 요소들에 집중한다. 정치경제정책 입안에 기후과학의 복잡성을 전달해야 하는 과제, 그런 문제에 대한 미국의 관심 부족, 미국 행정부가 바뀌면 국제협약을 지키지 않는 문제 등등.

그러나 그의 설명은 우리가 핵심적이라고 여기는 몇 가지 면에서 결핍을 보인다. 자본주의나 자본주의/자연의 관계에 대한 분석이 부재하다는 의미다. 그의 설명은 "이데올로기ideology" 개념의 핵심에 의지하면서도, 기후정치에서 이데올로기의 실체에 관한 분석은 거의 없다. 그리고 역사에 관해 상세히 설명한 장이 그 나름대로 설득력 있지만, 기후과학의 발전과 함께 그 설명이 시작되는 시점을 19세기 후반으로 잡은 합당한 근거를 제시하지 않는다.* 인류가

---

* 이데올로기에 관해서는 Jamieson, *Reason in a Dark Time*, 37, 47 참조; 역사에 관해서는

19세기 말에 와서야 기후변화를 겨우 이해하기 시작했다 하더라도, 인간은 그보다 더 일찍 기후변화를 초래하기 시작했다. 기후정치가 빠진 곤경의 철학적 뿌리를 파악하려면 더 깊이 파고들어야 한다.

로이 스크랜턴Roy Scranton의 《인류세에서 죽음을 배우다》는 기후 변화 대처 실패의 또 다른 역사를 제공한다. 스크랜턴은 이야기를 "서구 문명"의 기원까지 거슬러 올라간다. 이 책은 "문명"이 파멸을 맞을 것이라고 믿는 사람들을 위한 생생한 선언문이다.

> 우리는 제어 불가능한 지구온난화를 막지 못했고 … 우리가 알고 있는 세계 자본주의 문명은 이미 끝이 났다. … 인류는 인간의 한계와 무상함을 근본적인 진리로 받아들이고 우리의 집단적 문화유산의 다양성과 풍요로움을 양성하기 위해 노력한다면 인류세의 새 세계에서 살아남을 수 있고 적응할 수 있다. 개인으로 죽는 방법을 배우는 것은 우리의 기질과 공포를 놓아 버리는 일을 의미한다. 문명으로 죽는 방법을 배우는 것은 이 특별한 삶의 방식과 정체성, 자유, 성공, 진보에 관한 개념들을 포기하는 일을 의미한다.[17]

전 세계가 직면한 도전 과제들을 생각하면 삶의 방식 전체를 "놓아 버리자"는 주장을 이해할 수 있다. 그러나 우리에게 "죽는 방법을

Chapter 2 참조. 이러한 차이들에도 불구하고, 우리는 제이미슨의 결연한 사실주의에 다시 존중을 표하고, 기후변화 대응의 실패를 역사적으로 고찰하는 일이 필수적이라는 점에 강하게 동의한다.

배우라"는 스크랜턴의 촉구는 정치적 방향을 제시하는 게 아니라 인간 혐오만을 제공한다. 모든 곳의 좌파가 함께 살 수단을 재발명해야 하는 시대에 죽음을 우리의 열망으로 받아들일 수는 없다. 우리도 기후변화가 자유주의적 자본주의의 도전 과제들을 심화시킬 것이라고 생각하지만, 스크랜턴이 "아무도 진짜 답을 알지 못하고" "그 문제는 우리"라고 하는 것은 잘못이다.[18]

다가올 위기는 "제어 불가능"하지 않다. 그것은 이미 여기 존재하고, 이미 자유주의적 자본주의의 관리를 받고(잘못된 방식이긴 하지만) 있다. 바로 그 위기의 "관리 가능성"이 우리가 직면한 문제의 일부이다. 그것을 다루기 위해 우리는 죽을 것이 아니라 생각하고 살고 반항할 필요가 있는 것이다. 더욱이 그 문제는 추상적인 "우리"로 환원될 수 없다. 마치 재앙이 인간 본성에 내재된 것처럼 다루어서는 안 된다는 뜻이다. 대부분의 문제는 특정 소수의 "우리"와 그 소수 "문명"이 전체 지구의 운명을 결정하는 방식과 관련되어 있다. "문명"이 죽었다고 받아들이기 전에, 진정으로 문명화된 문명을 창조하기 위해 투쟁할 필요가 있다.

이 모든 기여, 너무나 방대하여 여기서 평할 수 없는 저술들 속에 담긴 수많은 기여들의 핵심에는 역사와 자연에 관한 내용이 있다. 어떻게 역사를 공부해서 교훈을 얻을 것인가? 지구 위기를 극복하겠다는 희망을 가지려면 그 위기를 이해해야만 하고, 그 노력은 반드시 자의식적으로 역사주의적이어야 한다. 즉, 위기의 형태를 잡는 데에 일조했던 힘들을 최대한 깊게 이해하기 위해서 그 위기를 하나의 역사적 순간으로 분석해야 한다. 항상 위험을 수반하는 역사 해석의 정치학은 자연과 인간, 비인간의 문제로 인해 더 복잡해진다. 인간의 삶은 무엇을 갈망할 수 있거나 갈망해야 하나? 기후변화의 이야기를 전하기 위해서 우리는 얼마나 과거로 거슬러 올라야 하나?

클라인을 포함한 많은 사람은 기후변화 대처에 실패한 위기 기점을 1970년대로 잡는다. 제이미슨은 기후변화 과학과 자본주의 핵심에 있는 엘리트 정책 입안자들과의 만남에 초점을 맞춰, 10세기 후반으로 거슬러 올라간다. 소위 "생태학적 마르크스주의" 연구는 우리의 역사 추적에 더 심오한 비평을 제시한다. 이 연구가 가르쳐 주는 한 가지 교훈은, 자연사가 18세기 영국에서 결정적인 변화를 겪는다는 것이다. 그 시대에 도시와 시골, 사회(대중)와 자연(지구의 물질적 흐름) 사이에 물질대사의 틈이 벌어졌다.[19] 이 과정의 정치적 측면을 연구하여 근대 자본주의 민족–국가 시스템의 출현을 지구 자연사에 등장한 일대 사건으로 보는 이론을 제공한 값진 연구들이 있다. 이 연구들은 비판적 자연사 안에서 지구 위기를 바라보는 틀을 제공한다. 우리의 연구는 그 위기가 초래할 가능성이 높은 정치적 결과를 이론화하고자 한다.

우리는 분명 마르크스의 자본주의 분석을 근본적인 틀로 받아들이고, 생태학적 마르크스주의를 핵심적인 기여로 수용한다. 그러나 그러한 독해들이 우리 프로젝트에 한계를 지우기도 한다. (생태학적) 마르크스주의는 종종 자본주의의 성장 경향성에 불가피한 "자연적 한계", 곧 자본의 "제2모순"("제1모순"은 생산의 힘들과 사회적 관계 간의 모순)을 정치 분석의 토대로 상정한다. 그러나 우리의 미래를 진단할 때 과학이 중심이 되는 점, 인과관계의 공간적 불균형성, 오늘 다루어야 하는 "내일"의 모순적 시간성 등 정치 문제로서 기후변화가 갖는 특수하고 복잡한 성질은 마르크스 자본주의 비평만으로는 설명할 수도 극복할 수도 없다. 실로 마르크스주의 비평가들조차 자본주의의 특수한 역동성과 강건함을 인정해야만 한다. 자본주의는 최종 시한이라고 공언된 시기를 한참 넘겨 버린 아주 긴 "불가피한" 위기 목록이 있다. 우리가 알기로는 그 어떤 생태학적 마르크스주의자들도 기후변화가 불러올 정치적 결과에 대한 이론을 세운 적이 없다. 곤란한 정치적 문제는 거의 전부 기피되었고, 그저 자본주의는 극복되어야 한다고 말할 뿐이었다. 그러나 그럴 수 없다면 어떻게 할 것인가?

3.

우리의 논점을 세울 네 가지 핵심 명제를 밝히면서 이론적 틀의 기초를 쌓는 것이 유용할 것이다.

① 기후변화 자체를 논할 적법한 토대는 없다. 기후는 우리 대기의 화학적 구성의 인위적 수정anthropogenic modification 때문에 변하

고 있다. 과학적 연구로 이 변화들에 대해 우리가 갖게 된 지식은 미래에 대한 우리의 이해를 측정하는 데에 핵심적이고, 우리는 더 심화된 과학적 분석을 지원해야 한다. 그러면서도 정치적으로 과학에 너무 많이 기대는 태도를 조심해야 한다.*

② 급속도의 기후변화는 분명 끔찍하고 종종 치명적인 결과를 가져올 것인데, 상대적 약자와 주변 존재(인간과 비인간 모두)에게 특히 더 그러할 것이다. 그러므로 정치적 혹은 윤리적 분석이 가장 절박하다.[20]

앞서 언급한 저자들도 이 두 가지 요점에는 모두 동의한다. 중요한 차별점은 세 번째와 네 번째에 있다.

③ 기후변화에 관한 의사결정이 이루어지는(앞으로도 이루어질) 정치-생태적 조건은 근본적으로 불확실성과 공포라는 특색이 있다. 단지 대응만 있을 뿐 진정한 기후 결정은 없다. 인류는 극적으로 탄소 배출을 감축시켜 기후변화를 늦출 수 있는 시간이 있을 수도 없을 수도 있다. 그러나 세계 기후 시스템의 복잡성

Intergovernmental Panel on Climate Change, *Fifth Assessment Report*, Working Group I; Lonnie G. Thompson, "Climate Change: The Evidence and Our Options," *The Behavior Analyst* 33, no. 2, 2010, 153–70. 이 점을 인정하지 않은 유일한 저항은 소위 "강경 기후 거부자"들로, 그들은 이 책에서 어떠한 효용도 찾지 못할 것이다. 그럼에도 우리는 2장에서 그들이 점한 정치적 위치의 한 가지 중요한 요소를 회복하려고 노력할 것이다. 3장에서는 톰슨과 기후과학의 정치학으로 돌아간다.

을 고려할 때, 우리는 지나고 나서야 그것을 알 수 있다. 우리는 급속한 기후변화를 멈출 수 없는 시점을 이미 지나지 않았을 수도 있다고 가정한다. 그러나 앞으로 자세히 들여다보겠지만, 우리가 그런 운명을 피할 수 없을 것이라고 믿을 만한 강력한 정치-경제적 이유가 있다. 달리 말해, 우리는 급속하게 뜨거워지고 있는 세계(그에 대항해 분투를 벌이고 있음에도)를 예측하고 분석할 시간이 되었다고 주장하는 제이미슨과 스크랜턴, 알리사 바티스토니Alyssa Battistoni와 안드레아스 말름Andreas Malm 같은 이들에 동의한다.[21]

④ 세계의 자본주의 민족-국가들을 지배하는 초국가적 엘리트 사회집단들은 분명 기후변화를 조절하고 그에 적응하고 싶어 한다. 특히 자신들의 특권을 만들어 내는 조건들을 안정화시키고 싶어 한다. 그러나 지금까지는 대응 조율에 실패했다.[22] 그렇게 기후변화는 그들의 헤게모니와 축적 과정, 거버넌스 방식에 직간접적인 도전 과제를 제시한다. 그런 면에서 불확실성과 회의감의 바다를 항해하는 동안, 엘리트들이 그들이 할 수 있는 대응을 조율하는 시도를 점진적으로 확대할 것이라고 기대할 수 있다.

"환경과 사회경제적 혼란이 심화되면 엘리트들이 자신들을 나머지 인간들과 분리할 벽을 치기 위해 더 광적인 시도를 하게 될 것"이라고 한 마이크 데이비스의 주장이 맞는지 아닌지 알기 위해, 우리는 그런 권력이 행사될 수 있는 수단을 따져 보아야 한다. 점차 증가하고 있는 "붕괴" 주장들 너머에서 그러한 가능성들을 철저히 타진해 보아야 한다.[23] 때로 단순한 공포가 아무리 타당해 보인다 할지라도, 비상 탈출구를 찾는 데에 도움을 줄 것이라는 기대로 파멸을 예상하는 것은 온당치 않다. 붕괴 잠재성을 생산하는 정치적 힘과 그 힘들이 그 잠재성으로 스스로를 변모시킬 방법을 분석하는 것만이 도래할 "힘의 관계"를 이해할 수 있는 길이다.[24] 그러한 힘의 관계들은 제한된 형태를 띨 것이다. 효과적인 반격을 구축하고 싶다면 그 가능성부터 연구하는 일이 시급하다.

이를 목표로 이 책은 정치적 가능성들의 범위를 이해할 틀을 그 가능성들에 부수하는 이론적 출처와 사회 계급 기반 및 모순 등등을 고려하며 정교하게 다듬는다. 우리의 목표는 우발성의 산물과 다름없는 필연적 국면에 직면하여 세계가 어떻게 움직일지를 이해하는 것이다. 그러한 "필연성"은 불가침적 역사 발전 법칙과 아무런 관련이 없다. 심지어 "불가피성"을 뜻하지도 않는다. 이 필연성은 완전히 헤겔적인 의미에서의 "필연성"으로, 우리의 위기를 다른 무언가가 아니라 지금의 모습으로 만드는 조건과 역학 및 성질과 힘들을 묘사하는 것이다. 행성적 주권의 내재적 논리는 스스로 실현될지는 알 수 없지만 이미 작동하고 있고, 이미 우리 세계를 모양 짓고 있다.[25]

우리가 살고 있는 불안정한 세계의 필연성은, 자연이 만든 것이 아니라 니코스 풀란차스Nicos Poulantzas가 "현재의 상황"이라 부른 것의 결정 요소들에 있다. 우리는 지구의 상태에 대해 논해야 하고, 권력이 어떻게 작동하는지, 우리의 정치적 기회들은 무엇인지 등에 대해 논의해야 한다. 그러나 우리는 또한 아무리 임시적이고 제한적인 것이라 하더라도 그 결론들을 우리가 연구하는 필연적 조건들의 묘사로 받아들여야 하고, 그에 의거해 그것들이 어떤 미래들을 불러올지 예측해야 한다.[26] 이를 방법론적으로 표현하자면, 기존의 일련의 사회적 힘들과 그 힘들이 펼쳐질 가능성이 큰 노정들을 묘사하고자 우리는 목적론이 아니라 국면 분석을 제시한다. 우리가 다른 정치적 · 생태적 합의를 찾고자 한다면, 이 분석들은 본질적으로 한계가 있지만 그래도 필요한 것이다.*

이 프로젝트를 실행하기 위해 우리는 두 가지 광범한 철학적 전통을 따른다. 첫째, 주로 마르크스-그람시-풀란차스를 이용해 정치경제 비판을 확장하고, 지구 기후변화에 대한 자본주의사회들(그리고 그 국가들)의 대응을 살핀다. 이를 위해 사회적 · 자연적 삶을 조직하는 하나의 형태로서의 자본을 간략히 설명하고, 이 형태가 어떻게 부르주아 상상력 안에서 "적응" 개념을 형성하는지를 살펴본다.

이것은 절대 자본주의사회가 기후변화에 적응할 수 없다고 주장하기 위함이 아니다. 자본주의사회들은 이미 적응하고 있다. 우리

---

* 메를로 퐁티가 밝혔듯: "정치가 가능성의 예술이라는 말은 오래전부터 있었다. 그것이 우리의 주도적 임무를 억누르지 않는다. 우리는 미래를 알지 못하기 때문에 모든 것을 신중하게 숙고해 보고 난 후 그저 우리 자신의 방향으로 밀고 나갈 뿐이다. 그러나 그것이 우리에게 정치의 무게를 상기시킨다. 그것이 단순히 우리의 의지를 강제하는 게 아니라, 우리로 하여금 가능성이 취할 가능한 모양을 위해 사실들을 신중하게 샅샅이 찾을 임무를 부여한다" (*Humanism and Terror: An Essay on the Communist Problem*, Boston: Beacon Press, 1947, xxxv).

는 자본주의사회관계들을 지키려 하는 추진력이 세계를 "기후 리바이어던," 즉 '지구 위기의 한가운데서 자본주의 엘리트들이 그들의 지위를 안정화시킬 적응 프로젝트들'을 향해 몰아가고 있다고 주장한다. 우리는 이 시나리오에서 주권의 성격과 형태에 변화가 있을 것이라고 상정한다. 지구의 생명을 지킨다는 이름으로 선포된 예외로 규정되는, 가능성 높은 **행성적 주권**planetary sovereignty의 출현.

우리는 주권이 유사-군주제 식의 한 사람의 통치 형태를 띨 것이라고 암시하는 게 아니라, 오히려 거의 틀림없이 "지구를 구하기" 위해 조율된 권력 집합체에 의해 행사될 것이고, 그 집합체가 지구의 생명을 위해 어떤 조치들이 필요하고 무엇과 누가 희생되어야 할지 결정할 것이라고 생각한다. 홉스 자신이, 심지어 카를 슈미트도 1932년 이후 이렇게 인정했다고 일부 학자들은 주장한다.

이 개념들을 다듬기 위해서는 홉스 이래 나타난 주권이론에 관한 선택적이면서도 비판적인 접근을 필요로 한다. 우리를 이끌어 줄 실마리는 자본주의와 주권을 철저하게 파헤칠 수 있는 이론만이 우리에게 방향을 제시해 줄 수 있다는 확신이다. 혁명적인 기후정의를 세우려면 대의를 위해 행동할 존재, 그 정치, 그 세계에 관한 더 강력한 개념이 필요하다.** 기후정의를 위해 싸우려면 거짓 해결책

** 기후정의운동에 참여하는 많은 동료들도 이 점을 지적했다. 예를 들어, '다리 건설 공동체'의 다음과 같은 성명을 들 수 있다. "분명한 것은 … 기후정의가 우리가 … 절박하게 요구하는 사회적 투쟁을 서로 연결시키고 확장시킬 효과적인 개념이 되려면 훨씬 더 많은 일이 요구된다. 최소한, [기후정의 개념]은 우리로 하여금 기후변화가 우리 삶의 나머지 부분과 분리되어 있다는 생각 너머로 나아갈 수 있게 도와주고 우리 사회가 조직되는 방식에 주의를

에 대한 비판을 넘어선 그 이상이 있어야 한다.

우리는 변화에 대한 예측을 제공함으로써 결론을 짓는다. 우리의 지령指令은 지금 출현 중인 기후 리바이어던과 그 행성적 주권을 무너뜨리고, 동시에 자본주의를 초월할 수 있는 세계에서만 기후변화 문제에서 정의로운 대응을 상상할 수 있다는 확신에서 나온다. 7장에서는 혁명적 정치 전략, 즉 엘리트의 대응을 좌절시킬 수 있는 수단(우리가 알고 있거나 그것이 취할 형태를 결정할 수 있다고 주장하는 것을 피하기 위해 "기후 X"라고 부르는)에 대해 숙고해 본다. 그렇다면 기후 X가 우리의 대단원인데, 책 제목은 왜 '기후 리바이어던'인가?

4.

토머스 홉스의 《리바이어던, 혹은 교회 및 세속적 공동체의 질료와 형상 및 권력Leviathan, or The Matter, Forme and Power of a Common-Wealth Ecclesiastical and Civil》은 주권과 법의 본질부터 영국 그리고 내재하는

다시 기울이게 만드는 방식으로 위기를 재–정치 이슈화할 수 있게 해 준다. … 그러나 그게 가능하려면 더 문제가 많고 모순적인 용어 사용에 반대해야 하며 … 기후정의는 그 많은 해답을 열 수 있는 부분이 될 수 있고 … 사람들로 하여금 자본에 대항하는 관계로 이끌 수 있는데 … 이는 존재를 조직하는 각기 다른 방식들을 능동적으로 창조함으로써 가능하다." 다리 건설 공동체, *Space for Movement? Reflections from Bolivia on Climate Justice, Social Movements and the State*, 2010, 82–83, spaceformovement.files.wordpress.com에서 이용 가능.

신의 왕국에 이르기까지 모든 것을 설명하는 방대하고 한없이 퍼져 나간, 종종 불가해한 연구서이다. 홉스의 주장은 여전히 열띤 논쟁의 주제로 남아 있다. 일부는 《리바이어던》을 자연 상태의 혼돈으로부터 유일한 보호를 제공하는 전제주의를 옹호하는 글로 보고, 다른 이들은 그 안에서 부르주아 자유주의의 소유 기반 사회질서나 "급진적 민주주의"의 윤곽까지 찾아낸다.[27] 이 연구를 "권력에 기반한 공동체의 내재적 불안정성에 관한 철학적 상관물"로 보는 이들도 있다.[28]

1651년 출간된 《리바이어던》은 홉스가 살던 잉글랜드의 정치적 격동기를 반영한다. 찰스 1세와 의회의 갈등은 수년간 고조되었고, 왕은 급기야 11년 동안(1629~1640) 의회를 해산시키기까지 했다. 1640년 의회 소환은 더 심화된 투쟁을 불러일으켰고, 마침내 1642년 내전이 일어나게 되었다. 홉스는 당시 자신이 쓴 친왕당파 글 때문에 복수의 표적이 될까 봐 1640년 도피하여 망명 생활을 하고 있었다. 《리바이어던》은 9년간의 내전이 거의 끝에 다다른 시점에 출간되었다. 그 시기부터 (홉스가 예측한 대로), 2년 전 찰스 1세를 단두대에서 처형한 '원두당圓頭黨'〔1642~1649년 영국 내란 당시 의회파, 즉 반反국왕파로서 머리를 짧게 깎은 청교도의 별명〕원들이 득세하였다. 그러나 역시 홉스가 예상한 대로 그 승리는 정치적 불안정의 끝을 의미하지 않았다. 1653년 의회는 다시 해산되었고, 올리버 크롬웰이 잉글랜드 전역에서 독재적 '호국경護國卿'으로 군림하게 되었다. 그의 5년 재임과 죽음에 뒤이은 격동기에 왕당파들은 1660년 찰스 2세를 왕위에 올리며 복권을 이루었다.

이 모든 일의 함의는, 1640년대 후반~1650년대 초반 파리에서 글을 쓰던 시기 동안 홉스의 세계가 폭력과 격동으로 점철된 극도로 불확실한 시기였다는 것이다. 미래에 대한 전망은 암울했다. 지속 가능한 새 사회질서의 출현은 요원해 보였다. 《리바이어던》은 이 가늠할 수 없는 비상시국에 대한 홉스의 대응이었다.

이 글에서 홉스는 150여 년 후 헤겔이 "사변思辨"적이라고 부른 설명 방식을 취한다. "코먼-웰스Common-wealth"라는 대목에서 홉스는 (자신의 세계와는 다르지만) 자신이 처한 국면에서의 난제를 감당할 수 있는 세계의 근본적 정치·사회구조를 기술하고 정당화한다. 내전으로 치닫지 않으면서 정치적 불안을 잠재울 수 있는 구조. 홉스의 분석이 사변적인 것은, 그것이 세계들(그의 세계와 같은 세계)을 판단하는 근거로 사용되지만 그런 판단과 동일한 것은 아니기 때문이다. 아마도 홉스는 사변을 포용하는 수밖에 달리 선택의 여지가 없었을 것이다. 아직 존재하지 않는 것을 이론화하는 것은, 실현될 수도 있는 어떤 것을 향한 희망을 포기하지 않는 방식으로 그의 세계를 이해하는 유일한 수단이었을 것이다.*

그러므로 우리는 《리바이어던》을 유토피아적이라거나(홉스의 비전이 우리의 유토피아관과 다르다 하더라도), 피치 못할 종점에 입각한

---

* 이는 홉스의 글이 일반 영어로 쓰인(당시 유럽 학문계의 언어인 라틴어가 아니라) 초기 정치철학 저술에 포함되는 이유일 것이다.

목적론적인 것으로 평가절하해서는 안 된다. 이는 헤겔과 마르크스에 대한 표준적 비판이기도 한데, 이 세 경우 모두 근거가 없는 것이다. 홉스의 희망은 오늘날 찬성하는 이가 거의 없는 전근대적 전제정치 형태에 지배받는, 우리가 현재 시원始原적 자본주의, 시장중심 사회로 인식하는 것에 뿌리를 두고 있었다.[29] 칸트의《영구 평화론》, 헤겔의《법철학》, 마르크스의《자본론》,** 그리고 그 이전 이후 다른 사변적 노력들과 마찬가지로, 홉스의 저술은 새로운 질서를 낳는 데에 일조하여 미래에 도래할 것을 설명하려는 분석일 뿐 아니라, 기저에 있는 경향성과 방향을 보여 줌으로써 기존 조건들을 이해하려는 시도였다. 그 노력은 "낙담도 자만도 하지 않은 채" 국면에 대해 평가하도록 했다.[30]

홉스는 17세기 기독교도였다. 그는 신의 왕국이 역사의 궁극적 목적지임을 결코 의심하지 않았다. 그러나 그는 자연사가 한 가지 길을 따라가지 않고 약속도 하지 않는다는 사실을 인지한 것 이상이었다. 그는 세속의 일들이 스스로를 돌보지 않고 끔찍하게 잘못

** 우리는 아래에서 칸트와 헤겔을 논한다. 마르크스 사상의 이 요소에 대하여《독일 이데올로기》의 주요 주장을 다시 살펴보는 것은 가치 있는 일이다. "단순한 범주들은 좀 더 구체적인 범주 안에 개념적으로 표현되는 좀 더 복잡한 관계나 조건을 가정하지 않은 채 미완성된 구체적 상황을 반영하는 관계들이나 조건들을 대변한다. … 돈은 … 자본, 은행, 임금노동 등이 생기기 전에 존재했다. 그러므로 그런 면에서 더 단순한 범주는 미완성된 통일체에서 우세한 관계들을 나타내거나 더 진보한 통일체에서 하위 관계들을 나타낸다. 통일체가 좀 더 구체적인 범주 안에서 표현되는 양상들을 개발하기 전에 역사적으로 이미 존재했던 관계들. 가장 단순한 것에서부터 좀 더 복잡한 개념들에 이르기까지 진보한 관념적 추론의 절차는 실제 역사 발전과 일치한다." Karl Marx and Friedrich Engels, *The German Ideology*, Amherst, MA: Prometheus Books, 1967[1846], 142.

될 수도 있음을 잘 알았다. 이것은 "자연 상태"에서 인간의 삶은 "추잡하고 야만적이고 짧다"고 말한 누군가로부터 충분히 명백하게 알 수 있다.[*] 이것이 바로 홉스가 출현할 힘들과 아직 존재하지 않는 세계들에 대해 사유하지 않으면 안 된다고 느낀 이유이다.

사실 마르크스도 비슷하게 투쟁했다. 그와 엥겔스는 《공산당선언》 첫 페이지에서 "억압하는 자와 억압받는 자" 사이의 계속되는 역사적 대립이 혁명적 사회개혁을 보장하지는 않음을 인정한다. 그것은 그저 두 가지 가능한 결과 중 하나일 뿐이다. 다른 하나는 "부딪히는 계급들의 공동 파멸"이다. 리바이어던의 코먼웰스와 마찬가지로, 그들에게 프롤레타리아혁명은 "사변"(그 자체를 실현하는 데에 도움이 될 수 있는 하나의 이론)의 대상이 된다.

이 책은 홉스와 마르크스 둘 다에게 빚을 지는 방식으로 사변적인 방식을 취한다. 우리는 일상적으로 이해하는바 "만인의 만인에 대한 싸움"이라는 의미에서는 단연코 홉스주의자들이 아니다. 그 대신에, 아직 공고화되지 않았지만 잠재적으로 존재하는 권력이나 정부 형태를 이해하려 한 홉스의 노력을 따른다. 이런 이유로 우리는 그런 권력이나 정부 형태를 "기후 리바이어던"이라고 부른다.

홉스와 마찬가지로, 우리는 아직 실현되지 않았더라도 권력이 모

---

[*] 자연 상태에 대한 홉스의 유명한 묘사는 일부 연구자들에 의해 현대 환경운동에 내재화되었다. 좌파 기후 활동가 제러미 브레셔Jeremy Brecher가 출간한 최근 책들 중 *Against Doom* (Oakland, CA: PM Press, 2017)은 "두 가지 [가능한 미래] 시나리오"를 그리며 결론짓는다. 하나는 에코-유토피아이고, 다른 하나는 단순히 "파멸"로 불린다. 후자의 시나리오에서 "삶은 추잡하고 야만적이고 짧을 것이다."(96) 브레셔는 홉스를 인용하지 않는다.

이고 있다고 믿으며, 그 가능한 출현이 미래의 기대치를 조직하고 있는 한, 그것이 지울 수 없는 방식으로 현재를 형성하고 있다고 믿는다. 그러나 홉스와 달리, 이 리바이어던에 대한 우리의 전망은 희망적이지 않다. 그러므로 우리는 도래할 것이지만 아직 실현되지 않은 지구적 운동을 이해하고자 노력할 것이고, 세계적 기후정의 혁명이라는 그 실현을 위해 작게나마 기여하고자 한다. 마르크스는 프롤레타리아를 '자본주의의 무덤을 파는 자'라고 여겼지만, 우리는 그 어떤 특정 사회집단이나 계급을 혁명의 주체(또는 "반-리바이어던")로 명시하지 않을 것이다.**

　다양한 종류와 형태의 권력들이 현재의 국면을 구성하고 있지만, 우리는 우리 앞에 놓여 있는 것과 만나기 위해서 어떤 토대를 밝혀내기를 희망한다. 자본주의적 행성 거버넌스 양식, 즉 지구 생명의 이익을 위해 행동할 주권을 함부로 가로채는 불안정한 기후 리바이어던. 현재는 여전히 혼란 상태에 있는 권력에 맞서기 위해서, 여전히 형성 중에 있는 운동에 관한 이론을 요구한다. 이 둘의 망령은 이미 모양을 잡아 가고 있다.

** 자본이 제 무덤을 파는 자를 만들어 낸다는 마르크스의 주장은 엥겔스와 함께 쓴 《공산당 선언》 제1장에 나온다. "부르주아계급의 존재와 지배력을 위한 근본적 조건은 자본의 형성과 증대다. 자본을 위한 조건은 임금노동이다. 임금노동은 오로지 노동자들 간의 경쟁에 기댄다. 산업 발전의 무의식적 촉진자는 부르주아지이고, 산업 발전은 경쟁으로 인한 노동자들의 고립을 연합을 통한 혁명적 결합으로 대체한다. 그러므로 현대 산업 발전은 부르주아지가 상품을 생산하고 전유하는 기반 자체를 흔들어 놓는다. 그러므로 무엇보다도 부르주아지가 생산하는 것은 그들 자신의 무덤을 파는 자들이다." Karl Marx and Friedrich Engels, "The Manifesto of the Communist Party" (1848), Chapter 1, accessed at marxists.org.

우리는 이 사변적 요구와 그에 대응하는 우리의 노력을 패러다임 상 정치적인 것으로 여긴다. 어쩌면 이것은 불필요한 단서로 보일 수 있다. 잠재적 기후 리바이어던과 지구적 기후정의 투쟁에 관해 이야기할 때, 그것이 정치적인 것이라고 말할 필요는 없다. "정치적 인 것"을 지배하는 자와 지배받는 자 사이의 관계를 풀어 나가는 사 회의 장으로 규정한다면, 낙원과 현 상태 사이의 차이를 생략하거나 (유토피아주의) 역사가 우리를 그리로 데려다 주리라고 암시하는(목 적론) 사유 형식들은 본질적으로 탈정치화하게 된다.[31] 많은 이들이 마르크스를 구제할 도리가 없는 유토피아주의자로, 헤겔을 프로이 센 복원의 철학자로 치부해 버리는 데에는 근거가 있다. 그러나 두 가지 비난 모두 완전히 비뚤어진 생각이다. 홉스와 칸트부터 헤겔 을 거쳐 마르크스에 이르기까지 우리가 따르는 맥락에서, 사변적 정 치사상의 역사는 유토피아적이라거나 반동적이라고 평가절하될 수 없다.

5.

여기서 다시 카를 슈미트와, 영향력이 큰 그의 홉스 해석과 관련된 정치사상으로 돌아간다. 슈미트는 정치적인 것을 특정 활동 영역 (입법이나 사법 활동)이 아니라, 순전한 주권적 의사결정 영역(항상 실제적이거나 잠재적 폭력의 맥락에서 실행되는)과 친구/적의 구별로 규정한다. 친구/적 구분의 결정은 더 이상 단순화할 수 없을 정도로 실존적인 것이어서, 궁극적으로 주권자의 전략적 자기 이익에만 구속받는다.

주권자의 유일한 의무인 국민 보호라는 의사결정에 실존적 성격을 부여하는 것 외에는, 어떤 윤리적·법적 체제도 그 결정을 방해하거나 일단 내려진 결정에 이의를 제기할 수 없다. 그런 의미에서 주권자의 행동은 문화와 의무, 전통, 명예, 역사의 무게에서 면제된다. 그 유일한 근거는 돌이킬 수 없는 폭력적 죽음의 가능성에 의해서 부여된다. 내전이건 외국과의 전쟁이건, 그것은 바로 전쟁이다.

따라서 주권적 의사결정으로서의 정치적인 것은 피할 수 없는 적의 식별과 적과의 대결 행위를 묘사하며, 그래서 그 유일한 법은 전혀 법이 아니다. 칸트가 '긴급피난권Ius necessitatis'이라고 부른 필요의 법the law of necessity과, (칸트가 표현하듯) "필요는 법률을 가지지 않는다(necessitas non habet legem)"의 주권적 변종.[32] 이것이 슈미트가 적법성legality보다 합법성legitimacy을 우선시하는 근거이다. 법은 원천이 아니라 합법적 주권권력의 산물이기 때문이다. 홉스가 말하듯, 진리가 아니라 권위가 법을 만든다(auctoritas non veritas facit legem).[33]

주권은 그렇게 본질적이고 역설적이게도 문맥에 좌우되고 비수반적noncontingent이며, 역사적으로 특수하지만 그럼에도 역사를 초월하는 듯하다. 그것은 본래의 장소에서in situ 무조건적으로 행사되며, 그 자체만 조건으로 삼는다. 유럽 모더니티의 양식화된 역사(홉스와 슈미트가 보증한)에서 주권자로서의 국가(인간/자연 구분에 뿌리를 둔, 필수적인 친구/적 구분에 의한 생산물)는 주권권력과 국내 질서를 통해서 공공의 이익을 증진시킨다는 정치적 극장을 운영한다. 이는 시민사회에서 개인의 자유(화폐에 의해 중재되고 소유에 의해 보호받는)를 번성하게 할 전제 조건이다. 절대주의 국가가 절대적인 정치 지배를 통해 이 부르주아 시민사회를 보호하는 것은 모더니티로 나아가는 길에서 중차대한 하나의 발걸음이다. 그러한 이유로 오늘날 우리가 '시민사회'라고 부르는 것은 국가가 종교를 포함한 개인의 도덕을 정치 영역에서 박탈했기 때문에 출현했다. 그 정치 영역에서 의사결정은 정의正義가 아니라 힘을 토대로 이루어졌다. 삶 대對 죽음. 슈미트에게 정치가 진정으로 정치적이 될 수 있는 것은 오직 국가 활동세력state actors으로서의 정치사회가—(안정과 보호의 보답으로) 자발적으로 복종하는 시민사회의 구속을 받지 않고 주권자의 이익을 증진시킬 때이다.

　슈미트의 학생 라인하르트 코젤렉Reinhart Koselleck은 헤겔을 본보기 삼아 역사의 영역에서 이 주장을 심화시켰다. 그는 이와 같은 정치 개념 및 실천으로 수립된 역학이 주권 해체의 씨앗을 발아시켰다고 주장했다.[34] 전제정치가 용인하고 시민사회가 상대적으로 자유롭게 전개한 질서 잡힌 안정성의 토양에서, 그 역학은 정치적 삶에 관한 "비정치적"이고 도덕적인 구상을 적절하게 육성했다. 실제 세계의 정치적 제약이라는 골치 아픈 화용론話用論을 고려하지 않는 추상적이고 "비현실적인" 기준들을 가지고 주권자를 판단했던 것이다. 코젤렉은 단순히 사변적인 근거로 전제주의 국가를 이렇게 공격하는 것은 강인하고 단호하고 폭력적인 국가이성raison d'état 영역의 합법성을 손상시킨다고 주장한다. 그 영역에서는 윤리가 언제나 정치에 종속되는데, 더 정확하게 말하자면 윤리와 정치 그 어떤 차이도 "논제상 무의미하게" 되는데, 이는 "국가 설립 필요성이 선과 악이라는 도덕적 선택지를 평화와 전쟁이라는 정치적 선택지로 바꾸어 놓기" 때문이다.[35] 복종을 통해 획득한 보호 아래에서 정교하게 만들어진, 점증하는 자율적인 사적 영역은 계몽과 '비판critique'을 촉진시켰고, 그리하여 궁극적으로 그것을 가능케 한 국가 질서 자체를 위기에 빠뜨렸다. "〔원문 그대로〕비정치적 역할을 선고받은 부르주아 인간은 유토피아에서 피난처를 찾는다. 그 사적 영역은 그에게 힘과 안전을 주었다. 그것은 탁월한 간접적 정치권력, 즉 그 이름으로 절대질서를 전복시킨 그런 정치권력이다."[36]

주권자의 높이에서 보면 사변은 비정치적이라기보다 반정치적 정치의 증거이다. 사변이 정치적인 것의 본질을 파악하는 데에 실패한다는 의미에서 말이다. 그것이 위협적인 것은 추상적 원리를 토대로 삼고자 구체적인 국면을 거부하기 때문이다. 코젤렉에 따르면, 대중의 정치 생활에서 비판의 강화라는 자유주의적 또는 급진적 역사(루소, 칸트, 마르크스와 같은 인물들로 구체화된 것)에 비해 많은 이들이 루소와 연관시켰던 절대주의의 혁명적 목적과 공론장의 번성은 해방적이지 않았다. 오히려 그것은 정치적인 것을 규정하는 주권자의 실존적 우선성을 거부함으로써—나치즘과 스탈린주의를 포함한 모든 방식의 사변적 정치적 불안과 이데올로기적 광신에 역사의 문을 열어 놓았다.

그렇게 코젤렉과 같은 일부 보수적 사회사상가들은 아도르노와 호르크하이머 같은 특정 마르크스주의자들에게서 뜻하지 않은 동료를 발견하게 되었다. 이들은 나치즘에서 계몽의 파멸적 극치를 보았기 때문이다. 이러한 발견은 우연한 것도 아니고, 엘리트 집단의 포퓰리즘 경멸의 결과도 아니다(아도르노와 코젤렉이 그 경멸을 공유했다 하더라도). 악과 그 선동가들의 궁극적 원천이란 정치를 대신해서 유포되는 사적 도덕과 '이데올로기'라는 바이러스라는 생각은 홉스식 상식의 끈질긴 장악력을 반영한다. 유럽과 북미의 자유주의적 자본주의의 심장에서 특히 그렇고, 단지 엘리트 집단에만 국한되는 것도 아니다.

지칠 줄 모르는 노동운동, 박식민주의 운동, 반식민주의, 시민권 운동, 페미니즘 운동 등의 결과로서 20세기 정치적 영토의 재편에도 불구하고, 그런 근본적으로 절대주의적인 정치 구상은 지배적이지는 않더라도 강력하게 남아 있다. 홉스의 리바이어던은 주권권력이 정말로 무엇인지, 또는 주권권력이 실제 어떻게 작동하는지, 언제 위기가 닥치는지에 관한 연구라고 널리 받아들여진다. 오로지 그것만이 온당하게 정치적 정치를 반영한다는 것이다. 아무리 강력한 것이라 하더라도 또 다른 정치를 제시하거나 세우려는 시도는, 그것이 역사의 "자연" 궤도를 재정향하려고 하는 한 다소 돈키호테적인 것으로 인식된다. 예를 들어, 급진적 민주주의나 공산주의에 대한 비판은 좌파 정치가 윤리적으로 정당화될 수 없다고 하지 않는다. 그것은 근본적으로 순진하고 유토피아적이고 비현실적이라는 식이다. 이 입 밖에 내지 않는 절대주의는 많은 이들에게 설득력 있게 남아 있다. 그것이 바로 슈미트와 코젤렉을 관통해서 국제관계 학계의 소위 "현실주의자들"에게로 이르는 우파-홉스 식 계보를 만든다. 그게 바로, 예를 들어, 슈미트가 홉스가 실패하는 지점에서 리바이어던을 옹호하기 위해, (바스티유의 몰락을 기쁘게 맞았던) 헤겔을 차용하는(완전히 편파적인 방식은 아니다) 방식이다. 결과는 역설적으로 보인다. 주권자 예외의 옹호자인 슈미트는 자기 자신을 자유주의의 "중립화와 비정치화"로부터 진정한 자유를 구한 구세주로 공포한다.[37]

그러나 절대주의의 배경수준background levels〔자연 상태에서 자연적으로 발생하거나 인간 활동의 결과가 아닌 한 물질의 농도〕은 그저 반동적인 이론적 전통에서만 발산하는 것이 아니다(슈미트는 자신의 계보를 보딘Bodin과 드 메스트르de Maistre, 보날드Bonald, 도노소 코르테스Donoso Cortés를 통해 추적한다).[38] 우리는 더 구체적인 사례를 전체주의의 기원에 관한 한나 아렌트Hannah Arendt의 외관상 상식적인 평가에서도 찾아볼 수 있다. 아렌트는 제1차 세계대전의 지정학적 결과,

"혼성인구지대"[중부 유럽]의 해방하지 못한 국가들 사이에 마지막으로 남아 있던 유대감의 자취가 중부의 한 독재적 관료국가가 사라짐과 동시에 증발해 버렸다고 추론했다. 그것은 또한 널리 퍼진 증오와 충돌하는 국가적 요구들을 한데 모았다가 서로에게

퍼뜨리는 역할을 하기도 했다. 이제 모든 이는 다른 모든 이와 대항했고, 무엇보다도 가장 가까운 이웃들과 척을 지게 되었다.[39]

아렌트는 앞을 내다보고 이러한 조건("국가 없는 국민"의 "국적 상실"로 특징지운)이 "전체주의 정치학의 강력한 무기"가 될 것이라고 인식했다. 바로 오스트리아-헝가리 제국의 해체와 제정 러시아의 와해로 생긴 "권력 공백"에서 급조된 무기 말이다.[40] 아렌트의 분석은 홉스를 다른 방식으로 반복하는 가운데("이제 모든 이는 다른 모든 이와 대항한다") 우리가 수억 명의 기후난민(그렇게 인정되지 않고 그저 국적을 상실했거나 국가 없는 국민으로 여겨지는 사람들, 그리고 어쩌면 "자연재해"의 희생자들로 여겨지는 사람들)이 있는 세계에서 예상할 수 있는 정치적 대응을 슬쩍 비추기도 한다.

심지어 우리가 리바이어던을 저지하기 위해 제도와 사회관계를 만들고 있을 때에도, 리바이어던은 암묵적으로나마 피치 못할 것이라고 단정된다. 그리고 이 불가피성은 반박할 수 없어 보이는데, 그게 항상 어떤 형태로건 돌아오기 때문이다. 긴급 상황, 예외, 위기, "만인의 만인에 대한 투쟁". 이것들은 정치적 나침반을 자북磁北(magnetic North), 즉 리바이어던으로 이끄는 힘의 동의어들이다. 그러므로 정치적인 것에 관한 슈미트의 구상("주권자는 의사결정을 하는 자이다")은 파시스트 또는 향수 어린 군주제주의자의 호언으로 평가절하될 수 없다. 유감스럽게도 슈미트는 무언가에 몰두해 있었고, 그 무언가는 홉스와 매우 유사한 것이었다(진리가 아니라 권위가 법을 만든다). 무엇이 위기이고 위기가 아닌지를 결정하는 것, 즉 예외를 결정하는 행위는 모더니티에 대한 주권자의 안전장치다. 심지어 국가적이고 대중적인 민주주의 형태에서도 마찬가지다.[41] 그리하여 리바이어던은 결코 죽지 않는다. 그저 동면하고 있을 뿐이다.

6.

우리의 현재 국면이 특히 불안정하고 무섭고 심지어 종말론적으로 보인다 하더라도, 그러한 느낌이 만연한 것이 역사상 처음은 아니라는 점을 기억하는 것은 도움이 된다(그리고 조금 용기를 북돋아 준다). 사실 아렌트가 "최후의 심판일의 가능성에 대한 인지"라고 부른 것은 그 자체의 역사가 있을 만큼 흔한 일이다.[42]

우리 시대의 비극은 그 양과 비율이 알려지지 않았고 또 십계명으로 예견되지 않았던 범죄의 출현만이 우리로 하여금 세기초부터 폭도들이 무엇을 알고 있었는지를 깨닫게 만들었다는 사실이다. 이러저러한 형태의 정부가 낡아졌다거나 특정 가치와 전통들이 재고될 필요가 있다는 사실뿐만 아니라, 우리가 비교적 중단 없이 이어진 전통의 흐름으로 알고 있는 대로의, 거의 3천 년에 가까운 서구 문명 전체가 무너졌다는 것이다. 서구문화의 전체 구조와 그에 포함된 믿음, 전통, 판단 기준들이 모두 함께 우리 머리 위에서 무너져 내리고 있다. … 분명 이 상황을 인정하기 꺼리는 것은 이해하고도 남는다. 그것은 우리가 비록 수많은 전통들을 가지고 있고 그것들을 우리 이전 그 어느 세대보다 더 친밀하게 알고 있음에도 불구하고, 우리는 어느 것에도 기댈 수 없고, 또한 우리가 이전 그 어느 세기보다 경험이 축적되었으며 그것을 해석하는 능력도 더 크지만 우리는 그 어느 것도 사용할 수 없기 때문이다.[43]

아렌트는 이 글을 1951년에 썼다. 전면전과 대재앙이 된 대공황, 홀로코스트 대량 학살, 히로시마/나가사키 원자폭탄 투하 등이 30년 동안 이어진 세월, 그 규모상 성경에나 나올 법한 강력한 파괴의 테크놀로지를 통해 그 끝을 맞을 수 있었던 시기였다. 이러한 테크놀로지들은 아렌트와 다른 많은 이들의 머릿속에 위협적으로 다가왔다. 《리바이어던》은 비슷한 난제에 대한 홉스의 대응으로 전쟁 시기에 만들어졌다. 코젤렉이 표현하듯,

홉스에게는 그가 잉글랜드에서 임박한 것으로 생각한 내전을 막는 것, 또는 내전이 일어나면 그것을 끝낼 방법을 찾는 것 외에는 다른 목표가 있을 수 없었다. … 홉스에게 역사는 내전에서 국가로, 다시 국가에서 내전으로 끊임없이 교대하는 순환이었다. *Homo homini lupus, homo homini Deus* 인간이 인간에게 늑대, 인간이 인간에게 신.[44]

내전을 끝내는 것이 홉스를 추동한 필사적인 희망이었다. 그러나 홉스가 특히 공헌한 바(이를 한낱 유토피아적인 것이 아닌 사변적인 것으로 만들어 준 것) 가운데는 희망으로는 불충분하다는 인식이 있다. 당파적인 내전을 피하는 임무가 도덕의 문제로 여겨지는 한, 그것은 불가능하다. 홉스가 상정한 리바이어던 또는 국가권력으로서의 주권자는 모든 당파 위에 서서 그 모두를 통일체로 이끎으로써 도덕의 문제를 유예시킨다. 당파의 개별성을 복잡한 전체로 대체해 내전을 끝내고 정치를 도덕과 융합시키는 것이다. 그렇게 해서 헤게모니는 획득되고, 정치는 모든 이가 관심을 갖는 "공공양심public conscience"이 된다.

> 오직 내전의 측면에서만, 그리고 이 전쟁을 끝내라는 이성의 최고 계명의 측면에서만 홉스의 체계는 논리적으로 확실해진다. 도덕은 인간에게 지배자에게 복종하라고 명령한다. 지배는 내전을 끝낸다. 그렇게 함으로써 인간은 도덕의 최고 명령을 완수한다. 주권자의 도덕적 자질은 그의 정치적 기능으로 이루어진다. 질서를 만들고 유지하기.[45]

그러므로 홉스의 논리에 의하면, 내전에서 주권자의 도덕적 자질은 (재확신을 통해서) 갱신되기도 하고 도전받기도 한다(전쟁이 정체政體를 파괴할 수 있기 때문이다).

일부 내전들과 마찬가지로 기후변화는 현재의 질서가 답변하지 못하는 정치적 문제들을 제기한다. 홉스와 마찬가지로 우리는 내재적이고 헤게모니적인 세계 구상이 새로운 종류의 주권자, 새로운 질서의 출현(아직 실현될 수 없는 것이긴 하지만)을 요구하고 추정하는 시기를 살고 있다.[46] 이것은 역설로 보일지 모른다. 그러나 역사는 근본적인 문제들에 대한 답을 갖고 있지도 않지만, 상당 기간 동안 헤게모니를 장악한 채로 남아 있는 엘리트들에 의해 지배되는(보통 폭력적 결과를 불러온다) 극도로 불공평하고 명백히 모순된 사회적·정치적 질서들의 사례로 가득 차 있다. 세계대전 사이에 글을 쓴 그람시Antonio Gramsci가 표현했듯, "위기는 바로 낡은 것이 죽어가는데 새로운 것이 태어날 수 없다는 사실에 있다. 이 공위空位 기간 동안 다양한 병적 증상들이 나타난다."[47]

2

기후 리바이어던

인간은 지금 과거에는 일어날 수도 없었고
미래에는 재생산될 수 없는,
거대한 규모의 일종의 지구물리학 실험을
수행하고 있다.

_ 리벨Revelle과 수스Seuss, 1957[1]

1.

국제에너지기구는 2012 세계 에너지 전망 보고서에서 다음과 같은 경고를 냈다.

세계 에너지 지도가 바뀌고 있다. 에너지 시장과 교역에 잠재적으로 광범한 영향력을 끼칠 만하다. 그것은 미국에서 오일과 휘발유 생산의 재상승으로 다시 그려지고 있는 중이다. … 2020년 즈음에 미국은 가장 큰 세계 오일 생산국이 될 전망이다. … 그 결과로 미국은 오일 수입이 지속적으로 감소하여 2030년에는 북미가 순 오일 수출국이 될 전망이다. … 온난화를 2℃로 제한하는 기후 목표는 점점 어려워지고 있다. … 2030년까지 허락된 이산화탄소 배출량의 거의 5분의 4가 기존 발전소, 공장, 빌딩 등에 의해 이미 채워졌다. 2017년 전에 CO_2 배출을 줄일 조치가 취해지지 않으면, 모든 허가된 CO_2 배출량이 그때 존재하는 에너지 기간시설로 모두 채워질 것이다. … 세계가 2℃ 목표를 성취하려면, 2050년 전에 탄소 포획 및 저장ccs 기술이 널리 포진되지 않는 한, 증명된 화석연료 재고량의 3분의 1 이상 소비되어서는 안 된다. … 지리학적으로 [증명된 재고의] 3분의 2가 북미와 중동, 중국, 러시아에 존재한다. 이러한 발견은 CO_2 배출을 경감시킬 주요한 옵션으로서 CCS

의 중요성을 강조하지만, 그것의 배치 속도는 매우 불확실하다.[*]

에너지 생산과 소비의 지형도에 빠르고 거대한 변화가 현재 진행 중이다. 에너지 안보와 이윤의 본국 송환 흐름에 맞춰 세계의 에너지 대소비국들 일부는 "더 친절하고" 이상적인 국내의 공급업체들에 의존하고 있다. 거대 석유업체의 눈은 북반구(북극), 더 깊은 곳(연안에서 멀어진 곳), 더 더러운 곳(타르 샌드)을 향했다. 중동이 아직 세계의 석유 보유량의 대부분을 차지하고 있지만, 현재 세계 석유 생산량으로는 3분의 1에 불과하다.[2] 한편, 수압 파쇄법("프래킹 fracking") 덕분에 "비전통적" 탄화수소 자원으로 막대한 진출이 발생했다. "피크 오일peak oil"에 대한 이야기가 계속 나오긴 하지만, 세계는 화석연료가 넘쳐난다. 주요 에너지 기업들에게 수요는 공급보다 더 큰 문제이다.

이러한 구심력이 세계의 정치지리학을 재구성하고 있고, 여기서 적어도 두 개의 심오하게 중요한 발전이 눈에 띤다. 첫째, 이미 세계의 주요 강대국인 이 지리정치 게임의 "승자들"은 정치 · 경제력과 군사력, 에너지자원을 집중시킴으로써 더욱 지배력을 강화할 것으로 예상된다. 미국과 중국은 거대 프래킹 업체 두 곳을 발전시켰고, 둘 다 잠재적으로 막대한 셰일가스 보유고를 자랑한다. 둘째, 이 변

---

[*] 국제에너지기구, *World Energy Outlook*, 2012. 경제협력개발기구OECD는 부유한 국가들의 중동 오일 의존도에 대한 대응을 조율하기 위해 1974년 (미국의 명령에 따라) 국제에너지기구를 설립했다.

화는 의미 있는 탄소 감축 희망의 종말을 보여 주는 전조가 된다. 프래킹 관련 채취 과정은 사우디의 석유 시추보다 탄소 배출이 훨씬 더 많고, 비전통적 탄화수소의 폭발적 증가는 온실가스 배출의 증가를 뜻한다.** 더욱이 이 자원들의 지리적·정치경제적 배분은 세계의 부와 권력 분열을 더 심화시켜 지정학적 불평등을 악화시키고, 그나마 국제 협상으로 기후 관련 문제들에 대해 세워 놓은 협력의 장까지 불안하게 만들고 있다.

　국제에너지기구는 더 이상 감축이 불가능하다고 말하지 않는다. 분명 일부 분야와 기업 및 일부 지역들이 배출을 줄이기는 했다. "녹색에너지Green energy"는 많은 곳에서 팽창했다. 중국과 유럽에 새로운 태양전지판이 등장했고, 열대 지역 강에는 댐들이 더 많이 생겼다. 그러나 이러한 형태의 에너지 생산에 들어가는 환경비용은 차치하더라도, 전기에 대한 세계적 수요가 급증했다(그리고 줄어들 기미가 보이지 않는다). 아직 녹색에너지 붐은 없다(표 2.1 참조).*** 탄소 배출은 계속해서 가속화하고 있다.[3] 국제에너지기구는 설명한다.

** Gavin Bridge and Philippe Le Billon, *Oil*, 9. 그러므로 새로운 에너지 지형도는 추출물이 생산하는 에너지량 대비, 추출 과정에서 상대적으로 더 많은 에너지량을 요구한다. 지난 세기 동안 세계 평균은 1:100에서 1:30으로 줄었고, 일부 비전통적 작업에서는 1:5까지 낮아졌다. 달리 말해, 에너지 추출 사업이 한때 투자된 에너지량의 100배에 달하는 에너지를 생산했다면, 지금은 단 30만을 생산하며, 많은 경우 그보다 더 낮다는 의미다.

*** 경제협력개발기구OECD 국가들에서 완전히 재생가능한 전기 생산은 1988년과 2014년 사이에 두 배 증가했다(~1200에서 ~2400TWE로): 국제에너지기구, "Recent Energy Trends in OECD," 2015, excerpt from International Energy Agency, *Energy Balances of OECD Countries: 2015 Edition*. 2015년 기준, 재생가능한 에너지 생산의 대략 절반이 수력전기에서 나온다. 그러나 수력전기도 환경영향이 없는 에너지는 아니다.

비화석연료 에너지(핵에너지, 수력, 다른 재생자원)의 성장에도 불구하고 … 세계 에너지 공급 내 화석연료 비율은 지난 40년 동안 비교적 변화가 없었다. 2014년 화석연료는 세계[에너지 공급]의 82 퍼센트를 차지한다.[4]

아래에서 자세하게 설명하겠지만, 국제 탄소 감축에서 실질적인 진전은 거의 없었다. 급진적 변화가 없으면 지구 대기 중 이산화탄소 농도는 인류세가 끝날 때까지 400ppm 아래로 떨어지지 않을 것이다. 국제에너지기구가 탄소 포획과 저장이 반드시 필요하다고 강조하는 것은, 필요한 타임라인(즉, "2017년 전")에 맞춘 CO_2 배출 감축을 성취하는 데에 극복할 수 없는 장애가 있음을 의미한다.*

기후변화 경감 전략으로서 신속한 탄소 감축 가능성은 지난 일이 되어 버렸다. 적어도 세계의 엘리트 집단은 이를 포기한 것으로 보인다. 그들이 한 번이라도 그걸 진지하게 받아들인 적이 있다면 말이다. 2010년에 마이크 데이비스는 … "개연성이 없지 않은 시나리오"를 상상했다. "퍼스트 클래스 승객 선별적 순응에 투자를 가속화

---

* 2011년 세계 CO_2 배출은 역사상 최고점인 31.6기가톤Gt을 기록했다. 2010년보다 1.0기가톤(3.2퍼센트) 증가한 수치다(국제에너지기구, 2012). 이 추세대로라면 2011년 더반 기후변화협약에서 약속한 해인 2020년이 되면 ~58Gt을 배출할 것이다. 이 수치는 온난화를 2℃ 상승으로 제한했을 때의 배출량보다 ~14Gt 많은 수치다(UN환경계획, The Emissions Gap Report, Nairobi, 2012). 2004년부터 2013년까지 마우나로아 관측소에서 측정한 대기 중 온실가스 농도는 2.13퍼센트 증가한 수치로, 이는 10년 주기 증가 폭 중 가장 크다. 하와이 마우나로아 관측소에서 현장 측정한 지구 대기의 CO_2 농도(ppm)는 www.co2.earth에 게시된다.

| 표 2.1 | 세계 에너지소비, 화석연료와 비-화석연료, 1971년과 2014년

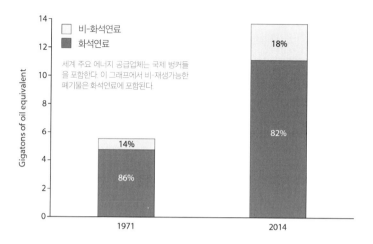

하기 위해서 …", 감축을 "암묵적으로 포기하게 되리라"는 것이다.
그의 예측은 결국 선견지명이었을까.

목표는 재앙에 시달리는 행성에서 차단막이 쳐진 신록으로 물
든 영구적인 풍요의 오아시스를 만드는 것이다. 물론 여전히 조
약도 만들어질 것이고, 탄소배출권이니 기아 구호품이니 인도주
의 활동도 있을 것이며, 또 어쩌면 일부 유럽 도시와 작은 국가들
은 대안에너지로의 전면적 전환도 이룰 것이다. 그러나 빈국과 소
득 중간 규모 국가들의 도시와 시골 지역 기반시설에 대한 수조 달
러 규모의 투자와, 수천만 명에 달하는 아프리카와 아시아 사람들
의 지원 이민assisted migration을 전제로 하는 기후변화에 대한 세계

적 적응은, 필연적으로 그 소득과 권력의 재분배에서 거의 신화적인 규모의 혁명을 요구할 것이다.[5]

이런 끔찍한 시나리오의 개연성이 오늘날 우리 정치에 의미하는 바는 무엇인가? 이 질문이 이어질 논의의 초점이다. 데이비스가 말하는 중요한 사회생태적 변화는, 이에 맞서 세계 기후정의운동이 "거의 신화적 규모의 혁명"을 일으킬지도 모를 이 변화는, 행성의 자연사에서 이행이라는 위험천만하고도 국면적인 계기로 이해하는 게 최선일 것이다. 이 말은 그 변화가 정치를 넘어서는 일임을 암시하는 게 아니다. 반대로 이러한 변화의 한가운데에서 긴급한 질문들은 단순히 정치에서의 변화(예를 들어, 더 대표성을 띠는 절차주의 또는 더 예방적인 환경정책 입안)뿐만 아니라 정치적인 것의 변화와도 관련되어 있다.

공정하고 살 만한 지구를 위해 필요한 정치적 변화를 우리가 어떤 경로를 통해 수행할지 묻는 것은, 필연적으로 어떤 정치적 도구와 전략 그리고 전술이 "신화적 규모"의 혁명을 성취할 수 있을지 묻는 것과 같을 뿐 아니라, 정치적인 것의 영역에 관한 어떤 구상이 그런 도구와 전략 및 전술을 가능하게 하는지 묻는 것과 같다. 정치에 관한 어떤 구상들이 저 온난화 수준을 합법화하고 있고, 정치적인 것에 관한 어떤 대안적 구상들이 진정한 대안을 위한 근거를 제공해 줄 수 있는가?

2.

우리는 다가올 정치·경제질서의 근본적인 형태를 결정할 두 가지 조건을 제시하려 한다.

첫째, 앞으로도 우세한 경제구조가 계속 자본주의적 구조가 될지 여부이다. 자본주의사회들 내부에 그리고 그 사회들 사이에 커다란 다양성이 있기는 하지만, 그 모두는 마르크스가 자본의 일반 공식이라 부르는 것에 의해 결정된다. M-C-M′〔화폐M가 상품c으로 전환되고, 상품이 다시 가치가 변경된 화폐M′로 전환되는 것〕[6] 이러한 자본의 순환이 계속해서 팽창할지, 가치−형태가 계속 사회적 삶을 형성할지 여부는 도래할 질서의 근본적 결정요인이다.

두 번째 조건은, 일관성 있는 행성적 주권자의 출현 여부이다. 달리 말해, 행성의 관리를 목적으로 주권이 재구성될 수 있을까? 우리가 기후 리바이어던이라고 부르는 것은, 예외의 권리를 행사하고 긴급사태를 공포하고 누가 탄소를 배출하고 배출하면 안 되는지를 결정할 어떤 주권자가 있음을 의미한다. 이 주권자는 이중의 의미에서 행성적이어야 한다. 행성적 규모에서 행동할 능력이 있어야 하고(기후변화는 거대한 집단행동 문제로 이해되기 때문에), 즉 '지구의 생명을 위하여' 행동할 능력이 있어야 한다. 이 엄청난 규모의 작업은 "바람의 무게를 정하고 물의 분량을 정하는"[7] 것과 같이, 모든 것을 지구적으로 계산해야 하는 난관에 봉착하게 된다.

이 이분법 쌍은 기후변화에 대한 네 가지 가능한 지구적 정치 대응을 생산한다. 이 각각은 특정 블록의 헤게모니와 그 헤게모니가 행사되는 전유專有와 분배 방식으로 구별된다. 자본주의적 기후 리바이어던; 반자본주의, 국가-중심 기후 마오; 반동적 자본주의 베헤못; 반자본주의, 반주권 기후 X(표 2.2 참조). 상자의 상단은 자본주의의 미래를 반영한다. 왼쪽 세로줄은 행성적 주권이 확인되고 구성되는 시나리오를 나타낸다.

우리의 주제는 세계의 미래가 리바이어던과 베헤못, 마오, X, 그리고 그들 간의 갈등으로 규정될 것이라는 점이다. 모든 미래 정치가 기후로만 결정될 것이라는 말은 아니다. 오히려 기후변화라는 난제는 지구적 질서에 너무나 근본적인 문제라서 기후변화에 대한 복잡하고 다층적인 대응들이 이 네 가지 길 중 하나를 따라 세계를 재편할 것이라는 말이다. 최소한, 지금까지 지속된 자본주의 자유주의적 민주주의의 헤게모니는 안전하게 보장될 수 없다.

다시 말하지만, 우리의 목표는 어디에 판돈을 걸어야 할지를 정할 미래 세계 분류법을 개발하자는 게 아니다. 오히려 그저 우연의 산물과 다름없는(역사의 노정은 미리 결정된 것이 아니기 때문에) 불가피한 위기에 직면하여 세계가 어떻게 움직일지 파악하려는 노력의 일환으로 이 넓은 궤도에서 미래의 중차대한 차원들이 갖는 중요성을 포착하자는 것이다. 이 정치적 미래들은 막스 베버 식의 "이상적 유형들"이다. "가능한 최선"이라는 의미에서 "이상적"이라는 것이 아니라, 역사적·정치경제적 힘들의 상호작용으로 생산되는 개략적이지만 구분 가능한 유형이라는 의미다. 기후정치에서 갈 수 있는

| 표 2.2 | 네 가지 잠재적 사회 형태

	행성적 주권	반-행성적 주권
자본주의	기후 리바이어던	기후 베헤못
비-자본주의	기후 마오	기후 X

여러 길에 대한 우리의 설명은 어느 특정 지형에서 일어날 수 있는 경험적 형태를 세세하게 예측하는 게 아니라, 역사적·정치경제적 힘들의 일반적인 역학과 그 역학이 기후정의의 세계를 구성하려는 시도들에 대해서 갖는 정치적 함의를 결정할 가능성이 높은 주요 특징들을 기술한다.

우리가 상상할 수 있는 여러 가능한 길 중에서 기후 리바이어던이 현재 가장 주도적이지만, 그 또한 아직 공고화되지도 않았고 반드시 성공할지도 알 수 없다. 이것이 가까운 장래에 지배적이게 될 가능성이 크기 때문에, 기후 리바이어던 밖에 존재하는 가능한 미래들은 대개 그에 대한 대응으로 보일 수 있다. 베헤못은 리바이어던에 대한 가장 큰 직접적 위협이다. 헤게모니를 장악할 가능성이 없어 보이긴 하지만, 리바이어던이 새로운 헤게모니 질서를 쥐는 것을 방해할 만큼 은 파괴적이다. 리바이어던이 본질적으로 지속 가능한 자본주의의 현상유지라는 꿈을 반영하고, 베헤못이 그에 대한 보수적 대응이라 면, 마오와 X는 이 세속적 드라마에서 경쟁하는 혁명적 형상들이다. 우리가 보기에 X가 윤리적·정치적으로 우월하지만, 무대 왼쪽에서 마오가 등장할 것 같다. 이 장의 나머지 부분에서 그 각각을 살펴볼 것이다.

3.

기후 리바이어던은 행성적 주권자의 꿈에 의해 규정된다. 그것은 민주적 합법성으로 무장한 규제적 권위로서, 과학적 문제들에 관한 기술적 권위와, 도래할 우리 세계에 필수적인 과립성顆粒性 요소들(민물, 탄소 배출, 기후난민 등등)을 감시할 수 있는 판옵티콘 같은 능력 을 통합한다.

세계 탄소 배출 감축에 실패했음에도 불구하고,「유엔기후변화협 약UNFCCC」〔정식 명칭은 '기후변화에 관한 유엔 기본협약'〕을 진척시키려 는 유엔기후변화협약 당사국총회COP 연례회의는 이 행성적 규제의 꿈에 대한 최초의 제도적 표명을 대변한다. 이는 기후에 따른 축적 및 정치적 안정의 붕괴가 시급한 문제가 되자 지배적 자본주의 국민 국가들이 강화하는 절차이다. 코펜하겐이나 칸쿤에서 구속력 있는 의견 일치를 보지는 못했으나, 2015년 「파리기후변화협약」은 지금 가능한 세계적 합의의 당면 조건들을 명료하게 정리했다.[8] 우선, 여기서 자본주의는 질문이 아니라 기후변화에 대한 해결책으로 다뤄진다. 사실, 유엔당사국총회COP의 렌즈로 보면 기후변화는 자본에게는 오히려 하나의 기회로 보인다. 배출총량거래cap and trade, "녹색" 비즈니스, 원자력, 경영진 리더십, 탄소 포획 및 보관, 녹색금융, 그리고 궁극적으로 지구공학. 이런 것들이 리바이어던의 생혈生血이다.

이것을 왜 '리바이어던'이라고 부르는가? 기후 리바이어던은 홉스의 원작에서 슈미트의 주권에 이르는 리바이어던의 직계 후손이다. 기후 문제에 관한 한, 리바이어던은 의사결정을 하고 또 바로 그 의사결정 행위 속에서 구성된다. 그것은 생명을 구한다는 명목 하에 위기를 지휘하고 선포하며, 지구에 질서를 가져오기 위해 행성적 주권자에 대한 욕망, 그리고 그에 대한 인식과 필요성을 표현한다. "예외상태를 선포하는 일이 점차 정부의 정상적 테크닉으로서 안보 패러다임을 전례 없이 일반화시키는 일로 대체된다"고 말한 아감벤이 옳다면, 기후 리바이어던의 강화는 행성의 안보 또는 행성적 생명의 안전 도모를 성취하기 위한 "정상적 테크닉(들)"의 재설계를 대변한다.[9] 이러한 성취와 함께 자연 상태와 국가의 본성은 자기권위 부여적 통합을 형성한다.

기후 리바이어던은 홉스와 슈미트에게 근본적이었던 국가-기반의 영토적 그릇을 초월하기 때문에 적어도 지리적으로는 그 혈동을 초과한다.* 국가의 자주성 의식이 강한 국가들에게도 독립적인 규제 체제가 탄소 배출을 급격히 감축해야 한다는 지구적 난제에 부적절하다는 것이 점차 더 명백해지고 있다.「유엔기후변화협약」절차에서 깊은 균열을 야기하는 이러한 모순은, 다른 "공익"적 집단행동 문제와 마찬가지로, 사실상 현존하는 자본주의 글로벌 북반구(동맹국들, 그리고 때로 중국과 협력하는) 헤게모니블록 지배의 정치적 · 지리적 연장에 불과한 명목상 "글로벌"한 프레임의 형성으로 나아갈 수도 있다. 그러나 이것은 절대 확실한 것이 아니다. 그 어떤 실현 가능한 행성적 기후 리바이어던도 이전에는 글로벌 거버넌스에서 배제되었던 다양한 행위자들(특히 중국과 인도가 두드러지지만 그 목록은 계속 이어질 수 있다)의 승인을 받아 구성되어야 한다. 특히 구속력 있는 기후규제를 위해서는 중국의 지지를 확보해야 한다는 사실이 리바이어던에서 자본의 역할을 복잡하게 만든다. (이 문제는 5장에서 살펴볼 것이다.)

우리는 리바이어던이 두 개의 폭넓은 형태 중 하나를 띨 것이라고 추측한다. 한편으로, 거의 틀림없이 홉스의 비전에 더 들어맞을 다양한 권위주의적 영토주권은 정치경제적 조건이 자본을 초월할 여지가 있는 국가나 지역에서 출현할 수 있을 것이다. 우리는 이 가능성을 "기후 마오"라고 명명한다. 다른 한편, 리바이어던이 북반구

---

* 행성적 주권이란 슈미트에게는 그릇된 결론이지만, 우리는 충직한 슈미트주의자가 아니다. 우리는 또한 슈미트가 주권의 부수현상으로 본 자본에 관한 견해에서도 그와 의견을 달리한다.

의 자유주의적 민주주의 자본주의국가들의 기존 지배를 영속화하기 위한 수단으로서 출현하는 것을 볼 수도 있다. 현실적으로는 앞으로 수십 년 동안, 점점 쇠약해지는 미국 주도 자유주의적 자본주의 블록이 중국과 협력해 행성적 체제를 만들어 가는 것이 가장 가능성 있는 시나리오(5장과 6장에서 상세히 설명할 것이다)라고 생각한다. 그 행성적 체제는 정치적/생태적 위기의 측면에서 인간의 미래를 방어한다는 구실로 반대를 허용하지 않을 것이다. 그 체제는 인간의 미래를 위해 스스로 최초이자 마지막 방어선임을 자처할 것이다.** 그 운용 패턴은 익숙한 것일 가능성이 높다. 즉, 유엔이나 다른 국제 포럼이 공격적인 감시와 처벌 수단을 합법화하는 역할을 할 것이다. 이로 인해 기후 리바이어던의 구축이 미국의 헤게모니를 구할 중요한 수단이 될 수 있다. 미국 헤게모니 강화의 가능성을 높이는 전망이다.[10]

잠재적인 자본주의 기후 리바이어던은 어떻게 그 외교적 해결책을 밀고 나갈까? 이 노력에 관해서는 전 하버드 물리학자이자 버락 오바마 대통령의 수석고문이었던 존 홀드렌John Holdren이 공동 저자로 쓴 책에서 펼쳤던 주장이 있다.[11] 2008년 임명 이후 우익 매체들은 홀드렌을 기후경찰국가의 선구자라며 조롱했다. 한 웹사이트에서는 그

** 확실성은 없다. 다만, 니코스 풀란차스가 반복해서 주장한 요지를 상기시키려 한다. 자본도 자본주의국가도 위기를 해결하고자 자동적 메커니즘 또는 목적론적 메커니즘을 포함하지는 않는다는 것이다. "자본 전체 내에도, 독점자본 자체 내에도 다른 자본이 계속 번영할 수 있도록 누가 희생해야 하는지를 결정할 수 있는 경우는 없다"; State, Power, *Socialism*, London: Verso, 1979, 182–83.

가 "지구를 구하기" 위해 "강제낙태와 집단불임"까지 요구했다고 주장했다.* 분명 과대망상적 과장이지만, 그 기저에 있는 비평이 완전히 대상을 잘못 잡은 것은 아니다. 홀드렌은 기후 리바이어던을 꿈꾼 초기 몽상가였다. 1977년 자원관리에 관한 책의 결론에서, 홀드렌은 "행성적 체제"라 부르는 새로운 주권의 밑그림을 그렸다.

　　지구적 체제를 향하여: … 아마도 [유엔 환경 프로그램]과 유엔 인구 기관들과 결합된 그러한 기관들은 결국 하나의 행성적 체제 ─인구와 자원, 환경을 다루는 일종의 국제 최고기관─로 발전할 수 있을지 모른다. 그러한 포괄적인 행성적 체제는 모든 자연자원의 개발과 관리, 보존, 분배를 통제할 수 있을 것이다. … 그리하여 그 체제는 대기와 대양 오염을 통제할 권한뿐만 아니라, 국경선을 넘거나 대양으로 방출되는 강과 호수 등 민물 오염을 통제할 권한도 갖게 될 것이다. 그리하여 어쩌면 [선진국]에서 [저개발국]으로의 지원을 이끌어 내고, 국제시장의 모든 식품을 포함하여 모든 국제무역을 규제하는 논리적 중앙 기관 역할을 할 수도 있다. 이 행성적 체제는 세계와 각 지역의 최적 인구를 결정하고, 지역 한계 내에서 다양한 국가의 몫을 중재하는 책임을 질 수도 있다. 인구 규모의 통제는 각 정부의 책임으로 남을 수 있지만, 행성적 체제가

---

* "오바마의 과학 황제, 존 홀드렌이 말하다: 지구를 구하기 위해 강제낙태와 불임술이 필요하다", at zombietime.com/john_holdren.

합의한 제한을 시행할 권한을 갖게 될 수 있다.[12]

　홀드렌과 함께 이 책을 쓴 에를리히Ehrlich 부부는 신맬서스주의자로 유명하지만, 이들이 제안한 체제에는 맬서스보다 슈미트의 영향이 더 크다.

　이 주장이 요청하는 기후 리바이어던은 그 성격상 명백히 **자본주의적**이다. 자본을 기껏해야 부수현상으로 본 슈미트가 고안한 주권자 리바이어던과는 대조적으로, 자본주의적 기후 리바이어던은 국가사회주의 방식이라기보다 과거로 거슬러 올라가 1929년 이후 자본주의 문명을 구하고자 '케인스주의'라는 포괄적 용어 아래 집결한 필사적인 노력의 일환으로 출현한다. 국가적 스케일에서 정치권력의 집중이 자유주의적 헤게모니를 영구화할 국제 협력 기관들과 결합한 것이다. 유엔과 함께, 자본의 지배에 특정한 제약을 가하기 위해서 말이다.

　'그린워싱' 개념은 현재 세계화된 녹색 자본주의로의 전환이라는 허세를 정당하게 다루지 못한다. 에드워드 바비어Edward Barbier가 "녹색 케인스주의green Keynesianism"를 위한 몇 가지 정교한 계획 중 하나(5장 참조)인 "글로벌 녹색 뉴딜"의 개요에서 기술한 것처럼, 그것은 행성적 주권의 제도적·법적 구조와 더불어 일련의 새로운 환경금융 상품들('증권'으로서의 지위가 결코 명확하지 않은)**을 통한 정

** Edward B. Barbier, *A Global Green New Deal: Rethinking the Economic Recovery,*

교하고 유동적인 글로벌시장의 형성을 모두 요구할 것이다.

그럼에도 기후 리바이어던은 가까운 장래에 엘리트들을 추동하는 근본적인 규제적 이상ideal이 될 것이다. 하지만 그것은 불가피한 것도 아니고 극복할 수 없는 것도 아니다. 강하고 통일성 있지만 경쟁 상대가 없는 것도 아니다. 기후 리바이어던은 복잡한 축적 전략들로 분열된 국가자본주의 프로젝트의 일상적 부담 때문에 내부에서도 위협을 받고 있고, 게다가 그것이 실제 기후변화를 뒤집을 것이라고 생각하기도 어렵다. 자본의 생존에 필요한 쉼 없이 확장하는 축적에 대한 추구, 끊임없이 팽창하는 축적을 향한 추동력과 행성의 생산수단으로의 끊임없는 변환, 재료의 처리량과 그것을 작동시키는 데에 필요한 에너지 원단위〔국내총생산GDP 1천 달러를 생산하는 데에 소비되는 에너지 양〕등을 고려하면, 자본주의는 (생태적 마르크스주의자들이

Cambridge: Cambridge University Press, 2010; Larry Lohmann, "Regulatory Challenges for Financial and Carbon Markets," *Carbon and Climate Law Review* 2, 2009, 161–71; Larry Lohmann, "Financialization, Commodifi cation and Carbon: The Contradictions of Neoliberal Climate Policy," *Socialist Register* 48, 2012, 85–107. 기후금융은 오늘날 「파리협약」을 둘러싼 논의의 중심에 있다. 전 볼리비아 유엔당사국총회 대사 파블로 솔론은 「파리협약」에 관하여 이렇게 설명한다. "선진국들은 [기후금융 섹션에서] 매우 명백한 방식으로 '제공한다'는 단어를 '동원한다mobilize'로 바꾸었다. 협약 제9조는 '선진국 당사국들은 다양한 원천, 기구, 채널로부터 **계속해서 기후금융을 동원하는 데에 선두에 서야 한다.** 예를 들어, 공적자금, 민간투자, 공채, 탄소시장, 심지어 개발도상국들을 들 수 있다"[강조 덧붙임]. "계속해서 선두에 서야 한다"는 구절은 그들이 이미 가치 있는 일을 하고 있다는 의미를 내포한다. "동원한다"는 말은 계속해서 민간재정이 이들 국가가 이용할 수 있는 유일한 재정임을 암시한다. 심지어 공정 금융이 제공되는 때에도, 세계은행 같은 곳에서 중재할 수 있다는 의미. 호안護岸 건설을 위해 자메이카에 차관을 조달했다고 상상해 보라. 그 금액은 분명 1천억 달러에 육박할 것이다[파리에서 보증된 것이니]. 북반구는 "기후금융을 동원할 것이고", 차관은 이자와 함께 상환되어야 하기 때문이다.

말하듯) 행성의 한계에 끊임없이 맞닥뜨리게 된다. 이 모순을 해결할 "공간적 조정"이 있다 하더라도 아직은 이용할 수 없다.[13]

더욱이 부와 권력의 불평등을 심화시키는 자본주의의 경향성은 직면한 기후변화라는 난제와 긴밀하게 연결되어 있다.[14] 행성의 탄소 배출을 감축하려는 노력은 희생과 초국적 연합을 필요로 한다. 국가 내, 그리고 국가 간 심화된 불평등은 이러한 노력에 치명적이다. 국내적으로 보면, 불평등은 공동의 희생으로 계급을 초월한 연합을 형성하는 것을 어렵게 만들고 부자들이 탄소집약적 경제를 지속 가능한 대안으로 전환시키는 것을 막기 때문이다. 국제적으로는, 부와 권력의 엄청난 불평등이 리바이어던의 효과적 지배에 필요한 초국가적 협력을 방해하기 때문이다. 그리하여 기후 리바이어던이 존재할 수 있다고 하더라도, 생태적·경제적 주권의 지구적 강화와 함께 강제와 동의의 결합을 통해서 그렇게 할 수 있다고 하더라도, 확실한 헤게모니 확보는 어려울 것이다. 하지만 그렇더라도 기후 리바이어던이 일찍 소멸하거나 조용히 죽을 것이라고 단정해서는 안 된다. 지금 그 옹호자들은 필사적으로 적들에 대한 봉쇄 전략을 찾고 있다.

2015년 12월 「파리기후변화협약」은 기후 리바이어던의 형식에 대한 법적·정치적 전조였다. 이 제21차 유엔당사국총회COP21에서 주지할 첫 번째 사항은, 이 회의가 실제 파리가 아니라 파리 북부 교외 지역의 옛 비행장인 르부르제에서 열렸다는 점이다.✦ 그곳은 도

✦ 르부르제는 1927년 찰스 린드버그가 대서양 횡단비행 후 착륙한 지점이다. 우리는 그 성벽

시의 변두리에 있는 이상한 공간이다. 풍경은 싸구려 영화 세트장, 아니 난민캠프 같았다. 풍요롭게 만들어졌으나 그럼에도 캠프 같았다. 외교 보안을 위해 합판 벽과 경찰 저지선으로 이루어진 임시 도시. 르부르제 안에는 "공인된 사람들"과 "기업들"을 위한 독립 건물들이 있었다. "시민사회"도 보안 장벽으로 둘러쳐진, 타인들과 분리된 독립 빌딩을 받았다. "공인된 사람들"을 위한 공간은 중앙에 있었다. 자본과 사회를 중재하는 국가처럼.

이 외교 행위의 목적은 무엇이었는가? "지구를 구하기 위해서"라고 반복적으로 말했고, 이유가 없는 것도 아니었다. 세계는 대안의 결핍을 느끼며 파리로 향했다. 사방에서 유엔당사국총회 절차에 문제가 있다고 했다. 그럼에도 대부분의 당사자들이 그것을 기후변화를 위한 국제외교적 절차로 인정했고, 함께 협력해야 한다고 했다. 이해할 만한 입장이나, 좌파가 보기엔 불충분하다. 「유엔기후변화협약」/당사국총회 절차는 기후정치에서 피할 수 없는 통과 지점인 국제 협상의 중앙 연합이다.

어떤 의미에서 외교관들은 파리에서 성과를 거두었다. 2015년 12월 12일 정오에 서명한 협약은 기후변화에 대처하는 새로운 국제법이다. 당시 프랑스의 올랑드 대통령은 「파리협약」을 "인류를 위한 위대한 도약"이라고 했다. 영국 총리 데이비드 캐머런은 엘리트들이 "다가올 수많은 세대들을 위해 우리의 지구를 구했다"고 주장했

에서 「파리협약」을 이끌어 낼 특혜를 받았다.

다.[15] 주요 뉴스 매체들도 뒤를 이었다. 《뉴욕타임스》는 협약을 "기후변화 해결을 제2기 중심 과제로 삼은 오바마 대통령의 결정을 보여 주는 증거"로 불렀고, 《더 가디언》은 "화석연료에 대한 가속화된 단계적 철퇴, 재생에너지 흐름의 성장, 국가들이 배출권을 거래하고 숲을 보호할 수 있는 강력한 탄소시장을 만들어 낸 최초의 보편적 기후협약"이라고 평했다.[16]

물론 과장이다. 조지 몽비오(《가디언》에도 글을 쓴다)는 좀 더 균형 잡힌 평가를 제시했다. "기대를 안 했을 경우와 비교하면 기적이었다. [그렇지만] 당위성을 생각하면 재앙이다."[17] 여기서 "기적"은 기후변화에 대한 최초의 세계적 합의라는 의미에서다. "재앙"은 협약이 대변하는 비극적 실패를 가리킨다. 탄소 배출에 대한 구속력 있는 제한이 전혀 없고, 지구 지각에 화석연료를 그대로 두어야 한다는, 반드시 필요한 한 가지 약속마저 없었다. 무려 31쪽에 달하는 「파리협약」의 기본 성명서 중 제4조 제1절을 보자.

제2조에 명시된 장기 기온 목표를 성취하기 위해[즉, 세계 평균 기온 상승을 산업화시대 이전 수준과 비교할 때 1.5℃나 2℃로 맞추기], 당사국들[사실상 세계 모든 정부]은 최대한 이른 시기에 온실가스 배출의 글로벌 정점에 이르는 것을 목표로 한다. 개발도상국 당사국들에게는 그 정점에 도달하는 데에 더 오랜 시간이 걸린다는 점을 인정하고, 그 후 이용 가능한 최선의 과학에 맞춰 급격한 감축을 시행하여 이번 세기 후반부에 인위적 배출과 온실가스 저

감을 통한 제거 사이에 균형을 맞추도록 한다. 그것은 형평성에 기초해서, 그리고 지속 가능한 개발과 빈곤을 퇴치하려는 노력의 맥락에서 이루어져야 한다.[18]

「파리협약」은 부나 소득에 근거해 당사국들을 서로 다른 그룹으로 구분하지 않았다. 이 점에서 「파리협약」은 소위 [개발도상국에 대한 재정적·기술적 지원 의무가 있는] 부속서Annex II 국가(OECD 회원국)들이 각자의 목표를 달성하고 기술이전을 장려하는 일 외에도, "그들의 의무를 준수하기 위해 개발도상국 원조에 재원을 제공하기로 한" 1997년의 「교토의정서」와 다르다.[19] 「파리협약」 제4조의 언어는 핵심 자본주의국가들(미국과 유럽연합이 주도하는)과 개발도상국들(사실상 중국과 인도가 대표하는) 간의 타협을 보여 준다. 모든 나라가 "최대한 이른 시기에 온실가스 배출의 글로벌 정점에 이르는 것"으로 감축을 약속하지만 수준과 타임라인은 정하지 않았고, 개발도상국의 형평성, 빈곤, 배출 정점 지연 등에 관한 언어를 포함함으로써 중국, 인도, 그리고 그들 블록은 "탄소 공간" 또는 "배출할 권리"를 옹호하는 데에 성공했다.

여기서 결정적인 요소는 합의의 목표다. "이번 세기의 후반부에 인위적 배출과 온실가스 저감을 통한 제거 사이에 균형을 맞추도록 한다". 이것은 세계가 2050년에서 2100년 사이 언젠가 탄소중립[탄소 배출만큼 저감 조치를 취해 실질 배출량을 '0'으로 만드는 것]을 이루자고 제안하는 듯하다. 이는 기껏해야 개연성도 없고, 현재의 궤적과도

상충하며, 화석연료에 대한 언어의 부재에 부합하지도 않는다.[20] 전 볼리비아 유엔당사국총회 대사 파블로 솔론은 수사(修辭)와 행동 간의 차이를 조롱했다.

파리에서 제시된 배출 감축의 "기여" 덕분에, 2012년 53Gt CO_2e 였던 글로벌 온실가스 배출은 2030년 대략 60Gt CO_2e까지 계속해서 오를 전망이다. 각국 정부들이 진정으로 기온 상승을 2℃ 내로 제한하고 싶다면, 2030년까지 글로벌 배출을 35Gt of CO_2e로 줄이는 데에 전념해야 한다. 정부들은 이것을 알고 있으면서도 반대로 하고 있고 심지어 이렇게 외치고 있다. "승리! 지구를 구했다!" 이건 일종의 조현병 아닌가?[21]

나오미 클라인은 좀 더 다채로운 은유를 제시한다.

마치 이런 식이다. "나는 혈압을 급격하게 내리지 않으면 심장 마비로 죽을 것이라고 인정한다. … 그러므로 나는 일주일에 한 번 운동하고, 햄버거 다섯 개가 아니라 네 개를 먹을 것이고 … 그러니 당신은 내가 이전에 한 번도 하지 않은 이런 일을 하는 것이고 내가 이전에 얼마나 게을렀는지 모르니까, 날 영웅이라고 불러야 한다."◆

◆ David Beers, "Naomi Klein, Bill McKibben Knock Paris Climate Deal," *The Tyee*, December

급진적 비평가 니클라스 할스트룀Niclas Hällström은 북반구가 배출 감축이나 적응을 위한 금융 약속을 거부한 일을 두고 "우리가 몽유병에 걸려 기후 혼돈 상태로 걸어 들어가고 있음을 의미한다"고 평했다.[22] 기후학자 제임스 한센James Hansen의 말대로, 「파리협약」은 "사기"이다.[23]

이 비평들 각각에는 진실이 있고, 그 기저에 흐르는 분노는 정당화되고도 남는다. 그러나 무언가가 빠졌다. 협약이 실제 조현병 또는 약한 의지의 결과가 아니기 때문이다. 세계의 엘리트들은 실제 혼돈 속으로 "몽유병에 걸려 걸어 들어가고" 있지 않으며, 그게 전혀 정교한 사기극도 아니다. 비록 무의미한 처사일지라도, 그것은 세계 국민국가 엘리트(여기서 미국을 빼내려고 한 도널드 트럼프의 결정까지 이기고 살아날 정도로 강력한) 대표단이 만든 새로운 국제법을 제정했다. 협약이 효과도 없고 이러저러한 당사국이 얼마나 일구이언을 했던 간에, 이 모든 일이 세계를 속이려는 일회성 쇼는 아니다. 오히려 이 협약은 자유주의적 자본주의사회들이 기후변화에 대해 보이는 정치적·경제적 대응들이 근본적으로 얼마나 모순되는지를

14, 2015, thetyee.ca. 뒤이은 훌륭한 에세이에서("Let Them Drown," *London Review of Books*, June 2, 2016), 클라인은 파리의 목표—2°C이하로 온난화를 낮추는 것—는 무모한 것 이상이라고 말한다. 2009년 코펜하겐에서 그게 발표되었을 때 아프리카 대표단들은 그것을 "사망선고"라고 불렀다.…마지막 순간에 「파리협약」에 하나의 조항이 삽입되었다. 그것은 국가들이 "기온 상승을 1.5°C까지 제한할 노력"을 추구할 것이라는 말이다. 이것은 구속력이 없을 뿐만 아니라 거짓말이다: 우리는 그런 노력을 전혀 하고 있지 않다. 이 약속을 한 정부들은 지금 더 많은 프래킹과 더 많은 타르 샌드 개발을 추구하고 있다. 그러므로 1.5°C는 고사하고 2°C도 완전히 맞지 않는 현실이다.

보여 준다. 그러한 이유로 이 협약마저 (놀랍게도) 인정하는 어떤 부적합성이 생긴 것이다.

> [파리회의]는 계획된 국가적 기여도로 추정한 2025년과 2030년 온실가스 배출 추정 총계 수준이 최저 비용 투입 2°C 이내로 떨어지지 않을 것이고 오히려 2030년 55기가톤 수준까지 이를 것이라고 우려했다. 또한 글로벌 평균기온을 산업화 이전 대비 2°C 이하로 맞추기 위해서는 계획된 국가별 기여에 어울리는 것보다 훨씬 더 많은 배출 감축 노력이 필요할 것이라고 밝히고 있다.···[24]

「파리협약」은 스스로 실패를 인정했다.

그러므로 헤겔 식으로 말하자면 이렇게 볼 수 있을 것이다: 「파리협약」은 세계 이성의 완전한 "합리적" 발현이다 ─ 깊은 모순으로 이루어진 세계와 이성. 세계의 엘리트들도 이 모순을 인식하고 있고, 그래서 비록 이 문제를 위해 각자 해야 할 일에는 동의하지 않지만 그것을 해결하려고 노력하고 있다. 그러나 그런 노력에 여러 조건을 내세우고 있어 결국 그 조건들로 인해 그들의 노력은 실패하게 될 것이다. 「파리협약」은 화석연료를 땅속에 그대로 두기로 합의하지 못했다는 점에서 원칙적으로 실패했다. 그러나 이것이 불타는 지구에 우리가 적응할 토대를 마련하지 않았다는 뜻은 아니다. 반대로, 소위 파리의 "실패"는 중차대한 적응, 즉 정치적인 것의 적응을 가능하게 할 것이고 그래서 그 적응에 참여할 것이다. 비록 탄소 문제에는 불충분하지만, 「파리협약」은 행성적 주권의 출현을 향한 중대한 발걸음(표 2.2의 왼쪽 절반)이다. 앞서 말했듯, 이 주권은 도래할 주권자가 자본주의를 옹호하기 위해서 행동할 것이냐 전복하기 위해서 행동할 것이냐에 따라 두 가지 구별되는 형태를 취할 수 있다. 후자를 살펴보자.

4.

기후 리바이어던의 두 화신 중 하나는 로베스피에르부터 레닌, 마오로 이어지는 붉은 실의 끝에 자리한다. 기후 마오는 마오 사상을 따라 비자본주의적 권력의 출현으로 특징지어진다. 자본주의적 기후 리바이어던이 진화하는 미국과 유럽의 자유주의적 헤게모니 안에서 탄소 거버넌스를 포용할 준비가 되어 있다면, 기후 마오는 공동체의 미래 이익을 위한 정의로운 테러just terror의 필요성을 표현한다. 행성적 주권자의 필요성을 대변하면서도, 이 권력을 자본에 반대하여 휘두르는 것이다. 예외상태는 불공정한 낭비, 불필요한 배출, 과도한 소비를 대가로 누가 탄소를 배출할 수 있고 배출할 수 없는지 결정한다.

　자본주의적 자유주의 민주국가에서 현재 이용 가능한 제도적 수단 및 "의견 합일"에 이르지 못하는 그들의 한심한 시도들과 비교해서 보자면, 기후 마오는 대기 중 탄소 농도에 관련하여 몇 가지 뚜렷한 이점이 있다. 특히 대규모의 정치적·경제적 구조변경을 빠르고 포괄적으로 조율할 수 있는 능력 면에서 그렇다. 바로 그런 기후 마오의 장점이 "필요한 배출 감축을 어떻게 실현할까?"라는 문제에서 두각을 나타낸다. 기후정의운동의 목소리가 높아지면서 북반구에서 일어나는 대부분의 운동은 편파적이고 엘리트 중심적인 자유주의적 절차주의를 암묵적으로 따르고 있다. 따라서 그런 식의 운동은 필요한 변화의 규모와 범위로 볼 때 실패할 수밖에 없다. 기후과학의 예측이 절반만 들어맞는다 하더라도, 민주주의의 자유주의적 모델은 잘해 봐야 너무 느리고 최악의 경우 파괴적인 혼란만 불러올 것이다. 반면에 기후 마오는 신속하고 혁명적이며 국가 주도의 변화에 대한 오늘날의 요구를 반영한다.

사실 이런 체제의 여러 변종들에 대한 요구는 좌파 쪽에 많이 존재한다. 마이크 데이비스와 조반니 아리기Giovanni Arrighi는 다소간 기후 마오 편을 들며, 이를 자본주의 기후 리바이어던의 대안으로 묘사한다.[25] 어쩌면 마오주의 이론(알랭 바디우Alain Badiou의 버전을 포함하여)에 관하여 열정이 새로이 이는 현상을 생태적·정치적 상상력의 위기의 증거로 볼 수도 있을 것이다.[26] 리민기Minqi Li의 이론이 분명 이런 식의 사상 중 가장 발전된 이론일 것이다. 리는 아리기와 마찬가지로 글로벌 기후 역사의 토대를 중국에 위치시키며, 기후 마오가 유일한 진전의 길을 제공한다고 주장한다.

중국이 자신의 배출 감축 의무를 달성하기 위해 진지하고 의미 있는 행동을 취하지 않으면 글로벌 기후 안정을 달성할 희망은 거의 없다. 그러나 [현재의] 중국 정부가 자발적으로 배출을 감축할 행동을 취할 가능성은 매우 낮다. 감축에 따른 급격한 경제성장 추락은 중국 정부가 받아들이지 않을 것이며 정치적으로 받아들일 여지도 없다. 이것이 인류가 파멸에 처할 것임을 의미하는가? 문제는 중국 내부 및 세계 전체의 정치투쟁에 달렸다.[27]

마오에게 영감을 얻은 리는 중국혁명에서 출발한 새로운 혁명(마오 정치 전통의 부활)이 중국을 변화시키고 인류를 파멸에서 구할 수 있다고 주장한다. 그러나 그것이 가능성이 있다고 주장하지는 않는다. 이는 중국의 거대한 고속도로 확장과 가속화된 자동차 소비, 도시 확장 지원만 생각해 보아도 알 수 있다.[28] 그러나 세계의 기후 궤적을 바꿀 수 있는 반자본주의적·행성적 주권자가 출현한다면 중국에서 일어날 가능성이 크다는 그의 말은 옳다.

점점 비마오주의 중국 정부가 완전한 규제 권력을 행사하고 있는 오늘날에도, 중국은 자유주의 민주국가에서는 상상할 수 없는 정치적 업적을 성취할 수 있다. 아마도 국가-조율 기후권력의 가장 주목할 만한 사례는 2008년 올림픽 기간 동안 베이징의 공기 질이 개량된 방식일 것이다. 도시 전역에 화분을 배치하고 교통을 통제하고 사막에 나무를 심고 공장과 발전소를 폐쇄하는 등 모든 국가 조치가 올림픽 기간 동안 푸른 하늘을 보장하는 일을 성공시켰다.[29]

이 권력의 또 다른 영향력, 2010년 초 GM사가 자사 자동차 브랜드인 허머Hummer를 쓰촨의 텅중騰中중공업에 매각하려 했을 때 중국 정부가 탄소 배출량을 문제 삼아 매각을 막음으로써 연료 소모가 큰 허머를 효과적으로 말살한 방식이다.[30] 누군가는 사막화를 막기 위한 "녹색 만리장성Great Green Wall"을 지적할 수도 있다. 이 프로젝트는 성공하기만 하면 중국 북부의 4,480킬로미터를 녹색으로 덮을 것이고, 다양한 나무 심기 프로그램은 2050년까지 중국 국토의 42퍼센트를 숲으로 뒤덮을 것이라고 한다.* 실제로 배출 감축 임무에 "엄격한 규제"를 적용하겠다고 한 2010년 여름의 서약 이후, 중국공산당은 2011년 3월까지 2천 개의 제강공장과 기타 탄소 배출 공장들을 폐쇄했다.[31] 2016년 중반에는 새로운 식단 지침을 발표해 국민들에게 하루 75그램 이상의 육류를 소비하지 말라고 권장했다.** 육류 소비 축소는 건강과 환경을 이유로 정당화되었고, 기후 활동가들은 환영했다. 만약 중국이 글로벌 패권국으로 도약하고 혁명적 압박 아래 변화하고자 한다면, 이러한 정책들은 기후 마오의 가능성을 예고한다.

그러나 이는 분명한 "만약"이다. 마오 주석의 얼굴이 톈안먼광장에

---

* "기후 싸움에서 중국의 녹색 만리장성이 성장하다." *The Guardian*, September 23, 2010. "정부 통계에 따르면 지난 10년 동안 중국 전역에서 일반 시민들이 560억 그루의 나무를 심었다. 2009년 한 해에만 588만 헥타르의 숲을 조성했다."

** Oliver Milman and Stuart Leavenworth, "China's Plan to Cut Meat Consumption by 50% Cheered by Climate Campaigners," *The Guardian*, June 20, 2016: 중국은 평균 1인당 1년에 63킬로그램의 고기를 먹는데, 이 추세를 꺾는 조치를 취하지 않으면 2030년에는 1인당 육류 소비가 30킬로그램 더 늘어날 전망이다. 중국 정부의 새로운 지침은 이 수치를 14~27킬로그램까지 줄이는 것을 목표로 한다.

떠오르고 모든 위안화를 장식한다 하더라도, 현재까지 중국이 기후 마오를 향한 노정에 설 가능성은 낮다. 중국공산당은 적어도 지금은 자본주의적 기후 리바이어던을 세우는 데에 전념하는 것 같다.[32] 「파리협약」에서 중국의 중심성은 오직 그 점을 증명해 줄 뿐이다.

그래도 여전히 우리는 이론적 이유와 지리적 이유 모두에서 기후 로베스피에르나 기후 레닌이 아니라 기후 마오에 대해 이야기해야 한다. 마오는 선봉에 선 당과 대중에 대한 믿음을 결합해야 한다고 주장한 레닌주의자였다. 그러나 마르크스 전통에 대한 그의 위대한 이론적 기여는, 중국 농민계급 내의 뚜렷한 계급 분열을 분석해서 혁명적 실천의 중심에 도시 프롤레타리아(1930년대 중국에서 비교적 주변부 계급)와 함께 빈민과 (일부) 중간층 농민을 재배치해야 한다고 주장한 데에 있다. 마오는 완전히 프롤레타리아화된 계급만이 혁명의 토대 역할을 할 수 있다는 주장을 배격했고, "가난한 농민들"과 "반프롤레타리아"도 마르크스적 의미의 혁명적 계급의식을 성취할 수 있다고 주장했다.[33] 부르주아/프롤레타리아 구분으로 딱 맞아떨어지지 않는, 점점 성장 중인 사회단체들의 시대에 마오의 이 통찰은 재고할 가치가 크다.

기후 마오는 가까운 장래에는 분명히 아시아의 궤도이자, 오직 아시아에서만 유래할 수 있는 글로벌 궤도이다. 사하라사막 이남의 아프리카나 라틴아메리카와는 대조적으로 오직 아시아에서만, 그리고 오직 중국의 혁명적 지도력으로만 기후 마오가 실현될 수 있는 요소들을 결합할 수 있다. 주변부로 밀려난 거대한 농민계급과 프롤레타리아, 역사적 경험과 혁명 사상, 거대한 경제를 통치하는 강력한 국가.

여기서 한때 「유엔기후변화협약」과 유엔당사국총회에서 좌파 쪽의 가장 강력한 대변자였고, 〈코차밤바 합의〉(2009년 코펜하겐에서 열린 유엔기후변화회의 결과에 대응하여 만든 합의)를 촉진시켰던 볼리비아의 에보 모랄레스를 비교할 수 있다. 2010년 볼리비아 코차밤바에서 결의한 주장은 분명히 감탄할 만큼 급진적이었다. 2017년까지 온실가스 배출 50퍼센트 감축을 요구하고, 탄소배출권과 "선진국의 소비 패턴"을 거부한 것이다. 그러나 이 결의를 어떻게 세계적 변화로 이끌 수 있을지 의문이 남았다.[34]

그에 반해 기후 마오는 적어도 아시아에서는 불가능하지 않다. 점차 그 규모가 확대되고 있는 수백만에 이르는 기후 스트레스 피해 빈민과 기후 스트레스를 조장하는 정치구조 간의 대결 때문이다. 살아 있는 마오주의의 유산은 말할 것도 없다. 재앙적 기후변화와 아시아의 역사지리적 조건들의 절박한 대결에서 너무나 많은 사람들이 너무나 짧은 시간에 너무 많은 것을 잃을 위기에 처했다. 혁명에 알맞은 조건이다. 마오는 이렇게 말했다. "양적으로 상이한 모순들은 질적으로 상이한 방법들로만 해결할 수 있다. … 사회와 자연 간의 모순은 생산력을 개발하는 방법으로 해결된다."[35] 기후 마오의 논리는 투쟁적이고 대중적인 동원에 뿌리를 둔 혁명적 국가권력만이 세계 생산력을 변화시킬 수 있고, 따라서 행성적 '사회와 자연 간의 모순'을 해결할 수 있다는 것이다.

우리는 인도나 중국 농민들의 생태적 깨달음을 통해 기후 마오가 출현할 것이라고 주장하지 않는다. 아시아 농민들(그리고 최근 도시로 유입된 전직 농민들)은 탄소 배출 자체에 대응하는 것이 아니라, 물질적 위기(물과 식량, 안식처 부족 등등)에 대응하지 못한 국가의 실패, 그리고 기후로 인한 불안정성에 직면해 반드시 일어날 엘리트층의 토지수용에 대응할 것이다. 그러나 현재 중국은 기후 리바이어던으로 가는 길을 다지고 있다. 중국이 과연 기후 마오로 갈 것인지는 중국의 프롤레타리아와 농민에 달려 있다.

알다시피 중국의 탄소 배출은 날마다 증가하고 있고, 이와 연관된 경제성장은 중국 정부와 지배엘리트들이 내세우는 정당성의 토대가 되고 있다.[36] 중국의 노동계급이 기후변화가 유발한 혼란에 대응한다면 기후 마오의 가능성은 상당하다. 실제로 기후 마오 부상의 선제 조건들이 현존하고 일부는 왕성하게 커지고 있다: 중국의 마오주의 전통 밖에서는 인도 '붉은 회랑'〔자르칸드와 차티스가르를 중심으로 위로는 비하르-네팔, 아래로는 따밀나두에 이르는 낙살라이트 활동 지역〕의 마오주의 낙살라이트Naxalite〔토지개혁을 주장하는 인도 극좌 무장단체〕가 인도의 석탄 마피아를 상대로 한 무장투쟁에 적극 가담하고 있다; 네팔에서는 현재 마오주의자들이 권력을 장악하고 있고, 북한도 정확히 마오주의자는 아니지만 동떨어져 있지 않다.[37] 분명 아시아 농민과 프롤레타리아 계급의 측면에서 보면, 서구 자본주의 리바이어던 비전의 집단적 포용은 가능성이 낮아 보인다. 오히려 그 반대가 더 개연성이 있다. 권력을 이용해 글로벌 탄소 배출을 확고하게 감

| 표 2.3 | 가뭄과 홍수, 극단적 기온에 노출된 사람의 수를 보여 주고자 일부러 왜곡시킨
통계지도. 1인당 CO_2 배출량 추산, 2000~2009년(2010 인구 데이터 이용)

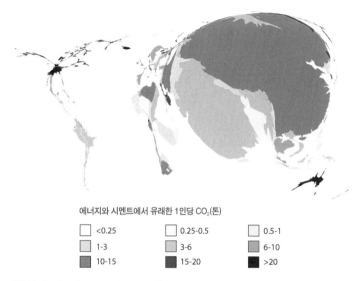

에너지와 시멘트에서 유래한 1인당 CO_2(톤)

<0.25	0.25-0.5	0.5-1
1-3	3-6	6-10
10-15	15-20	>20

출처: Map by Kiln, carbonmap.org. Data source for CO2 emmissions: G. Peters, G. Marland, C. Le Quere, T. Boden, J. Canadell, and M/ Raupach, "Rapid growth in CO2 emmissions after the 2008-2009 global financial crisis", Nature Climate Change 2, 2012, 2-4 참조. 위험에 처한 사람들 데이터: 국제 재난 데이터베이스, the Universite Catholique de Louvain과 세계은행의 프로젝트. EMDAT.be에서 참조.

축하고, 기후로 인한 "긴급사태" 기간 동안 규제를 유지할 수 있는 더 권위주의적인 국가사회주의 체제의 급격한 대두 말이다.

그렇다면 기후 마오를 글로벌 변화를 초래할 개연성 있는 토대로 만들어 주는 것은 무엇일까? 표 2.3은 불편하지만 두 가지 점을 명백히 보여 준다. 첫째, 대부분의 부유한 국가들(미국, 캐나다, 서유럽, 일부 산유국)은 기후변화로 인한 부정적 영향력에 직접 직면하지 않는 지역이다. 둘째, 위기에 처한 세계 인구는 지리적으로 불공평한 위치에 있다. 그들은 주로 파키스탄과 북한 사이의 남아시아와 동아시아, 잠재적으로 혁명적 변화 가능성이 있는 벨트에 산다. 아시아는 인류 대다수의 터전일 뿐 아니라, 자본의 경제적 지리의 중심이기도 하다. 세계 상품생산과 소비(따라서 탄소 배출)의 허브이다. 그러므로 기후가 유발하는 사회 혼란이 특정 지역에서 거대한 성장 능력과 결합되어 세계 자원의 소비와 분배를 재정립하게 될지도 모른다고 기대할 수도 있다. 따라서 기후 마오가 라고스나 라파스에서 출현할지도 모른다고 상상하는 것보다, 아시아에서 급격한 사회운동들이 출현해 어떻게 리바이어던에 도전하게 될지 묻는 것이 더 흥미로운 사고실험이 된다.

5.

기후 마오가 아시아에서 부상하는 동안, 현재 세계의 핵심 자본주의 국가들을 괴롭히는 망령은 반동적 보수주의의 득세이다. 그 반동 중에서 가장 중요한 것은 기후 베헤못의 형태인데, 표 2.1의 우측 상단으로 대변된다. 베헤못은 행성적 주권에 대한 리바이어던의 추동력에 대항한다는 점에서는 나쁘지 않다. 슈미트가 "국가와 혁명, 리바이어던과 베헤못"은 항상 잠재적으로 존재한다고 했을 때 그는 베헤못에 혁명의 역할을 선사한 바 있다.

　슈미트가 그럴 만도 했던 이유는 홉스의 작품에서 베헤못의 기능을 대중의 모습으로(베헤못은 아람어로 가축이나 짐승을 뜻하는 베헤마behema의 복수) 묘사한 것을 보면 알 수 있다.[38] 그것은 리바이어던과 맞설 수 있는 대중을 상징하지만, 혁명은 결코 간단한 역사적 메커니즘이 아니다. 나폴레옹은 상퀼로트sans-culottes〔프랑스혁명기 과격 공화파의 별명으로 혁명의 추진력이 된 수공업자, 소상인, 노동자 등 무산시민 사회 계급을 뜻한다〕의 산물이기도 하지만, 프랑스혁명의 산물이기도 하다.

베헤못은 리바이어던에 대해 적어도 두 가지 가능한 대중-기반 대응을 제공한다. 반동적 포퓰리즘과 혁명적 반국가 민주주의. 표 2.1의 우측 상단으로 대변되는 반동적인 형태(포퓰리즘이 자본을 향해 모이는)에서는 기후 베헤못이 가장 현저하게 슈미트 식으로 기후 리바이어던의 행성적 주권에 대항한다. 오늘날 이 반동적 경향의 증거는 찾기 어렵지 않다. 주류 정치 담론에서 지속되는 기후변화를 부정하는 주장으로, 특히 미국에서 쉽게 찾아볼 수 있다. 이 밀레니엄 변종 형태는 이성이 통하지 않는 이념적 구조를 보인다. 사실 그것이 요지다. 부정한 수단으로 얻은 소수의 부富가 선동하는 이 자긍심 강한 비이성적 소수의 과도한 영향력은 적어도 한동안은 지속될 것이다.

기후 베헤못의 계급 기반은 어디인가? 분명 그 지도층(그리고 자금)은 화석연료와 관계를 맺고 있는 일부 자본가계급에서 유래한다. 그 일부가 이 사상의 형성에 과도하게 큰 역할을 하지만, 수적으로는 너무 적어서 현 민주주의 체제에서 일관되게 선거에서 이기기는 어렵다. 기후변화를 부정하는 엘리트 후원자들에게는 하위 계급

사회단체와의 동맹이 필요하다. 특히 화석에너지 지분이 큰 자본주의 핵심 국가들(미국, 캐나다, 오스트레일리아)은 일부 프롤레타리아 집단에서 가장 열정적인 동맹을 찾았다. 즉, 그들(일부 프롤레타리아 집단)은 기후변화를 자신들의 일자리와 값싼 에너지를 위협하는 대상으로 여길 뿐만 아니라, 엘리트 전문가들을 동원해 국가(주의) 주권 행사를 방해하는 정교한 수단으로 여기는 사람들이다.

그럼에도 자본주의사회 내 계급 구성의 다양성 때문에 국민국가 전역에서 기후 부정주의를 일반화하기는 쉽지 않으며, 지구적 스케일에서는 더 말할 것도 없다. 예를 들어, 미국 오하이오나 미시간에서 트럼프를 찍은 유권자들은 여러 계급으로 이루어져 있어서 텍사스 트럼프 지지자와는 중요한 측면에서 차이가 난다. 유사한 현상이 인도의 나렌드라 모디 총리 지지자나 브렉시트 찬성론자들 사이에서도 드러난다.

그러나 일부 폭넓은 경향성은 찾아볼 수 있다. 2000년대 이후 우파 운동은 민족-종교-국가주의(그리고 때로 과격한 남권男權주의자) 사상을 중심으로 집결하여 꾸준히 성장해 왔다. 그리하여 권위주의적·신자유주의적 지도력에 중요한 정치적 승리를 안기기도 했다. 인도에서 브라질, 터키에서 이집트, 러시아에서 영국과 미국에 이르기까지 "포퓰리스트" 에너지의 성공적 전송은 자본주의국가들을 오른쪽으로 향하게 했다. 이 운동들이 내건 현안들 중 간판 격은 특혜받은 인종적 그리고/또는 종교적 집단을 위한 출입국 관리 업무와 "안보"였고, 그 대부분 국가에서 정치 이행이 이루어졌거나(브렉시트 이후 영국처럼) 아니면 기후변화 문제를 다루는 국제적 협력을 거부함으로써 정치적 변화가 가능해졌다(트럼프 행정부의 미국처럼).

기후 베헤못을 지탱하는 이 정치세력들 사이에 초국적超國籍 동맹으로 나아가는 사회적 토대는 없을지 몰라도, 권위주의적 · 국가주의적 우파 포퓰리즘이 내건 뚜렷한 가치에 대한 지지의 힘으로 그 세력들은 기후 리바이어던의 실현을 차단하는 세계적 정치운동에 나란히 기여한다. 이러한 의미에서 베헤못을 지지하는 사회계급의 다양성은 그 강점 중 하나다. 트럼프와 모디를 지지한 유권자들은 상이한 사회집단이나 계급 출신일 수도 있고, 특정 형태의 인종적 · 민족적 · 젠더적 편견을 중심으로 결집되어 있을 수도 있다. 그러나 그들이 거의 만장일치로 반대하는 것은 분명한 국제 정치 영역의 합법성이다. 그들이 (국가의) 자본을 규제할 능력이 있다면 특히 그렇다.

그래도 결국 자유주의적 자본주의의 위기에 대해 베헤못이 통일성 있는 대안을 제시하는 데에 끊임없이 실패하는 현상(도널드 트럼프와 영국 총리 테레사 메이의 정치적 재난을 보라)은 역사상 모든 베헤못을 방해한 것처럼 기후 베헤못의 중장기적 정치력을 제한할 것이다. 오늘날의 베헤못은 자유시장, 국가주의, 복음주의적 수사修辭로 설명을 대신한다. 진정 반동적이다. 그들은 기후변화라는 사실을 인정하지만, 인간 본성 또는 인간 외적 자연 때문에 그것이 우리의 통제를 넘어선다는 온건한 표명을 하면서도, 환경 변화에 대응해 정치 · 경제의 재편성을 요구하고 "경고하는 사람들"을 향해 합창하듯 조롱을 보낸다. 이 "합리적" 베헤못들은, 세상이 종말을 맞으면 그건 분명 신의 뜻이라고 주장하는 그들의 밀레니엄 동료들보다 자기강박이 덜하고 덜 염세적이라 할지라도, 규제를 압박하는 기후과학을 자만심으로 맹비난하는 데에서는 덜하지 않다. 베헤못은 마오의 세속적 혁명에 대한 믿음 때문에 마오를 증오하고, 합리적 세계정부에 대한 리바이어던의 자유주의적 가식 때문에 리바이어던을 증오하며, 탄소 배출을 낮추고자 "자유liberty"를 희생하려는 태도 때문에 둘 다를 증오한다.

그러나 이 증오 뒤에 감춰진 두려움 안에는 중요한 분열이 있다. 오른쪽에서는 국민국가에 대한 리바이어던의 예상된 공격에 격노하는 이들을 볼 수 있다. 그들이 그 어떤 형태의 합법적 초국가 질서(행성적 질서는 차치하더라도)도 거부하는 이유는 국가주의와 여성혐오 및 인종주의 때문이다. 미국 공화당의 경우처럼 국가주의적 기후 부정을 종종 소위 자유시장의 견지에서 표현한다고 하더라도, 또 기후변화 "사기극"의 이용을 불법적 국가 "간섭"의 구실로 표현한다고 하더라도, 그 입장을 지탱하는 논리는 자유방임laissez-faire 조건에서 효율적인 자원배분에 관한 전통적 자유주의적 주장에 근거하지 못한다. "자유시장" 개념은 개인의 자유freedom를 위한다는 자유의 지론자의 '눈길을 끌어 인기를 노리는 행위'의 약호이다.

자연자원 부문의 거대 조직들을 포함하여 리바이어던에 반대하는 강력한 행위자들은 방위와 같은 다른 영역에서 초국적 협력을 환영할 것이다. 그들은 구속받지 않는 자본주의 시장의 이름으로 기후변화 위협과 국제 규제를 거부한다.* 이 말은 기후 베헤못이 반드시 동일 기준으로는 계량할 수 없는 두 개의 원리에 기초한다는 뜻이다. 미국에서는 시장 페티시즘market fetishism, 값싼 에너지, 백인 국가주의, 총기, 복음주의 신앙 등 반동적 우익 특유의 제휴가 반동적 베헤못을 지탱한다. 그 결과는 조국의 안보, 시장의 자유, 신의 정의 같은 근본주의들의 기회주의적이지만 모순되고 불안정한 혼합이다.

그 결합이 얼마나 오랫동안 미국의 국가 행정력을 지배할지는 두고 볼 일이다. 분명 기후위기는 트럼프의 선거로 노출된 공화당이 겪는 혼란의 많은 이유 중 하나이다. 미국의 헤게모니가 이용 가능한 화석연료를 계속 필요로 하는 한 리바이어던의 출현은 베헤못을 활성화하는 데에 충분한 위협이 되고, 그래서 리바이어던의 행성적 잠재력을 견제하는 데에 충분한 위협이 된다. 어쨌든 현재로는 그렇다. 그러나 거의 불가능한 조율된 정치적 상상력 행위를 제외하면 이 상황은 지속될 것 같지 않다. 트럼프가 임기 중임에도 불구하고, 미국은 여전히 리바이어던의 심장부가 될 수 있다.〔이 책은 트럼프 임기 중인 2018년 출간되었다.〕

---

* 베헤못의 기후 부정은 기능적으로 화석연료 기반의 경제 이익 탓으로 여겨질 수 있지만, 이는 문제에 대한 설득력 있는 설명이 되지 못한다. 첫째, 자본은 이질적이고 대부분의 구성 요소들이 리바이어던의 지구적 해결책을 선호할 것이다. 둘째, 계급정치는 절대 사회적 차이와 별개로 작동하지 않으며, 자본은(한 부문은커녕) 베헤못 이면의 유일한 요소가 아니다. 따라서 더 합리적인 경제정책을 제안함으로써 베헤못을 패퇴시키기를 기대하는 것은 심각한 실수이다.

6.

홉스와 슈미트가 두려워했던 것 중 일부는 "자연 상태, 또는 베헤못의 본질적 성질은 다름 아닌 내전이라는 사실이다. 그것은 오직 모든 것에 우선하는 국가의 힘, 또는 리바이어던으로만 막을 수 있다."[39] 그러나 이것이 오늘날 우리가 기후 베헤못이라고 부르는 구성체에서 직면한 것은 아니다. 우리는 혁명적 인민에 가까운 무언가에 직면해 있다. 그것은 극한 상황에서 두 가지 방식 중 하나로 실현될 수 있다. 첫째는 앞서 언급한 것과 같은 반동적 베헤못이 가져올 악몽과 같은 결과이다. 즉, 프란츠 노이만Franz Neumann이 1942년 저서《베헤못: 국가사회주의의 구조와 기능Behemoth: The Structure and Practice of National Socialism, 1933-1944》에서 묘사한 나치 국가에서 실현된 끔찍한 가능성을 말한다.[40] 둘째, 베헤못은 홉스가 "군주제에서 대중 정부로 바꾸려는, 그들이 자유liberty라고 부르는 끔찍한 계획"을 꾸미는 의회의 "민주적 신사들"에 관해 언급할 때 다소 경멸적으로 예시된다. 홉스는 "대중 의회처럼 잔인한 독재자는 없다"고 했다.[41] 이 "신사들"에 대한 홉스의 냉소는 미국과 유럽 정치계에 있는 그들의 현재 아바타들, 즉 자신들의 부와 권력을 사주하는 "대중적 자유popular liberty"의 부유한 옹호자들에 대해 우리가 보이는 냉소를 생각해 보면 정당화될 만하다.

이전의 궤도들 가운데 어느 것도 "거의 신화적 규모"는 고사하고 정의로운 기후혁명의 가능성조차 품지 않았기에, 우리는 기후 리바이어던에 대한 비반동적 반대의 실마리를 찾고 있다. 이 난제는 달성이 어렵기 때문에, 많은 좌파들은 기후 리바이어던을 세우는 것이 유일하거나 가장 실용적인 길이라고 결론지은 듯 보인다. 실효적 헤게모니를 신속하게 수립할 가능성이 없음을 많은 이들이 인정하면서도 말이다. 오늘날 리바이어던의 주요 강점은 그것이 세계의 미래를 준비하는 데에 자유주의적 상식의 지위를 누린다는 점이며(코펜하겐과 뉴욕, 파리에서의 거대한 대중 동원이 보여 주듯), 그 이유만으로도 불가능성이 가장 적고 가장 실용적인 기후 생존 전략처럼 보인다는 점이다. 그러나 면밀히 들여다보면 그 동원 장면은 무시무시하다. 군중 속 많은 이들이 희망찬 깃발을 들고 있지만, 마음은 무겁다. 의지의 낙관주의(탄소 감축 계획을 바라는)와 지성의 비관주의(그게 실패할 것임을 "아는 것").[42] 이는 안토니오 그람시의 유명한 정치 문구인데, 프레드릭 제임슨은 현재 우리의 위기에 딱 들어맞게 파멸을 예고하는 방식으로 그것을 포착한 바 있다. 지금은 "자본주의의 종말을 상상하는 것보다 세계의 종말을 상상하는 게 더 쉽다."[43]

우리가 아직 일관성 있게 대응하지 못하고 있는 너무나도 강력한 난제, 즉 기후 리바이어던이 "실용주의적" 합법성을 조금도 누리지 못하도록 만드는 명백한 불가능성 앞에서 두 가지 잊지 말아야 할 것이 있다.

첫째, 상상력이 물론 그 자체로 충분하지 않고, 사실 세계의 종말을 상상하는 게 "더 쉽다" 하더라도, 자본주의의 종말을 상상하는 것은 가능할 뿐만 아니라 피할 수 없는 절박한 일이다. 우리는 그러한 효과적인 개념들과 대안적 결집 지점 및 기후정의를 위한 혁명적 전략들을 모으기 위해 노력해야 한다.

둘째, 대기화학과 빙하 용융 속도를 통해 새롭게 등장한 내용들에도 불구하고, 현재 제기된 문제들은 새로운 것이 아니다. 수백 년 동안 좌파를 괴롭힌 기본적 문제들(주권, 민주주의, 자유 사이의 관계들. 교환가치가 아니라 모두를 위한 사회적 부와 존엄성을 생산하는 삶의 방식의 정치적 가능성들)은 여전히 중요하다. 다만, 그 문제들의 현재 강도强度상 거기에 생태적 최종 시한이 있다는 점이다. 지구온난화가 제기하는 급박성은 우리를 과거와 단절시키는 것이 아니라 현재 속에서 과거를 재점화한다.

우리는 리바이어던의 신비로운 열차와 베헤못의 일반의지의 반동적 다양성을 탈선시킬 자원이 없지 않음을 기억해야 한다. 벤야민은 역사 테제 X에서 "파시즘 반대자들이 희망을 건" 사회주의 민주주의자들을 통렬히 비난한다.

이러한 고찰은 배신자들이 옭아맨 올가미에서 정치적 속인俗人들을 풀어 주고자 의도되었다. 우리의 생각은 정치인들의 진보에 대한 완강한 믿음, "대중 기반"에 대한 그들의 믿음, 마지막으로 그들의 통제 불가능한 장치 안으로의 노예적 통합이 동일한 것의 세 가지 양상이었다는 통찰에서 나온다. 우리의 생각은 이 정치인들이 계속 고수하는 사고방식과의 어떤 공모 관계도 피하는 역사 구상을 얻기 위해서 우리의 익숙한 사고방식이 치러야 하는 값비싼

대가를 깨우쳐 주는 것을 목표로 한다.[44]

테제 X는 분명히 정치적 형식을 취하고 있는 더 유명한 테제 IX ("역사의 천사")를 기본적으로 재진술한 것이다. 여기서 벤야민이 비난한 정치(진보에 대한 믿음, 대중 기반에 대한 확신, 장치 안으로의 노예적 통합)는 바로 우리 앞에 놓인 투쟁에서 세 가지 적이다. 리바이어던의 에토스는 진보에 대한 믿음이다. 마오의 에토스는 대중에 대한 확신이다. 반동적 베헤못은 자본과 공포의 안보 장치로의 통합이다. 대안적 단결 목표들과 기후정의를 위한 혁명적 전략들의 실현(이러한 노력에 대한 우리의 틀림없는 유토피아적 기여를 "기후 X"라고 부른다)을 제외하면, 그것들은 우리가 직면한 세 가지 대안이다. 그중 어느 것도 "이 정치인들이 계속 고수하는 사고방식과의 어떤 공모 관계에서도 벗어난 역사 구상을 얻기 위해서 우리의 익숙한 사고방식이 치러야 하는 값비싼 대가"를 인정하지 않을 것이다.[45]

이 공포의 대가를 측정할 수 있을까? 기후 리바이어던은 도래하고 있고 기후 베헤못과 경쟁을 벌이고 있으며, 리바이어던과 마오 사이의 글로벌 전쟁은 상상이 불가능하지 않다. 도래할 이 갈등들이 일으킬 끔찍한 생태계와 정치체들은 우리가 진보를 위해 치러야 할 대가이다. 신은 욥에게 말했다. "네 손을 그것[리바이어던]에게 얹어 보라, 다시는 싸울 생각을 못하리라."(〈욥기〉 41장 8절) 그러나 우리에게는 선택의 여지가 없다.

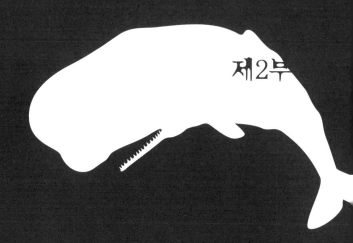

제2부

3

적응의 정치

과학을 위하여 [우리의] 근본적 개념들에 대한 비판
에 반복해서 참여할 필요가 있다.
그래야 우리가 무의식적으로 그것들에게
지배를 받지 않게 된다.

_ 알베르트 아인슈타인, 1953[1]

1.

과학은 불가피하게 사회적이다. 그 사실을 잊기 쉬운데, 그게 종종 개인들의 프로젝트로 여겨지기 때문이다. 천재와 객관적인 데이터로 무장한 사람들로, "비약적 발전"을 이루어 낸 사람들의 프로젝트로 말이다.[*]

실제로 비약적 발전은 예외적으로 아주 드물며, 심지어 일어나는 경우에도(다윈의 진화론, 아인슈타인의 상대성이론) 다른 이들의 통찰력에서 배우고 아이디어를 나누고 시도해 보고 결과를 비교하며 창의적인 사고를 가능케 하는 통찰력을 생산해 내는 많은 사람들의 사회적 노동의 결과이다("과학"에 직접 참여하지는 않지만 잠재적 다윈이나 아인슈타인이 과학 연구에 전념할 수 있도록 만들어 주는 다른 많은 사람들은 말할 나위도 없다). 심지어 더 근본적으로 과학적 절차는 항상 협력과 교환과 언어를 필요로 한다. 그리하여 비약적 발전을 이룬 사건의 기저에는 사회관계의 흔적이 항상 보이기 마련이다. 이러한 이유로 과학은 또한 언제나 심오하게 역사적이다; 과학 활동과 그 의미는 시대의 산물이다. 이 사실은 자기 시대에 파악하기는 어렵고 뒤돌아보면 명백해진다. 고대 마야인과 그리스인에게 과학으로 통했던 것은 진정으로 과학적인 사회적 노동의 결과였다(무언가를 시도하고 결과를 비교하는 일 등등). 그중 많은 것들이 오늘날에는

---

[*] 상투적으로 흰색 실험실 가운을 입은 백인 남성으로 제시되는.

"과학적" 의미가 없다고 해도 마찬가지다.

다른 과학 분야와 마찬가지로 현대의 기후과학도 강점과 약점, 욕망과 두려움, 지적 능력과 한계, 이해관계와 이데올로기 등을 가진 사람들이 연구하고 배운다. 이것은 기후과학자들을 폄훼하기 위함이 아니라 그 어느 기후과학자도 (아리스토텔레스가 말하듯) 인간은 정치적 동물zōon politikon이라는 사실에서 벗어날 수 없음을 강조하기 위함이다. 즉, 그 동물성이 사회적이고 그래서 정치적인 존재라는 것이다. 정치적이라는 것은 어떤 의미인가? 그리고 "정치적임"이 우리의 공통된 인간성을 결정한다면, 그 말은 정치적임이 "자연적" 생물학적이라는 뜻인가? 그렇다면 인간은 진실로 그저 자연의 일부이고, 행성의 위기는 그저 인간의 진화에 약호되어 있는 슬픈 운명일 뿐인가?

이제부터는 인간/자연 구분에 관한 질문을 할 것이다. 정치적인 것의 개념을 자세히 조사함으로써(4장), 자연사에서 우리의 자리를 바꿀 가망을 조사함으로써(8장) 그렇게 할 것이다. 이 장에서는 과학과 과학의 사회성에 대한 질문에 집중한다. 인간이 하는 일이 본래 사회적·정치적 성격을 지녔음을 인정하는 것은 동시대 기후과학의 평가에 필수적이다. 그것은 부정할 수 없을 만큼 필요한 일이며, 정치에 의해 고무되는 일(또는 필요성에 의해 고무되고 부정할 수 없을 만큼 정치적인 일)이기도 하다.

우선〔미국의 고기후학자〕로니 G. 톰슨Lonnie G. Thompson의 연구를 예로 들어 보자. 지구 대기권에 있는 물질에 관해 우리가 알고 있는 대부분은 대기화학 연구에서 유래하는데, 널리 인용되는 톰슨의 과학 연구는 그 업적의 중심에 있다. 그의 전문 분야는 빙하얼음의 기포에 갇힌 가스에서 추출한 데이터를 가지고 지난 1만 년간의 자연사를 재구성하는 것이다(앞의 표 1.1 참조). 그는 전 세계 빙하에 있는 얼음핵에 드릴로 구멍을 뚫고 기포에서 가스를 추출하여 그 화학적 증거들로 지구 대기의 역사를 재구성하며 평생을 보냈다. 아내이자 공저자인 엘렌 모슬리 톰슨을 비롯하여, 톰슨은 무수히 많은 타인들의 사회적 노동 덕에 자신의 연구가 가능했다고 주지한 첫 번째 인물일 것이다. 그리고 자신의 통찰력으로 변화하는 지구환경을 직면할 수밖에 없었던 다른 과학자들처럼, 톰슨은 변화의 필요성에 목소리를 높이며 과학계를 정치적 영역으로 이끌었다. 이 점에서 그는 더 일반적인 경향의 모범이 되는데, 기후과학계 역시 과학자들의 발견을 통해 드러낸바 심각한 내재적 위험을 세계에 경고하려고 했기 때문이다. 기후변화에 관한 정부간 협의체IPCC가 따르는 절차는 기본적으로 동일한 역학의 세계 스케일 버전이다.[2]

2010년 톰슨은 〈기후변화: 증거와 우리의 선택지들Climate Change: The Evidence and Our Options〉이라는 훌륭한 논문을 출간했다. 기후변화에 대응할 사회적 선택지들을 설명한 논문이다. 이 선택지들을 식별하기 위해서는 선先의사결정이 필요한데, 그때 첫 번째 고려 사항은 우리가 무엇을 할 수 있는가이고, 두 번째는 우리가 무엇을 해야만 하는가이다. 분명 이런 결정들은 불가피하게 정치적이다. 톰슨은 경험적 근거(변화하는 환경에 관한 과학적 데이터)에 따라 논리를 진행하고, 그 근거에 의지해 "당위적" 진술(우리가 해야 하는 일)을 세운다.

기후과학의 사실들로부터 사회적·정치적 선택지들의 윤곽선을 그리려는 충동은 오늘날 흔한 일이고 우리의 위기에 본질적이다. 묘사적인 것과 규범적인 것의 분할은 기후과학에서 점차 경계가 흐려지고 있다. 이것은 원칙적으로 강력한 규범적 진술을 하거나 자신의 연구 결과에 대해 도덕적·정치적 함의를 도출해서는 안 된다고 훈련받아 온 많은 기후과학자들에게 상당한 긴장을 야기했다.[3] 그래서 도덕적·정치적 지도력을 내포하는 진술을 수용하고자 많은 기후과학자들은 해명조의 어투를 채택한다(의식적이건 아니건). 톰슨의 논문은 다음과 같은 문장으로 시작한다.

다른 과학자들과 마찬가지로 기후학자들은 둔감한 경향이 있다. 우리는 무너지는 하늘에 대해 연극적으로 난리를 피우지 않는 경향이 있다. 우리 대부분은 언론인들과 인터뷰를 하거나 의회 위원회에서 연설을 하는 것보다 연구실에서 연구하거나 현장에서 데이터를 수집하는 게 훨씬 편안하다.[4]

왜 자질 이야기로 시작하는가? 모든 서두와 마찬가지로, 이 이야기의 목표도 앞으로 전개할 이야기를 정당화하는 것이다. 톰슨의 진술은 자신의 연구로 정치적으로 목소리를 내야만 하는 상황에 불편함을 느끼는 기후과학자들이 느끼는 흔한 정서를 표현한다. 환경과학자들은 다가올 미래에 이러한 불편함을 더 많이 경험할 것이다. 다른 학문 분야가 적응의 과제를 떠맡도록 이끌어지면서 더욱 그러할 것이다(특히 경제학. 5장 참조). 이 장의 목표 중 하나는 기후 과학의 정치학을 적응의 측면에서 고려해 보는 것이다. 적응 개념은 과학에서 출현했지만 현대 정치학에서 근본적인 것이 되었다.

톰슨의 중심 주장은 논문의 초록에 정연하게 요약되어 있다.

세계 전역의 녹고 있는 빙하에서 추출한 얼음핵을 조사한 결과, 빙하얼음이 수백 년에서 수천 년 단위의 다양한 기간 동안 계속해서 존재해 왔음을 알 수 있었다. 그것은 오늘날 이 지역들을 지배하는 기후 조건들이 이 얼음평야가 원래 축적되고 유지되어 온 조건과 다르다는 것을 의미한다. 그러므로 현재의 온난화는 대용물 증거proxy evidence의 다중 라인과 160년간의 직접적 기온 측정 기록이 제공해 주는 천 년 단위 견지에서 보았을 때 흔치 않은 일이다. 이 모든 증거와, 그에 더해 문서로 잘 정리된, 계속되는 대기 중 온실가스 농도 증가에도 불구하고, 사회는 이 글로벌 규모의 문제를 다룰 행동을 거의 취하지 않고 있다. 따라서 글로벌 탄소 배출 비율은 계속 가속화할 것이다. 우리는 행동하지 않은 결과로 세 가지 선택지를 갖게 되었다. 경감, 적응, 고통.[5]

이것은 우리의 선택지들을 색다르게 구성한 것이다. 기후변화에 관한 정부간 협의체IPCC를 포함하여 거의 모든 사람들은 두 가지 선택쌍의 견지에서 이야기한다. 우리는 "경감"(기후변화를 늦추거나 막기 위해 탄소 배출 줄이기)이나 "적응"(기온이 오른 세계에 우리를 적응시키기) 사이에서 선택할 수 있다. 톰슨은 우리의 결정에 명백하게 도덕적 요소를 도입하여 제3의 선택지, 즉 "고통"을 추가한다. 이 장에서는 이 움직임의 함의를 고려해 보고, 여기서 얻은 통찰로 IPCC의 적응 논의를 살펴본다. 기후변화에 직면하여 "선택지들"에 관한 외관상 가치중립적 논의에 톰슨이 고통을 삽입했음을 고려하여(어떤 이에게는 불필요한 정치적 여담일 것이다), 적응의 정치학 논의 서두에 기후학, 정치학, 과학의 성격 등에 관해 몇 마디 덧붙이고자 한다.

2.

기후변화 문제를 다루는 게 굉장히 위급함에도 불구하고, 지금의 대학들, 특히 사회과학 분야는 이제야 이 과제에 대응하기 시작했다.[6] 우리가 기후변화를 추동하는 물리적 프로세스를 기술적으로 이해하는 것은 이 프로세스를 추동하는 사회적·정치적 프로세스에 대한 우리의 설명보다 훨씬 앞서 나가지만, 정작 변해야 하는 것은 바로 이 사회적·정치적 프로세스이다.

한 가지 흔한 대응은, 자연과학/사회과학 구분을 횡단하는 더 많은 공동연구를 해야 한다는 것, 즉 사회적·환경적 변화에 관한 학제간 또는 초학제적 모델을 수립해야 한다는 것이다. 그러나 지금까지 효과적인 공동연구는 거의 없었다. 그 부분적 이유는 근본적인 개념들에 관한 자연과학과 사회과학 연구 간의 현저한 차이에 있다.[*]

기후과학자들은 자기 연구의 결과가 갖는 의미에 관한 토론에 참여하긴 하지만, 자기 연구에서 당연하게 여겨지는 기본적 토대를 다시 세우지는 않는다.[7] 두 명의 과학자가 물리적 대기권 프로세스에서 이산화탄소CO_2나 메탄CH_4이 하는 정확한 역할에 대해 열심히 토론할 수는 있어도, 탄소의 기본 특성들(그것의 원자번호나 무게, 화학적 특성 등등)을 의문시하지는 않을 것이다.[**] 반대로, 두 명의 사회과학자들은, 예를 들어 기후정책 담론에서 시장 기반 접근법의 지배력에 관해 논할 때 "헤게모니", "시장", "기후정책", "담론" 등의 의미를 결정하는 데에 많은 에너지를 쏟을 것이다. 이런 상관된 개념들에 대한 이해는 세계에 관한 다른 개념들을 반영하기 때문이다.[8]

---

[*] "사회과학"과 "인문학" 학자들은 방식이 다르긴 하지만 거의 동일한 것을 연구한다. 앨런 블룸의 말대로, 각 분야는 "인간이 … 18세기 말을 향해 가면서 자연으로부터, 따라서 자연과학이나 자연철학의 범위로부터 결정적으로 배척됨으로써 생긴 위기에 대한 두 가지 대응을 대변한다"(Allen Bloom, *The Closing of the American Mind*, New York: Touchstone, 1987, 357). 블룸에게 그 차이는 "사회과학이 진정으로 예언적이 되고 싶어 한다는 것, 즉 인간이 예측 가능하다고 본다는 의미이고, 반면에 인문학은 인간이 예측 가능하지 않다고 여긴다는 사실로 요약될 수 있다."

[**] 이 말이 분명 과학적 실천이나 기후에 관한 지식의 속성을 조사할 필요성을 부인하는 것은 아니다(Michael Hulme, *Why We Disagree About Climate Change*, Cambridge: Cambridge University, 2009 참조). 오히려 과학과 인문학에서 지식 생산 간의 이러한 실질적인(상대적이라 하더라도) 차이를 인정하자는 것이다. 기후과학은 그 대상(기후)이 고정된 경계가 있는 것이 아닌 프로세스들의 총체이기 때문에 복잡한 학문 분야이다. 그 기본 요소들은 주로 물리학과 화학에서 유래한다.

즉, 사회과학은 거의 항상 그 "기본적" 분석 단위들에 대한 폭넓은 성찰을 수반한다.

그렇다고 사회사상이 "정밀"할 수 있음을 부인하는 것은 아니다. 그럼에도 한 사회사상가의 엄밀함이 다른 사상가에게는 그저 이데올로기가 되는 일이 잦다. 우리는 항상 사회적 삶에 연루되어 있고 언어를 통해 사회적 개념을 항상 재사용하고 재구성하기 때문이다. 이 개념들을 "객관적으로" 수정할 수 있는, 사회적 세계를 초월해 작동하는 메타언어는 없다. 사회사상에 쓰이는 기본 개념들의 의미에 관한 논의는 복잡하고 무한하고 필요하다. 우리가 사회적 개념들과 그 개념들의 사용을 측정하는 수단을 무의식적으로 물려받기 때문에, 사회적 사고는 기본 개념들에 대한 반복적인 성찰을 통해 그 가능성의 조건들을 설명함으로써 잘 진행될 수 있다. 안토니오 그람시Antonio Gramsci는 이 접근법을 "절대적 역사주의absolute historicism"라고 불렀지만, 우리가 어떤 용어를 사용하더라도 그것은 변함없이 사회적 분석 임무를 풍요롭고 복잡하게 만든다.❖

❖ 그람시의 "절대적 역사주의"에 관해서는, Antonio Gramsci, *Selections from the Prison Notebook* 465 [Q11§27], 417 [Q15§61] 참조. 그람시는 또한 노트에 창의적인 과학철학을 발전시켰는데, 그것은 기후를 둘러싼 현재의 논의(그리고 이 장에서 우리가 이끄는 논의)에 매우 타당하다. 그는 과학이 반복하는 사회적 실천이며 그것에 의해 몸과 도구가 새로운 방식으로 연결되어 세계에 대한 인류의 이해를 발전시킬 수 있다고 주장한다. 따라서 그람시는 과학이 현실을 연구하는 객관적인 방법이라는 상식적 개념을 거부한다. 그는 객관성을 현존하는 조건으로 보는 게 아니라 이데올로기적 성향이라고 본다. "'객관적'이란 말은 이것, 오직 이것을 의미한다. 어떤 하나가 객관적이라고, 객관적 현실이라고 주장하는데, 모두에 의해 규명되는 그 현실은 그저 특정 시각 또는 특정 그룹의 시각과는 별개다. 그러나 기본적으로 이것 또한 세계의 특정한 개념, 하나의 이데올로기이다"(Gramsci, [Q11§37] *Further Selections*

1949년 알베르트 아인슈타인Albert Einstein은 사회주의 잡지《월간 리뷰Monthly Review》의 창간호 발간을 기념하기 위해 쓴 간결한 에세이에서 이러한 도전 과제들을 다뤘다. 그의 에세이는 자연과학자로서 그가 점한 지위가 그를 어떻게 사회사상으로 진출하게 할지, 그것이 어떻게 가능할지를 다룬다. 그의 글은 과학과 사회적 지식의 관계가 기후변화 논의의 중심에 있는 지금 세심하게 읽어 볼 가치가 있다.

아인슈타인은 말한다. "천문학과 경제학 사이에 근본적인 방법론적 차이가 있는 것 같진 않다. 두 분야의 과학자들은 일반적으로 수용 가능한 법칙을 발견하고자 한다." 그러나 그는 그 둘 사이에 두 가지 주요한 차이가 있다고 설명한다. 첫째는 사회관계에서 이루어지는 의식적인 인간 활동의 개입이 사회적 분석에 심오한 복잡성을 도입한다는 것이다. 그는 경제학도 사회과학이라고 본다. "경제 현상이 따로 평가하기 매우 어려운 많은 요소들에 자주 영향을 받기

---

from the Prison Notebooks, Minneapolis: University of Minnesota Press, 1995, 291). 그러나 객관성이 과학적 진실을 위한 토대가 아니라면, 그럼 대체 무엇이 토대인가? 그 답은 과학의 사회적 반복가능성iterability(다른 맥락에서도 반복될 수 있는 능력)에 있다. 그람시는 말한다. "과학적 진실이 확정적이라면, 과학은 그 자체로서, 즉 연구로서 존재하기를 멈출 것이다. … 그러나 과학의 경우 다행히 그것은 사실이 아니다"(ibid., 292). 과학적 진실은 열려 있기 때문에 강한 것이다. 의견 불일치가 존속한다. 다른 학파가 계속 나란히 연구를 진행한다. 오늘날 과학자들이 옳다고 보는 것이 나중에 달리 여겨질 수도 있다. 그람시의 접근법은 지식-생산을 둘러싼 다른 모든 행위와 동일한 선상에 과학적 실천을 위치시킨다. 과학적 객관성의 이러한 치환은 우리로 하여금 헤게모니를 구성하는 다른 요소들로부터 과학적 실천을 분리시키지 않은 채 과학적 실천의 차이를 인식할 수 있는 길을 열어 놓는다. 사회단체들 간의 갈등, 통합적 국가 등으로부터 분리시키지 않은 채 말이다(Joel Wainwright and Kristin Mercer, "The Dilemma of Decontamination: A Gramscian Analysis of the Mexican Transgenic Maize Dispute," Geoforum 40, 2009, 345-54 참조).

때문에 경제학 분야에서 일반법칙을 발견하는 것이 어려워진다."⁹ 이러한 복잡성이, 예를 들어 기후과학자들이 기후변화에 대한 사회적·경제적 대응들을 모델링하여 결과를 도출하는 것 같은 인간사 예측을 불가능하지는 않더라도 복잡하게 만든다.

아인슈타인은 기후 논의에 심오한 함의를 지닌 주장을 예시하고자 흥미로운 사례를 든다. 그는 경제학 분야에서 연구 대상("경제") 또는 그 핵심 개념(예를 들어, "할인")도 세계 자본주의의 출현을 촉진시킨 정복과 제국의 역사와 분리될 수 없다고 주장한다.

> 경제학 분야에서 일반법칙을 발견하는 것은 … 소위 인류사에서 문명 시기가 시작된 이래 축적된 경험이 … 그 성격상 절대 경제적인 것만은 아닌 원인들에 크게 영향받고 제한받았기 때문에 어려워진다. 예를 들어, 역사상 주요 국가들 대부분은 정복에 그 기원을 두고 있다. 정복하는 사람들은 정복당한 나라의 특권층으로 스스로를 확립했다. 그들은 토지소유권을 독점하고, 자기들 신분에서 성직자를 임명했다. 교육 통제권을 지닌 성직자들은 사회의 계급 구분을 영구적인 제도로 편입시켰고, 그 이후로 사람들이 사회적 행동을 할 때 대개 무의식적으로 지침을 받는 가치체계를 만들어 냈다.¹⁰

아인슈타인은 자연과학과 인간 연구의 차이를 강조한다. 불평등한 사회적 관계에서 사회적 지식의 복잡하게 중첩된 구조는 인과관계(아인슈타인이 "일반법칙general laws"이라고 부른 것)를 분간하기 어렵게 만들고 우리의 사상, 즉 "무의식적으로 … 사회적 행동을 인도하는 가치체계"를 형성하는 과정에서 경제학이 역사적으로 착근着根되어 있음을 분간하기 어렵게 만든다.

아인슈타인은 여기서 멈추고 경제학자들에게 경제학을 맡길 수도 있었다. 그러나 그는 모든 과학자들은 세계에서 벌어지는 일에 관여할 책임이 있다고, 그러나 과학의 한계를 인지한 상태에서 포용해야 할 책임이 있다고 주장한다.

> 과학은 … 목적을 만들 수 없을뿐더러, 그것을 인간에 주입시키는 일은 더더욱 할 수 없다. 과학은 기껏해야 특정 목적을 달성할 수 있는 수단을 제공할 뿐이다. 그러나 목적 자체는 드높은 윤리적 이상을 지닌 인물에 의해 착상되고, 그러한 목적이 사산된 게 아니라 생명력 있고 왕성한 것이라면, 반쯤 무의식적으로 천천히 진행되는 사회 진화를 결정하는 많은 인간들에 의해 채택되어서 진척된다. 그러한 이유로 인간의 문제를 다룰 때에는 과학과 과학적 방법을 과대평가하지 않도록 주의를 기울여야 한다. 그리고 우리는 전문가들이 사회의 조직에 영향을 끼치는 문제들을 표현할 권리가 있는 유일한 사람들이라고 생각해서는 안 된다.[11]

문제는 이 접근법을 어떻게 실전에 옮기느냐 하는 것이다. 우리는 어떻게 과학의 신비화(주로, 문제를 객관적으로 해결할 "전문가" 능력에 대한 현대의 신화)의 희생물이 되지 않으면서, 진실을 생산하는 분명하고 강력한 방식으로서 과학적 실천과 지식을 포용할 수 있을까? 정치적으로 너무 많이 기대하지 않으면서, 어떻게 과학을 긍정해야 하는가? 아인슈타인의 통찰력으로 보자면, 기후변화의 사회적 차원에서 "[우리] 자신을 표현"하고자 하는 그 환경과학자들은 어디에 위치하는가?

3.

〈기후변화: 증거와 우리의 선택지들〉 말미에서 톰슨은 세 가지 선택지(경감, 적응, 고통)를 다음과 같은 용어로 규정한다.

> 경감은 선제적인 것으로 … 기저의 원인을 바꿈으로써 변화의 속도와 규모를 줄이는 일을 포함한다. … 적응은 반응적인 것이다. 이는 기후변화의 부산물에서 기인하는 불리한 효과를 줄이는 것을 포함한다. … 우리의 세 번째 선택지, 고통은 경감이나 적응으로 피할 수 없는 불리한 효과를 견디는 것을 의미한다.[12]

존 홀드렌("행성적 체제"를 위한 그의 제안은 2장에서 논의한 바 있다)은 2007년에 경감-적응-고통 공식을 폭넓은 청중에게 소개했다. 톰슨의 논문은 2010년 출간되었다. 같은 해, 홀드렌은 미국 대통령

의 과학기술보좌관 자격으로 기후적응 정상회의에서 이 주장을 되풀이했다.[*]

우리에게는 세 가지 선택지만 있을 뿐이다. 하나는 경감, 우리의 활동이 야기하는 기후변화의 속도와 규모를 줄이는 조치이다. 두 번째는 적응, 우리가 피할 수 없는 기후변화에서 기인하는 해악을 줄이는 조치이다. 세 번째는 고통. 실로 단순하다. 경감, 적응, 고통.[**]

되풀이하지만, 이것은 "우리의 선택지들"에 대한 일반적인 구성이 아니다. 현재의 국제 기후정책은 우리가 탄소 배출을 경감시키고 변화하는 기후에 적응할 필요가 있다는 생각을 전제한다.

더욱이, 적응이 정의상 "반응적"인 것은 사실이지만 특정 적응은 선제적인 것으로 보인다. 세계 전체는 이미 기후변화에 적응하고 있다. 하지만 이것이 반드시 좋은 소식은 아니다. 예를 들어, 더 더

---

[*] 존 홀드렌(2장 참조)은 신맬서스주의자 파울 에를리히와 공저로 인구에 관한 몇 가지 연구를 출간한 후 1970년대 환경과학에서 주요한 인물이 되었다. 예를 들어, Paul Erlich and John Holdren, "Impact of Population Growth," *Science* 171, March 26, 1971, 1212–17 참조. 이 논문은 유명한 공식 I = PAT의 출처이다(환경에 대한 인간의 영향력(I)은 인구(P), 풍요와 소비수준(A), 기술(T)의 함수이다).

[**] 미국 대통령의 과학기술 보좌관이자 대통령실 과학기술정책실장인 존 P. 홀드렌이 2010년 5월 27일 워싱턴 DC에서 개최된 기후적응 정상회의에서 한 연설, climatesciencewatch.org. "경감, 적응, 고통"이라는 단어 언급 패턴으로 볼 때, 홀드렌은 수사학적으로 매력적인 이 삼중 공식을 2006년경부터 쓰기 시작했다. 그를 출처자로 삼는 이 표현은 2007년부터 다양한 텍스트들에 폭넓게 인용된다(예를 들어, 출처가 모호한 슬라이드 60/69 at ⟨belfercenter.hks.harvard.edu/files/jph_scienceupdate_2_07.pdf⟩ 참조). 그러다가 2010년부터 홀드렌을 언급하지 않고 일반적으로 쓰이기 시작했다.

워진 환경의 영향을 경감시키는 흔한 메커니즘인 냉방은, 기후변화에 적응하는 데에는 일정 정도의 사전 고려와 계획이 필요하다는 점에서 분명 "선제적"이다. 냉방의 문제점(수많은 기술적 적응 방식에 관한 훌륭한 은유가 되는)은 냉방기기가 열을 제거하는 방식이 아니라 교환하는 방식으로 작동한다는 것이다.

냉방은 열역학법칙을 변화시키지 않는다. 그것은 열을 빌딩이나 차량 밖으로 내보내는 일을 한다. 그 결과는 열의 순증가다. 냉방은 잘 알려진 "도심 열섬" 현상의 한 가지 원인으로 오히려 냉방장치 사용을 증가시키고, 다시 양성되먹임 고리Positive Feedback Loop로 도심 섬을 더욱 뜨겁게 만든다. 냉방장치는 각 사용자에게 단순한 적응의 형태로 제시되지만, 도시 차원에서 더 많은 냉방장치는 우리가 피하려고 하는 문제들을 더 악화시킬 뿐이다. 많은 에너지를 필요로 하는 냉방기기 대부분이 화석연료를 태워서 생산하는 전기로 작동한다는 사실은 말할 필요도 없다. 한 조사에 의하면, 냉방은 이미 세계에서 화석연료로 생산되는 전기 사용의 세 번째로 큰 수요(냉방 수요는 급속하게 증가하고 있는데, 특히 급속하게 성장하고 급속하게 더워지는 개발도상국 도시들에서 그렇다).[13] 냉방은 매일같이 일어나는 도시의 기후변화에 대한 불량적응이다. 미래의 더 큰 고통을 낳는 적응.

더 중요한 것은, 경감과 적응에서 고통을 분리해 내면 경감과 적응이 자주 고통의 형태라는 사실을 가리게 된다는 점이다. 특히 상대적으로 가난하고 주변부로 밀려난 사람들의 경우가 그렇다. 그들에게 기후적응은 거의 항상 견뎌야 할 대상이다. 톰슨에게 공정하게 말하자면, 그의 논문은 불평등의 중요성을 인정한다.

　　지구온난화로 모든 이들이 영향을 받을 것이나, 적응을 위한 자
원이 없는 이들이 가장 크게 고통을 겪을 것이다. … 분명 경감이
우리의 최선의 선택이지만 지금까지 대부분의 사회는 … 경감의
중요성을 이야기하는 것 외에 더 이상의 일은 거의 하지 않았다. …
현재로서는 지구온난화에 대한 신속한 기술적 처방은 없다. 우리
의 유일한 희망은 지구온난화 속도를 대폭 줄일 수 있는 방식으로
우리의 행동을 변화시키는 것이다. 그렇게 함으로써 엔지니어들에
게 기술적 해결책을 고안하고 개발하고 가능한 곳에 배치할 시간
을 주어야 한다. 수많은 사람들이 온실가스 배출 감축을 목표로 한
정부 규제를 지원하는 등 적절한 조치를 취하지 않으면 우리의 유
일한 선택지는 적응과 고통이 될 것이다. 그리고 더 오래 지연시킬
수록 적응은 더 불쾌해질 것이고 고통은 더욱 커질 것이다.[14]

　　확실한 "선택지"로서 고통에 대한 강조는, 누군가(아마도 아직 태
어나지 않은 누군가) 우리가 경감하고 적응하는 데에 실패함으로써
고통을 받을 것임을 강조한다. 홀드렌과 톰슨의 접근법은 주류 경
감–적응 공식에 대한 비판으로서, 분석적 한계가 있음에도 불구하
고, 적응에 대한 논의에서 일반적으로 무엇이 배제되는지 상기시켜
줌으로써 근본적으로 (그저 암묵적이라 하더라도) 정치적 주장을 하
고 있다. 그러나 홀드렌과 톰슨이 주류 기후 담론에서 "고통"을 눈에

띄게 만들기 위해 노력했다면, 그들의 구상은 그것을 "선택지"로 잘 못 성격화하기도 한다. 문제는, 우리가 '경감 대 적응'이라는 암묵적인 공리주의적 계산법(사실상 항상 상대비용이란 측면에서 논의되는 "선택")에 신세를 지지 않은 채 정치적이거나 윤리적인 견지에서 (현재 또는 미래의) 고통을 이해하지 못하거나 이해하지 않으려 한다는 점이다. 바로 그러한 이유로 우리는 과학자들이 경감을 우리의 "최선책"으로 말할 때 불안감을 느끼게 된다. 반대로, 특히 상대적으로 부유하고 안심하는 사람들에게 그것은 우리의 윤리적·행성적 명령이다. 특정 사회집단이 "기술적 해결책"을 발견할 수 있도록(톰슨의 텍스트에서는 "엔지니어들", 기후 리바이어던의 모든 판타지에서는 메시아적 "기술") 시간을 벌 필요가 있기 때문이 아니라, 모든 온실가스 배출이 타인, 즉 현재 세대와 다가올 세대 모두의 고통을 증가시키기 때문에.

4.

가속화되는 기후변화 시대에 "적응"의 중요성을 이해하는 한 가지 방법은 무수히 많은 기후 적응 문헌들에서 가장 중요하게 논의되는 텍스트들을 경유하는 것이다. 기후변화에 관한 정부간 협의체IPCC에서 발간한 보고서, 기술 요약서Technical Summary, 정책입안자들을 위한 요약Summary for Policymakers, 5차 평가보고서(AR5), 제2실무그룹

보고서Fifth Assessment Review (AR5) Working Group II 등이 그런 문헌들이다.[15] 이 문헌들은 기본적으로 상이한 분과학문 출신 학자들로 이루어진 국제 과학자 그룹이 생산한 현재 연구의 본질적 종합으로, 회원국들로부터 받은 데이터를 선택해 만든 것이다.[16] AR5 제2실무그룹보고서에는 많은 수의 전문가(70개국 242명의 제1저자들과 66명의 리뷰 편집인들)가 전 영역에 걸쳐 있는 적절한 출판 자료들(1만 2천개 이상의 참조 문헌)을 조사하고, 그런 다음 관리 가능한 규모의 기술 요약서에서 조사 결과를 종합했다.[17]

이때 더 심화된 외교적 필터링이 기술 요약에 적용되어 정책입안자를 위한 요약을 만들어 낸다. 최종 AR5 제2실무그룹 문서는 2014년 3월 25~29일 일본 요코하마에서 열린 승인세션에서 대중에 공개되었다. 여기서 제2실무그룹 정책입안자를 위한 요약은 "문장 하나하나 195개국 정부로 구성된 패널의 승인을 받았다."[18] 이는 과학 문건 역사상 거의 유일무이한 일이다. 그것은 일종의 과학적이고도 정치적인 의견 합일을 가능케 하는 방식으로 잘 알려져 있는 과학 문헌을 한꺼번에 (다시 말하지만, 상대적으로 열려 있고 민주적인 방식으로) 종합한 텍스트였다. 이 텍스트의 성격 자체(그 생산과 유통의 조건, 그리고 그 특성)가 동시대의 환경과학뿐만 아니라 자본주의국가와 환경과학의 불가분성에 영향을 주는 정치적 명령을 반영한다.

AR5 제2실무그룹의 텍스트들은 질적으로 가치가 있다. 무엇보다도 꾸밈없지만 드라마틱한 언어로 널리 예상되는 기후변화의 수많은 영향을 펼쳐 놓는다. 예를 들어 정책입안자를 위한 요약에는 다음과 같은 목록이 실려 있다.

- 많은 지상 생물, 민물생물, 해양생물이 지속되는 기후변화에 대응하여 지리적 영역과 계절 활동, 이동 패턴, 개체 수, 종간種間 상호작용에 변화를 겪었다.
- 광범위한 지역과 곡물을 대상으로 한 많은 연구 결과, 기후변화가 곡물 생산성에 미치는 부정적 영향이 긍정적 영향보다 더 흔한 것으로 드러났다(높은 신뢰도의 결과).
- 취약성 및 노출도 차이는 비非기후 요소들 때문에, 그리고 많은 경우 불균등 발전에 따른 다차원적 불평등 때문에 증가한다(매우 높은 신뢰도의 결과).
- 폭염, 가뭄, 홍수, 사이클론, 산불/들불 같은 기후와 관련한 최근의 극단적 현상들에 따른 충격은 현재의 기후 변동성에 대한 일부 생태계와 많은 인체의 심각한 취약성 및 노출도를 보여 준다(매우 높은 신뢰도의 결과).
- 기후 관련 위험 요소들이 다른 스트레스 요인들을 악화시키며 인간의 생계에 부정적 영향을 끼친다. 이는 특히 빈곤층에게 심각하다(높은 신뢰도의 결과).
- 폭력적인 갈등이 기후변화에 대한 취약성을 증가시킨다(중간 정도의 증거, 높은 동의율).[19]

각 문장의 끝에 붙은 괄호 안 설명은 기후변화에 관한 정부간 협

| 표 3.1A | 높아지는 기온과 위험 요소: 세계 평균기온 증가 1850~1900년 대비
1986~2005년

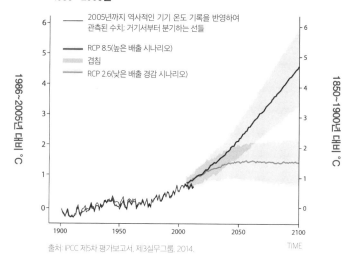

출처: IPCC 제5차 평가보고서, 제3실무그룹, 2014.

| 표 3.1B | 각기 다른 추가적 온난화 수준을 상정해서 본, 5가지 유형의 위협으로 인한
상대적 추가 위험

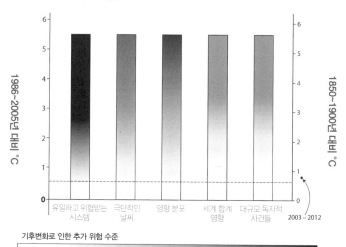

출처: IPCC 제5차 평가보고서, 제3실무그룹, 2014.

의체IPCC 문서의 또 다른 가치 있는 면모를 드러낸다. 각 요점에 관한 문건의 상대적 신뢰도와 동의율 평가. 이것은 과학 고유의 사회적 강점을 반영한다. IPCC 제5차 평가보고서인 AR5 제2실무그룹 보고서는 공동체의 집단적 연구 결과를 구체화하고, 출처와 의견 합일의 정도를 인정한다. AR5 제2실무그룹을 포함한 IPCC 보고서는 비판을 그냥 넘기지 않고 기꺼이 반긴다.

이러한 장점을 염두에 두고 AR5 제2실무그룹의 작업에 대한 두 가지 비평을 살펴보는 것은 가치 있는 일이다. 그 둘은 특별한 이해관계 또는 연관된 특정 행위자들에 대한 비평이 아니라, 미셸 푸코Michel Foucault가 에피스테메episteme(개략적으로 말하자면, 특정 시간과 공간 안에서 가능한 사고의 지평)라고 부른 것에 대한 비판을 제시한다.[20]

첫째, AR5 제2실무그룹 기술적 요약과 보고서는 세계의 정치경제적 시스템에서 근본적인 시스템 리스크가 부재하는 미래에 대한 비전을 제시한다. 위협은 열거하고 평가했지만, 그 위험 요소들이 작동하는 정치경제적 무대는 평가하지 않았다. 그 결과는 극적인 변화로 규정되면서도 근본적으로 예상할 수 없는 사건들은 벌어지지 않는("블랙 스완black swans"도 없고 시스템 실패도 없는) 미래 모델이다.

표 3.1의 상단 절반은 두 가지 가능한 온난화 경로를 제시한다 (RCP 2.6과 8.5).[21] 그것은 2100년(1850~1900년 대비)에 예상되는 기온 상승 범위를 나타낸다. 저低-경감 시나리오(RCP 2.6)에서는 평균 지구온도가 1.5°C만 증가한다. 그러나 앞서 언급했듯, 지구는 탄소 배출을 줄이지 않고 이미 대략 1°C 평균 증가에 도달하였다. 급진적

정치적 변화가 없으면 RCP 8.5("평소대로의 비즈니스"—현재 궤적에서 변화가 없는)가 가장 유력한 시나리오이다. 그 경로에서는 2100년에 4.5℃ 세계 평균 증가, 또는 그 이상을 예상할 수 있다.

표 3.1의 하단은 AR 제2실무그룹이 새로 제시한 내용이다. 이는 우리가 다섯 가지 핵심 영역에서 예상하게 되는 것으로서, 기후변화에 따른 추가적 위험의 상대적 심각성 또는 그 수준을 보여 준다. (이 다섯 가지 역학은 상호 연결되어 있지만 도표에서는 분석적으로 구별했다.) 그 메시지는 단순한데, 평균기온이 증가함에 따라 이러한 위험 요소들의 심각성도 증가한다는 것이다. 어려운 문제는, 얼마나 그리고 어느 정도로 증가할 것인가이다. 이러한 질문들 특유의 까다로움 때문에 수치는 잘못된 구체성으로 우리를 유혹한다. 예를 들어, 2.5℃ 평균온도 증가와 관련된 추가적 위험 요소 평가를 보자.[22] 이 수준에서 위협받는 시스템에 대한 추가적 위험 요소는 "높음"과 "매우 높음" 사이에 있다. 극단적인 날씨에서 유래하는 추가적 위험 요소는 "높음"이다. 그러나 세계 합계 영향과 대규모 독자적 사건들의 위협은 "온건하게" 증가한다.

달리 말해, 그러한 수치는 지구 시스템에 상당한 추가적 스트레스를 야기하고 또 극단적 날씨가 발생하는 빈도를 상당히 증가시키지만, 세계 정치경제에는 단지 온건한 영향만 끼칠 것이라고 말하는 것처럼 보인다. 암묵적 주장(가정과 주장 사이의 어디쯤)은 현재 널리 통용되는 자유주의 자본주의적 질서가 지구환경보다 더 강건하고, 그것이 의존하는 생태계보다 도래할 위험에 더 잘 적응하리라는 것이다. 그러나 AR5 제2실무그룹은 이 온건함의 정치적 조건에 대한 설명을 제공하지도 않고, 우리 정치경제질서의 안전성이라는 놀랍도록 낙관적이고 비역사적인 추정에 대한 어떤 타당한 이유도 제시하지 않는다.

보고서가 시스템의 위협을 과소평가한 것은 그릇된 설명이나 저자들의 편견 때문이 아니라, 이 보고서가 토대를 둔 문헌들 때문임을 강조해야겠다. 그 문헌들 대부분 ⓐ 우리 정치경제질서의 안전성이나 영원함을 당연시하고, ⓑ "적응"이란 오늘날 우리가 하는 것처럼 인류가 더 뜨거워진 행성에서 살아갈 방법을 가능한 한 많이 찾아내도록 해 주는 기술적 수단을 의미한다는 것을 당연시한다. 이것이 IPCC 실무그룹의 과학적·방법론적 노동분업 안에 내재화되어 있다. 제2실무그룹의 작업 안에 병합되어 있는 AR 제1실무그룹 보고서는 폭넓게 받아들여지는 이론들과 물리적 과정 모델들에 기반해서 기후변화에 관한 분석적으로 정확한 자연과학의 견해들을 기술한다.

불확실성의 주요 원천(예를 들어, 구름과 대양열의 복잡한 공간성 또는 지구 기후 시스템의 장기적 피드백 역학)은 연구가 잘 되어 있고, 불확실성의 정도는 경계가 정해져 있다. 달리 말해, 지구의 기후 시스템이 지금으로부터 1세기 후 어떻게 대응할지는 알 수 없으나, 적어도 우리의 예측을 뒷받침하는 기후모델들을 검토한 탄탄한 문헌을 갖게 된 것이다.

경감에 관한 제3실무그룹으로 눈을 돌리면 상황은 극적으로 바

뀐다. 경감의 미래는 근본직으로 정치경제의 분제지만, IPCC는 자본주의에 비판적인 모델을 제시하는 연구에 기대지 않는다. 어쩌면 기댈 수 없을 것이다. 그로 인해 근본적으로 분석적인 문제가 야기된다. 그것은 마치 열역학 이론 없이 또는 대양 온도 변화가 사이클론 역학에 끼치는 영향에 대한 이해 없이 허리케인 모델을 세우려는 것과 같다.

이러한 어려움은 적응에 관한 제2실무그룹을 살펴보면 더 복잡해진다. 지구적 기후변화에 대한 적응을 다루는 분석은 모두 미래 대기 탄소 농도의 추산(기후변화의 속도와 정도를 결정하는)뿐만 아니라 복잡한 사회들이 복잡한 변화에 직면하여 어떻게 적응할 것인지에 관한 이론 또한 미리 가정한다. 그러나 IPCC가 활용한 검토 과정은 적응에 관한 일관성 있는 정치적 분석을 생산할 수 없는데, 기본적인 문헌들에 그런 내용이 없기 때문이다. 우리가 현저하게 자유주의적이고 자본주의적인 지정학적 경제에 가능한 체계적 변화를 예측하거나 분석한다는 난제에 도달할 때, IPCC 검토 과정의 강점은 한계에 맞닥뜨리게 된다.

세계 총합 영향에 관해 말하자면, 이러한 부정확함은 표 3.1에서 위험 요소 윤곽선의 정도 차를 부드럽게 구분해 주는 음영 막대 사용으로 교묘히 처리되었다. 엄밀하게 양적인 상단 부분에서 모호하고 질적인 하단으로 이르는 변화에서 미학은 기저 모델의 불완전성을 덮어 버린다. 그렇게 타당하지는 않지만 분명 좋아 보이기는 한다. 2100년 5.5℃ 세계 평균기온 증가를 보이는 Y축 상단에 이를 때조차 AR5 제2실무그룹 수치는 세계가 세계 총합 영향의 "높은" 위험 요소 이상은 맞닥뜨리지 않을 것이라고 말한다. 이것은 세계 시스템의 안정성에 관하여 과도하게 추정하는 것이다. 2100년을 의미 있는 종말점으로 삼는 IPCC 시간 프레임의 보수주의도 눈여겨보아야 한다. 인간은 지구상에서 20만 년 이상 살아왔다. 우리가 보통 '문명'이라고 말하는 것도 수천 년이다. 별다른 의도가 없다고 하더라도 우리 분석의 시간적 지평을 2100년으로 삼은 것은 이 세기의 끝에서 고점에 다다를 것이고, 그 지점에서 좋건 나쁘건 일종의 균형점을 찾을 것임을 암시한다. 물론 이는 진실이 아니다.

AR5 제2실무그룹이 생산한 다른 텍스트들을 비교해 보면, 시스템 리스크에 관한 다양한 정도의 정확성과 보수주의를 발견할 수 있다. 개별 장들에 있는 연구 성과들의 정제 과정부터 외교적으로 승인된 최종 요약에 이르기까지, 시스템 리스크는 경시된다. 시스템 리스크는 전체 텍스트에서는 더 공공연하게 공언되고, 기술적 요약에서는 승인되고, 정책입안자를 위한 요약에는 거의 부재한다. 예를 들어 기술적 요약은 "인간의 안보"(물리적, 사회적, 생계 안전이라는 폭넓은 의미에서)가 "기후변화에 의해 점진적으로 위협"받을 것이라고 진술한다. 그것은 정책입안자를 위한 요약에서는 볼 수 없는 주장이다.[23] 비슷하게, 기술적 요약은 성공적인 경감과 적응 전략들을 방해하는 요소 중 하나가, "사회의 특권층"이 기후변화에 대처하는 현재의 접근법으로 "이득을 볼 수 있다"는 사실이라고 지적한다. 실로 그들은 그럴 수 있고 실제 이득을 보고 있다. 이는 기후 적응을 둘러싼 정치적 단층선을 조사할 때 마주치는 중차대한 사실이다.[24] 이 또한 정책입안자를 위한 요약에는 실리지 않았다.

마지막으로 중요한 사례로서, 기술적 요약은 적응 비용이라는 표준적인 경제적 개념에 대한 진지한 고발을 담고 있다.

> 빈약한 계획, 단기 결과를 과도하게 강조하기 … 또는 모든 선택안을 고려하지 못한 결과는 불량적응이 될 수 있다(중간 정도의 증거, 높은 동의율). 수량화할 수 있는 비용과 이익에 대한 편협한 집중은 빈곤층, 생태계, 무가치하게 여겨지거나 과소평가되는 미래 세대에 대한 의사결정에 불리하게 작용할 수 있다.[25]

다음은 정책입안자를 위한 요약에서 볼 수 있는 내용이다.

> 빈약한 계획, 단기 결과를 과도하게 강조하기, 또는 결과를 충분히 예측하지 못한 결과는 불량적응이 될 수 있다(중간 정도의 증거, 높은 동의율). 불량적응은 미래 표적집단의 취약성과 노출도, 또는 다른 사람들, 장소, 분야 등의 취약성을 증가시킬 수 있다.[26]

앞서 언급했듯이, 기술적 요약에서 정책입안자를 위한 요약으로의 번역은 불필요한 기술적 언어technical language의 제거를 수반한다. 그러나 여기서 벌어지는 일은 그게 아니다. "모든 선택안을 고려"해야 한다는 기술적 요약의 주장은 전적으로 명백하고 그래서 비기술적인 것이지만, 정책입안자를 위한 요약에는 누락되어 있다. 비슷하게, "수량화할 수 있는 비용과 이익에 대한 편협한 집중은 빈곤층에 대한 의사결정에 불리하게 작용할 수 있다"는 진술에도 복잡한 것은 하나도 없으나, 이 문장도 다 빠지고 "표적집단"(어떻게 보더라도 더욱 기술적인 용어)이란 용어를 썼다.

더 많은 사례를 얼마든지 찾을 수 있지만 패턴은 명백하다. 과학적 문헌에서 보고서로, 기술적 요약으로, 정책입안자를 위한 요약으로 이동하는 것은 번역의 홍수를 수반한다. 각 단계에서는 과학적이면서도 정치적인 의사결정이 개입한다. 현 질서의 한계와 그것이 맞닥뜨린 시스템 리스크는 일관되게 경시된다. 세계를 위해 상상된 적응 형태들이 치러야 할 비용도 마찬가지다. 빈곤층, 비인간, 도래할 세대를 위한 비용도 경시되는 것이다. 이를 감추려고 안달하는 의도를 의심하지 않기란 어렵다.

IPCC의 제5차 평가보고서인 AR5 제2실무그룹에 대한 두 번째 비판, 그리고 그와 더불어 이 비판을 구성하는 것으로서 지금의 기후 적응 분석은 적응 개념 그 자체를 문제 삼는다.[27] 세계가 제한된 선택지들을 제시받을 때에는 그 상세 항목들을 면밀히 살펴볼 필요가 있다. 우리가 기대어 살 수 있는 은유를 발견하는 곳은 여기이기 때문이다.[28] "고통"은 적어도 욥의 이야기만큼 오래된 도덕적 · 정치적 개념이다. "경감"은 물질에 관한 과학 · 물리학 · 공학에서 유래한다. "적응"은 생물학적이다. 다윈의 진화론보다 훨씬 오래되었지만, 진화이론에서 그것이 갖는 중요성 때문에 두각을 나타내게 되었다.

이 생물학적 기원을 살펴볼 가치가 있다.

"적응adaptation"과 "적응하다adapt"라는 단어는 상대적으로 어원은 단순하지만 의미와 공명의 복잡한 총체總體를 가지고 있다. 명사("적응" 또는 "적응하는 특성")는 한 존재가 가지고 있거나 표현하는 특질 또는 상태를 일컫는다. 동사("적응하다")는 그러한 특수한 것들(형질, 특질)을 발생시키는 과정을 일컫는다. 동의어로는 "조정하다/순응하다to adjust, 맞게 만들다make fit"; "조건에 순응하다to conform to conditions"; "적절한 형태를 채택하다to adopt an appropriate form"를 들 수 있다. 적응을 표현하는 것도 특정 문맥에 적용하는 것이다. 다윈 이래로 "적응"은 구체적으로 환경에 더 잘 맞출 수 있는 방식으로 종이 진화적 변화를 거치는 것을 일컫게 되었다. 진화이론에서 개체군은 적응의 단위이다. 어떤 특정 개체군에서 개인들은 이질적인 형질이나 특질(표현형表現型 다양성—그 개체군 구성원들의 유전적 변형이 외부적으로 드러난 표현)을 드러낼 것이고, 환경적 조건은 특정한 형질에 이점을 부여할 것이다. 결과적으로 종의 개체군은 시간이 지나면서 우호적인 형질을 더 많은 비율로 드러낼 것이다.[29]

그렇다면 적응은 과정이자 자연선택에 의한 진화의 결과이다. 과정은 지속되기 때문에 결과는 절대 고정되어 있지도 영구적이지도 않다. 종과 생태계는 역동적이고 가변적이며, 이동과 변종을 통한 새로운 유전적 이형異形을 통합시킨다. 선택이 거기에 작용하기 때문이다. 특정 시간과 장소에 있는 특정 종의 유전적 프로필은 세대를 거쳐 진화한다. 보통 해로운 유전자의 상대적 빈도는 시간이 지나며 감소하지만 완전히 사라지지는 않는다. 개체군은 상대적으로 낮은 비율로 "맞지 않는" 속성의 유전자를 지니게 된다.

이것이 실제 존재하는 사회적·자연적 조건에서 어떻게 전개되는지 보기 위해, 기후변화에 대응하는 경작 식물 종의 사례를 들어보자. 세계 인구 대부분(그리고 사람들이 먹는 동물들)의 식단은 소수의 주요 곡물 종, 특히 밀과 옥수수, 쌀, 감자, 콩의 생산에 기댄다. 이러한 종들이 지역 식단에서 필수적으로 자리 잡은 곡물 원산지 중심 지역에서는 농부들이 보통 곡물 토착종(전통 품종)을 심고 해마다 씨를 받는다. 자연선택과 인간이 매개하는 선택을 통해 이 곡물들은 특정 환경에 맞도록 진화되었다.[30] 모든 식물과 마찬가지로, 이 곡물들도 지역 환경이 변화하면 스트레스를 겪는다. 예를 들어, 세계의 대다수 토착종은 열대지방에서 자연 강수(관개가 아니라 비를 맞고 자람)로 재배된다. 기후변화로 열대의 강수 패턴은 변화가 심화되었다. 일부 지역은 평균적으로 강수량이 더 많고 다른 지역은 더 건조하지만, 거의 모든 지역에서 강수 시기와 강수량에 대한 예측 가능성이 떨어졌다. 치솟는 온도와 함께 이 예측 불가능성은 곡물 생산과 그에 의지하는 농부들에게 심각한 난제를 던진다.

이론적으로는 곡물 개체군이 새로운 조건에 대한 적응을 포함하여 다양한 방식으로 기후변화에 대응할 것으로 기대된다.(예를 들어 아프리카의 수크렁〔벼과 수크렁속의 키가 큰 한해살이 초본〕토착종은 수십 년간 이어진 가뭄 동안에 꽃을 피우는 시기를 짧게 하는 방식으로 진화했다.[31]) 적응은 유전자 확산 또는 이동을 통한 새로운 유전변이의 도입으로 촉진될 수도 있다. 표현형이나 형질의 변화는 유전적 변화가 필요 없는 표현형적 가소성可塑性의 표출로 일어날 수도 있다. 이러한 대응들은 기후변화에도 불구하고 곡물들이 생산성을 유지하게 해 주기도 하지만, 보통은 최적화를 늦추고 수확량을 떨어뜨리는데 그 정도가 심각한 경우도 있다. 곡물에게 이러한 모든 진화의 역학은 인간의 농업생태계 관리로 매개되고 복잡해진다. 생산성이 많이 떨어지면 농부들은 토착종을 버리고 더 적응을 잘하는 종자나 종을 찾는다.[32] 때로는 농업을 아예 포기하기도 한다.

인간 사회는 어떤가? 기후변화에 관한 동시대의 논의에서 "적응"은 사회적인 것과 생물학적인 것을 동시에 가리키고, 그래서 그 은유의 진화론적 뿌리는 모호해진다. 분석 단위는 무엇인가? "사회가 적응한다"고 할 때, 무엇이 자연선택의 역할을 하는가? 유전자는 무엇이고, 개체군은 무엇인가? 여기서 그 진화론적 은유의 정치적 가치는 최고의 영향력을 발휘한다. "사회는 기후변화에 적응해야 한다"라거나 "우리는 고통받는 대신에 적응해야 한다"라는 말을 들을 때, 그 진화론적 은유는 우리가 인간의 삶을 "생물학적" 측면에서 개념화하도록 이끈다. 이는 문제적으로 보이지 않을 수도 있으나(우리는 실로 생물학적 존재이다), 생물학적 견지에서 적응에 관해 생각하는 것은 사회적·정치적 분석에 두 가지 중차대한 영향을 미친다.

첫째, 이는 기능주의functionalism를 불러온다.[33] 기능주의는 세계의 어떤 측면의 기원이 그것이 "요구"되는 상황, 심지어 그것이 필요한 어떤 상황의 산물이라고 설명하는 주장이다. 진화의 측면에서 어떤 형질이 특정 개체군에 속하는 특정 구성원들의 적합성을 증가시킬 때 그 형질을 "기능적"이라고 할 수 있다. 그 형질은 환경이 그것이 촉진되는 조건을 만듦으로써 발전한다. 길고 가는 부리로 화밀花蜜을 먹는 벌새를 보라. 그러나 사회시스템에서 "기능적"이라고 하는 것은 무슨 의미인가? 잘 맞는다는 것, 잘 적응한다는 것은 무엇을 의미하는가?

인간 공동체의 사회적 무대에서 이른바 "사회적 적합성social fitness"에 관한 모든 이해들은 근본적으로 또 불가피하게 이데올로기적이다. 모든 사회에서 지배엘리트층의 세계관은 그들 자신에 대한 그들 자신의 생각을 반영하고, 그들 스스로 "성공"이나 지위에 특히 잘 맞는다고 여기는 자신들의 어떤 특성들을 인정하는 자신들의 통치를 반영한다. 그중에는 그들의 존재 방식을 정당화하는 추상적인 사회적 적합성(또는 권리) 개념들이 있다. 그러한 생각들이 얼마나 추하고 왜곡되었건 간에, 그것들은 어느 정도 사회를 통해 분기해 나가고 그럼으로써 사회적 힘을 얻는다. 그것들은 심지어 상식, 즉 헤게모니가 작동하는 주요한 방식이 될 수도 있다. 사회적으로 "기능적"인 것은 이러저러하다는 엘리트들의 생각을 이렇게 폭넓게 받아들인 결과의 하나는, (예를 들자면) "기업가정신"이 자본주의사회에서 거의 보편적으로 칭송받는 자질(동시대에 궁극적인 개인의 "적응")이 되었다는 점이다. 이 "적합성" 개념의 이데올로기적 토대는 은유의 기원이 되는 진화론적 과정과 상관이 없다. 이데올로기는 진화로 설명될 수 없다.

둘째, 인간의 적응 능력을 추상적으로 칭송하는 것(우리의 삶의 방식은 기능의 측면에서 도움을 주는 조건에 대한 "분별 있는" 적응을 자연스럽게 따른다는, 사회적 삶에 관한 기능적 관점의 논리적 귀결)은 이데올로기적이고 그래서 정치적인 "적응"의 내용을 불분명하게 만드는 데에 그치지 않는다. 그것은 또한 반동적인 권리의 역사적 몸짓이기도 하다.* 정치적 물음들이 생물학적으로 변용될 때면 그 답은 자연(인간이건 다른 것이건)에서 기인한 것으로 바뀌고, 기존 질서를 당연히 인간의 영향력을 초월한 역학의 결과로 정당화하는 식으로 탈정치화된다.

달리 말해, "사회가 적응해야 한다"고 주장하는 것은, 이 적응을 자연스럽고 기능적인 것으로 보이게 만드는 방식으로 기후변화에 대한 사회적 대응을 표현한다. 세속적인 것(냉방장치)에서부터 예외적인 것("자연재해" 후의 비상사태)에 이르기까지 말이다. 이와 같은 이역학은 자유주의 자본주의 북반구의 주된 철학적·형이상학적 전통에 굳건히 뿌리를 두고 있다. 우리는 1장에서 홉스가 생각한 자연권 개념의 중심성, 또는 주권의 내재적 자연성에 대해 논했다. 리바이어던의 주권은 자연 상태에 대한 기능적인 사회적 적응에 다름 아닌 것으로 상정된다. 이 맥락이 서구 유럽의 정치학 이론 전통 전체를 관

---

* "아마도 가장 불온한 적응 문제의 측면은 역설적이게도 인간이 적응력이 있다는 사실 그 자체일 것이다. 이 적응력 자체가 인간으로 하여금 종국에 가서 인간 삶의 가장 특징적인 가치들을 파괴하게 될 조건과 습관들에 적응하게 만들 것이다." Rene Dubos, *Man Adapting*, New Haven, CT: Yale University Press, 1965, 278.

통한다. 역사적으로 자연과 생물학에 대한 호소는 항상 득세하는 엘리트층의 지위를 정당화하고 안전하게 하는 데에 이용된다. 자연은 강자의 편을 든다.*

자연에 대한 과학적 연구의 가치, 진화론의 정통성, 또는 사회적·정치적 분석에서의 정당한 "적응" 개념 사용 등을 부정하려는 것은 아니다. 우리는 모두 이데올로기의 주체들이다. 그 누구도 누군가의 개념적 유산을 모조리 부정할 수 없는데, 이는 그 유산이 확인해 주는 지식을 모조리 거부할 수 없는 것과 마찬가지다. 그러나 우리가 정치적 삶에서 순환하는 모든 자연적·생물학적 개념들의 은유적 속성을 잊어버릴 때 심각한 문제가 발생한다. 기후변화와 관련하여, "적응"처럼 진화적 은유의 외견상 자연스러움은 그 정치학에 근본적이다. 이런 상황에 대해 자본주의 계급을 비난하는 것은 극단적으로 단순화한(그리고 잠재적으로 기능주의적인) 것이지만, 자유주의 자본주의의 형이상학은 분명 진화론적 언어에 의지한다.[34]

다행히도 유해한 은유를 다루는 전략이 있다. 급진적 역사주의는 필수적이다. 과학의 사회적 삶을 파악할 때에만 우리는 과학의 정치학을 이해할 수 있다. 기후과학자들이 정치적 진술을 한다고 사

---

* "'자연', '자연 질서', '자연법', '자연권'이란 용어들이 쓰이면 언제나 … 그 뒤에 공적인 삶을 개혁하는 방식에 관한 주장이 나오지 않는 문장은 단 한 문장도 없었다―적어도 서양 전통 내에서는 그렇다. … 누군가 자연 개념에 호소할 때 **그 개념이 승인하는 집합은 이 집합이 보증해 주는 기원으로서 '자연스러움naturalness'이라는 존재론적 특질 너머 무한성의 가치를 갖게 된다.**" Bruno Latour, *Politics of Nature*, Cambridge, MA: Harvard University Press, 2004, 28-29 (강조는 원문의 것임).

과할 필요는 없다. 반대로 대부분의 환경과학자들이 보이는 침묵과 수동적 태도는 타당한 이유를 제시해야 한다. 지구의 변화에 대해 우리의 지식을 늘려 주고, 위험을 무릅쓰고 정치적으로 책임감 있는 책무를 다하는 사람들은 자연사에 이중으로 개입하는 것이다. 그렇다고 그들이 외로운 반역자로서 갈채를 받아야 한다는 의미는 아니다. 과학의 간헐적인 급진적 정치참여라는 영웅주의는 언제나 이미 사회적이다.

기후학자 제임스 한센이 1988년 미국 의회에서 한 기후변화에 관한 증언(미국 상원에서 기후변화가 이미 시작되었고, 그것이 "자연의 변이"가 아니라 인위개변人爲改變이라고 한 말)은 과학적 증거일 뿐만 아니라 사회적 노동과 정치투쟁의 결과였다.[35] 우리는 그러한 과학적 지도력의 사례를 칭송해야 하지만, 과학에 너무 많은 것을 기대해서는 안 된다는 아인슈타인의 경고 또한 귀담아들어야 한다. 우리가 필요로 하는 변화는 기본적으로 정치적인 것이기 때문이다. 이 진실이 적응의 언어로 은폐되어 있다. 따라서 우리는 적응을, 자유주의적 상상력이 갖고 있는 한계 문제에 대한 기술적 번역이라고 비판함으로써 IPCC 제2실무그룹의 연구를 보완하지 않으면 안 된다.

5.

누군가는 국제 기후협상이 거의 배타적으로 경감에 초점을 맞춰 왔기 때문에 우리가 과도하게 적응을 강조하는 게 아닌가 생각할 수 있을 것이다. 「교토의정서」〔1997년 기후변화협약 제3차 당사국총회에서 채택된〕는 기본적으로 온실가스 경감 조약이었다. 조인국들은 적응의 중요성을 인정했으나, 적응은 의정서에서 사실상 제외되었다. 이를 긍정적으로 해석할 수도 있지만(배출을 최대한으로 줄이는 데에 우선권을 주었기 때문에), 적응의 배제는 실제 적응의 정치를 직면하지 못하고 했고, 따라서 적응에 관한 국제 정치적 합의를 생산해 내지 못했다는 증거이다.

이 합의의 주된 장애물은 「유엔기후변화협약UNFCCC」 과정, 즉 세계의 거대한 불평등에 익숙한 사람이라면 누구에게나 자명하다. 세계 시스템상의 불공평한 부와 권력, 기후변화에 대한 불공평한 책임, 그리고 그 부정적 결과들의 불공평한 배분. 자주 언급되는 기후변화의 추문은 그것을 야기한 사람들이 그것이 끼칠 온전한 영향을 볼 수 있을 때까지 살지 못할 것이고, 고통받는 사람들 또는 최악으로 고통받을 사람들이 그 문제를 야기하지 않았다는 점이다. 이 역학은 또렷한 공간적 · 시간적 배분이 있고, 그것을 통해 현재 살고 있는 부유층은 빈곤층과 아직 태어나지 않은 미래 세대에 비해 엄청난 혜택을 누리고 있다. 예를 들어, 저지대나 홍수에 취약한 지역, 섬나라(방글라데시나 몰디브와 같은 지역) 등은 대기 중 탄소에 아주 작은 책임밖에 없지만 잠재적으로 총체적인 파국에 직면해 있다. 그러나 1인당 배출이 세계에서 가장 높은 나라 중 하나인 캐나다는 지구온난화에 가장 적게 영향을 받는 나라이다(그렇다고 심각하게 영향 받지 않을 것이라는 말은 아니다). 세계의 부유한 지역들은 가장 많은 온실가스를 배출해 왔고, 그 배출을 야기한 경제적 활동으로 이익을 보는 대다수의 사람들은 이미 죽었거나 가장 심각한 결과가 도래하기 전에 죽을 것이다. 대략적인 수치로 보면 오늘날 세계의 약 7퍼센트가 모든 탄소 배출의 50퍼센트의 책임이 있고, 세계의 반은 약 7퍼센트의 책임만 있다.[36]

기후정치 논의에서 이 수치스러운 불균형은 이해할 수 있는 일이지만, 거기에 보통 민족-국가 프레임이 씌워진다는 것이 문제다. 미국이 지금 인도아대륙 전역을 황폐화시키고 있는 기후변화에 역사적 책임을 다하고 있지 못한 점에 대해 인도가 미국을 비난하는 것은 분명 정당한 일이다. 그러나 이러한 비판이 민족-국가에 한정되어서는 안 된다. 그것은 드러내는 만큼 모호하게 논점을 흐린다. 모든 민족-국가 내에서 기후변화를 일으키는 소비와 탄소 배출에 책임이 있는 사람들은 가장 부유한 사회집단(최고 부유층과 최고 권력을 지닌 사람들, 즉 자본계급)이다. 그러나 현재 세계의 정치적·경제적 상황에서 사회적·자연적 재난에 가장 취약한 위치에 처한 이들은 빈곤층(거대한 이질성이 존재하는 하위계급 사회집단들 포함)이다. 그래서 "적응" 논의는 항상 빈곤층이 이 변화에 어떻게 적응해야 하는지를 다룬다.

분명 무언가 대단히 잘못되었다. "적응"이 "수정correction"이나 "조정adjustment"을 의미한다면, 기후변화에 맞서 세계가 할 수 있는 가장 중요한 적응은 화석연료 사용을 끝장내고 부와 권력을 재분배하고 수십억 사람들을 고통에 빠트린 대가로 기후변화에 책임이 있는 자들로 하여금 축적한 부를 재분배하게 하는 것이다. 빈곤층과 미래 세대가 "고통"받지 않도록, 또 미래가 떠안아야 하는 이미 되돌릴 수 없는 기후변화 영향을 공정하게 다루는 데에 필요한 민주주의의 기본을 준비하도록 "적응"해야 하는 사람들은 세계의 부유층과 나라의 엘리트층이다.

적응에 관한 국제 합의가 의미를 지니려면, 온난화된 세계에 적응하는 비용을 누가 누구에게 지불해야 하는지를 확정해야 한다. 이게 바로 교토나 뒤이은 기후정상회의에서 합의가 이루어지지 못한 이유다. 이 문제에 관한 자유주의적 접근법(국제법에서 우세한)은 정의와 금전의 등가等價 및 상호 대체가능성을 전제로 한다. 달리 말해, 적응은 국민국가 간 주식과 금융 흐름의 문제로 축소된다. 어떤 특정한 피해나 적응 때문에 미국은 인도에 돈을 지불해야 하는가? "정의"의 비용은 얼마이며, 그것에 대해 얼마나 오래 지불해야 하는가?

「파리협약」과 「유엔기후변화협약」 이후 적응 논의가 정확히 이 문제로 인해 불발되었다. "손실과 피해"를 다룰 수용 가능한 국제법적 틀의 구축 문제, 말하자면 기후변화로 야기된 피해에 대해 누가 누구에게 보상할 것인가라는 문제 말이다. 지정학으로 보자면, 이 난국은 핵심 자본주의국가들의 외교적 전략이 성공했음을 보여 주는 증거이다.

적응은 기후정책 초기에 의제에서 배제되었다. 그 이유는 적응이 온실가스 배출 문제의 인센티브를 줄일 패배주의적 접근법으로 여겨졌기 때문이다. "적응 금기"는 학교의 성교육에 대해 종교계가 보이는 혐오와 유사했다. 바람직하지 못한 행동을 권장할 윤리적 타협으로 다루어졌다. 정치적으로도 적응은 똑같이 설득하기 힘든 일이었다. 「유엔기후변화협약」에서 벌이는 적응 논의는 본질적으로 자금조달 논의와 연결되는데, 그것은 기후협상에서 항상 이견이 많았던 이슈이다. 역사적으로 온실가스 배출의 책임이 큰 선진국들은 적응 논의를 제한하려고 했다. 그 이유는 그게 불가피하게 역사적 책임 문제와 적응을 위해 누가 돈을 내야 하는지 하는 문제로 귀결되기 때문이다.[37]

파리에서도 이 문제는 최상단 의제에 올랐지만, 미국이 "손실과 피해"에 대한 의미 있는 논의를 거부하는 바람에 다시 한 번 좌초되고 말았다.

그러나 기후정의운동이 더 크고 더 조직화되고 강력했다고 상상해 보자. 우리가 테이블에 앉아 세계 시스템상의 더 큰 평등을 전제로 상대적으로 통일된 방식으로 주장을 펼친다고 가정해 보자. 탄소 배출 재분배에서의 공정함, 물질적 안락 수준에서의 평등 등등. 현재의 세계 권력 배치가 이 변화를 수용할 수 있을까? 기존의 세계 자본주의 민족–국가 시스템에서 기후변화에 대한 실질적인 적응을 논할 여지가 있을까? 이러한 문제들에 관한 접근법은 그 어떤 것이라 하더라도 현 자유주의적 자본주의(UN 시스템과 브레턴우즈 체제,

자유무역협정, EU 등을 포함하여) 체제로 공고화된 세계 정치경제 규제 방식에 존재하는 권력 불균형을 깊이 반성해야 한다. 이 매트릭스 때문에 기후변화에 관한 조율된 대응을 생산하는 데에 끊임없이 실패했고, 대신 기후변화는 금융투자(배상이 아니라 자본 형성)와 거버넌스(행성의 관리) 차원의 적응으로 다룰 기술적 문제라는 식으로 프레임이 씌워졌다.*

현재 우세한 적응 개념이 안고 있는 이러한 한계들이 「파리협약」을 괴롭혔다. 적응 개념이 협약에 근본적이긴 하지만, 협약은 지구적 적응을 위한 일관성 있고 실현 가능한 계획을 제시하지 않는다. 그저 "적응 능력을 강화하고 탄성을 강화하고 기후변화에 관한 취약성을 줄이기를" 열망할 뿐이다(7.1항). 이에 필요한 자금과 정치적 헌신은 협약으로 담보되지 않는다. 그 적응 노력은 "채택되어야 할 협상 세부 원칙들"과 부합하여 "인정"될 것이고(7.3항), "적응 노력에 관한 국제적 협력의 지원"이 중요함을 "인정"한다고(7.8항) 할 뿐이다. 법률적으로, 이 "인정"은 거의 아무런 행동도 요하지 않는다. 더욱이 협약은 당사국들이 "적응 보고"를 제출하고 업데이트하도록 권장하지만(그 형식도 정하지 않은 채), 적응 전략이나 약속을 보장하는 어떠한 의무 조항도 포함하지 않았다.

---

* 예를 들어, 기존의 그리고 등장하고 있는 경제기구들이 충격을 예측하고 줄이기 위해 인센티브를 제공함으로써 적응을 촉진할 수 있다(중간 정도의 신뢰도). 기구들은 공공–민영 금융 파트너십, 융자, 환경 서비스를 위한 지불, 자원 가격 책정 개선, 부과금과 보조금, 규범과 규제, 리스크 공유와 이전移轉 메커니즘을 포함한다.

이 모든 것은 「파리협약」이 정치적인 것의 적용을 위해 중요하다는 사실을 바꾸어 놓지 못한다. 그러나 작동 중인 적용이 텍스트에 직접적으로 표현되어 있는 것은 아니다. 「유엔기후변화협약」 협상에 있는 적용의 근본적인 문제는 더 심각하기 때문이다. 정치적 변화는 개발도상국의 저항(인도가 보여 준 대로)에 더하여 부유한 나라들(특히 미국이 주도한)의 방해 행위로 지연되어 왔다. 전자는 정당화될 수 있는 것이기도 하지만, 후자와 관습적인 경제적 사고에 대한 무익한 충성을 공유한다. 그런 사고로 인해 민족-국가 중심의 자유주의적 자본주의 매트릭스가 작동한다. 비용과 이익 배분이라는 기본적으로 기술적인 결정에 심각하게 의존하는 한에서 말이다. 협상가들은 식민주의와 저개발, 역사적 대량 강제이주와 빈곤화 계수들을 포함하는 최적화 문제를 해결하려고 노력한다. 국민국가 발전 문제에 내재하는 불평등은 말할 것도 없다.[38]

그러나 이 접근법의 계산 불가능성 때문에 배출 가능한 온실가스의 글로벌 풀global pool을 할당하려는 모든 시장 기반 노력들은 좌절된다(그리고 관계 당국들은 이것이 전 세계적 문제가 아닐 수 없다는 사실을 알고 있다). 높은 값을 매길 수 없는 현재의 역사라는 성가신 정치(불평등, 식민주의, 저개발)가 끊임없이 그리고 불가피하게 침범해 들어오면서 남반구의 저항과 동시에 부유한 국가들의 역사적 · 도덕적 책임 축소 또한 정당화된다. 남반구로서는 그것이 역사의 범죄를 잊으라고 내미는 보잘것없는 보상금을 거절하는 것을 정당화한다. 자유주의적 자본주의 방식과 수단을 중시하는 북반구의 엘리트들에게 앞으로 나아가는 진전이라는 것은, 과거의 부를 창출했던 배출의 역사를 지우고 백지상태의 대기권 출발점을 선포하는 것이다. "우리 지구촌을 지키자", "이 문제에서 우리는 모두 함께한다". 이것이 북반구가 선포한 정치적 적응이다. 여기에 이주 지원(그 어떤 "적응"에도 거의 확실한 핵심적 측면)에 대한 언급은 없다.

이런 강령은 기후변화에 대한 적응이 저렴하지 않을 것이고, 또 많은 이들이 고통을 겪을 것이라는 사실을 감추고 있다(그래야만 하니까). 자유주의적 국민국가의 틀 안에서 이 진실을 인정하는 방식으로 문제를 끄집어내는 것은 불가능하다. 근본적인 문제는, 자유주의적 경제 논리 때문에 기후변화가 다뤄질 수 없다는 점이다. 자유주의적 경제는 스스로 의식적 정치를 부정하면서(사실 경제적 합리성의 왜곡이라면서 모든 "정치"를 부인한다) 역사와 이력履歷 현상 hysteresis〔물질이 거쳐 온 과거가 현재 상태에 영향을 주는 현상으로, 어떤 물리량이 그 시점의 물리 조건만으로 결정되지 않고 이전에 그 물질이 거쳐 온 과정에 의존하는 특성〕(달리 말해 역사가 계속해서 영향을 끼치는 억누를 수 없는 방식들)을 다룰 수 없다. 정통 경제학의 견지에서 보면 지구적 해결책은 정치적으로 불가능할 뿐만 아니라 논리적으로도 불가능하다. 그 어떤 시장 기반 "해결책"을 고안해 내는 것도 어떤 거대한 문제 때문에 가능하지 않은데, 그 문제의 "원인들"이 그 여파를 따져 보기도 전에 일어나 버렸기 때문이다. 요컨대, 기후변화에 관한 코즈적 해법Coasian solution〔민간경제의 주체들이 자원배분 과정에서 비용을 치르지 않고 협상할 수 있다면 외부효과로 인해 초래되는 비효율성을 그들 스스로 해결할 수 있다는 이론)은 없다는 것, 문제가 다뤄져야만 하는 토대 자체(정치)가 부인될 때 자기 본위의 행위자들이 "사회적 비용 문제"를 다룰 방법은 없다는 것이다.[39]

그렇다고 세계적 환경 채무를 부정하는 것은 아니다. 자본주의 북반부의 호화로운 삶이 서부 아프리카를 사막화시키고 남아시아를 뜨겁게 만든다는 사실은 부인할 수 없지만, 그 값을 따지기가 불가능하다는 것이다. 우리가 자주 전해 듣듯, 만일 시장이 그 정의상 비정치적이라면, 여러 측면에서 오늘날의 본질적인 정치적 질문(어떤 이의 삶을 온난화하는 지구에 대한 적응 비용으로 치르게 할 것인가)에 대한 해결책으로 시장을 제시한다는 것은 얼토당토않은 일이다.

우리는 이 질문에 관해 적어도 한 가지 답은 확신할 수 있다. 우리는 어떤 이의 땅이 홍수로 범람할지 또는 사막으로 변할지 알고 있다. 몇 가지 추산에 의하면, 세계적으로 2050년까지 5억 명에 달하는 기후난민들이 발생할 것이다. 주로 아시아 지역(그리고 주로 아시아 지역에 머물 것이다)에서 말이다. 다만 그런 추산은 매우 불확실한데, 기후변화에 관한 사람들의 다양한 대응을 예측하기가 불가능하고, 또 실질적으로 그리고 법적으로 "기후난민"을 규정하기가 불가능하기 때문이다. 그 어느 누구도 날씨를 피할 수 없기 때문에 모든 사람의 이동은 추상적인 의미에서 항상 이미 기후적이다. 심지어 예외적인 상황에서 다른 방식으로 떠났을 수도 있었던 사람들과 기후난민을 구별하기란 불가능할지도 모른다. 이주는 모든 사람에게 열린 선택이 아닐 수 있다. 극빈층은 떠날 수 있는 여유가 없기 마련이다. 심지어 그들이 우리의 분석적 범주나 모델에 깔끔하게 들어맞는다 하더라도, 급속하게 온난화되는 세계에서 기후난민들에게 훨씬 더 큰 주의를 기울이기 위한 도덕적 선택지도 없다. 우리는 기후변화의 폐해를 피해서 이주할 수 있는 권리를 규정하는 굳건한 정치적 언어가 필요하다. 그러려면 이런 용어들을 비판적으로 정교하게 다듬을 필요가 있고, 특히 뿌리 뽑힌 사람들로 넘쳐나는 세계(기후 리바이어던이 약속하는 "금융증권화securitization"에는 기여할)에 대한 종말론적 서사를 비판할 필요도 있다.[40]

사람들이 기후변화에 적응하고 고통받는 여러 가지 방식들을 그저 목록화하는 것(우리 시대에 "진보적인" 사회과학의 한 가지 경향)은 분석적으로, 윤리적으로, 정치적으로 불충분하다. 우리는 이미 어려운 질문들을 던질 만큼 충분히 알고 있다. 천 가지 방식으로 그 변이들을 문서화한다고 해서 핵심적인 것이 더 늘어나지는 않는다. 지구온난화는 복잡하고 균일하지 않고 추계推計적이지만, 바로 여기 있고 또 강해지고 있다. 따라서 기후에 관한 모든 정치적인 전략은 아주 극미할지라도 적응을 내포할 것이다. 이런 변화들은 대부분 매우 작은 규모이거나 자연발생적이거나 지역적으로 한정되어 있어서 행성적 스케일로는 포착하기 어렵다. 일부 사람들에게는 이것이 희망의 원천이 된다. 이는 기후변화에 적응해야 하는 과제가 수십억 명이 각 지역에서 적응의 행동을 하면 달성 가능함을, 그 모두가 취합되면 기후 리바이어던의 조율 없이 우리 세계를 변화시킬 수 있음을 암시하기 때문이다.

그러나 기후변화란 지리적으로 불균등하거나 소규모거나 과립상인, 무수히 많은 대응들을 유도한다는 점 때문에 리바이어던(또는 마오, 또는 베헤못)의 출현을 막을 수는 없다. 우리 주장의 일부는 리바이어던의 등장이란 바로 그러한 체제들을 요구하는 기후변화에 대한 많은 대응들("물질적" 실천, 정치의 측면 둘 다에서 변화를 수반하는 과정으로서 적응의 생생한 특질)의 변종이자 탈구disarticulation라는 점이다. 수천 명이 코펜하겐으로 가서 리바이어던을 승인했고 기꺼이 리바이어던에게 복종할 태도를 보였는데, 그들이 그렇게 한 것은 기후변화가 가져오는 여러 종류의 영향들과 행성적 스케일에서 조율된 대응의 결핍에도 불구하고가 아니라 바로 그 때문이었다. 예를 들어, 미국의 자유주의자는 방글라데시 기후난민들이 자신의 적응을 방해하지 않는다는 보장을 받고자 지구적 조율을 원한다. 모든 규모의 모든 사회조직은 특정한 현재 내in situ 역학과 저항 형태 등으로 가득 차 있다. 그러나 역사와 지리가 "현장에서" 일어난다는 사실이 사회조직들의 정치적 삶에 관한 대화, 말하자면 사회조직들을 형성하는 다중 스케일의 환원 불가능한 힘들에 관한 대화를 종결짓는 것은 아니다.

　　탄소를 경감하려는 세계적 노력이 실패하는 것은, 출현하는 그 어떤 리바이어던도 주로 적응의 짐승일 것이라는 사실을 명백하게 해준다. 바로 그런 이유로 리바이어던에 관한 주장에서 우리는 행성적 주권의 **창발적** 성격을 강조한다. 탈주하는 기후변화를 암묵적으로 받아들이면서, 우리는 리바이어던이 정부 간 그리고 영토를 넘나

드는 형태의 거버넌스를 자극하고 조직하는(엘리트 사회집단의 힘과 안보를 증대시키기 위한 적응) 동시에 그로부터 혜택을 얻을 것이라고(예를 들어, 북극에서 새롭게 이용 가능해진 자원을 통해) 예상할 수 있다.[41]

이러한 경향들은 모두 새로운 것이 아니다. 기후변화는 그저 기존 역학을 강화할 뿐이다. 여기에 대처하기 위해서 우리는 표면상 "포스트–정치적" 계기를 꿰뚫어 보아야만 한다. 우리가 직면한 문제는 정치의 해체가 아니라 정치의 독특한 적응이기 때문이다.[42] "화석연료의 시대를 지배하려 출현했던 정치기계가 그 시대를 끝장낼 사건들을 다룰 능력이 없을 수도 있다"고 한 티머시 미첼Timothy Mitchell의 주장이 맞다면 어떤 일이 벌어질까?[43] 이는 어떤 물음, 즉 정치적인 것에 관한 물음인데, 여기에 대해 지금 득세하는 '적응' 개념은 전혀 적합하지 않다. 그러므로 우리는 다른 곳을 살펴보아야만 한다.

4
정치적인 것의 적응

실천철학이 정치과학과 역사과학에 도입됨으로써 이루어진 기본적
인 혁신은 고정되고 불변하는 추상적 "인간 본성"이란 없음을 …
인간 본성이란 역사적으로 결정된 사회관계들의 총체,
따라서 어떤 역사적 사실임을 증명한다.

_ 안토니오 그람시[1]

1.

기후변화는 정치적인 것, 즉 적응에 관한 모든 다른 요구가 반드시 기대야만 하는 영역에 관한 우리의 이해에 근본적인 변화를 요구한다.

모든 사람은 정치적인 것에 관한 암묵적 이론을 가지고 있다. 정치적인 것으로 간주되는 것에 대한 생각, 그리고 정치가 어떤 것을 바꿀 수 있고 바꿀 수 없는지에 대한 생각 말이다. 이런 이론들은 고정되어 있지 않다. 그것들은 시간에 따라 변한다. 우리를 둘러싼 세계를 감안하여 적응하는 것이다. 정치적인 것에 관한 우리의 이해가 변화할 때에만 기후변화에 맞서 급진적 변화를 합법화하고 현실화할 수 있다.

그렇다면 정치적인 것이 "적응한다"고 하는 것은 어떤 의미인가? 첫째, 그 말은 정치적인 것이 모든 시간과 장소에서 역사(아마도 자연사)와 특이성을 둘 다 갖고 있음을 암시한다. 적응은 시간이 흐르면서 발생하고 특정 조건에 대응하여 일어나기 때문이다. 둘째, 그것은 또한 정치적인 것이 사회적 세계에서 하나의 뚜렷한 영역을 구성한다는 점을 암시한다. 적어도 우리가 분석적으로 분리해 낼 수 있는 우리 삶의 특정 부분을 구성한다는 것이다.

오늘날 유럽의 많은 급진 철학자 및 사회과학자들은 사회적 세계의 한 영역으로서 정치적인 것이 움츠러들거나 해체되고 있다고 주장한다. 그리고 정치적인 것 자체의 "소멸"과 "포스트-정치적" 조건의 시작을 애석해한다.[2] 지젝Slavoj Žižek이 표현하듯, 우리는 "정치와 포스트-정치 사이의 새로운 양극성bipolarity"의 출현을 목격하는 목격자다.[3] 이어지는 글에서 명확하게 드러나겠지만, 우리는 이 입장이 설득력 없다고 주장한다. 포스트-정치라는 용어는 그 자체로, "진정한" 정치로 간주되는 것의 영역을 정의해 주는 환원 불가능한 정치적 과정의 결과이다. 그 어느 것도 우리가 정치화되었다거나 정치화될 수 있다고 여기는 것의 변화와 적응보다 더 정치적일 수 없다.

따라서 우리의 설명에서 정치적인 것의 범주는 인간의 삶을 규정하는 특질, 정치 자체의 결과로서 움츠러들거나 사라질 수 있는 사회적 세계의 일부이다. 그러므로 우리는 정치적인 것을 특정한 정치적 조건이나 제도(개인의 자유나 의회 체계 같은 것들)로 특징지어지거나 사회적 투쟁(소위 "애거니즘agonism"〔특정 형태의 갈등의 긍정적 면모를 강조하는 정치사회이론〕)이라는 실존적 사실로 특징지어지는 영역으로 규정하지 않는다. 정치적인 것은 불기피하게 사회적인 세계에서 경쟁하는 이해관계의 영역, 또는 논쟁적인 대결이나 개인적 자기실현이 아니다. 그것은 그러한 조건들, 제도들, 또는 투쟁들이 발생하고 형성되는 지반이다.

이런 의미에서 정치적인 것은 엄밀히 말하면 관계적 개념이 아니다. 더 말할 것도 없이 "정치"는 관계, 즉 지배하는 자와 지배당하는 자의 관계를 규정한다. 정치적인 것은 지배 집단들이 자신들의 이해를 강요하고 서발턴 집단들이 저항하는 장이 아니다. 오히려 그

것은 지배자와 피지배자의 관계가 산출되는 지반이다.[*] 비정치적
nonpolitical이거나 정치와 무관한apolitical 지배란 없다. 따라서 기후변
화가 인류에게 요구하는 근본적 적응은 이런 의미에서 정치적이다.
그것은 지배하는 자가 계속 지배할 수 있는 유일한 길이며, 그 지배
가 해체될 수 있는 유일한 길이다.

　모든 정치는 권리를 주장하는 역사적 · 지리적 영역을 가정하고
또 확고히 한다. 자본주의 국민국가의 특히 정치적인 성격이 정치
와 시민사회의 분리(국가와 시장 또는 정치와 경제의 표준 이항식)에
기반을 두는 이상, 정치와 시민사회는 국민국가의 합법성이 바로 서
거나 실패하는 지반이 된다. 동시대의 정치적 상상력에서 국민국
가가 갖는 헤게모니로 볼 때 단언할 수 있는 것은, 기후 리바이어던
이 출현한다면 그 출현은 정치적인 것의 적응, 말하자면 세계의 가
장 강력한 국가들이 행성의 관리에 관여할 수 있게 하는 기존 주권
형태상의 다소 급진적인 변화를 통해 이루어지리라는 점이다. 그러
나 정치적인 것을 정의하는 이런 방식은 분명 더 심화된 연구를 요
구하는데, 이런 정의는 암시적이건 명백하건 다른 정의들과 대조를
이루기 때문이다. 특히 모든 자유주의적 민주주의 전통은 아니더라
도 그 대부분의 상식과 대비되기 때문이다. 정치적인 것을 정의하
는 우리의 방식이 그 상식과 어떻게 다른지가 현재의 국면, 그리고

---

[*] 따라서 "지반Grounds"은 적절한 용어인데, 어떤 형태의 "정치적인 것이든" 그 안에는 그것
이 전개되고 형성되는 시공간적 맥락이 내재하기 때문이다.

정치적인 것이 기후변화를 맞아 어떻게 모양을 갖추는지에 대한 우리의 분석에 핵심적이다.

2.

이 문제를 고찰할 때 직면하는 어려운 점 중 하나는, 우리가 거의 매일 사용하지만 너무 느슨하게 사용하는 개념들과 이 문제가 계속 맞부딪친다는 것이다. 우리는 정치적인 것에 관한 무언의 "상식"적 개념, 즉 2세기 이상에 걸친 자유주의 헤게모니의 산물과 직면하지 않은 채 정치적인 것을 파악할 수 없고, 또 정치적인 것을 적응시키는 힘을 파악할 수 없다.

실로, 우리의 삶을 구성하는 이 자유주의는 무엇인가? 거의 아무도, 심지어 자유주의자들도 그것을 규정하고 싶어 하지 않는데, 그러는 데에는 그럴 만한 이유가 있다. 그것은 파악하기 어렵고 우발적이고 모호하며 역동적인 데다 장소와 시간에 따라 달라진다. 그 범위가 너무나 광범하여 거의 반대 극에 이르는 규정들을 다 포함할 정도다. 유럽인들이 자주 환기시키는 이 용어의 "고전적" 의미로 볼 때, 자유주의는 방임주의laissez-faire를 다소 엄격하게 수호한다. 개인의 자유liberty, 공식적인 정치적 평등, 엄격하게 제한받는 국가권력, "자유"시장. 그에 반해, 이 용어가 북미에서 사용될 때에는 큰 정부와 규제된 시장, 사회안전망, 소수자의 권리 보장을 보증한다. 사실 미국과 캐나다의 첫 번째 자유주의자들은 종종 보수주의자들로 여겨지지만 '신자유주의자'로 불리기도 한다.

사회민주주의에 대한 저명한 자유주의 비평가 존 그레이John Gray는 자유주의가 네 가지 주요 원칙에 전념한다고 말한다. 개인주의, 평등주의, 보편주의, "사회개량론meliorism"(인류 "진보"에 대한 믿음).[4] 이것은 자유주의적 자기묘사인데, 자유주의의 근본 원리들을 일련의 규범적 이상들로 단정하는 한 무비판적인 자기묘사이다. 그것은 자유주의를 일련의 정치적 실천들로 언급하지도 않고, 실제 존재하는 자유주의나 활동하는 자유주의자들을 언급하지도 않는다. 자유주의는 청중에게 하듯 스스로에게 거의 질문을 던지지 않는 순전히 형식적인 정의일 뿐이다.

해럴드 래스키Harold Laski〔영국 노동당의 이론가로 자유주의자, 사회개량주의자〕가 1930년대에 시작한 임무를 이어 맡고 있는 이탈리아 철학자 도메니코 로수르도Domenico Losurdo는 작동 중인 자유주의를 그레이가 말한 추상적 이상들에 대한 전념의 결과 같은 것으로 보는 생각을 최근에 삭제해 버렸다.[5] 그 가장 지독한 증거는 바로 인종화된 노예재산제도로, 그것은 자유주의를 생산하고 옹호했던 바로 그 사람들과 함께 같은 시간, 같은 장소에서 출현했다. 로수르도가 예증하듯, 자유주의 역사는 자유로서의 비자유unfreedom의 이야기이기도 하고, "보편적" 자유라는 신화와 결부된 자유주의의 민낯을 드러내는 선택받은 "자유의 공동체"(부르주아)의 신성화에 관한 이야기이기도 하다. 래스키가 표현하듯, 자유로운 이들의 자유주의적 공동체는 "정의를 요구"하는 사람들에게 "자선 행위로 응답했다."[6]

자유주의의 규범과 자유주의의 실천 사이, 규범적 이상과 역사적 현실 사이의 이러한 틈은 후자를 방어하고자 전자를 소환하려는 모든 시도를 불명예스럽게 만든다. 노예제와 식민주의를 다룬 고전적인 자유주의 텍스트를 들여다보자. 그 패러다임은 존 로크John Locke의 저술이지만, 벤저민 프랭클린Benjamin Franklin이나 드 토크빌Alexis de Tocqueville도 마찬가지다. 자유주의자들은 보통 그런 저술을 당대의 불운한 산물로 치부한다. 마치 로크나 프랭클린이나 드 토크빌이 그저 역사적 우연성에 따라 식민주의와 인종에 기반한 노예제를 열렬히 옹호한 사람들이라는 식이다. 그것은 자유주의 자체와는 아무런 관련도 없을 수 있다는 것이다. 자유주의는 보편적 자유에 대한 절대적인 약속으로서, 그것이 태어난 역사적 공동체들의 불운한 후진성에 대해서까지 책임질 수는 없다고 한다.

자유주의에 대한 자유주의자들의 이런 설명은 이상주의적이면서 동시에 이상화된 것으로, 그러한 생각과 그 생각을 표현했던 사람들을 완전히 탈역사화한다. 이런 설명은 자유주의적 식민주의와 노예제, 인종주의, 젠더의 억압을 지우고, 그 대신에 유럽과 유럽계 아메리카의 특혜받은 백인 남성층의 사고 속에서 현대 자본주의국가와 그 부르주아 시민사회의 실천에서 실현되는 일련의 원리들의 출현을 우화로 만들어 유포한다. 그것은 자유주의를 그 자체 이데아의 산물, 말하자면 자유 자체에서 실현되는 자유에 대한 보편적 꿈으로 그린다.

우리는 자유주의가 자유의 정신을 지녔지만 그 정신이 억압되었거나 배신당했다고 주장하는 것이 아니다. 또한, 그 역사가 불행히도 모순과 아이러니, 역설로 점철되었다고 주장하는 것도 아니다. 우리가 주장하는 바는, 자유주의가 항상 다름 아닌 복잡한 자유—비자유unfreedom 역학일 수밖에 없다는 점이다.[7] 정치적인 것의 영역에 대한 자유주의의 헤게모니적 구상을 이해하려면, 자유와 비자유의 이런 얽힘을 가능하게 하는 자유주의의 역학을 이해해야 한다.

동시대 자유주의 문헌은 여기서 거의 쓸모가 없다. 그런 문헌은 거의 완전히 지적 역사, 논쟁, 또는 자유주의자들 사이의 끊임없는 규범적 논의로 되어 있기 때문이다. 존 롤스John Rawls의《정의론 A Theory of Justice》이나 하버마스Jürgen Habermas의《사실성과 타당성 Between Facts and Norms》같은 기본 텍스트들은 적절한 자유주의 사상의 입문서다.[8] 그런 입문서는 주로 "관용이란 무엇인가?", "무엇이 공정한가?", "우리는 우선순위를 어디에 두어야 하는가, 옳은 것, 선한 것?", "우리는 옳은 것 또는 선한 것처럼 경쟁하는 개념들을 어떻게 조율해야 하는가?" 같은 질문을 다룬다. (자유주의 어법에서 마지막 질문은 롤스의 "정치적 자유주의의 문제"다.[9]) "자유주의 원리"의 존엄성 있는 지위 외에, 이런 질문들에 대한 경쟁적 답변들을 분명히 자유주의적이게 만드는 것에 대한 설명은 거의 없다. 어떤 사회적 또는 정치경제적 조건들이 규범적 기준에 적합한가 하는 문제는 두말할 것도 없다.

그리하여 우리는 여하튼 우리로 하여금 우리가 누구인지 잊게 만들고 그저 누군가anyone가 되는 것(정통 경제학의 "대리인representative agent"과 그다지 다르지 않은 것)이 무엇인지에 대한 통찰력을 주는 이론적 도구들로서 "무지의 베일" 또는 "상호주관적인intersubjective 담론 윤리"를 강요당한다. 이것은 비정치화depoliticization, 곧 공론장의 심장부에서 지배를 부각할 가능성 자체를 제거한다. 그것은 우리가 말하는 의미에서의 정치적인 것을 불가능하게 만든다. 우선은 정치적 영역을 급격하게 좁히고, 분배와 재생산 같은 성가신 물질적 문제들에서 정치적 영역을 깔끔하게 분리해 내며, 그런 다음 지배를 침묵시켜서 삭제해 버리는 담론이나 언어를 형성함으로써 그렇게 하는 것이다.

자유주의의 비평가들은 이러한 전개에 두 가지 방식으로 대응했는데, 그 두 방식 모두 자유주의 자본주의를 수호하는 행성적 기후 체제의 공고화에 내재하는 본질적 모순들에 관해 많은 것을 알려 준다. 한편으로 로수르도 같은 좌파 비평가들은 자유주의가 항상 특혜받은 "자유로운 이들의 공동체"를 위한 자유를 수호하는 만큼 일부 사람들에 대한 비자유의 생산이기도 했다는 사실을 강조함으로써 자유주의자들의 지배 지우기를 폭로했다. 다른 한편, 카를 슈미트와 같은 우파 반자유주의자들은 자유주의가 지배의 정치적 필요성과 진실을 모호하게 만든다며 자유주의를 공격했다. 슈미트(자유주의에 좀 더 통렬한 비평가)는 "자유주의적 규범주의"를 "국가가 결국 특정 주장이나 필요성들을 능가하는 상호합의된 일련의 절차나 규칙들에 의지할 수 있다는 주장"이라며 비난했다.[10]

자유주의에 관한 이러한 비평을 염두에 두고 정치적인 것의 심장부에 자리한 지배의 문제로 돌아가 보자. 1965년 헤게모니 논의에서 니코스 풀란차스는 자유주의가 정치적인 것과 결별한 것(그의 용어로는 "지역화regionalization")과, 그것이 현대 국가 형성에 끼친 영향을 이렇게 묘사한다.

국가는 생산관계들과 계급관계들을 확고히 한다. 근대 정치적 국가는 지배계급의 "이해들"을 정치적 수준에서 풀어놓지 않는다. 그것은 지배계급의 이해와 피지배계급의 이해 사이의 관계를 풀어놓는다. 이 말이 의미하는 바는, 국가야말로 지배계급의 이해의 "정치적" 표현이라는 데에 있다.[11]

풀란차스에게 "자본주의국가의 특히 정치적인 성격"은 자본에 의한 국가의 지배의 결과가 아니라, 사실상 "국가와 시민사회"의 바로 그 "분리"에 있다. 즉, 생산과 재생산으로 이루어진 원자화된 영역에서 정치적 사회를 분리한 데에 있는 것이다. 이 분리의 합법성은 따라서 "특정한 가치들에 의해 가정되는 보편성의 특징"에 따른 "자연스러운" 결과에 기초한 것이자 그 결과를 대변하는 것이다. 그런 가치들은 무엇인가? 바로 자유주의적 자본주의 가치들이다. "형식적인 추상적 자유liberty와 평등으로 이루어진 '보편적' 가치들." 그리고 그것들의 표면상 자연스러움은 헤게모니의 증거이다.

확장된 재생산과 일반화된 상품교환에 기반을 둔 사회에서 우리는 생산자로서 인간의 사유화와 자동화 과정을 목격한다. 생산자들의 사회경제적 종속을 수반하는 위계 관계 위에서 설립된 자연스러운 인간관계들(노예제와 봉건 국가들을 보라)은 교환 과정에 위치한 "자동화된" 개인들 사이의 "사회적" 관계들로 대체된다. … 자본주의 생산 체계에서 이러한 사회관계들의 출현은 실상 시민사회 특유의 원자화라는 필요조건을 전제로 하며, 특히 정치적인 관계들의 출현과 나란히 이루어진다.[*]

자유주의는 사회적 세계에서 정치적인 것과 나머지의 분리를 생산하고, 결과적으로 지배를 절차화하고 탈정치화하려는 정치적인 것에 가해지는 공격을 무력화한다. 즉, 일부를 위한 끊임없는 자유의 생산, 다른 이들에 대한 끊임없는 비자유의 생산. 앞으로 보겠지만, 이것은 기후 리바이어던의 궤적에 중차대한 함의가 있다. 이를 더 자세히 살펴보기 위해서 우리는 풀란차스에게 영감의 원천이 되었던 안토니오 그람시를 들여다본다.

그러기 전에 미셸 푸코가 오늘날 좌파에게 남긴 막대한 영향력을

---

[*] Nicos Poulantzas, "Preliminaries to the Study of Hegemony in the State," in James Martin(ed.) The Poulantzas Reader: Marxism, Law, and the State, 83. 독해해 보면, 풀란차스가 비판적으로 인용한 인용문 "사회관계들" 안에 "사회"란 말을 배치한 이유는 그것들이 또한 자연적 관계들이란 면을 강조하기 위해서이다. 자본주의사회에서 정치 형성의 자연사를 강조하는 이 단락은 "풀란차스가 오늘날 살아 있다면 정치적 생태학자가 되었을 것"이라고 한 밥 제솝Bob Jessop의 주장을 뒷받침한다(personal communication, May 2013).

고려할 때, 우선 짧게 푸코의 자유주의 비평을 논하는 것은 가치 있는 일이다. 푸코의 주요 통찰력은 자유주의를 추상적 이론이나 이데올로기로서 접근하는 것이 아니라 실천들의 총체로 접근한 것이다. 그는 기본적으로 자유주의를 통치 방법, 즉 "최대 경제"와 함께 "자유의 생산"을 위해 동원된 방법으로 간주한다. "정부 활동의 형태와 분야에 대한 최대한의 제약."[12] 최대 경제와 함께 자유를 최대화한다는 원칙(가능한 최소한의 단위 원가로 자유liberty를 생산하는 정부)은 유사유토피아적일 뿐만 아니라 매우 유용한 "현실 비평 도구"가 되었다. 자유주의적 통치성은 따라서 지식이자 인식(푸코가 말하는 지식savoir과 인식connaissance)으로서의 정치경제학에 기반한다. 이상화된 자유시장은 정부의 실천들을 평가하기 위한 신화적 기준이 된다. 이런 방식으로 자유주의에 접근함으로써 푸코는 자유liberty의 원리를 구체화할 수 있고 그 원리가 실제로 작동하는 방식을 보여 줄 수 있다. 이는 자유주의 철학자들이 하지 못하는 방식이었다.

푸코의 설명이 로수르도와 슈미트 같은 다른 자유주의 비평가들의 설명과 겹치는 방식이 있다. 푸코는 자유주의가 "그 중심에 자유와의 생산적/파괴적 관계를 수반한다"는 사실을 강조한다. "자유주의는 자유freedom를 생산해야만 하지만, 바로 그 행위가 위협 등등에 의지하는 제한과 규제, 강제, 의무의 수립을 수반한다." 그는 후자를 "안전 전략", 곧 "자유주의의 다른 얼굴"[13]이라고 부른다. "최대 경제"에 대한 푸코의 강조는 자유주의의 "정치적인 것에 대한 총공격"이라는 슈미트의 설명을 반복하는 점이 있다.[14] 그러나 중요한 차이점들이 있고, 그것들이 결국 로수르도와 슈미트의 주장을 푸코의 주장보다 좀 더 강력하게 만든다.

첫째, 로수르도의 설명의 핵심에 자리한 자유-비자유 관계가 자유주의 질서에서 지배자와 피지배자를 식별한다. 이것은 푸코의 "자유에 대한 생산적/파괴적 관계" 묘사("안전 전략"이 정의상 모든 주체를 생산해 내는 일반화된 역학)와는 근본적인 차이가 있다. 로수르도에게 자유주의는 자유주의의 "승자들"인 자유로운 이들의 공동체로부터 정치적인 것에 의해서 분리된 자유롭지 못한unfree 사회집단을 생산한다. 푸코는 "경제" 문제를 결코 진정으로 정치화하지 않고 이 역학을 무시한다. 우리는 푸코가 자유주의가 어떻게 작동하는지는 뛰어나게 분석해도, 그것이 왜 작동하는가에 대해서는 답을 주지 못한다고 말할 수 있다.

예를 들어, 푸코가 자유주의 정부의 효율성, "자유의 생산" 극대화를 기술하는 유사중립성을 보자. 그것은 마치 푸코가 자유주의의 규범적 꼬리-쫓기는 거부하고 자유주의의 자기 해명은 받아들이는 것과 같다. 사실, 푸코가 전통적인 의미의 권력이 어떤 특혜를 제공한다고 생각하는지는 분명하지 않기 때문에(다른 이론들이 인정하는 것과는 대조적으로 축적, 권위 등등이 추진력이 된다는 것을 푸코는 부정하기 때문에), 어떤 권력이 사심 없는 "경제" 구조 외에 다른 어떤 이유로 작동하는지 알기 어렵다. 반대로 슈미트는 권력이 제공하는 특혜들(규칙, 지배, 결정 권한)에 대해 매우 명확한 생각이 있고, 따라서 정치에 대한 자유주의의 총공격이 항상 정치적 문제라는 데에 관심이 있다. 이것이 바로 그가 자유주의를 "국가를 타협으로 이해하고 그 제도들을 통풍구로 이해하는" 일련의 "중립화와 탈정치화"라고 묘사하는 이유다.[15] 심지어 (푸코가 자유주의 통치성의 지식이자 인식이라고 지적한) 정치경제학은 중립화의 과학이라고 말할 수도 있을 것이다. 그러나 푸코는 각별히 우리를 그러한 결론이 아닌 다른 곳으로 이끈다. 푸코가 자유주의의 조직 원리로서의 경제를 강조함에 따라 그 원리의 정치학뿐만 아니라 이 정치학이 범주로서의 정치적인 것을 정부의 영역으로 국한하는 방식 또한 불분명해지는 경향이 있다.* 따라서 우리가 푸코의 자유주의 비판에서 많은 것을 배울 수 있다 하더라도, 결국 그는 우리가 필요한 이론을 제공해줄 수 없다.

슈미트를 분노하게 만든 자유주의 합리성의 특징들(자유주의가 개인주의를 순진하게 신봉한 면, "우리"를 친구로 "그들"을 적으로 인정하고 싶어 하지 않는 면, 권위를 절차로 조용히 대체한 면, 수동적인 "규범주의")은 자유주의 합리성에 대해 매우 심각한 난제들을 끊임없이 제기함에도 불구하고, 푸코는 그 특징들을 논의하지 않은 채 그대로 두었다. 자유주의 역사가 나타내듯, 결정의 순간이 다가오면, 즉 우

---

* 푸코가 "정부"를 국가와 동일시하지 않았다는 점이 그의 자유주의 정치학 분석의 한계를 극복하게 만들지는 못한다. 사실 국가가 정부의 여러 많은 방식 중 하나이기 때문에 그 문제의 특수성은 모호해진다. 이것은 나름대로 장점이 있는데, 그것이 비정부 영역이 통치하는 방식을 강조하기 때문이다. 그러나 그것이 국가를 특별하게 (자유주의 정치 이론이 암시하는 것보다 덜하긴 하더라도) 만들거나, 적어도 분명하게 만드는 것이 무엇인지 이해하기는 어렵게 만들기도 한다.

리가 그러한 모순들을 원칙에 따라 포용하든 실용주의의 이익에 맞춰 거부하든 결정해야 할 시점이 오면, 자유주의자들은 거의 언제나 그 모순들을 부인한다. 예를 들어, 왜 모든 자유주의적 "자유들freedoms"은 결국 국가 폐기state abrogation에 달려 있는가? 실제 존재하는 그 어떤 자유민주주의에서도 무조건적인 "권리"는 없다. (자본주의국가는 심지어 예외를 선포하고 개인의 사유재산권을 중지시킬 수도 있다.)

그 이유는 경제 원리에서는 찾을 수 없다. 그 이유는 관료주의를 계속해서 확장하거나 개인의 무제약적 자율성을 보호하는 일이 복잡하다거나 비용이 많이 들어서가 아니다. 오히려 그런 노력들이 제약될 수 없는 것을 침해하기 때문이다. 그것은 바로 주권sovereignty이다. 자유주의는 문제들을 그에 "적합한" 영역에 수용하기 위해 사회현상들을 그에 알맞는 구역들로 정확하게 할당하는 일련의 사회생활 범주들로 이루어진 정언봉쇄categorical containment의 정치이다. 공적인 것과 사적인 것, 건강한 이와 아픈 이 등으로 나누듯, 경제와 정치는 가능한 한 깔끔하게 분리된다.[16] 이러한 분리는 자유주의에 필수적이고 그 합법성의 근간이 된다. 모든 자유주의 국민국가의 "경제"를 특징짓는 지배자들과 피지배자들 사이의 막대한 불평등에도 불구하고, 모든 이는 개인의 능력주의적 시민권의 정치적 추상화인 "형식적 자유"에서 동등하다고 가정된다.

그러면서도 정치-경제 분리의 신성함은 또한 부담이 되기도 한다. 그 분리의 자연스러움이 정당화되거나 합법적이게 보이더라도,

주권의 관행 때문에 그 분리의 인위성은 자유주의 주권자에게 뻔히 보이기 때문이다. 자유주의는 정치적인 것으로부터 경제의 분리(사회적 재생산을 포함하여)를 약호화해서 감시하는 데에 실존적으로 의존할 수 있지만, 분리 그 자체를 구축하는 것은 "순수한" 정치적 의지의 행위, 즉 진정한 슈미트식 주권자의 의사결정을 필요로 한다. 정치적인 것의 추정상 자연적 한계를 생산하고 유지하는 이러한 행위는 자유주의에서 주권자의 주요 책임이다. 우리는 심지어 경제가 사실상의 잔여물, 즉 정치 밖에 있도록 정확히 규정된 일련의 사회적 관계라고 말할 수도 있다.

따라서 현대의 자유주의 자본주의에서 정치적인 것은 특정한 아이디어나 조직 원리에 근거하지 않고 항상 주권권력 행사의 **생산물**로 존재한다. 특정한 자유주의적 국면에서 정치적인 것이 취하는 형식은 푸코가 묘사한 방식으로 작동할 수도 있지만 항상 그런 것은 아니다. 푸코에게는 마르크스가 비난했던 헤겔의 오류를 변주한다는 잘못이 있다. 그는 자기 시대의 특정한 조건들을 역사적 범주의 진실로서 혼동한다. 그에게 자기 시대의 자유주의의 내용은 모든 자유주의가 취하는 형식이 된다. 자유주의는 최대 경제의 정부를 성취하려는 (익숙한) 자유주의적 절차들과 제도들에 의해서 정의되는 것이 아니다. 오히려 자유주의는 정치로 여겨지는 것, 즉 합법적으로 정치화될 수 있는 것이라는 협소하게 규정된 개념의 **주권적 자연화** sovereign naturalization로 정의되는 것이다. 배척되어야 하는 현상들은 인간 공동체의 가장 기본적인 문제들을 포함한다. 빈곤, 차이, 불평등,

자연. 이러한 문제들을 비정치적으로 보이게 하려는 노력이 결국 실패한다고 해서 그것이 자유주의에 덜 본질적인 것은 아니다.[17]

환경운동에 참여하는 많은 이들은 바로 그러한 이유로, 즉 자연이 배척당하기 때문에 정치적인 것에 관한 자유주의적 구상을 거부한다. 자유주의에 대한 생태주의적 비판은 저마다 강조점과 결론은 달라도 대개 자유주의가 정치적인 것의 중심에 인간과 자연(더 정확하게는, "비–인간 자연") 사이의 근본적 구분을 고정시킴과 동시에 모호하게 만든다고 주장한다. 이런 비판은 생태철학자 아르네 네스 Arne Dekke Eide Næss, 사회생태학자 머레이 북친Murray Bookchin, 페미니스트 발 플럼우드Val Plumwood, 행위자 연결망 이론가 브뤼노 라투르와 같은 연구자들에 의해 발전되었다. 이들과 또 다른 생태철학자들 사이에는 중요한 차이가 많지만, 모두 정치적인 것에 관한 자유주의 이론의 중심에 있는 비–인간 자연의 배제에 반대하여 도발적이고 고무적인 주장들을 펼친다. 이것이 핵심으로서 우리가 앞으로 살펴볼 사안이다.

그러나 우리가 지금부터 다룰 내용은 자유주의에 대한 이러한 생태주의적 비판에 의지하지 않는다. 우리의 연구는 그람시의 연구에서 출발한다. 그람시와 슈미트의 접근법, 가정, 결론 등은 근본적으로 다르다.[18] 슈미트는 정치적인 것의 역사화를 거부한다. 반면에 그람시는 한때 자신의 접근법을 "절대적 역사주의"라고 칭했다. 슈미트는 파시즘을 옹호했고, 그람시는 공산주의를 옹호했다. 이러한 차이들에도 불구하고, 우리의 그람시 독해는 슈미트의 통찰력에 기인한다. 그러면 행성적 긴급사태를 고려하면서 정치적인 것의 적응을 이해해 보자.

3.

그람시로 돌아간다고 해서 인류와 자연의 관계를 뒷전으로 미루는 건 아니다. 반대로 인간을 비-인간에서 분리하는 자유주의적 배제 조항을 드러내고 이를 극복할 수단을 찾고자 한다. 그람시는 (일반적으로 정치철학은 말할 것도 없이, 마르크스주의 전통에 따라 글을 쓰는 이에게는 특이하게도) 정치적인 것에 관한 물음에 맞닥뜨릴 때마다 이른바 "역사와 자연의 통일성" 문제가 불거짐을 상기시켜 준다.[19] 이에 따라 우리는 "무엇이 역사를 발생시키는가?"라고 묻는 것은, 곧 "무엇이 자연을 발생시키는가"라고 묻는 것과 같다는 깨달음(기후변화는 이러한 곤경을 집약적으로 보여 준다)에 직면한다. 이는 아마도 우리가 물을 수 있는 가장 큰 질문들일 것이고, 그냥 듣기만 해도 우리가 답하기 어려운 문제들임을 알 수 있다. 그러나 많은 사람들이 이러한 질문에 답을 하고도 남는다고 생각한다. 심지어 두 질문에 대한 답이 똑같다고 여긴다. 가령, "신" 같은 답 말이다. 그리고 우리는 이런 대답을 진리Truth로서 받아들이는 사람들이 그 대답을 참인 양 행동할 것임을 예상할 수 있다. 그러므로 그들의 생각은 "물질적 힘"을 갖게 된다.

모든 철학자는 자신이 인간 정신의 통일성, 즉 역사와 자연의 통일성을 표현한다고 확신하고 또 확신할 수밖에 없다. 그렇지 않으면 인간은 행동하지 않을 것이고, 새로운 역사를 창출하지도 못할 것이다. 달리 말해, 철학은 "이데올로기"가 되지 못할 것이고, 실천적으로는 "물질적 힘"과 등가를 이루는 "대중적 믿음"의 광신적 견고함을 획득하지 못할 것이다.[20]

기후변화를 부정하는 주장을 생각해 보라. 그 내용이 얼마나 황당하건, 부정은 "단순한 이데올로기"도 의미 없는 지껄임도 아닌, 지구 자연사에 작동하는 물질적 힘이다.

따라서 우리와 자연의 관계가 갖는 성격은 부분적으로 자연에 관한 우리의 이해, 말하자면 근본적으로 이데올로기와 이 이데올로기를 결정하는 헤게모니적 힘들에 의해 형성되는 이해 자체가 유발하는 "물질적 힘들"의 산물이다. 이런 식으로 표현하는 것은 정통 유물론 대신 자연사의 질문에 대한 변증법적 접근법을 개방하는 것이다. 그람시는 그의 시대에 마르크스 이론(레닌의 영향력 있는 연구를 포함하여)을 오염시켰던 교조주의적 유물론을 거부했다.[21] 비록 레닌이 1908년 내놓은 저 유명한 《유물론과 경험비판론》을 직접 공격하지는 않았지만, 그가 그것을 읽고 다른 견해를 가진 것은 확실하다.[22]

역사적 유물론에서 "물질"은 자연과학(물리, 화학, 역학 등등)에서 기인한 의미로 이해되어서는 안 되고, 다양한 물질적 형이상학에서 기인한 의미로 파악되어서도 안 된다. 역사적 유물론은 물론 물질의 물리적(화학적·역학적 등등) 속성들을 고려하지만, 그것이 생산의 "경제적 요소"가 될 때에만 그렇게 한다. 그러면 문제는 물질 자체가 아니라 물질이 인간관계human relation로서의 생산을 위해 사회적으로, 역사적으로 어떻게 조직되어 있는가이다. 역사적 유물론은 기계의 자연 구성 성분들의 물리적-화학적-역학적 구조를 세우기 위해 기계를 연구하지 않는다. 역사적 유물론은 기계를 생산과 소유의 대상으로서, 특정 역사적 시기와 일치하는 사회적 관계의 결정체로서 연구한다.[23]

일부 정통파 독자들에게 이런 종류의 사고는 마르크스와 엥겔스가 격파하려고 했던 무언가를 마르크스주의 내부에서 부활시키는 것이나 마찬가지다. 우리가 알고 있는 대로의 세상이란 그에 관한 우리 사유의 산물이지 그 반대가 아니라는 생각, 이를테면 혁명이 우리의 머릿속에서 있을 수 있다는 정치적 함의 말이다. 그러나 이러한 비평에는 정치적인 것을 구성하는 유기적 관계들이 실현될 수 있는 양식에 관한 적절한 설명이 없다. 물질이 중요한 전부라면, 정치는 대기 전술a waiting game일 뿐이다.

그람시는 레닌의 헤게모니 이론을 재구성함으로써 이 단점을 다룬다. 레닌은 이 유물론적 분노를 이른바 "유심론spiritualism"과 "신앙주의fideism"에, 그리고 실제 알 수 있는 세계를 부정한 "칸트학파"에 집중시켰다.[24] 그러나 그람시의 역사적 유물론은 마르크스주의를 이탈리아의 영향력 있는 관념론 유산(그람시가 이탈리아적 맥락에서 그 관념론의 영향과 그 관념론이 가진 필연적 "물질적 힘" 때문에 필수적이라고 여겼을 것)과의 긴장 관계에 위치시켰다.[25] 그러므로 그람시의 역사적 유물론은 유물론보다 더 역사주의적이다.

그람시는 이 이론적 결합을 통해 정치적 실천political praxis(헤게모니 투쟁)을 과학으로서의 마르크스주의에 대한 집착에서 벗어나게 한 뒤 철학적 실재론 비판으로 이끌었다. 그는 실증주의적 유물론 정통파 원리들을 공격했다. 이름들을 거명하지는 않았지만, 그는 레닌주의자들이 어떻게 "과학적 편협성"에 대한 전념에서 벗어나지 못하는지를 보여 준다. 관념론 대 유물론 전투에서 레닌은 오직 "부끄러워하는" 자만이 "둘 중 하나가 주요한 것으로 간주될 수밖에 없음"을 부정한다고 말했다.[26] 그람시는 이에 완전히 반대했다. 그람시의 말에 따르면, 중요한 것은 "'관념론'과 '유물론'에 관한 전통적 구상들을 넘어서는 것이었다. … '역사적 유물론'이라는 말의 경우 두 번째 단어가 강조되고 있지만, 더 강조되어야 하는 것은 첫 번째 단어다. 마르크스는 근본적으로 역사주의자"라는 것이다.✦

따라서 그람시의 헤게모니 이론의 뚜렷한 차이점은 급진적 유물론에 대한 거부와 관련이 있다. 레닌은 결정적인 역사적 순간에, 심

✦ Gramsci, *Prison Notebooks*, Vol. II, 153. 1844년 마르크스는 이렇게 썼다: "여기서 우리는 자연주의naturalism이나 휴머니즘이 얼마나 일관되게 관념론과 유물론 둘 다와 다른지 볼 수 있고, 동시에 그것들의 통합적 진리와 다른지 볼 수 있다. 우리는 또한 자연주의만이 세계사의 과정을 포괄할 수 있다는 점도 본다." Karl Marx, "Economic and Philosophic Manuscripts of 1844," *Early Writings*, London: Penguin, 389.

지어 부르주아혁명에서도, 헤게모니 문제를 비혁명적 계급에 대한 프롤레타리아의 지도력(심지어 부르주아혁명에서도)과 관련된 것으로 보았다. 이것은 농민과 부르주아 일부 분파가 그 운동에서 자신들의 물질적 이해관계를 실현할 수 있게 하는 정치적 전략을 요구했다. 달리 말해, 레닌에게 헤게모니는 지배계급에 대항한 동맹의 필요성, 말하자면 계급투쟁의 한 편에 내재된 정치학을 설명했다.[27]

그람시는 이 씨앗에서 시작해 강력한 생각을 발전시킨다. 우리가 알다시피, 그람시에게 헤게모니는 사회 전체에 대한 역사적 블록historic bloc의 지도력 양식을 기술한다. 헤게모니의 작동은 물질적 또는 경제적 이해에 대한 호소 이상의 것을 포함하고, 사회 구성체를 가로지르는 생산적 관계와 이데올로기적 관계를 모두 포함한다. 그것은 한낱 레닌주의 전략이 아니라 마르크스주의 역사적-비판적 범주이자 보편적인 사회관계이다. 대중이 경제적·윤리적·정치적 이유로 역사적 블록의 특정 이해를 보편적 이해라고 주장하는 데에 동의하는 과정의 결과인 것이다.[28] 그람시의 헤게모니는 레닌이 이론적으로 극복할 수 없고 정치적으로 결정적이라고 주장한 유물론-관념론 분할을 뛰어넘는다.

발생한 가장 중요한 철학적 결합은 실천의 철학과 다양한 관념론 경향들 사이에서 벌어졌는데, 이는 본질적으로 지난 4반세기의 특정한 문화적 흐름(실증주의, 과학주의)에 결속된 소위 정통파에게는 실제 궤변은 아니라 하더라도 부조리하게 여겨졌던 것이다.

… 실제로 발생한 일은 이런 것이다. 실천의 철학은 실제로 이중의 수정을 겪었다. 달리 말해, 이중의 철학적 결합 안으로 포섭되었다. 한편으로 그 철학의 요소들은 명시적이건 묵시적이건 많은 관념론적 흐름에 흡수되고 통합되었다. … 다른 한편으로 소위 정통파는 극단적으로 제한된 관점에 따라 역사에 관한 "단순한" 해석보다 더 포괄적인 철학을 찾는 데에 몰두하면서, 이 철학을 전통적 유물론과 근본적으로 동일시하는 가운데 스스로를 정통파라고 믿었다.[29]

그람시는 레닌이 헤게모니 개념으로 개념적 돌파구를 마련했다고 인정했지만, 제2차 세계대전 이후 레닌주의자들이 그람시에게 한 처사를 보면 그들은 그람시의 무릎 꿇기에 속지 않았음이 확실하다. 프랑스에서 알튀세르Louis Althusser는 《자본론을 읽는다Lire 'le Capital'》에서 색다르면서도 어쩌면 표리부동한 반역사주의로 그람시를 복권시키려 했다. 이탈리아에서는 톨리아티Palmiro Togliatti가 이끄는 공산당이 기회주의적으로 그람시의 유산을 조작하는 동안, 델라 볼프Della Volpe와 콜레티Colletti, 팀파나로Timpanaro 같은 공산주의 이론가들은 그람시를 관념론자로 평가절하했다. 영국에서는 페리 앤더슨Perry Anderson이 그를 소위 "서구 마르크스주의", 즉 이론과 실제 정치투쟁을 나누어 생각하려는 점점 커지는 경향의 창시자 중 한 명(코르쉬와 루카치와 함께)으로 지명했다. 앤더슨의 작업은 그람시의 이론 연구에 엄격한 "숨겨진 질서"가 있다고 제안함으로써 그에 대

한 비판을 완화하려고 했다.[30]

우리의 목적으로 볼 때 이러한 공격은 기후정치에 관한 그람시적 접근법이 레닌주의가 될 수 없음을 강조할 뿐이다. 레닌주의 전통은 분명 우리 연구에 제공할 것이 많지만, 너무 소수의 마르크스주의자들만이 20세기 동안 자연 문제를 우선시했다는 문제가 있다. 사실, 거의 언급조차 되지 않았다. 정치가 생산의 물질적 조건에 의해서 추동되고 자연이 인간 지배의 고정된 외부 대상으로 간주되는 것을 생각하면 놀랄 일도 아니다. 이 때문에 인간의 노동은 그 자신을 생산하기 위해서 수동적 대상에 대해 작용한다. 자연은 역사에 대한 비역사적 배경에 지나지 않는다는 것이다.

그람시가 자연을 바라보는 관점은 근본적으로 다르다. 그에게 자연은 이데올로기 생산에서, 그리고 이데올로기가 세계에서 갖는 물질적 힘에서 중대한 요인이다. 그에게 "자연"과 "세계"는 같은 것이 아니다. 오히려 베네데토 폰타나Benedetto Fontana가 표현하듯, "의미와 내용을 얻기 위해 자연은 오직 역사가 될 수 있거나 역사가 되어야만 한다." 역사는 "그람시에게 정치다." 항상 이데올로기에 얽매여 있기 때문이다. 그것은 "생활 방식과 사고방식, 즉 세계관의 형성과 확산"을 포함한다.[31]

이것은 무엇을 의미하는가? 자연은 어떻게 역사가 되고, 정치에서 이데올로기가 수행하는 역할과 어떤 관계가 있는가? 그람시의 《옥중수고》에서 자연과 인류를 둘러싼 핵심 질문은 (다소 거창한 용어로) "인간이란 무엇인가"로 제기된다. (불행히도 젠더화된 언어는 이 수고의 전형적 특징이 된다. 우리는 다음 단락들을 대괄호로 표시하는 수정된 형태 또는 "원문 그대로sic"로 채우지 않고, 독자를 위해 이 인습을 제거할 방법을 찾지 못한 것에 대한 사과의 말과 함께 원문을 인용한다.) 그는 이것이 "철학이 묻는 주요한 제1 질문"이라고 말한다.[32] 그는 개인들의 공통된 본질에서 "인간성"을 찾으려는 시도를 거부한다. 중요한 것은 모든 인간이 공유하거나 구현하는 특정 특성이 아니라 인간이라는 것이 무엇을 의미하는지이다. 달리 말해 "'인간이란 무엇인가'라는 질문의 의미는 다음과 같다. 인간은 무엇이 될 수 있는가? 즉, 인간은 자신의 운명을 지배할 수 있는가? 인간은 자기 '자신을 만들' 수 있는가? 인간이 자신의 삶을 창조할 수 있는가?"[33]

그람시는 인간이라는 것이 무엇을 의미하는지에 대한 질문이란 우리가 무엇이 될 수 있는지에 관한 물음이라고 자명하게 생각했다. 바로 이 사실이 정치적인 것에 관한 그의 구상(급진적 가능성과 세속적 속박을 역사주의적이고 비교조주의적으로 섞어 놓은 것)을 이해하는 데에 도움을 준다. 그는 "인간"을 "인간 행동 과정"으로 정의하는데, 외부의 비인간 세계에 대해 행해지는 인류의 작업이라는 의미에서가 아니라 오히려 우리가 우리 자신을 만들고 그래서 우리 자신이 되는 방식이라는 점에서 그렇다.

우리는 우리가 무엇이고 무엇이 될 수 있는지 알고 싶어 한다. 우리가 실제 존재하는지, 그렇다면 어느 정도까지 "우리 삶과 운명의 창조자"인지 알고 싶어 한다. 그리고 우리는 오늘이라는 주어진 조건

에서, 우리 일상적 삶의 조건에서 이 "오늘"을 알고 싶어 한다. …[34]

그람시는 "우리가 무엇이고 무엇이 될 수 있는지 알고 싶어" 하는 노력에서 비롯된 이데올로기적 지향이 "세계관"이라고 말한다.[35] 모든 세계관은 우리 삶과 세계에 관한 실제 인간 존재의 질문에서 비롯된다. 그람시는 초월의 잠재적 원천으로서 이 질문의 보편성을 긍정하지만, 그것이 일반적으로 종교, 이탈리아에서는 1930년대에 이러한 질문에 대한 지배적인 답을 제공한 가톨릭교에 의해 단절되었다고 한탄한다.(이것이 바로 가톨릭교가 파시스트 헤게모니의 근간이 된 이유다.) 결과적으로 그의 시대 이탈리아에서 "우리가 '인간이란 무엇인가', 즉 '자기 자신과 자신이 사는 삶을 창조하는 데에 인간의 의지와 구체적 활동은 어떤 중요성을 갖는가?'라는 물음을 던질 때, 우리가 의미하는 바는 다음과 같다. 가톨릭교는 올바른 세계관인가?" 그람시의 대답은 (당연히) '아니오'이다.

그러나 가톨릭교나 다른 어떤 세계관이 "틀렸음"을 "증명하는" 것은 그렇게 간단한 문제가 아니다. 우선, 세계관들은 단순히 옳거나 그른 것이 아니다. 그것들은 다른 방식으로 일관되고, 역사화되며, 자족적이다. 둘째, 그람시는 가톨릭교도들이 가톨릭교가 "틀렸다"는 어떤 논증에 대해서도 대응하리라는 점을 잘 알고 있다. "어떤 다른 세계관도 그렇게 꼼꼼하게 추종하지는 않음"을 지적함으로써, 그리고 물론 "그들은 옳을 것이다. 그러나 이 모든 것은 역사적으로 볼 때 사물을 인식하고 행동하는 모두에게 평등한 방식은 존재하지 않음을 지적함으로써 그렇게 한다는 것이다."³⁶ 바로 이것이 우리가 "인간이란 무엇인가?"라는 질문에 대한 답을 특정 "개인"에게서 찾을 수 없는 이유다. 핵심 구성분자란 존재하지 않는다.

그람시는 인간성을 "행동 과정"으로서 그리고 관계적인 것으로서 정의한다. 인간성을 개인적 토대에서만 이해하는 것은 불가능하다. 인간성은 사실 "일련의 능동적 관계들(과정)"인데, 여기서 개별성은 "고려해야 할 유일한 요소"가 아니다. 각 개인의 인간성은 "이렇게 구성되어 있다. ① 개인; ② 다른 사람들; ③ 자연 세계."³⁷ 그람시가 볼 때, 새로운 세계관을 가로막는 가장 큰 장애물은 "지금까지 존재한 모든 철학들"이 "인간을 개인으로 여기는 가톨릭의 입장을 재생산"하는 경향이 있다는 것이다. 그러므로 그 철학들은 인간성의 변화를 "능동적 관계들"로 이루어진 환원 불가능한 사회적·정치적 과정이 아니라, 영적이라거나 "심리적"인 프로젝트, 더 나쁘게는 자율적인 내적 투쟁이라는 치명적 공상의 오류에 빠지게 된다. 더욱이 그 과정을 지나치게 강조한다는 위험을 무릅쓰고 말하자면, 그런 능동적인 변화 관계들은 각각의 개인이 다른 사람들 그리고 "자연 세계"로 "구성되어" 있다는 사실을 반영할 수밖에 없다. 달리 말해, 인간성을 변화시키려는 그 어떤 노력도 이러한 사회-자연적 관계들이 우리 자신과 세계에 관한 우리 인식의 근간이 됨을 받아들여야 한다. 우리는 단지 "자연 세계의 일부가 됨"으로써가 아니라, 일과 기술을 통해 능동적으로 "자연 세계와 관계를 맺는 것"이다. "진정한 철학자는 정치인, 즉 환경을 우리 각자가 참여하는 관계들의 총체로 이해하면서 그 환경을 변형시키는 능동적 인간[이다].”[38]

　그리하여 그람시에게 "자연"과 "사회"는 분리 불가능하고 능동적인 관계이다. 그리고 이 관계는 우리가 비판적 세계관을 구축하는 과정들로부터 따로 떼어낼 수 없다. 이 과정은 "소수의 계획과 권리로부터 독립해서", 달리 말해 서발턴 사회집단을 약탈하는 엘리트의 "권리"로부터 독립해서 "살 권리"라는 의식을 "겹겹이" 축적해 온 초기 역사적 투쟁의 결과이다. 이렇게 축적되는 권리의식은 "처음에는 소수에 의한, 그다음에는 전체 사회 계급"에 의한, 즉 프롤레타리아에 의한 "지능적 성찰"을 통해 획득되었다. 그람시는 우리 세계의 변화를 역사적 과정으로서 개념화하는데, 그 과정에서 "지능적 성찰"이 투쟁과 재건을 조성하는 데에 필수적인 요소가 된다.♦

♦ 마르크스는 또한 인간성과 자연의 상호침투를 가지고 씨름했다. 마르크스에게 인간성을 규정하는 특징인 노동은 인간과 자연 사이의 신진대사적 관계다. 이를 통해 우리는 우리가 일부가 되는 자연을 변화시킨다. (Karl Marx, *Capital*, Vol. I, New York: Penguin, 1976 [1867], 283). 그러나 물론 인간성이 자연을 변화시키는 유일한 힘은 아니다. 다른 많은 것들이 작동한다. 인간성의 본질이 항상 사회적 그리고 '오직 인간에 의한' 자연의 변화에 있다면, "자연적" 과정을 통해 항상 일어나는 다른 변화들과 인간의 노동으로 생기는 변화를 구분해 줄 무언가가 있어야만 한다(ibid., 284). 이 사회-자연 과정의 자연적 기여나 다름없는 것을 뺀다면 무엇이 **인간human**을 규정하는가? 마르크스는 그람시가 "지능적 성찰"이라고 부른 것에서 차이를 식별한다. "최고의 꿀벌과 최악의 건축가를 구별짓는 것은 그 건축가가 밀랍에 봉방蜂房을 건축하기 전에 자기 마음속에 봉방蜂房을 짓는다는 것이다".
"모든 노동과정의 끝에는 한 가지 결과가 출현하는데, 그것은 이미 노동자에 의해 처음에 착안되었던 것이고 따라서 이미 관념적으로 존재했던 것이다. 인간은 자연의 물질에서 형태의 변화를 초래할 뿐만 아니라, 그러한 물질에서 자신의 목적을 실현한다. 이것은 인간이 의식하고 있는 목적이다. 그것은 법의 엄격성을 가지고 자신의 활동 방식을 결정하며, 인간은 그것에 자신의 의지를 종속시켜야 한다. 이 종속은 단지 순간적 행위가 아니다. 작동하는 기관들의 발휘를 차치하고, 작동하는 전체 기간 내내 목적이 있는 의지가 요구된다. 이것은 면밀한 집중을 의미한다"(ibid., 284).
마르크스의 자연과 사회적 삶 개념을 규정하는 세 가지 요소가 여기 존재한다. 노동의 실천,

세계의 변화는 우리의 세계관을 변화시키는 노동을 요구한다. 이 노동은 다른 노동과 마찬가지로 사회-자연적인 신진대사적 변화를 수반하지만, 증발 작용처럼 단순히 "자연적"으로 발생하는 것이 아니다. 그것은 "지능적 성찰", 곧 세계관의 비판적 재구성을 요한다. 이것은 자유주의가 우리로 하여금 믿게 만드는 것처럼, 자기 본위 또는 탐욕스러운 "인간 본성"에 반대하는 투쟁이 아니다. "고정되어 불변하는 추상적인 '인간 본성' (분명 종교적이고 초월적인 사고에서 유래한 개념)이란 존재하지 않기 때문이다." 우리가 "인간 본성"이라고 부르는 것은 "역사적으로 결정된 사회관계들의 총체이며, 따라서 역사적 사실[이다.]"[39] 그람시는 우리가 "사회질서와 자연 질서 사이의 관계"가 항상 "이론적이고 실천적인 활동"에 의해 매개되어 있음을 인식하기만 한다면, "지능적 성찰"은 "모든 마법과 미신에서 벗어난" 더 강력한 세계관을 가능하게 할 것이라고 말한다. 그리고 다음과 같은 것을 제공해 주리라고도 한다.

역사적이고 변증법적인 세계관, 말하자면 운동과 변화를 이해하고, 현재가 과거에 청구했고 미래가 현재에 청구할 노력과 희생의 총계를 인정하는 그런 세계관의 후속 전개를 위한 토대.[40]

대상에 대한 노동자의 이해, 세상에 대한 노동에서 의지의 실현. 이러한 실천-의식-의지의 통합은 사회-자연적 과정으로서의 인간의 노동을 특징짓는다.

4.

잠깐 이 정식화에서 멈추고 그람시라면 이것을 이용해 우리의 위기에 대해 어떤 분별력을 발휘해 뭐라고 제안했을지 생각해 보자. 정치에 대한 비판적 사고는 어떤 의미에서 "역사적이고 변증법적인 세계관, 말하자면 현재가 과거에 청구했고 미래가 현재에 청구할 노력과 희생의 총계를 인정하는 운동과 변화를 이해하는 그런 세계관"을 전개하는 데에 도움을 줄까?

문제를 이런 식으로 틀지음으로써 구축된 혁명적 자연사 이해가 존재한다. 투쟁은 역사에서 능동적인 힘이고, 역사는 정치이며, 자연사에서 혁명적인 윤리적·정치적 계기는 현재가 회피할 수 없는 미래와의 연대이다. 과거는 현재를 위해 희생했고(그것이 "과거"를 규정하는 것이다), 현재는 미래를 위해 희생한다. 이것이 미래를 자연사의 결과, 곧 능동적으로 세계를 생산하는 인류와 자연에 의한 산물로 여긴다는 것이 의미하는 바다.

생태적·정치-경제적 위기가 삶의 영구적인 특징으로 보이는 현재의 국면에서 이러한 자연사 이해는 우리에게 매우 중요한 자원으로 보인다. 분명한 것을 말하자면, 우리 세계관을 비판적 재건이 불러올 중대한 결과는 미래가 현재에 청구해야만 하는 노력과 희생을 인정하는 것이기 때문이다. 기후정의를 위한 투쟁은 그 인정의 지혜와 함께 나아갈 것이다. 그러면 주요한 문제는 우리 세계관의 재건에서 무엇이 초점이 되어야 하는가이다. 우리가 분투해서 지향해야 할 미래를 인식하기 위해서 설명해야만 하는 본질적 공통 감각이란 무엇인가?

이 문제에 대한 그람시의 가장 통찰력 있는 반응 중 일부는 1933년경 베네데토 크로체Benedetto Croce의 생각에 초점을 맞춘 노트에 기록되었다.✦ "진보와 생성"이라고 제목 붙인 크로체에 대한 노트에서, 그람시는 자유주의적 근대성에 근본적인 "진보"의 의미를 묻는다. 그람시는 그 비길 데 없는 스타일로 복잡한 질문을 던지고 곧바로 답하고는, 그것의 역사적·철학적 차원들을 풀어 놓는다.

진보와 생성. 이 둘은 서로 다른 것인가, 아니면 똑같은 한 가지 개념의 각기 다른 측면인가? 진보는 이데올로기이다. 생성은 철학적 구상이다. "진보"는 그 구성상 역사적으로 결정된 특정 문화 요소들에 연루된 특정한 정신상태mentality에 의존한다. "생성"은 "진보"가 부재하는 철학적 개념이다. 진보라는 생각에는 양적·질적 측정의 가능성, "더" 그리고 "더 좋은"의 가능성이 내포되어 있다. 그러므로 "고정된" 또는 "고정할 수 있는" 척도가 전제되어야 하지만, 이 척도는 과거에 의해, 과거의 특정 시기에 의해 또는 측정 가능한 특정 측면들에 의해 주어진다. (진보에 관한 미터법적 체계를

✦ 크로체는 20세기 초 굉장히 영향력이 컸던 이탈리아의 철학자다. 자유주의적 관념론자 귀족인 크로체는 파시즘에 용감하게(대부분) 맞섰고, 그래서 그람시가 감옥에서 보낸 기간 동안 크로체의 사상은 적극 억압되었다. 그러나 무솔리니의 봉기 이전, 그리고 그의 영락 이후, 크로체는 이탈리아에서 가장 저명한 인물이 되었다. 그람시는 크로체와 협력하여 그의 급진적 역사주의와 일부 엄격한 유물론 불신 둘 다를 발전시켰다.

생각하라는 말은 아니다.)[41]

진보와 생성은 별개이지만 끼워 넣어진nested 개념들이다. 생성은 좀 더 일반화된 과정으로, 그 과정에 진보는 참여할 수도 있고 참여하지 않을 수도 있다. 생성은 어떤 역사 구상에도 필수적이다. 반면에 진보는 근본적으로 이데올로기적이고, 그러므로 역사적으로 이해되어야 한다. 그러나 그렇게 하려는 노력은 복잡해지는데, 그 두 개념이 현대사상에서는 서로 얽혀 있기 때문이다. 사실 진보는 생성을 흡수한 것으로 보이는데, 모든 존재에 내재하는 영구적 변화라는 우리 생각이 현재 생성을 측정할 수 있는 "고정 가능한 척도"의 존재를 가정하는 한에서 말이다.

그람시가 식별해 낸 난제, 곧 정치적으로 생성 가능성이 있지만 진보 이데올로기에 의해서는 아직 포착되지 않은 존재 형식을 착상하는 일은 기후변화에 대한 우리 대응에 근본적인 것이다. 우리는 척도로 쓸 현재의 잣대 없이 미래를 재건할 수 있을까? 우리 현 상태 존재의 증강된 버전을 향해 진보하지 않은 채 우리는 생성될 수 있을까? 역사의 이 순간에 우리는 사회-자연적 변화의 중대한 행위자agents로서 우리와 다른 것이 될 수 있을까? 인류는 '적응'할 수 있을까? 그람시는 이러한 물음들에 대한 모든 급진적 접근법은 자유주의적 진보 이데올로기를 극복해야만 한다고 주장한다. 오직 이를 통해서만 우리는 "현재가 과거에 청구했고 미래가 현재에 청구하고 있는 노력과 희생의 총계를 인정"할 수 있을 것이다.

항상 그렇듯, 그람시에게 이러한 접근법은 "절대적 역사주의"를 요한다. 진보 이념은 어떻게 태어났는가? 그 탄생은 근본적이고 신기원을 이루는 사건인가? 그람시의 답은 '그렇다'이다. 진보의 탄생은 그것이 근대성을 규정하기 때문에 신기원을 이룬다. 그건 어떻게 태어났는가? 그의 답은 (푸코의 답처럼) 구체적으로 현대적 합리성과 삶을 통치 가능하게 만드는 방식의 출현을 강조하지만, (푸코와는 다르게) 진보로서의 근대성을 사회-자연적 관계들 속에 정초시킨다.

> 진보 이념의 탄생과 전개는 사회와 자연 사이에서 어떤 특정한 관계가 도달한 일반적인 의식(자연 개념에 우연과 "비합리성" 개념을 포함하는 인식)에 상응한다. 그리하여 그 결과 전체로서의 인류는 자신의 미래를 더욱 확신하게 되고 그 삶 전체를 지배할 계획을 "합리적"이라고 여길 수 있다.[42]

그람시는 진보에 부합하는 "일반적인 의식"이 포착한 "사회와 자연 사이에서 성립된" 특정한 관계를 상세하게 묘사하지 않는다. 그러나 그는 진보 비판이 낭만적이어서도 안 되고 향수에 젖어서도 안 된다는 점을 분명히 한다. "진보 이념과 싸우기 위해서는 낭만주의와 향수 모두 여전히 저항할 수도 돌이킬 수도 없는 저 자연현상들"에 의지해야 한다"고 그람시는 말한다. 마치 자신의 운명을 스스로 통제한다는 인류의 오만한 생각이 늘 우리의 의지 너머 힘들에 의해 허물어지는 것처럼 말이다. 이것은 궤변인데, "과거에는 훨씬 더 저항할 수 없는 힘들, 바로 기아, 전염병 등이 있었는데, 제한적이긴 해도 지금 그것들은 극복되었기 때문이다."◆

그람시는 근대성이 없었다면 세계가 더 좋았을 것처럼 근대성에 자동으로 반응하는 비평가가 아니다. 주요한 문제들에서 그는 부르주아-자유주의 전통의 편에 선다. "진보가 민주주의적 이데올로기였다는 데에는 의심의 여지가 있을 수 없다. 또한, 진보가 현대 입헌국가들의 형성에 정치적 기능을 했다는 데에도 의심의 여지가 없다."[43] 이것들은 그 함의가 균일하지 않다 하더라도 확실히 기념할 만한 발전이며, 그러므로 "진보 이념에 대한 공격은 매우 편향되고 이해관계에 영향받은 것이다." 그럼에도 불구하고 그는 그런 형태의 진보가 "더 이상 그 정점에 있지 않다"고 말한다. "자연과 우연을 합리적으로 지배할 가능성에 대한 믿음이 유실되었다는 게 아니라, 진보가 '민주주의적'이라는 의미에서 그렇다. 진보는 민주주의적 측면을 잃었는데, 그 이유는 "공식적 진보의 '담지자'"(부르주아지)가 "위기나 실업 등과 같은 현재의 파괴적 힘들(그 모든 하나하나가 과거의 것들만큼 위험하고 공포스러운)을 불러일으켰다는 데에 있다." 이 힘들이 테크놀로지와 과학 지식 같은 "진보"의 결과이기도 하다는

◆ Gramsci, [Q10II§48ii] "Progress and Becoming," *Selections from the Prison Notebooks*, 357-60. 그람시는 부가적으로 설명한다. "과거의 힘들은 한편으로 이제는 '사회적'으로 잊혔지만 물론 사회의 모든 요소들에 의해 잊혀진 건 아니다. 농민들은 계속해서 '진보'를 이해하지 못한다. 그들은 스스로를 존재being로 생각하고, 여전히 자연력과 우연의 손아귀에 놓여 있다고 생각한다. 따라서 '마법적', 중세적, 종교적 정신상태를 지닌다"(358).

점은 명백하다. 말하자면, "진보 이념이 처한 위기는 그러므로 그 이념 자체의 위기가 아니라 그 이념의 담지자들의 위기"이고, 결과적으로 그 담지자들은 지배받아야 할 '자연'의 일부가 되었다.[44]

여기서 기후변화와 관련하여 세 가지 요점을 강조할 필요가 있다. 첫째, 그 당시 그람시와 같은 급진주의자는 여전히 "자연을 합리적으로 지배할 가능성에 대한 믿음"을 확신할 수 있었다. 좌파의 입장에서 보면, 이런 믿음은 더 이상 유지되기 힘들다. 그 믿음은 핵확산에 따른 모든 사태 때문에, 대량멸종과 기타 환경 위기에 대한 점증하는 인식 때문에, 그리고 기후변화 때문에 완전히 실패해 버렸다. 둘째, 이 근대주의적 "믿음"에도 불구하고 그람시의 정치적 진단은 여전히 유효하다. 기후변화를 통해서 우리가 알게 된 사실은, 인간의 "자연 지배"란 민주주의적이지 않고 또 그럴 수도 없다는 것이다. 근대는 자연 지배 아니면 민주주의라는 갈림길에 서 있다. 세 번째, 우리의 정치적 조건은 자유주의적 헤게모니의 유기적 위기(한낱 국면적 위기와는 대비되는 것)로부터 유래한다. 민주주의, 자유, 정치 등에 관한 자유주의적 개념들(이 특정 개념들은 추정상 보편적인 "상식"을 대신하고 있다)은 여전히 헤게모니를 장악하고 있는데, 행성의 자연사에서 이 순간에 대한 그 개념들의 부적합성이 심지어 자유주의자들에게도 점점 더 분명해지고 있음에도 불구하고 그렇다. 진보의 이데올로기는 결코 보편적 생성에 관한 것이 아니었다. 그렇지만 우리는 진보 개념을 간단히 부인하거나 부정할 수 없다. 그러한 "편향되고 이해관계에 영향받은" 비역사주의ahistoricism는 진보 개념에 있는 민주주의의 지속성과 기원을 무시함으로써 아기와 목욕물을 함께 버리는 우를 범한다. 진보에 대한 전면적 부정은 그 이념과 그 이념의 담지자들을 혼동하는 것인데, 이들은 사실상 오늘날 위기에 처한 '자연 질서'의 일부가 되었다.

문제는 우리가 세계를 이해하기 위해 물려받은 개념들을 거부할 수 없다는 것, 비판적이거나 개념적인 전통에서 벗어날 수 없다는 것, 그래서 아무리 고귀하게 보이더라도 우리 목적에 맞게 세심하게 고안된 새로운 이념들과 의미들로 다시 시작할 수는 없다는 것이다. 진보와 생성을 깔끔하게 분리하는 것은 오늘날 불가능하다. 그 두 개념은 "동시에 태어났고"(정치혁명, 관념주의 철학, 자유주의적 정치경제학이 결합한 산물), "문명"의 의미에 관한 "일반적인 의식"에 이데올로기적으로 결부되어 있기 때문이다.*

그람시는 여기에 긍정적인 측면이 없는 것은 아니라고 말한다. 이렇게 쌍둥이로 태어났기 때문에 "일정 정도의 자유가 인간의 개념 안으로 들어온다"는 게 그 이유다.[45] 또한 "사람들이 기아로 죽지 않을 객관적인 가능성들이 존재한다"라는 깨달음도 그렇게 들어온다. 그러나 "사람들은 기아로 죽는다"—이는 중요한 사실 또는 우리가 생각해야 할 사실이다.[46] 여기가 바로 "진보" 실패 지점이다. 수

---

* Ibid., 357. 그람시는 이 설명에서 대개 정치경제학을 거론하지 않는다. 하지만 고전 경제학은 이러한 발전에 중요한 역할을 했다. 증가하는 국가의 부, 생산성 등(달리 말해, 성장)에 관한 우리의 표준적인 상상력들은 많은 면에서 한 세기 이상 진보가 의미했던 것인데, 이는 비단 자본주의사회에서만 그런 것은 아니었다.

십억 명을 위한 비-자유의 생산이라는 점에서, 그리고 기후변화가 "문명"의 가능성 자체에 제기하는 재앙적 위협이라는 점에서 그렇다. 물론 이는 역사적 연쇄 과정에서 하나의 걸음을 표시한다. 진보와 생성은 서로 얽혀 있지만 기후변화는 그 둘을 다시 직조하고 있다. 우리가 알고 있는 대로의 진보 개념은 죽었을지 모르지만, 우리는 우리가 무엇으로 생성될지 알지 못하고, 아직까지 그 결과로 생기는 간극을 극복할 이데올로기적 다리를 갖고 있지도 않다. 지구적 위기로 거짓임이 판명된 진보를 가지고 우리는 우리를 이런 혼란 속으로 밀어 넣은 자유주의적 진보에 관해 좀 더 알게 된 것 외에는, 부르주아 헤게모니(생성될 미래를 묘사할 능력이 없는 것으로 판명된)가 처한 유기적 위기를 풀 어떠한 해결책도 보지 못한다.

기후변화의 영향력이 의미 있는 탄소 경감 정도에 좌우될 가능성이 닫혀 버림으로써, 적응은 우리 시대의 "진보"가 되고 있다. 적응이 기후 리바이어던 이데올로기와 맺는 관계는 19세기 진보가 부르주아 자유주의와 맺었던 관계와 같다. 우리가 인위적 기후변화로 인해 형성되는 세계―이 세계가 얼마나 다르고 또 얼마나 다를지 모르지만―에 적응해야만 할 것이라는 게 사실이라면, 적절한 물음은 적응 여부가 아니다. 마치 기후정의를 위한 혁명적 사회운동이 어느 정도 적응에 반하는 결정을 할 수 있다는 듯이 말이다. 오히려 물음은 '어떻게'이다. 매우 뜨거운 세계에서 정치적인 것의 개념을 어떻게 재형성할 것인가.

5
녹색 자본주의?

더 이상 부정할 수 없는 것, 따라서 "난제들"이라고 부르는 것을
시장이 극복할 수 있으리라는 믿음을 품고
시장에 확신을 갖는 비현실적인 사람들은 모든 신뢰를 잃었다.
그러나 그 사실만으로 미래가 야만적이 아닐 가능성이 있다고
믿기에는 충분치 않다.

_ 이사벨 스탕제[1]

1.

글로벌 자본주의의 출현과 지구 대기권의 변화가 역사적으로 일치한 것은 우연이 아니다. 탄소 배출의 급격한 증가(표 1.1의 하키스틱의 "날")는 18세기 말에 시작되는데, 이때 자본주의적 사회 관계들이 세계의 많은 것을 변모시켰다.(이것이 인류세ʌ類世의 시작을 제임스 와트가 석탄-동력 증기기관을 발명했던 1775년으로 삼자고 하는 이유다.[2])

탄소에 관해 진실인 것은 모든 주요 환경문제에도 어느 정도 진실이다. 습지를 파괴하는 도시 부동산 프로젝트를 생각하건, 멕시코만의 기름 유출, 또는 콩과 가축 사육 목적의 열대우림지 파괴를 생각하건, 오늘날 그 어떤 환경 변화도 자본주의와 그 정치에 대한 고려 없이는 설명할 수 없다. 자본주의 고유의 다이너미즘dynamism, 즉거대한 부를 창출하는 능력("부"가 돈과 물건의 크기로 규정되는 한)을부인하려는 것이 아니다. 오히려, 그것은 자연-역사적 측면에서 볼때 아주 최근에 등장한(인간이 자본주의사회에서 산 시기는 우리 자연사의 거의 0.1퍼센트에 지나지 않는다) 이 사회구성체가 우리의 상호관계 및 지구와의 관계를 근본적으로 변화시켰음을 강조해 준다.✦

기후변화와 씨름하려는 모든 실질적인 시도는 자본주의와 맞붙어 싸워야만 한다. 모든 자본주의경제 조직의 심장부에 자리한 축적

✦ 어림잡아 인간은 지구에 22만 5천 년간 존재해 왔고, 최초의 자본주의사회인 영국은 18세기 후반부에야 완전히 자본주의사회가 되었다. 225년/225,000년= 0.1퍼센트.

충동을 생각해 보라. 자본주의는 물건이 아니라, 투자에 대한 실제적인 수익을 실현함으로써 잉여의 축적을 확장하라는 끊임없는 명령으로 추동되는 상품생산과 소비를 중심으로 조직된 사회조직이다. 자본에 대한 마르크스의 일반적 공식 M-C-M′은 그 이야기를 최대한 단순하게 해 준다.

자본가가 상품(C)을 생산할 노동력과 생산수단을 구매하는 데에 돈(M)이 투입된다. 이(M−C)는 생산과정이다. 생산된 상품들은 판매되어야 한다. 판매를 통해 자본가는 생산에 투여된 자신의 지출에 대한 환급을 받는다. 자본의 일반 공식에서 이 두 번째 이동(C−M′)이 소비이다. 이것이 상품 속에 응축된 가치가 돈, 원래 투자된 것보다 더 많은 돈(제1기호가 M의 양적 증가를 나타내는 M′)으로 교환될 수 있도록 해 준다.＊

자본가가 수입으로 비율보다 적은 비율을 가져갈수록 번 돈은 생산과정에 다시 투자되고, 그러면 더 심화된 축적이 촉진된다. 자본의 순환과 축적은 자본주의경제와 올바르게 결합한, 끊임없는 확장의 근본적 원천이다. 집합적 경제성장이 모든 자본주의 국민국가들의 제1목표가 되는 데에는 합당한 이유가 있다. 자본주의로 조직된 사회는 다른 방식으로는 길게 작동할 수 없다. 축적은 그 자체로 축

＊ 물론 그 어떤 투자에도 M 〉 M′일 가능성은 존재하고, 그러면 자본가는 돈을 잃는다. 자본주의가 일정 기간 집합적인 규모로 그런 결과를 산출한다면 그것은 작동을 멈출 것이다. 그 누구도 돈을 잃을 것을 기대하며 생산에 투자하지 않을 것이다. 자본주의는 잉여가치가 생성되어야만 지속 가능하다. M 〈 M′.

적을 낳는다. 이것이 자본주의의 부인할 수 없는 다이너미즘의 원천이다.

상품의 생산과 판매를 증가시키고 돈의 축적을 용이하게 하려는 사회적 삶의 조직은 기후변화와 중요한 관련이 있다. 첫째, 자본의 확장과 축적은 행성을 판매와 소비를 위한 생산수단이자 상품으로 끊임없이 전환할 것을 요구한다. 개별 자본가들이 종종 환경에 대한 책임을 받아들이지만, 계급으로서 자본가들은 자연을 자원의 집합체로 취급해야 한다. 문제는, 지구의 자원이 유한하다는 데에만 있지 않다. 대기권의 이산화탄소 농도 증가(자본주의 출현 이전 대략 250ppm에서 오늘날엔 400ppm 이상)가 자본주의의 성장 명령에 대한 훨씬 더 즉각적인 행성적 제약을 가한다는 게 문제다.** 기후변화의 영향을 줄이거나 늦추는 사회적·기술적 대응은 물론 이러한 제약을 어느 정도 미래로 떠넘길 수도 있지만 아예 제거할 수는 없다. 기후변화의 주요한 자본주의적 원인을 다루지 않는 대응들(즉, 세계 자본주의경제에 연료를 공급하는 에너지 사용)은 결국 실패할 수밖에 없다.[3]

더욱이 자본주의는 기후변화와의 투쟁에서 직면할 수밖에 없는데, 다양한 스케일에 걸친 불평등의 생산과 악화에서 자본주의가 수행하는 중대한 역할 때문에 그렇다. 세계가 글로벌 자본주의의 출

** 경제적·사회적 제약도 있다. 자본의 충동은 현재의 위기와 같은 주기적 위기들을 생산해 낼 수밖에 없다(Marx, *Capital* I, 1867; David Harvey, *The Enigma of Capital and the Crises of Capitalism*, London, Profi le Books, 2011). 경제위기는 보통 국가들로 하여금 소비를 자극하는 데에(C–M') 개입할 것을 강제한다. 이는 기후변화에 필요한 대응과 반대로 흐르는 경향이다.

현과 함께 급격하게 더 불평등해진 것은 우연이 아니다. 자본주의의 본질 자체가 부와 권력의 불평등을 생성한다.[*] 알베르트 아인슈타인이 표현하듯,

민간자본은 소수의 손에 집중되는 경향이 있는데, 이는 일부 자본가들 사이의 경쟁 때문이고, 또 일부는 기술 발전과 증가하는 노동 분화가 작은 규모의 생산단위를 대가로 더 큰 생산단위의 형성을 권장하기 때문이다. 이러한 발전의 결과는 민간자본의 과두제寡頭制로서, 이 체제의 거대한 힘은 민주적으로 조직된 정치사회에서도 효과적으로 규제될 수 없다.[4]

2007년 시작된 글로벌 경제위기, 월가 점령 시위, 토마 피케티의 《21세기 자본》, 슈퍼리치의 급증하는 부 등 최근 다양한 사건 덕분에 부와 권력 불평등을 심화시키는 자본의 내재적 경향이 뒤늦은 주목을 받았다.[5] 이러한 분석은 조세정책을 통한 온건한 재분배 같은 조치들을 통해 이 불평등이 해결될 수 있다는 생각을 열어 놓는다. 자본주의사회에서 불평등의 요인은 자본-노동 관계 그 자체와 국가권력을 통한 영향력이기에, 변화는 그렇게 쉽지 않다.[6]

현재의 목적으로 볼 때 불평등 논의에서 빠진 것 중 가장 중요한

---

[*] 지난 2세기 동안 사회화된 총 가치("부")와 글로벌 중간 소득이 증가했다. 그러나 소득이 증가하는데도 자발적으로 희생을 나누고자 하는 의지가 줄어들면서 불평등 문제가 집단행동에 나서는 능력을 손상시킨다.

부분은 자연이다. 차이를 심화하고 악화할 게 확실한 기후변화는 너무나 미흡한 관심을 받아 왔다. 불평등을 심화하는 자본의 경향은 기후변화에 맞선다는 난제에서 핵심이 되는데, 의미 있는 대응이란, 초국적 동맹, 초계급적 협력을 요구하기 때문이다. 불평등은 두 가지 측면에서 이러한 노력에 치명적이다.

첫째, 자본주의경제 내에서 부와 권력의 불평등은 희생의 공유를 중심으로 한 연합체 구성을 어렵게 만든다. 불평등은 또한 탄소-집중 경제가 더 지속 가능한 대안적 경제로 전환되지 못하도록 막는 부자들(경제성장에서 분균등하게 혜택을 받는 이들)의 능력을 강고하게 만든다. 미국 에너지 회사들이 "기후 회의론"에 자금을 대고 정치인들에게 로비를 벌여 탄소세 반대에 효과를 보는 것을 생각해 보라.[7] 그들의 힘은 민간의 부에 뿌리를 두고 있다.

두 번째, 자본주의 경제권에서 세계적으로 어마어마하게 불평등한 부와 권력의 분배는 기후변화 문제를 다루는 데에 필요한 글로벌 타협을 방해한다. 국제 탄소 생산과 기후변화 정치를 신랄하게 분석한 로버츠Timmons Roberts와 파크스Bradley Parks에 따르면, 탄소 배출 감소를 위한 글로벌 합의에 실패한 일은 "글로벌 불평등 문제에 뿌리를 두고" 있다. "그 문제로 고통을 받고 있는 사람들, 그 문제를 유발한 사람들 … 그 문제를 다루는 사람들, 그리고 글로벌 경제에서 생산된 재화로 현재 불균형적인 혜택을 누리는 사람들에게 있는 불평등."[8] 세계가 자본주의사회인 이상, 이러한 불평등은 지속될 것이고(표 5.1 참조), 기후변화에 대한 협력적인 지구적 접근법을 막는

| 표 5.1 | 나라별 누적 CO_2 배출, 세계 총계(1990~2011년)

미국
16%

중국
15%

유럽연합
12%

러시아
연방
6%

브라질
5%

인도네시아
4%

인도
4%

일본
3%

캐나다
2%

멕시코
2%

나머지 국가
31%

장벽도 지속될 것이다.

자유주의자들은 이 문제에서 우리가 마주칠 수 있는 모든 문제에 이르기까지, 심지어는 자신들이 상상할 수 없는 문제까지도 자신들의 가치(자유, 시장, 신중, "진보" 등등)가 적합하다는 믿음을 고수하는데, 이는 그 믿음이 이데올로기의 지위에 있음을 보여 준다. 따라서 기후변화에 대한 자유주의 자본주의의 "해결책"은 기존 정치적·경제적·기술적 자원들의 "혁신적" 결합으로 진행된다. 그것들이 적합하지 않을 수 있음에도 말이다. 이러한 자원들의 결합은 현재 진행 중이다. 기후 리바이어던은 그 결합의 종착지다.

이 장에서는 그러한 신흥 아상블라주를 들여다보고, 그것을 이해한 후 그 논리를 비판할 것이다. 우리는 기후 리바이어던이 기존의 주체성 형식들, 즉 자유주의 세계의 지배 논리(자유주의적 [또는 부르주아적] 자본 구상을 본뜬 논리)에 적합한 형식들을 공고화하는 데에 기반함을 주장한다. 그러나 자본주의와 기후변화 간 관계에 존재하는 문제는 국가가 조율하는 "인센티브 균형"과 기업들의 "신뢰할 수 있는 확약" 이행으로 해결될 수 있는 것이 아니다. 오히려 이 문제는 자본주의사회의 근간에 자리한다.

행성온난화가 생태적 변화와 인류의 고통을 가속화하는 동안, 자유주의 자본주의는 인류세의 온실가스 축적을 그저 간단한 "시장의 실패"로 여길 뿐이다. 그래서 이 시장실패에 대해 다양한 시장-교정책들이 제안된다. 배출총량거래cap-and-trade, 산림탄소상쇄제도carbon offsets, 대재해 채권catastrophe bonds, 의무적 위험 공시법risk disclosure, 홍수 및 허리케인 보험 등등. 시민-주체들의 사법적·과학적 지위를 재조정해서 배출 원천이라는 역할을 포함하는 방식으로 기후변화를 다루고, 그래서 생산과 소비를 적절하게 규제하고 통제할 수 있으리라는 것이다. 이러한 변화들은 정치적인 것의 적응에 속하는 요소들로서 반드시 국민국가를 소환하고, 그와 동시에 국가와 시민사회의 분리라는 정치적인 것의 적응을 전제한다. 다음에 설명할 이유로 인해 우리는 이 프로젝트를 "녹색 케인스주의green Keynesianism"라고 부른다.

2.

자유주의적 자본주의 이성이 기후변화를 길들이는 데에 활용하는, 가장 징후적이고 정치적으로 중요한 개념은 "집단행동 문제"이다. 바로잡는 것이 모든 이에게 최선의 이익이지만, 다른 사람도 그렇게 하리라는 확실한 확신 없이도 행동을 추동하기에 충분한 이기적 유인이란 어떤 행위자에게도 없다는 것이다. 이런 프레임은 공유된 사회복지와/또는 연대에 윤리적으로 전념함으로써 그런 조율 문제에 대한 실행 가능한 대응책을 얻을 가능성을 배제한다. 사실 자유주의와 자본주의는 항상 그렇다. 정통 분석은 이 난제들을 두 가지 기초적인 방식으로 다룰 수 있다고 제안한다. 그 두 방법은 모두 국가권력의 행사에 의존한다. 우리는 활동 무대에서 사적 행위자를 축출하거나(그런 뒤에 국가 조율 메커니즘으로 삼는다), 아니면 행위자들이 자기 이익에서 벗어나 행동하는 데에 동의하도록 유도하는 제도를 구축할 수 있다(정책을 이용해서 최적의 유인 구조 조직하기).

　어떤 경우건 많은 동시대 경제학자들과 정책입안자들은 집단행동 문제를 "시장 실패"로 여긴다. 말하자면, 어떤 이유로든 시장이 최적의 자연 배분을 이루어 내지 못하거나 아니면 시장이 전혀 존재하지 않는 인간 상호작용 영역으로 여기는 것이다. 이러한 상황들은 자연이 부과한 구조적 조건에 기인하는데, 이때 자연이란 "인간 본성"(예를 들어, "정보 비대칭"은 이기적인 사적 행위자들의 경우 다른 당사자들이 기회주의에 "자연적으로" 유인되는 것을 막을 방법이 없기 때문에 계약을 맺지 않을 것임을 의미한다)과 비인간 자연nonhuman nature을 모두 말한다(대기는 사유화할 수 없다는 사실 같은 것). 달리 말해, 시장실패는 자본주의 시장의 맥락에서 행위자의 합리적 자기 이익 아니면 문제의 그 과정들의 물질성이(또는 둘 모두가) 잘 기능 하는 시장의 출현을 방해할 때 발생한다. 이러한 상호작용 영역들 은 국가가 서비스 자체를 제공하기 위해서 또는 (더 선호되는 방식으 로서) 시장이 기능하는 데에 필요한 제도를 만들기 위해서 개입하는 합법적 공간들로 간주된다.

고전적인 시장실패는 소위 "공유지의 비극"과 연관된 "공공재" 문 제이다.[9] 공공재는 비-배제성의 특징을 지닌 자원이다. 돈을 지불 하지 않는 사람도 그것이나 그 서비스에 접근 가능하기 때문에 상품 화하기 어려운 것이다. 예를 들어, 대기의 산소, 국방부가 제공하는 국내 안보, 공유 목초지 등이 그런 것이다.* "공유지의 비극"은 우리 가 지금 시장실패라고 부르는 것 때문에 발생한 공유 자연자원의 아 마도 불가피한 붕괴를 기술하고자 생태학자 개릿 하딘Garrett Hardin 이 사용한 용어다. 이 "비극"은 자원 이용을 관리하는 현행 제도들에

---

* 경제이론에서 공공재는 또한 소위 "비경쟁성"의 특징을 띤다. 즉, 그 어떤 행위자의 자원 이 용도 그 어떤 의미 있는 방식으로 다른 이들에게 남아 있는 것을 감소시키지 않는다는 의미 다. 예를 들어, 우리가 얼마나 많은 산소를 들이마시건 그것은 이용 가능한 나머지 양을 제 한하지 않는다. 그러나 우리가 앞으로 보겠지만, 대기의 온실가스 저장소나 대양의 탄소 흡 수와 같은 많은 "공공재"는 분명 더 이상 "비경쟁적"이지 않다. 이것이 시장 중심 "해결책" 에 중요한 숙제를 제기하는데, 그것이 비배제적인nonexcludable 재화에 경쟁(결핍)을 도입 하기 때문이다.

규제받지 않고 행동하는, 어쩔 수 없이 "이기적인" 인간 본성에 의해서 추동된 행위자들을 내포하는 사회-생태적 국면이다.

"공유지의 비극" 중 가장 많이 언급되는 사례는 어업 분야다.[10] 공급에 관한 정보 부족(어족 자원은 유동성이 강하고 수면 아래에 존재한다), 어업 감시의 어려움(대양은 통치하기에 어려운 공간이다), 수확 기술의 효율성 증가 때문에 적절하게 개별화된 유인 체계가 결핍된 어업 공유지는 추정상 "자연스러운" 퇴락의 경향이 있다. 기후변화와 그로 인해 가속화되는 대양 산성화 때문에 바다의 풍요가 줄어들고 있어서 기존 어족 자원을 지속 가능하게 관리해야 하고 포획 압력 fishing pressure를 제한해야 한다는 것은 점차 불가피한 일이 된다.[11]

그런데 인간의 자기 이익 때문에 협력이나 자원의 집단적 소유가 불가능하다는 전제를 우리가 받아들이면(모든 비극 모델에서 선험적인 것), 그 어떤 개인이 책무를 실행할 유인이란 존재하지 않게 되고, 그래서 사용자들은 상호간 제로섬 수확 경쟁에 휘말리게 될 것이다. 내가 다른 이들이 자원에 접근하는 것을 막지 못하고, 다른 이들도 나의 이용을 제한하지 못한다면, 모든 사람이 최대한 빨리 할 수 있는 한 많이 취하려고 할 것이다. 그렇게 우리 모두는 어업을 파괴한다. "공유지의 자유는 모두에게 파멸을 불러온다."*

---

* Hardin, "Tragedy of the Commons," 1244. 하딘의 주장은 굉장히 영향력이 크지만 오류가 있다. 공유지 관리에 관한 광범하고 확고한 연구 문헌들은 "비극"이 절대 불가피한 것이 아니라는 점과, 협력적 합의 하에 있을 가능성도 훨씬 적다는 사실을 보여 준다. 전통적 대위법은 엘리너 오스트롬의 공유재 관리에 관한 게임이론 분석으로, 다양한 공유재의 실제적 관리(성공한 관리와 실패한 관리 포함)에 대한 수천 가지 경험적 연구로 뒷받침된다. Elinor

협력이나 다른 연대 활동이 불가능하다고 여겨지는 이상, 이 집단 행동 "비극"은 "시장실패"다. 즉, 시장을 매개로 한 만병통치약 정통 경제학의 결핍이 말해 주는 것은, 행위자들agents이 언제 "자유로운지" 우리가 예측해야만 한다는 것이다. 해결책은 두 가지 형태 중 하나인 것처럼 보인다. 우리는 생산 장치들에 대한 완벽한 국가 규제를 도입할 수 있는데, 이는 다음과 같은 가정을 가능하게 한다. 국가가 유일한 관리자라면, 국가는 주체들의(그리고 아마도 생태계의) 장기적 이해관계를 염두에 두고 그 생산 장치의 사용을 조직할 수 있으리라는 가정 말이다. 이러한 국가주의적 접근법은 오랜 역사를 지니고 있다. 애덤 스미스 자신이 국가의 그런 선제적 주도권이 필요함을 강조했는데, 이는 "시민사회"—행위자들이 트럭 운전, 물물교환, 상거래 등을 하려는 "자연스런" 성향에 의해 추동되어 완성하는 영역—가 사회적으로 필요한 재화나 서비스를 적절하고도 접근 가능하게 공급하는 데에 실패했다는 조건을 달고 있었다. 이 논리는 거의 20세기 내내 국가 활동의 토대가 되었다.

그러나 오늘날 선호되는 해결책은 지역 협력, 국가 집행, 배타적인 접근성을 지닌 제도(곧, 재산권)의 결합을 수반한다. 자유주의 자본주의는 이것들이 효율성과 생산성, "자유"를 극대화한다는 명제 하에 가능한 한 언제나 시장 주도 생산과 교환 관계에 특혜를 준다.

Ostrom, Roy Gardner and Jimmy Walker, *Rules, Games, and Common—Pool Resources,* Ann Arbor: University of Michigan Press, 1994. 참조.

그 명제가 의미하는 바는 상상의 주체-위치, 즉 제한된 수단을 가진 합리적이고 탐욕스러운 개인에게 성과-기반의 수익을 준다는 것이다. 이른바 호모 이코노미쿠스homo economicus에게 말이다. 결과적으로 시장실패를 고치거나 "실종된 시장"의 폐해를 완화시키는 것이 애덤 스미스 이래 자본주의국가의 주요 기능으로 인식되었다. 이는 통상적으로 제도적 매트릭스 구축을 수반하는데, 여기서는 가격 메커니즘이 행위자들로 하여금 자신들의 행위에 대한 책임을 지도록 만든다. 이는 시장이 결정한 가격을 지불하는 사람들에게만 접근성을 허용하고, 접근의 "권리"를 사유화하여 시장에서 교환 가능하게 만드는 시스템이다. 이론적으로 이 체계는 지속가능성과 보조를 같이하는 개별적 유인을 만들어 낼 것이다.

그리하여 어업의 경우를 예로 들자면, 시장실패를 수정하기 위해서는 대양 공간에 대한 국가의 주권 주장, 개인 보유 허가증과 할당제 같은 제도의 창출(특히 감시제도), 수산과학에 대한 공공투자 등이 필요하다. 그런 것이 다 합해지면 이 매트릭스는 각 어업 행위자에게 신중한 어업 관리에 관심을 갖게끔 만들 것이다. 정보 문제, 감시 문제, 인센티브 문제가 다뤄졌기 때문이다. 이제는 접근성 자체가 가치 있는 상품(어업에 대한 배타적이고 양도 가능한 권리의 형태로)이고, 국가는 어족 자원의 건강 감시, 수확 수준 제정, "불법적"인 무임승차 엄금 등을 약속하고, 그리하여 모든 행위자가 자신의 어류 '소유권'을 관리하는 것은 자기 이익에 부합하는 일이 된다.

강조해야 할 것은, 시장실패가 일어날 때 자유주의자들이 그 실패를 시장모델의 "실패" 탓으로 돌리지 않는다는 점이다. 여기서 시장 실패는 시장의 "자연스러운" 한계의 증거로 받아들여지지 않고, 오히려 두 가지 유형의 국가 실패 중 하나의 증거로 받아들여진다. 규제를 너무 많이 하거나 너무 적게 하는 것.

첫 번째 경우, 정부는 너무 많은 규제를 통해 잠재적으로 이윤을 얻을 수 있는 투자 영역에까지 간섭함으로써 "자유"를 제한하고, (예를 들어) 재산권에 제약을 가해 민간 분야의 진입을 가로막고 민간투자의 기대수익성을 감소시킨다. 에너지 사업과 같은 국유 독점 사업은 자주 이런 비판의 대상이 된다.✦ 규제를 너무 적게 하는 국가도 시장실패를 조장하는데, 주로 생산자들이 소위 "외부효과externalities"의 "사회적 비용"을 계산에 넣지 못하는 경우이다. 외부효과는 재화와 서비스 생산의 "간접" 효과, 많은 경우 비시장적 효과로서 생산자 단독으로보다는 대개 공동체 전체에서 발생한다. 외부효과는 긍정적일 수도 부정적일 수도 있지만, 긍정성은 보통 의도된 것이 아니다. 사실 소수의 예외를 제외한다면 외부효과는 적극적으로 기피된다. 정의상 그것은 사적으로 전유할 수 있는 수입원 없는 상품이나 서비스의 공급을 포함하고, 따라서 소위 "무임승차자", 즉 다른 행위자의 "주도권"으로 이익을 보지만 지불은 하지 않는 시장

✦ 캐나다의 브리티시컬럼비아에서 민간 수력발전소 건설을 금지하는 법을 폐지하자, "녹색" 에너지를 공급할 시장의 권한을 "해방"시켰다는 평가가 쏟아졌다. 이는 환경문제의 동일한 편에서 찾아보기 힘든 여러 목소리들에 지지를 받았다. 예를 들어, www. energybc. ca/runofriver.html; Amy Smart, "Ahousaht Run-of-River Project Could Power Tofino, Ucluelet," *Victoria Times-Colonist*, August 11, 2016; available at timescolonist.com. 참조.

기생자들을 가능하게 하기 때문이다.

환경적 시장실패에서는 부정적 외부효과들이 주요 관심사이다. "환경적 외부효과들을 내재화하라!"라는 외침은 동시대 환경경제학의 주춧돌이다. 통상적으로 그것은 자원 사용자와 소비자에게 상품의 "총원가full cost"에 더 가까운 비용을 지불하게 만들기 위해 환경 피해에 대한 세금이나 사용료를 부과하는 일을 수반한다. 이러한 세금에 대한 강단講壇 이론은 단순하고 직설적이다. 환경영향 비용을 증가시킴으로써 국가는 시장으로 하여금 생태적으로 "지속 가능한" 균형가격equilibrium price을 실현하도록 강요할 것이다. 새로이 더 높아진 가격은 수요를 줄일 것으로 기대되는데, 그 정도는 감소가 "받아들여질 만한" 것으로 여겨지는 지점까지, 이상적으로는 세금으로 얻는 국가의 세입이 피해를 "상쇄"할 수 있을 정도까지다. 많은 도시에서 비닐봉지에 부과되는 소액의 요금을 생각해 보라. 그것은 기본적으로 비닐봉지 소비세이다. 이는 유효하다. 명목상의 요금마저 비닐봉지 소비를 급격하게 감소시킨다.

그렇다면 우리는 왜 이 세금들이 세계 대부분의 사회에 부재하는지 궁금해질 것이다. 가장 명백한 사례를 들어 보자면, 많은 경제학자들, 세계은행, 그리고 글로벌 자본주의의 다른 중요한 기관들은 현재 탄소세(휘발유나 차량 운행과 같이 탄소를 배출하는 자원 또는 활동에 붙이는 소비세)를 지지한다. 잘 고안되고 적절하게 가격을 매긴 탄소세는 온실가스 생산의 사회-생태적 영향이 생산자의 소비 결정에 반영되도록 만들 것이다. 이는 소비자가 탄소 배출이 유발하는 "진짜" 비용에 더 가까운 가격을 치르도록 강제할 뿐 아니라, 비용이 크게 드는 탄소 배출을 최소화할 유인이 증가하는 것을 생각할 때 저-배출과 제로-배출 테크놀로지의 혁신을 추동한다. 노벨 경제학상 수상자 조셉 스티글리츠Joseph Stiglitz가 표현하듯,

　　배출의 사회적 비용을 반영해 탄소 가격을 부과하는 것은 상당히 투자를 자극할 것이다. 공정 경쟁의 장을 보장하기 위해 우리는 국경을 넘는 조정을 해야만 한다. 탄소세는 동시에 [다른] 공공투자를 재정적으로 지원하는 데에 필요한 상당한 세입을 유발할 것이다.[12]

스티글리츠가 명백히 보여 주듯, 자본주의 자체의 이성 측면에서 보면 자본주의는 영구적인 성장 기계가 가동될 수 있도록 관리되어야 한다. 자본주의가 이러한 약속을 이행할 능력이 있는지는 숙고해 볼 가치가 있다. 경제학자들의 조언에도 불구하고(많은 관련 시민들의 요구는 말할 것도 없이) 오직 소수의 자본주의국가만이 탄소세를 부과하고 있고, 가동 중인 탄소세는 세계 에너지소비 패턴에 차이를 만들어 내기에는 너무 낮은 수준이다.[13] 시장실패가 실제 국가의 실패라는 진단에 맞게, 대부분의 경제학자들은 그런 프로그램들의 비효율성을 "정치" 탓으로 돌린다. 이것이 완전히 틀린 진단은 아니지만, 정치에 대한 그들의 개념이 너무 제한적이기 때문에 기후변화와 관련하여 자본주의가 "해야만 할 일을 하는" 데에 실패한 것을 설명하는 데에는 아무런 진전이 없다. 그것은 그저 순전히 시장

에 지배되는 사회라는 환상을 다시 부추긴다.

　그래도 "기후변화에 관하여 무엇을 해야 하는가"로 요약되는 복잡한 제목을 가진 기술적·사무적·정책 중심의 보고서를 쓰는 경제학자들이 부족하지는 않다. 사실상 그 모두가 시장-실패 사고에 근거한 것들이다. 그런 보고서 중 하나, 즉 기후변화 관리에 필요한 정부 규제("개입") 형태에 관한 유럽연합 집행위원회의 연구에서 발췌한 다음 진술은 그 전형적 사례이다.

　애초에 특정 정도의 정부개입은 동시에 발생하는 두 가지 시장 실패 때문에 [기후변화에 대처하기 위해] 필요하다. 첫째, 배출 저감 기술에 대한 자발적 수요는 거의 없고, 그래서 상업적으로 실행 가능한 비-오염 상품과 서비스의 공급은 질식 상태에 처한다. 안정적인 기후는 공공재이기 때문에 기후 행동의 사회적 혜택은 경감 비용을 초래하는 자들이 완전히 차지할 수 없고, 자율적 기후변화 경감 행동은 사회적 최적수준social optimum 밑에 남아 있게 된다. 둘째, 기업들의 경우 기대되는 혁신-이후 수익과 연관된 이른바 전유성appropriability 효과 때문에 깨끗한 기술에 투자할 유인이 부족하다. 사회적 선호의 입장에서 보면, 녹색 혁신의 산출물을 널리 전파하라는 압력이 있을 수 있다. 그리하여 기업들은 녹색 R&D에 대한 투자의 시장가치를 완전히 차지할 수 없을 것임을 예상할 것이고, 따라서 녹색 혁신에 대한 자신들의 기여를 경시하게 될 것이다. 반대로 상호 보완적인 환경 정책과 혁신 정책은 시장을 자극해 녹색기술에 대한 더 폭넓은 포트폴리오를 산출하게 할 것이다. 이러한 기술들은 상업적으로 합리적 비용으로 기후변화 경감을 가능하게 하고, 심지어 성장을 위한 기회를 제공할 것이다…. 이런 토대에서 우리의 가설은 이중적이다. 첫째, 환경 정책과 혁신 정책을 적절히 결합하는 것이 부정적인 환경적 외부효과와 부정적인 지식 외부효과의 결합을 다루기에 바람직하다. 둘째, 두 정책의 적절한 묶음은 최소한의 재정 부담으로 가장 큰 탄소 감축을 이루어 낼 것이다.[14]

경제를 매개로 행동의 기술적 관리에 의지하는 것은 녹색 자본주의 옹호에서 결정적인 전략이다. 경제학은 "인센티브 균형"으로 행동을 교정할 능력을 자기 자신에게 귀속시키고, 그럼으로써 행동을 이성에 노출시킨다(그리고 이성에 종속시킨다). 이러한 틀에서 정치("정치적 사회"로서 국가의 형태라는 좁은 의미에서건, 더 폭넓은 개념에서건)는 단지 억압되는 차원을 넘어, 무관심한 합리성을 잘못된 방향으로 가게 만드는 것밖에 할 수 없는 순전히 부정적인 분야로 파악된다. 경제는 정치적 "왜곡"에 오염되지 않아야 한다. 그래야만 기술적 이성이 우리를 구할 잠재력을 실현시킬 수 있다.

요컨대, 시장은 우리 시대 지배적 추상이자 제도로 남아 있다. 시장만이 모든 문제의 직물을 짤 수 있는 패턴을 제공한다. 경제학자들과 정책입안자들은 기후변화를 이미 "시장실패"라는 라벨이 붙어 있는 "할 일" 파일에 집어넣고서 기후변화 문제를 다룬다. 사실, 많은 경제학자들은 현재 기후변화를 역사상 가장 큰 시장실패로 부른다. 우리가 온실가스 배출(하나의 부정적 외부효과)에 진정한 비용을 치르지 않는다는 것이다. 〔조금 있다 나올〕〈스턴 보고서Stern Report〉의 표현을 따르자면, "기후변화는 … 세계가 그동안 목격한 것 중에 가장 큰 규모의 시장실패로 간주되어야 한다."[15] 이러한 생각은 어떤 정치적 전략으로 나아가는가?

3.

리먼 브라더스의 파산이 있은 후 불과 몇 주 후에 발간된 2008년 애널리스트들의 논평은 글로벌 금융체제를 해체하는 데에 도움을 주었다. 도이체방크〔독일 베를린에 있는 외환 거래 전문은행〕 경제학자들은 이 위기(그들이 그 위기를 만드는 데에 적지 않은 역할을 한)를 계기로 에너지, 테크놀로지, 산업기반 투자를 통한 글로벌 대전환을 꾀했다. 그들은 위기가 사회 진보와 환경 분별력 둘 다를 약속하는 산업기반 촉진을 위한 전례 없는 "그린 스위트 스폿green sweet spot〔테니스 등에서 말하는 공을 치기에 가장 효율적인 지점〕"을 드러냈다고 주장했다.[16]

도이체방크는 심연에서 빠져나와 녹색길로 가자고 호소한 유일한 기관이 아니었다. 거대 금융기관이 생태적 기회를 기쁘게 축하하는 것이 아이러니하다고 생각한다면, 세계은행과 IMF와 국제에너지기구도 곧바로 동참한 사실을 떠올려 보라.*

도이체방크의 분석 대상은 그들이 생각하기에 금융 시스템을 살리기에 절대적으로 필요하다고 본 국가기금 부양책 패키지였다. 신자유주의는 신경 쓰지 말라. 2008년, 환경친화적 국가는 고사하고 회복 비슷한 것을 촉진하는 데에 필요한 투자를 생성하고 조율하는 유일한 수단인 국가가 돌아왔다. 도이체방크의 CEO 요제프 아커만은 "더 이상 시장의 자가치유 능력을 믿지" 못한다고 인정했고, 그뿐만이 아니었다.[17] 2008년, 공공지출에 대한 일상적인 불만(공공지출이 민간투자를 몰아내고, 인플레이션을 일으키고, 국가부채를 증가시킨다는 등등)은 조용해졌다. 그 대신, "녹색 뉴딜"이나 "녹색 케인스주의"가 도래했다.

녹색 케인스주의 옹호자는 영향력 있는 좌파 비평가 수전 조지Susan George부터 오바마의 이전 선임경제고문인 로런스 서머스Lawrence Summers 같은 정통 정책 내부자들까지, 보통은 양립하지 않는 진영을 가로질러 존재한다. 말하자면, 국가 정치경제학상의 차이 때문만이 아니라 이론적·정치적 이유 때문에도 다양한 형태의 케인스주의가 늘 존재해 왔다.[18] 서머스와 조지의 케인스주의는 동일하지 않다. 그럼에도 불구하고, 가장 일반적인 수준에서 그들의 정책 제안은 동일한 개념적 토대에서 나왔다. 그들은 경제적으로

* 우리가 보기에 환경악화의 주범이 아닌 척 변명을 둘러대는 혐의가 좀 덜하다고 생각되는 다른 기관들도 그에 못지않게 열정적이었다. 즉, 유엔환경계획(UNEP), 영국의 신경제재단(NEF), 미국의 경제정책 연구소 등이다.

"활동가activist" 국가를 추구하며, 국채를 통한 정부지출로 국가경제를 조율하고 규제해 고용과 소비수요, 정치적 안정성을 촉진해야 한다고 생각한다.[19] 조지와 서머스가 제안한 환경적 전환은 그 내용은 달라도 고용과 수요 "최적화" 임무가 이제 환경에 대한 관심을 요한다는 공통된 인식에서 나왔다. 확실히 서머스는 환경 위기의 심각성을 조지보다는 약하게 본다. 그러나 둘 다 정치경제적 재앙을 피해야 하고, 국가가 경제주체를 "자극"하고 "인센티브를 주는" 과정에서 진보나 적응이 가능하다고 믿는다.

녹색 케인스주의의 옹호자들은 "환경적" 재설정을 통한 복지국가 모델을 지지한다.* 그들은 환경에 특별한 관심을 쏟는 경제적 삶의 최적화를 위한 다양한(대부분 재정) 정책도구들을 제안한다. 도이체방크가 제안했듯, 인프라 개발과 재생이 우선이다. 청정에너지, 녹색 빌딩, 관련 분야 연구개발도 마찬가지다. 예를 들어, 대중교통과 풍력발전에 대한 국가의 직접투자나 고효율 에너지 구축에 대한 의무 확장은 녹색 케인스주의 프로그램의 표준적 구성 요소이다. 과

---

* 이것을 왜 "녹색 케인스주의"라고 부르는가? 역사적 정확성의 관점에서 볼 때, 이는 다소 과장된 표현이다. 존 메이너드 케인스는 경기부양을 자극할(금리를 내려 투자를 더 매력적으로 만들고 저축을 덜 매력적으로 만드는) 수단으로서 **통화**정책의 우선권을 강조했고, 통화정책 수단이 제 역할을 하지 못할 때에만 일시적 재정 조치를 취해야 한다고 했다. 그러나 제2차 세계대전 이후 "케인스주의"는 거의 전적으로 재정정책(세금과 재정지출) 및 채무–금융 기반 국가–관료제 인프라와 결부되었고, 그래서 이 논의에서는 이 일반적 정의에 따른다. Geoff Tily, *Keynes Betrayed*, New York: Palgrave, 2010; Geoff Mann, "Poverty in the Midst of Plenty: Unemployment, Liquidity, and Keynes' Scarcity Theory of Capital," *Critical Historical Studies* 2, no. 1, 45–83. 참조.

세는 특정 부문과 행동을 촉진하는 역세금이나 세금 감소(보조금과 세액공제) 그리고 온실가스 생산과 관련된 사회적 비용(외부효과)을 "내부화"하는 긍정적인 배출세 형태로 필수적인 역할을 한다. 그 사례로는 재생에너지 관련 연구개발에 대한 세액공제와 온실가스 생성에 불이익을 주는 탄소세를 들 수 있다.

물론 돈은 이러한 계획의 생명수다. 그래서 다양한 "녹색금융" 메커니즘이 제안되었다. 직접적 국가자금 지원과 보조금 조성, 맞춤대출, 대출담보, 채권발행, 유가증권 인수 등등. 통화정책은 여기서 대부분 제외되었다. 통화정책과 재정정책 사이의 선이 가장자리에서 흐려지긴 했지만(특히 2008년 이후부터), 녹색 케인스주의 국가가 예를 들어 태양열 산업에 맞춤대출을 보증해 주거나 심지어 책임을 지는 것은 통화정책 기능이 아니다. 그 사업에 대한 채권발행도 마찬가지다. 해당 채권발행이 통화당국이 금리를 조정하고 그에 따라 신용대출시장을 조정하는 일이라도 마찬가지다. 통화정책은 전반적인 물가수준(인플레이션)과 신용 공급 및 비용(이율)을 규제하는 데에 목표를 두지만, 녹색 케인스주의 국채 발행 제안은 신용의 집합적 공급과 가격에 영향을 끼치려는 의도에서가 아니라, 도시들이 대중교통망 확장 자금을 마련하려고 지방채를 발행하는 것과 같은 방식으로 특정한 "녹색" 이니셔티브(예를 들어, 에너지 효율이 높은 기반시설 업그레이드)를 위한 자본을 조달하려는 의도에서 이루어진다.

이 모든 녹색 이니셔티브는 전통적인, 재정적-활동가적 의미에서 케인스주의적이다. 그 옹호자들은 지속 가능한 경제 번영을 위해 추정상 시장이 결정하는 시민사회의 중심에 국가와 국가주권을 재배치해야 한다고 주장한다. 이러한 생각을 기후공황과 제2차 세계대전 이후 시기에 대한 향수를 결합한 것으로 이해해도 괜찮을 것이다. 그러나 이는 단지 국가의 재정 능력을 굳건하게 소생시켜야 한다는 주장을 자극하는 자본주의의 "황금시대"에 대한 추억이 아니다. 그것은 현재의 국면에서 통화정책의 추동력은 한계에 달했다는 인식이기도 하다. 이런 인식은 2007~2008년 시작된 금융위기의 여파로 인해 자본주의 국가들이 주저하면서도 인정해야만 했던 것이다. 전반적인 경제전망이 우울하고 효과적인 (예측) 수요가 낮을 때, 고용주들은 대출이 값싸고 인플레이션이 낮더라도(케인스가 "유동성 함정"이라고 부른) 투자를 꺼린다. 이런 조건에서 중앙은행이 금리를 수년간 0으로 낮출 수는 있지만, 그런다고 녹색이건 갈색이건 무슨 색깔이건 간에 자본주의경제의 시동을 걸지는 못한다. 바로 이것이 중앙은행들이 2008년 이후 해 온 일이다. 비록 위기의 심각성을 완화시키긴 했으나, 경제회복 도구로서 통화정책의 무용성은 명백하다.

　녹색 케인스주의의 관점에서 보자면, 기존 통화정책 도구는 극히 제한적이다. 통화정책은 항상 무디고 부정확한 도구다. 심지어 통화정책이 고안된 원래 조건(즉, 적어도 일부 효율적인 자금 수요를 가진 강건한 시장)에서도 마찬가지다. 이와 관련해 환경 목표의 측면에서 또 다른 문제가 있다. 적어도 현재 관행으로 볼 때 통화정책은 상대적 "녹색도greenness"에 따라 특정 부문의 금리를 높이거나 낮출 수 없으며, 다른 시장에 영향을 끼치지 않으면서 어떤 시장의 가격을 목표로 삼을 수도 없다. 현재로서는 전기차 제조업체보다 석탄화력 발전소에 더 비싼 대출, 더 비싼 자본 투입을 가능하게 하는 통화 운용 규정은 없다. 오직 재정정책만이 그것을 할 수 있다. 그러니 재정정책 도구는 녹색 케인스주의 프로그램에 매우 중요하고, 합법적인 개입주의 국가는 필수적이다. 많은 측면에서 녹색 케인스주의 계획은 1930~40년대 이래 보지 못한 정치경제적 족적을 남길 수 있을 만큼 한 국가를 재생시킬 수도 있다. 도이체방크는 지방정부 및 민간 파트너십과 함께 협력하여 녹색 회복을 조율할 국가인프라은행을 구상하고 있다(표 5.2). 노벨 경제학상을 수상한 조셉 스티글리츠도 유사한 것을 요구했다. 아마도 우리 시대에 가장 유명하다 할 수 있는 케인스주의자인 토마 피케티도 그랬다.[20] 놀랍게도 도이체방크는 루스벨트 1기 행정부의 뉴딜 프로그램(미국 연방대법원이 헌법에 위배된다고 판결한 바 있는 것으로서 조율 권한을 가진 개입주의적 제도)과 놀랍도록 유사한 것을 제안하고 있다. 지구상 가장 크고 영향력 있는 금융회사 중 하나가 전국 부흥청National Recovery Administration〔뉴딜정책의 일환으로 1933년 산업의 진흥·실업률 저하를 목적으로 설립된 기관〕의 부활을 승인할 수 있다는 사실은 2000년대 막바지에 자본의 전망이 얼마나 우울했는지 나타내는 지표가 된다.

2007~2008년 금융위기 이후 녹색 케인스주의는 위기에 대한 대응에서 중요한 가닥으로 출현했다. 특히 자유주의적 자본주의 민주주의의 중도파와 진보주의자들 사이에서 더욱 그랬다. 옹호자들 중에는 영국 정부의 잘 알려진 2006년 기후변화 경제학 리뷰(《스턴 보

| 표 5.2 | 국가인프라은행은 경제 전역에 자금과 조율을 제공할 수 있다

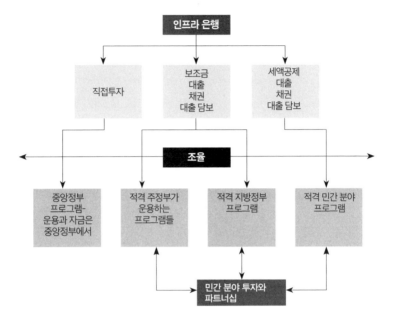

출처: 도이체방크의 국가인프라은행 모델. 도이치 자산관리. "경기부양: '녹색' 인프라의 경우. 에너지 안보와 '녹색' 일자리." 2008년 11월. 9.

고서〉)의 주요 저자인 경제학자 니콜라스 스턴Nicholas Stern 경과 같은 권력 핵심부 인사들도 포함된다. 2009년 런던 G20 정상회의 보고서에서 스턴과 공동 저자 오트마르 에덴호퍼Ottmar Edenhofer는 세계 인구의 대략 3분의 2를 차지하고, 글로벌 국민총생산과 에너지소비, 탄소 배출의 4분의 3을 차지하는 회원국들에게 경제와 기후라는 이중위기에 직면하여 통화정책의 부적합성을 인정하라고 권고했다.[21] 그러면서 그들의 유일한 선택안은 막대한 녹색 케인스주의 프로젝트라고 주장했다. 스턴과 에덴호퍼의 제안(표 5.3)은 여러 가지 측면에서 도이체방크 계획의 다국적 변주라고 볼 수 있다.

각국 정부는 글로벌 녹색 회생을 향해 두 가지 단계로 접근법을 세워야 한다. 첫 번째 단계는 단기적으로 집합적 수요와 고용을 촉진할 수 있는 세 가지 조치를 포함한다. 정부는 다음에 집중해야 한다. ① 에너지 효율 개선, ② 저탄소를 위한 경제의 물리적 인프라 업그레이드, ③ 청정-테크놀로지 시장 지원. 두 번째 단계는 중기적 관점에 초점을 맞춰야 하고, 그래서 다음과 같은 조치들로 이루어진다. ④ 주력 프로젝트 발의, ⑤ 국제 연구개발 강화, ⑥ 저탄소 성장을 위한 인센티브 투자. 중기적 조치들은 미래 성장의 토대를 이룰 시장을 개발하는 데에 좀 더 많은 자원을 투자하기 위해 민간 분야의 투자에 인센티브를 주어야 한다. 이 조치들은 현재 투자자의 확신을 강화할 수 있고, 미래에는 생산성을 지속적으로 성장시킬 토대를 제공할 수 있다. 마지막으로는 ⑦ G20의 노력을 조율함으로써 다른 조치들의 효율성을 뒷받침하는 것이다.

금융 폭락 후 거의 10년 후에 나온 이러한 제안들을 숙고하며 우리는 두 가지 관측을 할 수 있다. 첫째, 이 제안에는 직관적인 논리가 있다. 말하자면, 실천적인 의미가 있다는 뜻이다. 국가는 두 발로 뛰어든다. 케인스주의적 부양책은 펌프를 다시 준비하지만 이번에는 "생태적"인 방식으로 그렇게 한다. 금융혁신은 약탈적 또는 투기

| 표 5.3 | 글로벌 자본주의를 위한 '녹색' 회복

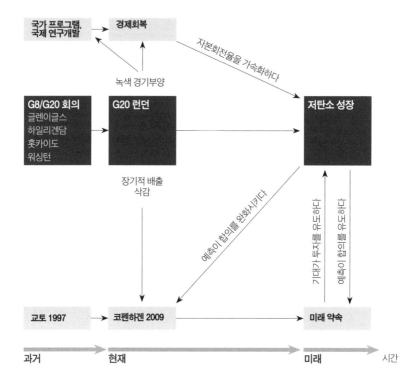

출처: Ottmar Edenhofer and Nicholas Stern, 글로벌 녹색 회복을 향하여: 즉각적 G20 행동을 위한 권고, 2009년 4월 2일 런던 G20 정상회의에 제출된 보고서, 17.

적 부채금융으로부터 에너지 효율과 생물다양성 보존을 촉진하고, 재생에너지와 탄소 경감에 자금을 대는 정교한 시장의 개발로 새롭게 방향을 설정해야 한다. 그 결과는 우리 조상들의 케인스주의가 아니라 탄소 배출을 줄이고, 생산효율성을 증진시키고, 수요를 진작하는 동시에 고용과 투자 성장을 촉진하도록 개조된 케인스주의다.

이 사고의 변주들은 녹색유럽재단의 "녹색 뉴딜", 오바마 행정부의 클렁커에게-현금을cash-for-clunkers(노후 차량 보상 프로그램) 프로그램, 한국 이명박 정부의 "녹색 성장" 전략과 같은 각기 다른 정책 노력을 추동했다.[22]

두 번째 관측은 오직 회고적으로만 가능하다. 이 직관적이고 탁월하게 합리적인 주장은 이목을 끌지 못했고, 제안은 온데간데없이 사라졌다. 고용과 투자 증진은 말할 것도 없이, 배출 감축과 환경보호라는 측면에서 기본적으로 이 계획 중 그 어느 것도 실현되지 못했다. 왜? 예리한 정책분석이 결핍되었거나 고위급의 승인이 없어서 그런 것은 아니다. 그러면 우리가 늘 듣는 것처럼 "정치적 의지"가 부족해서인가? 녹색 케인스주의 실현의 실패가 그저 정치인들의 비겁함이나 기업의 로비 활동, 또는 마비된 유권자들과 기후변화 부정론의 영향 때문일까? 그렇지 않다. 그런 요소들은 (특히 화석연료 기업체의 힘) 물론 녹색 케인스주의 의제들을 억누르는 데에 일조했다. 그러나 이것은 우리가 가능성이 높은 재앙적 인류세의 지구온난화에 직면한 이유를 설명하는 것 이상으로, 우리가 그토록 온갖 회의를 하고 주장한 것에 비해 그토록 결과로 보여 줄 게 없다는 사실에 대한 이유를 온전히 설명하지 못한다.

시장실패로서의 기후변화 문제를 해결할 정책들을 실현할 능력의 부재는 세계적 스케일로 확장된다. 녹색 케인스주의 정치경제 전략의 수립이라는 난제는 유엔당사국총회cop의 약속과 실패 둘다의 근간이 되었다. 약속인 이유는 장래의 세계국가(UN과 같은)만이 녹색 케인스주의 상품을 송달할 수 있기 때문이고, 실패인 이유는 유엔당사국총회의 바구니가 비었기 때문이다.

「파리협약」은 이 이원성을 집약적으로 보여 준다. 「파리협약」의 두 가지 주요한 경제 조항은 시장실패를 바로잡는 논리에 기반해 있다. 「파리협약」은 한편으로는 온실가스를 경감하고 다른 한편으로는 적응 조치들을 지원할 프로젝트에 자금을 댈 투자자들에게 제공할 인센티브가 제한적임을 인정한다. 이러한 결점을 다루기 위해 협약은 시장이 모든 곳에서 탄소를 관리하는 세계를 향해 우리를 데려간다. 이 점이 놀라워 보일 수 있는데, "탄소시장"이란 단어가 최종 협약에 나오지도 않고 탄소시장이 바로 지금 떠들썩한 현상도 아니기 때문이다. 탄소시장은 규모상 그리 대단하지 않다. 탄소시장은 2016년 전 세계 탄소 배출량의 절반도 안 되는 규모를 감당했고, 그 총량과 가격만 보면 더 줄어들었다. 국제 자금 흐름의 관점에서 보면, 탄소시장은 조금도 중요하지 않고 내일 당장 시장이 붕괴된다 하더라도 어떤 기업도 신경 쓰지 않을 정도다. 2016년 유럽연합과 캘리포니아에서 탄소 1톤을 차감하는 가격은 대략 톤당 13달러였다. 투자에 상당한 변화를 유도하거나 극적인 에너지 사용량 감축을 유도하기에는 턱없이 낮은 가격이다.[23]

녹색-자본주의 관점으로 보자면 해결책은 탄소배출권을 거래하는 새로운 메커니즘을 창출하는 것인데, 그러려면 에너지 효율이나 감축에서 국경횡단적 투자로 인해 표면상 감소한 탄소 톤수의 경우도 포함해야 한다. 「파리협약」 제6항은 그 협약에서 몇 안 되는 진정으로 기발한 요소 중 하나로서 "지속 가능한 발전을 지원하는 메 커니즘"을 도입한다. 이 밋밋한 제목이 붙은 제안은 모든 생태계와 경제에서 탄소의 상품화를 가능하게 하는 공식 하나를 제안한다.

　이로써 온실가스 감축에 기여하고 지속 가능한 발전을 지원할 메커니즘이 「파리협약」 당사국들의 자발적 회의 역할을 하는 당 사국총회의 권한과 지침 아래 설립된다. 그 메커니즘의 관리 감독 은 「파리협약」 당사국들의 회의 역할을 하는 당사국총회가 지명 한 협의체가 맡을 것이고, 그 목표는 다음과 같이 정해질 것이다.

ⓐ 지속 가능한 발전을 촉진하면서도 온실가스 배출 경감을 증진 시키기

ⓑ 협약으로 승인된 공공 및 민간단체들이 온실가스 배출 경감에 참여하도록 인센티브를 주고 촉진시키기

ⓒ 회의 개최국의 배출 수준 감축에 기여하기. 개최국은 감축 활동 으로 혜택을 보고, 그 감축은 다른 당사국이 자기 나라에서 국 가적으로 결정한 기여를 이루는 데에 이용되는 결과를 낳을 것 이다.

ⓓ 글로벌 배출에서 전체적인 감축 이루기

　단순하게 표현하자면, 「파리협약」은 탄소배출권을 거래하기 위 한, 시장에 기반한 지구적 틀을 제공함으로써 각국이 탄소 감축에 투자할 수단을 창출한 것이다. 레드플러스REDD+ 모델 글로벌 버전

같은 것 말이다.♦ 전 볼리비아 유엔당사국총회 대사 파블로 솔론은 설명한다.

　지속 가능한 발전을 지원할 이 메커니즘은 「교토의정서」 제12
항과 제6항에 근거할 것이다. 「교토의정서」 제6항은 탄소시장과
탄소 상쇄를 창출했다. 그리고 「교토의정서」 제12항은 탄소배출
권을 관리하는 청정 개발 체제를 창출했다. 제6항으로 인하여 청
정 개발 체제는 지속 가능한 개발 메커니즘이 될 것이고, 탄소시장
은 선진국에 국한되는 것이 아니라(부록 I) 모든 국가에 각기 다른
수준으로 이용 가능하게 될 것이다. 지구적 수준, 지역적 수준, 쌍
무적 수준, 국가적 수준에서 말이다. 달리 말해, 모두가 마음껏 지
구 시스템의 미래를 두고 내기를 하게 될 것이다.[24]

　당연하게도, 자유주의자들은 솔론의 비판에 대해 다음과 같이 반
응한다. "우리는 무언가를 해야만 한다(그러나 자본주의와는 대적할 수
없다). 그러니 제6항과 청정 개발 체제(기존 시장실패를 … 교정할 기술
협의체) 하에서 탄소 배출을 감시하고 교환을 규제할 효과적인 글로
벌 기관을 구축하자." 정확히 어떻게? 「파리협약」 이후 당사국총회의
협상을 들여다보면, 악마가 어디서 분탕질을 하는지 찾을 수 있다.

♦ 레드플러스는 "산림파괴와 산림 파괴로 인한 배출 줄이기"로 2005년 설립된 기후변화협약
　의 한 프로그램이다. 개발도상국 산림의 생존력을 유지하기 위해 인센티브를 제공함으로써
　배출과 탄소 격리를 줄이기 위해 설립되었다.

4.

진보적–자유주의 스펙트럼에 있는 이들에게 녹색 케인스주의의 매력은 이해하기 쉽다. 적어도 동시대 글로벌 북반구에서 "우리" 대다수(좋은 의도를 갖고 진보적 환경의식을 지닌 사람들)는 우리가 달리 상상할 수 없는 전적으로 "정상적인" 자유주의적 자본주의 질서에 신세를 지고 있다. 우리는 자본주의에 갇혀 있는 듯 보인다. 심지어 자본주의가 헤게모니를 쥐지 않기를 바라는 우리 중 일부도 마찬가지다. 내부에서 보자면 케인스주의는 최고의, 혹은 유일한 선택처럼 보인다.

이는 진실이 아니므로, 말하자면 케인스주의는 최고의 선택지도 아니고, 유일한 선택지도 아니며, 어쩌면 전혀 선택지가 아닐 가능성도 크므로, 우리는 무엇이 진정으로 기후위기를 다루고자 하는 이들을 포함해서 그토록 많은 사람들 눈에 케인스주의가 그토록 좋은 이념으로 보이게 만드는지 파악해야만 한다. 케인스주의와 그 녹색 버전은 그 용어의 본래 의미 때문에 비판할 만한 가치가 있다. 케인스주의란 그저 사회민주주의로 변장한 자본주의일 뿐이라는 논쟁적 공격이나 노골적 묵살에 그쳐서는 안 되는 것이다. 이런 비판에는 나름의 진실한 요소가 있다. 그렇지만 그런 비판은 이데올로기적 문제를 다루는 데에도, 그리고 우리를 제약하는 실천적–정치적 한계를 다루는 데에도 별 도움이 되지 않는다. 그 때문에 우리는 이런 생각들이 의존하는 것으로서 우리 국면을 구성하는 관계들을 특정하지 않으면 안 된다.*

케인스주의자들의 경우 "자유시장" 또는 자유방임주의laissez-faire
가 기다리는 것은 정치경제적 재앙일 뿐임을 역사가 반복해서 보여
주었다고 본다. 또한, 그 재앙이 자본주의 그 자체가 아니라 자본주

---

* 케인스주의에 관한 우리의 비판은 수십 년 동안 케인스주의를 공격했던 주류경제학자들의
  비판과 근본적으로 다르다. 우리는 전후 "케인스식" 복지국가가 사실 일부 한계에 부딪힌
  것은 인정하지만, 케인스주의 비평가들은 대부분 두 가지 이유로 그 한계를 오해한다. 첫째,
  그중 많은 이들은 전후 케인스주의를 케인스의 경제학으로 대체하고, 그리하여 자기들이
  얼마나 케인스주의자(우리는 그 용어를 존 메이너드 케인스의 《고용, 이자 및 화폐의 일반이론》
  (New York: Harcourt, Brace 1965 [1936])에 있는 이념들과 연관시킨다면)인지를 깨닫지 못한다.
  대부분의 비평가들은 케인스의 경제학을 잘 모르는데, 이는 주로 재정제도가 아니라 각국
  정부가 2008년 이후 실행한 (그리고 제2차 대공황을 막은 것으로 널리 인정받은) 것과 매우 유
  사한 통화정책 프로그램이다. 둘째, 비평가들은 마치 1970년대 초반에 학문 분야 및 정책의
  측면에서 케인스주의가 주도권을 잃은 이유가 원래 케인스주의의 DNA에 내재되어 있기라
  도 한 것처럼 케인스주의가 언제나 실패할 운명이라고 가정한다. 그러나 케인스주의나 "케
  인스식" 복지국가의 몰락 이면에 피치 못할 힘이란 없다. 복지국가를 몰락하게 만든 것은 정
  치세력들의 특정한 배열constellation이었다. 예를 들어, 케인스주의란 본질적으로 인플레이
  션을 유발하는 특성이 있다는 것, 그래서 인플레이션이 케인스주의를 파괴했다는 것은 널리
  주장되는 바이며, 케인스주의의 정치적 위기 순간에 여러 조건들이 받아들일 수 없는 수준
  의 인플레이션을 만들었다는 것도 사실이다. 그러나 인플레이션을 유발한 것은 케인스주의
  가 아니라 정치적 조건들이었다. 1970년대의 인플레이션은 사회갈등의 산물이었다. 1960년
  대 후반 소득분배 투쟁에서 자본은 국부의 거대한 부분에 대한 "권리"를 주장했다. 자본은
  이 권리를 자연스러운 것이자 합법적인 것으로 받아들였다. 자본주의의 핵심에 있는 노동자
  들은 전후 기간 동안 대담해지고 힘을 얻어 국부의 더 많은 몫을 요구했다. 그들은 그로써
  자본이 주장하는 "자연스러운" 지위(달리 말해, "받아들일 수 있는" 정도의 이윤율)를 위협했다.
  국가는 양 진영을 만족시킴으로써 이 투쟁을 억제하려고 노력했는데, 이는 인플레이션으로
  가능하게 된 유일한 선택지였다. 그러나 그 투쟁은 이런 식으로 해결될 필요가 없다. 노동자
  들이 파이의 더 많은 몫을 주장할 수 있었다면(즉, 노동자들이 국가소득의 더 큰 몫을 받을 자격
  이 있다는 생각이 광범위하면서도 확고하게 자리잡은 정치적 합법성을 향유했다면), 인플레이션
  역학이 아니라 재분배의 역학이 작동했을 것이다. 임금은 올랐을 것이고 이윤은 더 낮은 수
  준으로, 그러나 "받아들일 수 있는" 수준으로 떨어졌을 것이다. 요컨대, 케인스주의는 경제
  이론과 정책에서 다른 자본주의적 양식들보다 더 인플레이션을 유발하는 것이 아니다. 녹색
  케인스주의는 사실 우리 국면에서 한계에 부딪혔지만, 주류경제학의 "신자유주의" 비판은
  그런 한계를 언급하지 않는다. 좌파의 녹색 케인스주의 비판은 다른 곳에서 시작되어야 한
  다. 이러한 쟁점들에 대한 더 심화된 논의는, Mann, *In the Long Run We Are All Dead*. 참조.

의의 "순수한" 자유주의적 형태라는 점도 보여 주었다고 본다.[25] 의심의 여지없이 "자유" 자본주의 시장과 연관된 불안정성의 혼돈은 자연적이지도 생산적이지도 않다. 케인스주의자들은 우리가 마르크스와 엥겔스가 "부의 괴물freaks of fortune"이라고 부른 살인적인 경제적 변동성을 견딜 필요가 없다는 전제로부터 시작한다.[26]

케인스주의자들은 우리가 그보다는 영리하고, 적어도 우리 중 일부는 그렇고, 그리하여 그런 사람들이 책임을 맡으면 이기심, 군집행동herd behavior, 공포 등으로 흐르는 우리의 파괴적 성향이 경감될 수 있다고 확신한다. 따라서 케인스주의는 케인스가 제안한 그대로 항상 기술관료 및 전문가-기반 정부의 지배로 구성된다. 그렇다고 그 앞에 놓인 과업이 이전에 있었던 것의 21세기식 녹색 미세조정에 불과하다고 말하는 것은 아니다. 케인스 정치경제학이 1930~1960년대를 이해하는 데에 도움을 주었다고 해서 그것이 리부팅될 준비가 되었다는 뜻은 아니다. 케인스 정치경제학이 다른 시대 정치경제적 및 정책적 토대 위에 구축된 정치적·이론적·제도적 공약과 실천 묶음이라는 사실은 매우 중요하다. 강조해야 할 것은 세 가지 주요 차이점이다.

첫째, 케인스의 "황금시대" 이래 국제 지정학적 질서의 변화는 케인스주의가 기정사실로 받아들이는 영토적인 정치-경제적 주권과 연관된 권력 및 재량권을 근본적으로 바꾸어 놓았다. 이는 매우 중요한데, 케인스식 정책들은 국가의 수준 너머로 확대되지 않았기 때문이다(케인스 자신이 이 점을 이해했기에 브레튼우즈 금융기관의 설립에 가담했다). 우리 국면에 관한 국제 경제학 상식과는 대조적으로, 케인스식 경제학과 정책은 상품, 서비스, 노동, 자본 등의 국가 간 흐름을 조정(방향 전환, 축소, 제한)하고 국가의 이해에 부합하는 한에서 조절을 수행할 수 있는 국민국가의 능력에 토대를 두고 있다. 케인스주의는 또한 국가가 국내 투자 흐름을 분야별, 공간별로 재할당하거나 조율할 것을 요구한다. 이러한 조건들이 요구되는 이유는 케인스주의가 (그리고 분명 모든 녹색 케인스주의 버전도) 투자 수준을 결정하는 거시경제학적 관계에 관한 이론을 토대로 구성되어 있다는 것이다.

그 이론에 따르면, 소비가 아니라 투자가 자본주의 체제의 추동력이다. 그러므로 케인스주의 경제학은 "투자수요", 즉 투자 결정을 판단하는 힘들(특히 자본에 대한 이율과 미래 기대수익률의 관계)에 중심을 둔다. 잠재적 투자자들은 대출 비용이 기대수익률보다 상회할 것 같으면 투자를 하기 위해 대출을 하지 않을 것이다. 불확실성이 그들의 "유동성 선호"를 증가시키면(기대수익이 대출을 감당할 수 있는 수준의 수익보다 더 낮을 경우) 현금 보유자들(투자자와 자본가들로 알려진)은 돈을 깔고 앉아 유통되지 못하게 할 것이다. 따라서 케인스식 정책은 이율과 국가경제의 일반적 "신용" 수준의 관계에 관심을 둔다. 앞서 언급했듯이, 그리고 사회적 통념과 달리, 그것은 처음부터 재정정책이 아니라 통화정책 프로그램으로 설계되었다(재정정책은 금융조절 수단의 안전장치로 전제된다).

이 이론적·정책적 강조에도 불구하고, 1944년 「브레튼우즈 협정」으로 시행된 고정환율제는 통화안정을 제공함으로써 재정 측면 강조 쪽으로의 전환을 부추겼고, 이는 통화 영역에서 국가에 상당한 재량권을 부여하여 국가의 재정 역량을 향상시켰다.[*] 달리 말해, 환율이 고정되면 재정 프로그램을 지원할 통화의 팽창은 21세기에 "정상적"이라고 간주되는 것과 거의 동일한 수준으로, 국제 금융시장에 의해 불이익을 받을(또는 추측될) 수 없다는 것이다. 1970년대 초반 브레튼우즈의 해체는 케인스학파를 몰락시켰고, 그때부터 시행된 변동환율제가 신자유주의 바퀴에 윤활유 역할을 했다. 국가채무가 치솟았고, 그에 따라 긴축재정 규율에 맞게 행동하지 않는 그어떤 정치체라도 그 규모가 어떻든 "훈육할" 수 있는 금융자본의 권한이 막강해졌다.

치안과 군사 영역을 제외하고 사실상 모든 정책 영역에서 반동적인 국가 위주로 조직된 현재의 글로벌 경제구조와 대조되게, 케인스주의는 근본적으로 지역 자본가들의 기대에 영향을 끼침으로써 투자 수요에 의미 있는 효과를 발휘하는 국가에 토대를 두고 있다. 국내 기대치는 이 정치경제의 원동력이다. 생산과 소비는 말할 것도 없이, 근대 무역과 금융 흐름의 지구적 성격은 그러한 관계들을 관리하는 게 불가능하지는 않더라도 훨씬 더 어려워졌음을 의미한다.

---

[*] 이것이 케인스 경제학과 녹색 케인스주의 간의 주요한 차이점이다. 녹색 케인스주의를 위한 제안의 핵심에 있는 재정 프로그램과 정책들은 《고용, 이자 및 화폐의 일반이론》에서 큰 역할을 하지 못한다. 케인스의 책에서 그것들은 대개 변화하는 기대치의 수단, 즉 통화 해결책이 부적합하다고 판단될 때 사용되는 부차적 안전장치로 논의된다. Mann, *In the Long Run We Are All Dead*. 참조.

국내 금리가 글로벌시장에서 예측된 수익에 반드시 영향을 끼치지는 것은 아니고, 사실상 그와 전혀 관계가 없을 수도 있다. 더욱이 미래 결과에 대한 불확실성과 투자 엔진을 가동시킬 자산 보유자들의 자발성에 영향을 끼치는 유동성 선호는 글로벌 흐름과 환율 변동성의 맥락에서 영향력을 발휘하기가 더욱 어렵다. 투자수요는 더 이상 국내 규모에서 결정되지 않는다. 금융자본은 초국적이고 그래서 그 금융자본 앞에서 굽실거리는 것 외에 다른 것을 시도하는 정책들은 대개 부적절하게 된다.

현재 시기와 과거 케인스주의적 시기 사이의 두 번째 중요한 차이는, 금융과 관련이 있다. 현대 자본주의의 금융 구조는 1970년대 이래 급격히 변화하였다. 제2차 세계대전 이후지만 각별히 미국의 리처드 닉슨 대통령, 영국 총리 제임스 캘러헌, 캐나다의 피에르 트뤼도 총리 이래 이른바 포스트-케인스주의 시기 자본주의는 점차 금융화되었다. 금융적 동기, 시장, 행위자, 기관들은 점차 강력한 역할을 한다. "이윤 창출이 교역이나 상품생산이 아니라 점차 금융 채널을 통해 일어나는 축적의 패턴"에서 말이다.[27]

금융 흐름 자체의 움직임은 정책과 거버넌스를 위한 정치경제적 틀로서 케인스주의의 성공 가능성에 문제를 제기하는 것이 아무것도 없다. 사실 지역과 부문을 잇는 국내의 흐름은 통합된 안정적 현대 금융 네트워크에 의해 중재되는 것으로서 지극히 중요하다. 고용과 자본 효율성의 측면에서 이 흐름을 조율하는 일은 케인스식 국가의 존재 이유에서 근본적인 것이다. 그러나 국제적 금융 흐름, 특히 빠르고 규제받지 않는 투기적 자금은 케인스주의를 전적으로 작동 불가능하게는 아닐지라도 극단적으로 불안정하게 만든다. 그러한 흐름은 근시안적이고 변동성이 클 뿐만 아니라, 고용과 실질적 관련이 없는 투자 기회 공간을 만들어 낸다. 안전하고 안정적인 계약(노동자들이 보통 원하는 종류)에 의해 고정된 국내 고용과는 더 관련이 없는 그런 것 말이다. 이윤은 대개 국가경제적 복지의 최고 지표로 사용되어 온 소득이나 고용수준과 연동되지 않는다. 거의 상상할 수 없을 정도의 부가 역외로 빠져나가거나 사실상 규제되지 않는 투기적 자금hot money으로 유통된다.

그때의 케인스주의와 지금 필요한 것 사이의 세 번째 차이는, 이론과 실천 모두에서 케인스주의가 물질(그 물질이 태양전지판이건 유기농법으로 재배한 아보카도이건 상관없이)의 처리량으로 추동된다는 점이다. 환영받는 모든 미래 녹색에너지 생산의 요점은 그저 에너지를 위한 에너지가 아니다. 그 모든 청정에너지는 에너지 생산자 자신을 포함한 모든 고용을 가능하게 하는 산업에 댈 동력을 창출하기 위함이다. 그러나 공장과 컨설팅 서비스와 식당들은 모두 끝없는 물질 생산에 기대고 있고, 그래서 상품의 유통은 그게 설령 옆집에서 생산한 태양열로 동력을 얻는다 하더라도 생태적 여파가 있는 것이다.

그래도 프레드 블록Fred Block이 제안하듯, "녹색 대량소비 경제가 모순어법처럼 들린다 하더라도 꼭 그럴 필요는 없을" 것이다. 어쩌면 우리가 현재 생태적 곤경에서 벗어나 소비하고 생산할 수 있는 길이 있을지도 모른다(물론 우리가 이 "우리"에 이미 부유하고 안전한 자유주의적 자본주의자들 핵심 집단 외부에 있는 이들을 포함시키면 이는 거의 불가능하지만). 이 희망은 녹색 뉴딜과 녹색 케인스주의를 위한 사실상의 모든 제안들의 특징을 이루는 것으로서, "재화로부터 서비스로의 가속화된 소비 변화" 가능성에 기초해 있다. "서비스란 재화보다 자원집약성이 덜한 경향이 있기 때문에 소비 증가에 따른 환경의 영향을 줄일 수 있으리라는 것이다."[28] 이런 식의 사고가 기후 미래에 관한 조직된 노동에 대한 평가를 지배하는 동안, 심지어 명망 있는 《파이낸셜 타임스》(2008년 이후 케인스주의에 훨씬 더 동조적으로 변한)조차 "기후변화를 통제하는 데에 필요한 투자는 규모가 크긴 하지만 감당할 수 있을 정도이고 수익성이 높다"고 주장했다.[29] "증가하는 에너지혁명 수익성"을 환영하면서(재생 가능한 에너지 가격의 하락, 생산 역량 증가, 녹색 재편성과 연관된 부정적인 감축 비용 감소 등) 평론가 마르틴 산부Martin Sandbu는 "기후변화 정책의 경제학에 테크놀로지가 미치는 긍정적 효과는 놀랄 만한 수준이다. … '싸다'라는 말은 그 점을 온전히 담아내지 못하며, '수익성이 좋다'가 좀 더 그에 어울리는 표현이다."[30] (믿거나 말거나, 그의 주장대로면, "테크노-낙관주의"로 상상 가능한 마법은 말해 무엇 하랴.)

이 모든 것은 황홀할 정도로 굉장히 매력적으로 들린다. 이런 주장이 사실이라고 상상해 보자. 우리는 정치경제 도구상자에 잠재적으로 대격변이 일어날 미래를, 더 많은 물건, 더 많은 이윤, 더 줄어든 제1세계 죄책감으로 가득 찬, 대격변이 아닌 (또는 더 나은) 미래로 바꿀 수 있는 수단을 갖게 된다. 녹색 케인스주의 제안들은 화석연료 보조금 폐지와 재투자(IMF에 의하면 미국 달러로 연간 대략 5.3조 달러에 이른다), 녹색투자 발의안, 분산된 생산과 에너지 체제, 그린뱅크 같은 "정의로운 전환"을 담은 생태적 근대화 문헌들이 찬동하는 제도 및 정책들을 동반한다. 전체 패키지는 이 시점에서 유일하게 실행 가능한 선택지 이상인 것처럼 더 많아 보인다. 완전한 파멸에서 지구를 구하는 것 외에도 경기침체 문제에 대한 진보적 해결책을 약속하는 것 같다.

사실 이것은 케인스가 의도한 모습 그대로다.《고용, 이자 및 화폐의 일반이론》에서 그는 현대 자본주의사회를 관리하는 기술관료들에게 유용한 자본주의 근대성 ("일반") 이론을 제공하려 했다. 마르크스의 공리가 유효하다면, 케인스는 확실히 급진적이지 않았다. 그러나 그는 자본주의 이상의 많은 것이 위험에 처했다고 정직하게 믿었다. 그는 1938년 이렇게 썼다. "문명은 극소수의 인격과 의지로 세워진 매우 얇고 위태로운 껍질이며, 솜씨 좋게 믿게 만들고 교활하게 보존되는 규칙과 관습들로 가까스로 유지된다."[31] 그의 생각이 널리 유포되기 시작한 1940년대, 자유주의 자본주의의 심장부에서 30년 넘게 이어진 재난의 막바지에, 이 생각들이 지닌 매력의 어떤 부분도 "문명" 전체가 벼랑 끝에 서 있다는 느낌의 광범위한 공유에 기인하지 않았다.

이것이 케인스주의의 그 근본적 토대이며, 오늘날 녹색 케인스주의라는 문제를 그토록 급박하게 만드는 문명의 실존적 위태로움(케인스식 정치경제의 일반적 관심은 아니다)이다. 그것은 기적을 약속한다. 혁명 없이 혁명적 변화를 조직한다는 것이다. 우리는 우리가 이미 하고 있는 것을 할 수 있지만 "녹색"으로 해야 하고, 그러면 우리는 더 부유해지고 더 평등해질 것이며 그리고 지구라는 우주선Spaceship Earth의 좋은 집사가 될 것이다. 자본주의의 행성적 난제에 대한 이 규제적 대응에 자리하고 있는 간절한 희망은 권력과 자원을 엘리트들(그것을 실행할 지식과 권력이 있는 기술관료와 경제 집단)의 손아귀에 더욱 집중시킬 것이고, 그 때문에 우리는 저 엘리트들이 의존하는 정치적 현상現狀에 훨씬 더 신세를 지게 될 것이다. 이는 행성적 주권에 대한 리바이어던의 암묵적 참칭을 부추기기기만 할 뿐이다.

이 시점에서 리바이어던과 베헤못 사이에 계속되는 갈등의 한 요인이 현재의 지정학적 혼란의 기저에 있는 원인 중 하나라는 사실은 주목할 만한 가치가 있다. 글로벌 정치경제 강국으로서 중국의 부상이다. 불행히도 기후정치 논의에서 중국은 보통, 문제로만 부도덕한 오염원으로만 간주된다. 북미나 서유럽에 있는 우리가 기후변화를 늦추기 위해 얼마나 자주 우리의 노력을 이야기하든, 우리가 어떤 "좋은" 일을 하든, "중국"은 결국 그것을 무력화시킬 것이다. 이런 견해는 무지의 산물이고, 때로는 인종주의적 유럽중심주의의 산물이며, 때로는 둘 다이다.

중국의 자본주의는 유럽과 북미의 자본주의와 명백히 차이가 있다. 그러나 이 차이는 일시적 특이성이나 문화적 "다양성"으로 여겨져서는 안 되고, 중국이 완전한 자본주의가 된(그 결과는 전체 자본주의 세계에 점차 명확해지고 있다) 특수한 역사적·정치적 행로의 결과로 보아야 한다.[32] 중국의 특수성을 이해하는 것은 기후정치와 리바이어던을 위해 중요한 함의가 있는데, 그것은 중국의 탄소 배출이 다른 모든 국민국가의 배출을 능가한다(2013년 세계 총배출량의 4분의 1; 1인당 배출은 상대적으로 낮은데, 예를 들어 캐나다와 미국의 반에도 훨씬 미치지 못한다)는 명백한 이유 때문만은 아니다.[33] 왕후이汪暉가 설명하듯, 글로벌 기후변화에서 중국이 차지하는 비중은 계급정치학과 국제분업에 대한 우리의 분석의 초점을 바꿀 것을 요구한다.

서구의 많은 이들은 중국의 에너지소비, 환경문제, 이주노동자와 값싼 노동력 착취 문제 등을 인권 및 다른 국제 규약의 맥락에서 이해하면서도, 이러한 문제들과 국제 산업 재배치의 관계는 결코 조사하지 않았다. 중국의 세계 공장화와 서구의 탈산업화 간 관계는 명백하다. 기후변화, 에너지 문제, 값싼 노동력, 심지어 국가 억압의 메커니즘까지 모두 새로운 국제분업의 필요불가결한 측면들이다.[34]

1990년 이래 중국의 탄소 배출의 급격한 증가는 글로벌 정치경제 지형의 변화가 낳은 결과이다. 글로벌 정치경제에서 중국의 산업생산과 계급관계가 점차 중심적이면서도 모순적인 역할을 하고 있다. 중국은 세계 상품생산의 중심이지만, 소비는 대부분 다른 곳에서 일어난다. 그렇다면 탄소 배출은 누구의 책임인가? 유럽과 미국에서 중국으로 산업생산의 축이 바뀌면서 사회적·환경적 생산의 여파가 변화했다. 이 과정에서 지역에 끼치는 영향(생태계 파괴, 도시환경 악화)은 상당한 저항을 만들어 냈지만, 아직까지는 공산당이 이를 억제하고 있다.

이번 세기 어느 시점에 가면 중국 중심의 글로벌 상품생산의 지역적·지구적 영향들이 합해져 현재 질서의 사회적·생태적 모순들을 두드러지게 할 것이다. 중국 정부는 어떻게 대응할 것인가? 이는 오늘날 세계에서 의심의 여지없이 가장 중요한 질문 중 하나이며, 지독하게 평가하기 어려운 질문이다. 다당제 선거를 갖춘 공식적 의회민주주의 국가 장치가 부재하기 때문에 중국의 자본주의국가는 "예외적"이 되고, 잠재적으로 헤게모니 전환에 따른 위기에 취약할 수밖에 없다.﹡ 더욱이 불만의 징후들이 그토록 효과적으로 억압되는 사회에서 헤게모니 절차들의 효율성을 측정하기란 어려운

﹡ 자유주의적 부르주아 정치 질서의 규범이 존재한다고 해서 안정성이 담보되는 것은 아니지만, 그것이 비혁명적인 전환을 촉진하긴 한다. 풀란차스가 설명하듯, 의회민주주의 국가 기능 중 하나는 국가 장치에서 심각한 격변 없이 권력 블록 내 세력 균형이 변화하도록 만드는 데에 있다. 이것은 특히 헌법과 법의 역할이다. 의회민주주의 국가는 각 정치적 대표들을 매개로 권력 블록을 이루는 여러 분파들 사이에서 헤게모니가 유기적으로 순환되도록 함으로써, 또는 지배계급들과 분파들 사이에서 어떤 규제된 권력 분리를 이루어 냄으로써 이 목표를 부분적으로 관리하는 데에 그친다. 그러나 예외적 형태의 국가에서는 그것이 전혀 불가능하다. Nicos Poulantzas, *Crisis of the Dictatorships*, London: NLB, 1976 [1975], 91. 오늘날 중국은 예외적 자본주의국가인데, 단지 일부 전형적인 유럽식 또는 자유주의적 규범을 따르지 않기 때문이 아니라 중국의 "권위주의적 자본주의" 특성 때문에, 그리고 국가권력과 대중을 중재하는 시민 제도들의 상대적 부족 때문에 그렇다.

일이다.** 분명 현대 중국 역사의 심장부에 있는 역학, 곧 차고 기우는 대중의 정치화는 계속될 것이다. 그러나 그 방향과 지속성 및 영향은 예측할 수 없다.[35]

이 복잡한 질문들에 답할 수는 없지만, 커져 가는 중국의 글로벌 리더십은 베헤못보다 기후 리바이어던의 가능성을 더 키운다. 한 마디로, 중국의 엘리트들은 글로벌 무질서를 받아들이기보다 자본주의적 행성적 관리를 옹호할 가능성이 더 크다. 그러나 많은 것이 도래할 수십 년간 중국의 리더십과 그 계급적 토대에 달려 있다. 중국공산당이 현재 옹호하는 것과 같은 과학적으로 조화로운 사회라는 추상적인 사상은 그 어떤 식으로도 실현을 담보하지 못한다. 중국의 현재 헤게모니 형태는 분명 기후변화가 악화시키고 있는 사회적 불평등이나 환경문제 같은 근본적인 난제에 직면하면 금이 가고 변화할 것이다. 세계에서 가장 큰 경제와 인구를 거느린 중국 국가의 지정학적 힘은 거대해질 테지만, 이것이 중국의 도시들이 살 만해지거나 현 정치구조에 대한 시민들의 만족을 보장해 주진 않는다. 더욱이 잠재적으로 수억 명에 달하는 아시아 기후이주민들의 이동은 중국의 지역 헤게모니에 중요한 난제를 제기할 것이다. 따라서 중국은 앞으로 다가올 수십 년 동안 거의 분명히 힘이 더 커지겠지만 더 불안정해질 것이다. 20세기 그 어떤 집단보다 더 지구력

** 예를 들어, 중국의 엘리트들(중국공산당)은 "조화로운 사회"를 건설하기 위해 "과학적 발전" 사상을 옹호한다. 대중이 이 사상을 받아들이는 것은 **능동적** 동의인가, 수동적 합의인가, 아니면 억압된 침묵인가(또는 이러한 것들의 총합인가)?

있고 역동적인 것으로 판명된 중국공산당이 갑자기 붕괴될 것 같지는 않지만 말이다.

그러므로 기후변화는 중국의 헤게모니 해체를 불러오진 않을 수는 있어도, 행성적 녹색 케인스주의 방향으로 국가 개혁을 유도할 수는 있다. 그렇게 가능성이 떨어지는 일은 아니다. 비록 중국의 기후 리더십이 제한적이고 모순적일지라도 다른 자본주의사회의 리더십보다는 더 실질적인 것으로 판명되었고, 다른 건 몰라도 최소한 당의 엘리트들이 글로벌 탄소 감축과 급격한 기후변화에 대한 적응이 자기 이익에 부합된다는 사실을 인식하고 있다. 2017년 다보스 포럼에서 중국의 시진핑 국가주석은 트럼프에게 「파리협약」에서 탈퇴하지 말라고 경고하며, 자본주의적 세계화와 마오쩌둥의 사상을 혼합한 사상을 신자유주의적으로 옹호한다고 밝혔다. "인간과 자연의 조화, 인간과 사회의 조화를 이루기 위해 경제와 사회발전을 추구하면서 환경을 보호하는 것이 중요하다."[*] 물론 이것은 말보다 행동이 어렵다. 중국의 자본주의 정치경제는 상품을 생산하기 위해

---

[*] 2014년 미국과 중국의 국가수반이 기후협약에 서명했을 때(교토 이후 이어진 교착상태에서 「파리협약」의 조인에 이르기까지 길을 텄던 외교적 행사), 그 발표 장소는 중국의 만리장성 앞이었다. 그 상징성은 명백했다. 그것은 중국 영토에서 무대에 올려진 G2에게 부여된 지구적 책임의 수락이었다. The White House, Office of the Press Secretary, "US-China Joint Announcement on Climate Change," November 11, 2014. 참조. 미국과 중국은 파리에서 다른 입장을 취했으나 상호 간에 협약 준수를 약속했다. Coral Davenport, "Obama and President Xi of China Vow to Sign Paris Climate Accord Promptly," *New York Times*, March 31, 2016. 트럼프 대통령 당선 후 중국은 미국을 향해 기후 문제에서 국제 리더십의 중요성을 상기시키는 몇 차례의 강력한 성명을 냈다; Chris D'Angelo "China Warns Donald Trump Against Pulling US Out of Paris Climate Pact," *Huffington Post*, January 17, 2017.

서 세계 도처의 상품을 세계를 위한 상품으로 변형시키는 데에 의존하기 때문에, "조화로운" 그리고/또는 "녹색" 자본주의 미래를 건설하려는 모든 노력은 행성적 주권의 문제를 제기할 것이다.

5.

다른 여러 케인스주의와 마찬가지로, 녹색 케인스주의도 활기찬 국가를 필요로 한다. 이것의 정치적 한계가 바로 여기에 있다. 적어도 현재 존재하는 자유주의적 민주주의 국가는 녹색 케인스주의, 즉 적어도 우리가 직면한 문제에 적합한 것을 창출할 가능성이 전혀 없기 때문이다. 가능하다 하더라도 너무 긴 시간이 걸릴 것이다. 그러므로 녹색 케인스주의는 정치적 기반에서 모순이다. 막대한 영향력을 지닌 모순 말이다.

  아마도 케인스주의의 가장 큰 결점은, 아무리 필요한 일이라 하더라도 국가 없이는 그것을 할 수 있다는 상상조차 하지 못한다는 데에 있다. 케인스주의는 시장이 국가의 유일한 "외부"라고 선험적으로 가정하기 때문이다.** 케인스주의자들에게 (그리고 어쩌면 모

** 케인스주의자들이 단호하게 국가를 정치경제의 중심에 다시 넣는 것은 헤겔식 자유주의의 산물이다. 즉, 자유시장론자들의 유산이 아니라 현대 국가를 시민사회의 원심적 힘들을 끌어모으는 방법이자 실제적인 유사–유토피아로 가는 수단으로 이해하는 사람들의 산물이라는 것이다(후자가 헤겔을 홉스와 다르게 구별하는 점). 그러나 미구엘 아벤수르Miguel Abensour 같은 사람이 정치와 민주주의는 자유주의적 민주주의 국가를 필요로 하지 않는

든 자유주의자들에게) 국가와 시장은 사회적인 것the social의 모든 공간을 채운다. 그들은 다수의 사회적 장들, 말하자면 조직 작업이나 분배 작업을 할 수 있는 다른 공간들이 있는 세계를 상상하지 못한다. 이런 개념적 한계는 엘리트적 상식과 완벽하게 공존한다. 모든 중요한 행위는 국가 또는 시장의 영역에서 발생하고 그 때문에 그것은 제로섬게임이라는 것이다(이것이 바로 자유주의자들이 민간자본을 "경색시키는" 국가 지원 투자를 비난하는 이유다). 결과적으로 시장이 이미 그 임무를 수행하기에 부적합함이 증명되었기 때문에 국가는 실존적으로 필요불가결한 것이 된다. "자유시장"에 관한 자유의지론자들의 그 모든 주장에도 불구하고 국가가 사라지기를 바라는 엘리트 사회집단은 이 세상에 하나도 없다. 오히려 국가의 장악은 거의 언제나 엘리트 지위를 규정하는 특성이다. 이것이 바로 녹색이건 다른 것이건 케인스주의가 위기의 순간에 그토록 매력적인 이유이며, 다른 선택지가 그토록 유토피아적이고 무용하며 실패할 운명인 이유다.

그 어떤 나라에서도 케인스주의는 주권국가가 폭력의 합법적 사용과 영토 내 자원의 합법적 할당 둘 다를 독점하는 것을 전제하고 필요로 한다. 그러나 지구온난화는 영토적 국민국가가 위기를 다루

다(또는 따르지 않는다)고 주장하듯, 우리는 국가에 의존하면 국가로/국가에 의해 실행될 수 없는 일 때문에 실행되어야 할 일이 제한될 수 있음을 인정해야 한다. Miguel Abensour, *Democracy Against the State: Marx and the Machiavellian Moment*, Cambridge: Polity, 2011 [1997]; Mann, *In the Long Run We Are All Dead*. 참조.

는 데에 불충분하다는 사실을 드러낸다. 인접하지만 추정상 서로 다르고 겹치지 않는 덩어리들(각각이 다른 모든 것의 재앙에 기여할 여지가 있는 것들)의 혼돈스럽고 우툴두툴한 배열로 이루어진 지구 표면을 생각하면, 동시대 국가들의 그 어떤 개인이나 소집단도 그 임무를 수행할 능력이 없다는 건 글로벌 엘리트들에게 명확해 보인다. 명백히 필요한 것은 근대 국가주권에 신세지지 않은 거버넌스 수단이다. 그러나 그 거버넌스 수단은 바로 그 일부 주권국가들에 의해 부정당한다. 파국적 기후변화에 대한 녹색 케인스주의적 해결책의 경우, 국가의 문제는 오로지 불가피해 보이는 해결책 결여로만 해결된다. 국가의 규제 기능과 의사결정 역할은 그것이 취하는 형태는 말할 것도 없이 완전히 불확정적이다. 그 문제의 규모가 너무나 커서 국가 없이는 그에 맞서는 게 불가능해 보이지만, 현재 구성된 식으로의 국가가 그런 임무를 수행하는 것도 불가능해 보인다. 현재의 지정학적·지리경제학적 배치로 볼 때, 우리는 올바른 답이 없는 상황에 직면해 있다.

정치적 역설을 좀 더 신랄하게 새로이 진술하자면, 자본의 성장이 지구를 파괴하고 있다는 생태적 모순을 포함하여, 이 모순들을 다루기 위해서 자본주의는 지구적 관리자, 케인스주의 세계국가를 필요로 한다. 그러나 엘리트들은 그것의 구축을 꺼렸고, 그래서 그것이 기적적으로 실현될 가능성은 보이지 않는다. 그러니 기후변화 문제를 풀 유일하게 명백한 자본주의적 해결책은 현재로서는 없다. 그 가능성이 미미하게나마 존재하는 녹색 케인스주의 역시 여전히 영토적 국민국가에 입각해 있다. 여기서 필연적인 논리적 귀결은 스케일을 확장하는 것이다. 행성적 기후변화 앞에서는 어떤 한 나라의 녹색 케인스주의 프로그램 성공도 다른 모든 나라의 기여에 따라 좌우된다. 그러므로 코펜하겐에서 파리에 이르기까지(우리가 다음에 희망을 어디에 투여하든지 간에) 모든 유엔당사국총회에 참여하는 자유주의적·진보적 세력들의 이상화된 목적으로서, 일종의 글로벌 녹색 뉴딜, "녹색 브레튼우즈"를 만들어 낼 동기부여가 필요하다.[36]

이 행성적 케인스주의는 그저 일국적인 대책들의 집합체를 변질시키는 다른 "불가피한" 현실정치realpolitik를 약화할 것으로 기대된다. "글로벌코먼즈global commons"〔국제환경법에서 주장하는 개념으로, 인류 또는 지구 전체의 재산으로 여겨지는 기상·오존층·삼림 등의 지구환경〕의 본질적 사례를 괴롭히는 시장실패와 관련한 무임승차자나 집단행동 문제들을 제한함으로써 말이다. 대니 로드릭Dani Rodrik이 표현하듯, "세계시민주의적 사유의 결여, 즉 각국의 최적의 전략은 자유롭게 배출하면서 다른 국가들의 탄소 규제에 무임승차하는 것이리라." 이는 행성적 스케일로 벌어지는 "코먼즈의 비극"이다.[37]

케인스주의란 사리사욕과 공공이익이 오직 국가에 의해서만 화해 가능하다는 가정 하에 구축되어 있기 때문에, 실용주의적인 자유주의적 현실주의는 상위의 권력, 말하자면 무임승차하려는 욕구를 억누르거나 적어도 통제할 수 있는 권력에서 답을 구하려고 할 것이다. 그러나 케인스주의의 환원 불가능한 주권적 토대 때문에 그 어떤 녹색 케인스주의 프로그램도 그렇게 하기 위한 세계시민주의적 토대 이상의 어떤 것을 상상할 수 없다. 즉, 국가-기반의 주권 자주성이라는 그 자체의 기반을 침해하는 토대 말이다. 그것은 행성적 "생태계 부양책"[38]에 "자기 이익"을 두는 메커니즘 구축을 제안할 수 없는데, 그러한 메커니즘이나 제도는 분명히 그 권력이 "관심을 갖고 있는" 행성을 이루는 국가적 구성 요소들에 대한 강압적 권력을 요구한다.

이런 식의 사고의 논리적 결론은 그 중요성만큼이나 명백하다. 초국적 케인스주의는 케인스주의를 상정할 때 빼놓고 생각할 수 없는 주권 주체의 초국적 변종을 공고히 하는 데에 입각해야만 한다. 따라서 행성적 녹색 케인스주의, 즉 엄청난 스케일과 규모의 문제에 맞서리라는 희망을 품게 해 주는 유일한 변종은 두 가지 행성적 경로(둘 다 종국에는 동일한 목적지에 이르는) 가운데 하나를 따라갈 수밖에 없다.

첫 번째 경로는 모든 당사자들이 무언가 좋은 것은 아니더라도 최소한 현재 상태보다는 더 나은 무언가를 찾는 글로벌 합의의 구축을 포함한다. 스티글리츠가 말하듯, "효과적인 행동은 글로벌해야 한다. 그러나 현재 글로벌 거버넌스 체제의 결함을 생각하면, 해야 할 일에 적합한 행동은 아직 취해지지 않았다."[39] 따라서 그러한 합의의 실행 가능성은 고사하고, 그런 합의를 상상할 수 있기 위해서 기후조약 계획 입안자들은 왜곡들contortions을 요구한다. 본질적인 계획은 불가능하다―그러나 무언가 실행되어야 한다.[40] 이것이 바로 관련 제안들이 언제나 정형화되고 텅 비어 보이는 이유이며, 실질적 목표나 실행 수단 및 시간표가 사실상 없는 이유다.[41] 이런 문제 진단은 끊임없이 우리가 필요하다고 알고 있는 것과 절대 불가능하다고 알고 있는 상식적 판단 사이의 틈 가장자리로 우리를 이끈다.

불가능한 것이 필요하다는 사실에 대한 인정을 연기하기 위해서, "우리"는 벼랑 끝에서 함께 모여 그 틈을 사라지게 만들 모든 지정학적 특성들을 서로에게 나열한다. 예를 들어, 영향력 있는 미국의 경제학자들이 내놓은 최근 평가는 글로벌 합의가 효과가 있으려면 다음 것들을 포함해야 한다고 밝힌다. 글로벌 협력, 참여와 부응을 촉진할 적절한 인센티브, 공정성, 비용 효율성, 국제 체제와의 일관성, 실증 가능성, 실용성, 현실주의.[42] 그러나 이러한 사고실험이 합의 구조에 부과하는 조건들 자체(현실정치에 결부된 문제에 대한 역설적 반응)가 이런 제안들의 효과적인 실현을 불가능하게 만든다. 그것은 마치 우리의 무게를 지탱할 수 없는 다리를 설계하는 것과 같다. 이는 반대편에 있는 지구촌으로 가기 위해서 "세계에서 가장 큰 집단행동 문제"라는 틈을 건너는 보편주의자의 참여적 기후윤리학이다. 교토에서 파리에 이르기까지 우리는 좌초당한 상태다. 가슴은 희망에 차 있으나, 발은 무너져 내리는 땅을 딛고 있다.

그래서 우리는 두 번째 경로의 잔인한 망령에 직면하게 된다. 초국적 "생태계 부양책"을 마련하겠다는 불가능한 제도적 역량을 사칭하는 국민국가 또는 소수 국민국가 연합의 출현 말이다. 바로 이것이 기후 리바이어던, 즉 행성적 케인스주의 주체가 요구하는 짐을 감당할 수 있고, 투자를 조율할 수 있고, 생산적 역량과 파괴적 역량

을 분배할 수 있고, 무임승차자들을 관리할 수 있는 기후 리바이어
던이다.

이 두 주권이 가져올 결과 간의 차이는 분명치 않다. 둘 다 리바이
어던의 역할을 채울 수 있다. 그리고 고립된 국민국가들이 불균등
한 환경 재앙의 파도에 맞서 싸움을 계속하는 세계에 대한 해결책
으로서 전쟁을 기대하는 게 합리적이라고 여길 정도로, 일국적 녹색
케인스주의도 이쪽으로 이끈다. 우리는 케인스주의가 세계전쟁의
산물이었고 또 세계전쟁에 깊숙히 의존했음을 잊어서는 안 된다.
어떤 경로이건, 얼마나 마지못해 하건, 인류세의 자본 논리는 행성
적 주권 쪽을 가리키고 있다. 그러므로 우리는 그 잠재적 출현 조건
들을 살펴보아야 한다.

6

행성적 주권

[사회는] 시민들에 대한 통제권을 점차 증대하고 있지만,
이 통제는 그 통제의 비합리성의 증가와 함께 커 간다.
그리고 그 둘의 결합이 구성적인 것이다.
세계가 그저 광적인 게 아니다. 세계는 광적임과 동시에 합리적이다.
… 완전한 파국을 막을 가능성이 있는 권위가 있다는 것은 사실이다. 반드시
이 권위에 호소해야 한다.

_ 테오도어 아도르노[1]

1.

우리는 정치적인 것이 행성적 주권을 수용하기 위해 적응하고 있다고 믿는다. 표 2.2에서 2×2 휴리스틱〔복잡한 과제를 간단한 판단 작업으로 단순화시켜 의사결정하는 기술〕(또는 "퍼넷 사각형Punnett square"〔유전자형 예측에 쓰이는 정사각형 다이어그램〕)의 좌측은 우리 세계가 따르고 있는 두 개의 광범한 궤도를 나타낸다. 자본주의적 형식과 비자본주의적 형식의 행성적 주권자들은 규범—으로서의—파국에 부합하고, 지구의 생명을 구해야 한다는 필요성 때문에 정당화된다. 그러나 무엇이 행성적 주권의 출현을 촉진할 수 있을까? 우리는 어떻게 "베스트팔렌"〔1648년 30년전쟁 평화조약〕세계에서 행성 관리로 나아갈 수 있을까? (우리는 영토 국민국가를 어느 정도 보존하는 방식으로 거기에 도달할 수 있을까?)

이 장에서 우리는 이런 문제들을 다룬다. 그러려면 우리는 탄생 이래 "세계국가" 전망을 논의해 온 국제관계 분야를 살피며 나아가야 한다. 또한 이런 논의들의 철학적 원천, 특히 칸트와 헤겔을 고려해야 할 것이다. 현학적으로 보일 수도 있지만, 우리는 동시대 사고의 뿌리를 밝힘으로써 다가올 지정학적 변화를 분석하기 위한 더 강력한 토대를 마련할 수 있기를 희망한다.

목표는 미래를 예측하는 것이 아니다. 물론 우리는 할 수 없고, 어느 누구도 예측할 수 없다. 그러나 행성적 기후변화 덕분에 우리 대부분은 시도를 해 보지 않을 수 없게 되었다. 누군들 30년 후 또는

100년 후 세계 식량과 물 사정이 어떻게 될지 상상해 보지 않았겠는가? 더 중요한 것은, 누군들 그런 조건들에 사람들이 어떻게 대응할지 상상해 보지 않았겠는가? 찌는 듯한 어느 여름날 자식이나 손주들의 미래를 (보통은 두려움을 품고) 그려 보지 않은 부모가 어디 있겠는가? 그리고 좌파라면 누구나 잠깐이라도 그런 끔찍한 미래가 오지 않게 하려면 어떻게 해야 할지 생각해 보지 않았겠는가?

그렇다면 정치적·실존적 이유에서 좌파는 미래를 어떻게 사유할 것인지 전략(정치이론이라 할 수도 있을)이 필요하다. 이 작업은 더 이상 미래에 대한 모든 예측이란 잘하면 이상주의적이고 못하면 반동적(물론 거기에는 여전히 많은 지혜가 담겨 있지만)이라는 마르크스의 통찰을 되풀이하지 않을 것이다. 그 모든 한계에도 불구하고 신중한 사변은 분석적으로, 정치적으로 오늘날 가능한 모든 선택지들보다 우월하다. 모든 것이 "정상적"이라고 가장하기, 테크노-유토피아주의자들이 근거 없이 들이대는 거짓된 희망을 받아들이기, 우리를 허무주의에 내맡기기, 더 나쁘게는 우리의 두려움을 스펙터클한 디스토피아적 상품으로 바꾸어 놓는 종말론적인 책과 영화의 비전을 승인하기 같은 것들보다는 더 낫다. 신중한 사변을 측정할 수 있는 최저치가 있다면 그것은 바로 불안과 공황에 대한 할리우드식 미학화이다.

주의 깊은 사변은 근거가 충분해야 하고 조심스러우면서도 의심이 많아야 한다. 최선의 의도에도 불구하고, 우리는 아주 단순하고 부분적인 분석에 굴복하기가 쉽다. 신중하고 정통한 학자들이 우리의 기후정치적 미래에 관해 사유할 때조차 나오미 오레스케스와 에릭 콘웨이가 "기후소설"《서구 문명의 몰락》에서 한 것처럼 설득력이 떨어질 수 있다. 이 책은 종말-이후인 2393년 디스토피아 미래에 현재를 투사해서 현재를 진단하려는 시도다.

기후재앙의 경고는 수십 년 동안 무시되었고, 그에 따라 기온이 치솟고 해수면이 상승했으며 가뭄이 번졌고 … 2093년의 대몰락에 이르렀다. 이때 서남극대륙 빙하가 붕괴되며 대량이주와 세계질서의 완전한 재편에 이르렀다. 대몰락 300주년 기념일에 제2중국 인민공화국의 한 선임 학자가 계몽시대의 후손들—이른바 선진 산업화 사회의 정치경제적 엘리트들—이 어떻게 행동에 실패해서 서구 문명의 몰락을 불러일으켰는지 흥미진진하면서도 상당히 불편한 이야기를 제시한다.[2]

서문은 "'자유'시장에 대한 이데올로기적 집착" 때문에 어떻게 "제2 암흑기가 서구 문명에 내려앉았는지" 설명한다.[3] 그 서사는 전미래前未來future-anterior 시제를 채택해서 신자유주의의 병폐와 그것이 안내하는 디스토피아적 세계(중국 주도 국가 통치 "신공산주의")에 관해 도덕적 설교를 늘어놓는다.* 오레스케스와 콘웨이는 끝에서 두

---

* Oreskes and Conway, *The Collapse of Western Civilization*, ix, 42–52, *The Collapse of Western Civilization*은 "문명"의 몰락을 다루며 신자유주의 사상을 비난하고, 그런 의미에서 나오미 클라인의《이것이 모든 것을 바꾼다》와 (그리고 기후정의운동과 관련된 다른 많은 텍스

번째 단락에서 이 이야기의 모럴을 밝힌다. "재앙적 기후변화를 뚫고 나갈 중국의 능력은 중앙집중화된 정부의 필요성을 입증했고, 신공산당 중국…의 설립…으로 이끌었다. … 예상되는 행동을 막음으로써 신자유주의자들은 … 그들이 가장 혐오했던 거버넌스 형식의 확장을 촉진했다."[4]

　이 판타지(그것은 역설을 품고 있는데, 신자유주의의 패배에 관한 자유주의적 판타지다)에서 가장 두드러진 점은 노골적인 지정학적 프레임이다. 행성적 기후변화는 서구 문명의 몰락을 유발하고 중국(그러므로 비-서구)문명의 강화를 부추긴다. 만일 신자유주의가 오늘날의 "서구"에서 승리한다면, 미래 세계국가의 중심은 중국문명이다. 따라서 소설은 오리엔탈리즘의 견지에서 동시대의 기후논쟁의 지도를 그린다. 오늘날 기후변화에 대처하지 않으면 중국이 승리하고 "서구"가 패배한다는 것이다.✦ 이 서사는 유럽중심적일 뿐만 아니라 맬서스의 영향이 짙은 결정론이기도 하다. 서구 문명의 몰락은 서남극대륙 빙하의 붕괴에 기인한다. 인과관계 메커니즘이 상세히 설

트들과) 문제의 특질을 공유한다. 이 책은 우리의 문제들을 신자유주의의 탓으로 돌린다. 문제는 자본주의가 아니라 자본주의의 현재 버전이라는 것이다. 우리는 설득되지 못한다. 자본주의는 **유일한** 문제는 아닐지 몰라도 분명 주요 문제들 중 하나다.

✦ 오레스케스와 콘웨이가 "중국" 서술자에게 주체적 특질, 서사적 기능, 이름조차 주지 않은 것은 텍스트의 오리엔탈리즘을 악화시킨다. 그들이 내세운 익명의 중국은 오직 서구의 저자들이 "문명"에 대한 자신들의 불안감을 투사하는, 스스로 조작해 낸 자기 앞의 스크린에 불과하다. 이 서사는 세계 체제에서 중국이 발군의 지위로 복귀한 일이란 물론 부정적 발전이라는 전제 없이는 힘을 잃는다. 유용한 대조는 Giovanni Arrighi's *Adam Smith in Beijing: Lineages of the 21st Century*, New York: Verso, 2007.

명되지 않지만 뒤이은 대량이주와 질병이 그 증거이다.**

《서구 문명의 몰락》이 그려 보이는 미래 세계지도는 삭막하다. 한때 서구 문명이었던 나라들은 영국("캠브리아Cambria"라고 이름을 바꾼), 독일, 미국, 캐나다뿐이다. 아프리카의 경우는 54개국 중 단 한 곳도 언급되지 않는다. 사실 아프리카의 운명은 책에 단 세 번만 나오는데, 항상 재앙의 은유로 언급된다. 첫 번째 기아; 다음 "정부가 전복되었을 때, 특히 아프리카에서"; 마지막으로 아프리카 "주민들"이 일소되는데, 이 시점에서 아프리카 대륙은 무대를 떠나고 그 서사적 기능은 완수된다.[5] 이야기는 다른 곳에, 즉 그들의 문명을 덮친 재앙을 인식하지 못한 서구의 사상가들과 함께 놓여 있다.

서구 세계에 엄습하던 무언가를 인지한 사람은 "희귀한 남자였다"고 말한다. 하나의 "예외"는 "널리 읽히지만 … 신빙성이 없다고 간주되는《인구 폭탄》의 저자 파울 에를리히였다."[6] 그 함의가 더 이상 분명할 수는 없다. 파울 에를리히가 옳았다. 우리는 그와 홀드렌이 제안했던 행성 체제Planetary Regime를 구축했어야 한다. 그렇게 하지 못한 우리의 실패가 서구의 몰락을 촉발하고 동양의 승리를 불러올 것이다.

이 책은 베스트셀러다.*** 미국 "진보주의자들"이 자신들의 최악

** "서구 문명에 대한 결정적 타격은 … 서남극대륙 빙하의 붕괴와 [함께] 왔다"(29). 판타지 소설일 수 있지만 이것은 환경결정론적 텍스트이다. "붕괴"에 대한 인과관계 가설이 속하는 텍스트의 자리는 적절하게도 공백으로 표시된다(31). 익명의 서술자는 이 빈 공간을 다음의 진술로 채운다. "일어난 인간의 비극에 대한 상세한 내용을 자세히 이야기할 필요는 없다"(31).

*** 2016년 6월 21일 기준, 아마존닷컴(미국)에서 이 책은 기후학 분야 베스트셀러 4위, 환경정

의 악몽을 해설한 판타지다. 여기서 행성을 구하는 기후 리바이어던의 지배력은 반동적 기후 베헤못(이 책이 공격하려고 한 "신자유주의" 부정주의와 시장근본주의자들로 대변되는 집단)의 방해를 받게 되고, 그래서 세계를 강제로 기후 마오("신공산당" 중국)의 경로로 들어서게 만든다. 도널드 트럼프의 당선은 우리를 이러한 판타지에 넘어가도록 현혹할 수 있지만, 더 나은 세계를 위한 투쟁에서 작은 희망이라도 있다면 좌파는 이것보다 나은 사변을 해야 한다. 더 나은 이야기를 하려면 당연히 정치적 미래에 대한 사변이라는 과제에 착수해야 한다. 낙담을 경계하며 우리의 분석적 전제들을 수립하고, 우리의 개념과 주장을 역사화하고, 우리의 정치경제 질서를 정확하게 규정하는 자본주의 사회관계들을 다루어야 한다.

인과관계 문제는 물론 여기서 주요한 난제이다. 우리는 인과관계 주장들을 간단히 피할 수 없지만, 피하지 않으면 우리의 사변은 일관성을 잃게 될 것이다. 우리는 기능주의의 함정("시스템이 기능하려면 반드시 이런 방식이어야 한다")을 피해야만 한다. 또한 과학에서 유래한 일반적인 문제로서 잘못된 구체성("2100년 즈음에 해수면은 2.2미터 상승한다; 그것은 혼돈을 의미한다")도 피해야 한다. 그렇다면 어떻게 해야 기계적 인과관계(또는 마구잡이식 추측)에 빠지지 않고 이 문제를 사유할 수 있을까? 대부분의 기후정치 모델은 단순한 논리적 연속에 근거한다. 급격한 기후변화 → 자원 갈등 → 폭력 → 사회

책 분야 5위이다. 판매가 정점일 때 이 책은 두 분야 모두에서 베스트셀러였다.

의 와해, 아니면 급격한 기후변화 → 자원 갈등 → 사회의 붕괴 → 폭력 등. 마지막 세 "단계"의 질서는 달리 나타날 수 있는데, 기후변화란 다양한 양상의 물리적 변화를 내포하기 때문이다. 어떤 식이건 서사의 순열은 끝이 없다. 예를 들어, 오레스케스와 콘웨이의 이야기는 이런 식으로 나아간다. 서남극대륙 빙하의 붕괴 → 대량이주와 질병 → 서구 문명의 종말.

개별적인 기후변화 결과들(예를 들어, 강수량 차이)과 사회적 갈등(여러 다툼들) 간 상관관계를 묘사하는 인상적인 연구 문헌들에도 불구하고, 사회과학자들은 이 단순한 인과관계 모델들 가운데 그 어느 것의 "진실"도 규명하지 못한다.[7] 이런 모델들은 행성 전체의 미래에 관한 주장을 뒷받침해 주는 경험적 사례들로부터 확장되는 것이 아니다. 너무나 많은 분석적 문제들이 연루되어 있기 때문이다.* 더욱이 이 모델들이 예측하는 변화에 대한 그 많은 소위 해결책(달리 말해, 적응)은 모델화된 "문제"가 모델이 되어 표현된 것에 불과하다. 예를 들어, 미군 모델은 중동의 물 부족이 이번 세기말에 사회적 갈등을 증가시킬 것이라고 제시한다. 이것은 논박하기 어렵다. 특히 "인간의 적응가능성의 한계를 초월할 것으로 예측되는" 지역의 기온 동향을 보면 그렇다.

---

* 예를 들어, 변수들을 구체화하기. 어느 곳에 의미 있는 기후변화를 형성하는 것이 다른 곳에서는 의미가 없을 수 있다. 더욱이 복합적인 행성 시스템에서는 모델 내부와 외부에서 객체들이나 절차들 사이에 경계선을 긋는 게 불가능하다.

서남아시아에 있는 많은 지역들의 경우, 미래 기후에 대한 그럴듯한 비유는 홍해의 아프리카 쪽 아파르 북쪽 사막의 현재 기후이다. 극단적 기후 때문에 이 지역에는 영구적인 인간 정착지가 없다.[8]

미군은 이미 이러한 상황 전개에 맞는 계획을 수립할 임무를 맡고 있다. 지난 세기 미국이 중동 문제에 관여한 결과를 대략적이라도 알고 있는 사람이라면, 비록 정확한 형태와 결과는 예측할 수 없더라도 이러한 변화에 대한 미국의 대응은 그 자체로 폭력적이고 불안정을 키우는 "적응"이 되리라고 예측할 것이다.

다행히 우리 좌파에게는 이런 문제에 다가갈 다른 방법이 있기 때문에 헛수고를 할 필요가 없다. 우리의 사유와 정치가 일관성과 영향력을 획득하기 위해서 필요한 것은 기후변화와 문명에 대한 "올바른" 인과관계 모델이 아니다. 정확한 예측을 할 수 없다는 것이 두 팔 들고 미래의 범위에 대한 예측을 아예 포기해 버리는 것을 의미하지는 않는다. 모든 기후 미래들에 관한 난제는 정치적인 것의 문제에 초점을 맞춰야 한다. 세계가 기후변화와 그 결과에 **정치적으로** 어떻게 대응할 것인지가 모든 모델이나 이론에 핵심적이다. 장차 인류세적 영향이 기후에 끼칠 중요성을 생각하면, 정치적 대응이 인간과 비인간 공동체 모두에게 크나큰 의미를 가질 것이다. 그렇다면, 우리 분석의 대상이란 "기후/정치 변화 복합체"라고 말하는 게 좀 더 정확할 것이다. 그 복합체는 결코 단순한 인과관계적 토대에 기초해서 모델화되지는 않을 것이다.[9]

이것은 우리를 어디에 남겨 둘 것인가? 정치적인 것의 적응이라는 초점으로 돌아오면, 인과관계에 관한 우리의 접근법에는 적어도 두 가지 필요조건이 있다. 첫째, 우리는 주도적 정치경제질서의 동향과 모순을 식별해 내고 그 질서가 변화할 수 있는 가능한 경로들의 윤곽을 그리는 것을 목표로 해야 한다. 둘째, 우리는 이 동향과 모순들을 이해할 정치적·철학적 개념 자체를 역사화해야 한다. 목표는 미래에 대한 기계적 모델이 아니라, 일관성 있는 사변을 가능하게 해 주는 복합적이면서도 이론적으로 세련된 렌즈이다.

2.

정치적인 것이 행성적 주권을 향해 적응하고 있다는 생각에는 많은 선례가 있다. "세계정부"에 관한 판타지적 설계와 폐기에 관해서는 긴 역사를 서술할 수 있는데, 적어도 플라톤까지 거슬러 올라간다. 예를 들어, 칸트의 연구, 또는 한나 아렌트과 안토니오 네그리 같은 현대 사상가들은 중요한 한 묶음의 질문을 제기한다. 초기 사상가들이 세계정부(또는 그와 비슷한 것)를 예측했지만 그것이 아직 존재하지 않는다면, 기후 리바이어던에 관한 우리 주장의 장점은 어떻게 판가름할 수 있을까? 그리고 내일의 파국을 막기 위해서 우리는 오늘날 어떤 형태의 권력에 호소하는가? 이 장의 목표는, 세계국가라는 아이디어를 둘러싼 개괄적 역사를 통해 이 질문에 접근하는 것이다. 이것은 인과관계의 역사가 아니다. 우리가 어디로 가고 있는지 안다고 생각했던 몇몇 참여적 사상가들의 생각을 통해서 우리 분석을 정초하려는 시도인 것이다.

홉스처럼 칸트Immanuel Kant도 "현대"사상의 근본을 이루는 사상가이지만, 항상 정치철학자로 간주되지는 않는다. 칸트의 가장 중요한 정치적 저술은 《순수이성비판Kritik der reinen Vernunft》(1781) 이후, 즉 유럽이 심각한 격변에 휘말렸던 때에 씌어졌다. 칸트의 생애는 서유럽에서 자본주의 국민국가가 공고화되는 시기와 일치했고, 삶의 윤리적 전망에 대한 그의 분석은 그 국민국가의 출현에 대한 반응이었다. 칸트는 이성적인 개인의 권리와 존엄성을 옹호한 가장 널리 알려진 사상가로서, 그의 입장은 보통 루소와 현대 자유주의의 중간역으로 해석된다. 그러나 이 해석에는 폭넓은 논쟁의 여지가 있고, 그의 글에 담긴 정치학은 쉽게 확정하기 힘들다. 어떤 이는 칸트의 정치 연구를 홉스의 《리바이어던》과 비슷하게 당시 출현하던 질서를 정당화하는 것으로 해석한다. 그러나 다른 이들은 칸트가 주권에 관한 권위주의적 견해"와 … 심리학적 가정, 즉 갑작스러운 죽음에 관한 공포에 근거해서 사회를 설명했다는 점을 들어 홉스를 비판했음을 지적한다.[10] 더 중요한 것은, 칸트의 정치 분석이 그가 살았던 세계와는 파격적으로 다른 세계를 향해 있다는 점이다. 우리는 그의 정치적 저술을 유럽에서 진행 중이던 변화에 대한 분석으로서뿐만 아니라 사변적 비판으로서도 읽을 수 있다.

세계시민주의에 관한 칸트의 논의는 이 비판에서 핵심이 된다.

칸트는 사람들이 모든 타자들, 심지어 자신과는 다른 사람들에 대해 윤리적인 책임이 있는 것처럼 행동하는 정치학을 상정했다. 이런 입장은 우리 시대의 자유주의적 다문화주의와 등가에 놓인다. 즉, 그 자유주의적 다문화주의란 미국 헤게모니와 제국주의에 여러모로 유용한 것으로 판명된, 모순으로 갈가리 찢긴 이데올로기를 의미한다. 그러나 칸트의 유명한《영구 평화론Zum ewigen Frieden》에 있는 세계시민주의 구상으로 돌아가 보면, 문제는 그렇게 간단하지 않다. 칸트가 글을 쓰고 있을 당시, 유럽은 프랑스혁명으로 시작된 격변의 와중에 있었다. 표준적 해석에 따르면, 칸트는 이러한 변화의 결과를 바라보는 자유주의적 비전을 개괄하고자《영구 평화론》을 썼다. 즉, 혁명의 일부 유산(예를 들어, 부르주아 자유freedom)은 공고하게 만드는 한편 다른 유산(국가에 대한 민중의 저항과 같은)은 진압하는 공화주의 입헌국가들의 연방을 창출하기 위한 주장이라는 것이다. 실제로 칸트는 그런 연방의 안정성을 보장하는 조건들, 당시로서는 꽤 급진적으로 여겨졌을(그리고 어떤 측면에서는 아직도 그렇게 여겨질) 조건들을 구체적으로 밝힌다.

슈가 아일랜드〔사탕수수를 재배한 카리브해 섬들〕, 가장 잔인하고 가장 계산된 노예제의 요새는 그 어떤 실제적 이윤을 창출하지 않는다. 그 섬은 그저 전함에 태울 선원을 훈련시킨다는 간접적인 … 목적에 기여하며, 따라서 유럽의 전쟁 수행을 돕는다. 그리고 이 모든 것은 그들의 신앙심에 관해 끊임없는 법석을 떨고, 부정의 과

실을 먹고 살면서 선택받은 신자라고 간주되기를 바라는 권력자들의 작품이다.

따라서 지상의 사람들은 다양한 정도로 보편적 공동체 속으로 들어갔고, 세계의 한 지역에서 일어난 권리침해가 모든 곳에서 느껴지는 정도로까지 발전했다. 그러므로 세계시민주의적 권리라는 이념은 공상적이거나 무리하게 끌어다 놓은 것이 아니다. 그것은 정치적 · 국제적 권리의 불문율에 필수적인 보완물로서, 그 정치적 · 국제적 권리를 보편적 인간의 권리로 바꾸어 놓는다. 우리는 이런 조건에서만 우리가 영구적 평화를 향해 끊임없이 나아가고 있다고 주장할 수 있다.[11]

아이티 혁명 기간인 1795년에 쓰인 이 글은 유럽의 식민주의, 노예제, 전쟁에 관한 칸트의 비판을 담고 있다. 그는 세계시민주의를 "인류가 공통적으로 공유하는 지표면의 권리"와 등가에 놓고, 자연권을 근거로 유럽 식민주의를 정당화하는 자들을 비판한다.

환대에 관한 이 자연권, 즉 이방인의 권리는 그들이 원주민과 관계를 맺고자 하는 것을 가능케 하는 그 조건들 이상으로 확장되지 않는다. 이런 식으로 서로 거리가 먼 대륙들은 평화로운 상호관계 속으로 들어갈 수 있다. 그러다가 결국 공적 법에 의한 통제를 받고, 그리하여 인류를 세계시민주의 헌법에 더 가까이 다가가게 할 것이다.[12]

이 "세계시민주의적 헌법"은 정확히 "세계정부"는 아니지만 그렇다고 아주 먼 개념도 아니다. 칸트가 구상한 공화주의 국가 연방은 "인류가 공통으로 공유하는" 권리를 존중하는 가운데 일정 정도의 집합성을 전제한다. 그러나 여기서 칸트는 또한 연방국가 연합체 회원들이 공화주의 정부라는 점을 전제하는데, 모든 국가(또는 영토)를 하나의 권력 아래 모이게 하는 게 불가능하다고 믿었기 때문이다. 이것은 마치 유엔과 같은 무언가를 제안하는 것처럼 들리지만, 현재의 유엔 체제는 칸트의 평화 조건에 한참 못 미친다. 칸트는 상비군의 제거와 모든 전쟁 준비 종결을 요구했고, 다른 이들을 지배할 능력을 지닌 하위 그룹이 공화국을 이끌어서는 안 된다고 주장했다.[13] 사실상 유엔의 모든 회원국은 상비군을 가지고 있고, 그 체제는 역사상 가장 강력한 군대를 가진 소수의 자본주의 국민국가들로 구성된 안정보장이사회의 지배를 받고 있다.

칸트가 어떤 순진한 낙천주의였다고 말하려는 것은 아니다. 모든 이가 서로 착하게 대하고 그러면 결국 일이 순조롭게 풀릴 것이라고 희망이 이루어지기를 빌었다는 식으로 말이다. 반대로 그는 사람들이나 국가들이 그들의 양식 있는 의지나 선의를 실현시킬 능력에 대해 매우 회의적이었다. 칸트는 "영구 평화" 이념이 표면적으로 제안하는 것보다 이 점에서 홉스와 매우 유사했다. 칸트를 훨씬 급진적으로 이해한 가라타니 고진柄谷行人이 표현하듯, 칸트는 "자신이 '반사회적 사교성unsocial sociability'이라고 부른, 인간성 깊이 자리한 폭력에 대해 완전히 인식하고 있었다. 동시에 그는 이 폭력이 결국 통제

될 수 있다고 믿었다. … 칸트에 의하면, 국가들의 연방체, 그리고 뒤이은 세계공화국은 인간의 선의와 지성이 아니라 '반사회적 사교성'과의 전쟁을 통해 발생할 것이다."[14]

칸트의 비전을 정치-제도적 영역과 정치-경제적 영역 모두에서 기존의 자유주의적 세계질서와 등가로 놓으면 다른 문제들이 발생한다. 영향력이 큰 자유주의적 시민사회 모델을 뒷받침하는 데에 칸트가 이용되는 만큼(예를 들어, 존 롤스나 위르겐 하버마스에 의해서)이나 칸트는 이 모든 모델들을 작동하게 하는(거의 항상 암암리에) 경제 메커니즘에 대해 절대 비판적이지 않았다. 돈으로 중개되는 자본주의 시장. 모든 자유주의 모델에서 시민사회는 자본주의적 교환에 토대를 두고 구축되고, 때로는 그 교환으로 구성된다. 그러나 《영구 평화론》에서 칸트는 돈을 "가장 신뢰성 있는 전쟁 도구"라고 부르고, 따라서 세계시민주의의 주요한 걸림돌이 된다고 본다.[15] 그는 사회적 삶이란 모든 이의 존엄성에 대한 인정에 기초해야 함을 제안하고, 그래서 존엄성은 "어떤 가격보다도 위에" 있다는 것이다.[16]

보편적 존엄성에 기초한 이 "세계시민주의적 헌법"은 불편하지만 매우 흔한 정치적 입장, 즉 근본적으로 진보적임과 동시에 낭만적임, 심지어 향수를 자극하는 사변적 제안에 자리 잡고 있다. 칸트는 당시 "내가 지불할 수 있는 한 나는 생각할 필요가 없다. 다른 이들이 조만간 나를 대신해 성가신 일을 맡을 것"임이 점점 더 진실로 보였다는 사실을 한탄했는데, 이때 그는 계몽이 이 비속함을 극복할 가능성을 축하하고 있다.[17] "지구 사람들"이 이제 통합되어 있는 "보편적 공동체"는 그 두 가지 걱정을 다 다루려고 한 사변적 기여이다. 그것은 역사적으로는 전쟁과 증오로부터 멀어진 정치적 진일보이기도 했지만, 이기적 생산과 교환에 대한 불쾌하고 상스러운 걱정으로부터 멀어져 "공적 이성"의 이상화된 영역, 즉 "보편적 공동체"(세계시민사회)를 향해 한 발 위로 올라선 것이기도 했다.[18]

　후자가 롤스의 "원초적 입장"이나 하버마스의 "상호주관적 담론 윤리"와 비슷하게 들린다면, 그 이유는 이 생각들이 사실 가까운 친족이라는 데에 있다. 이것이 바로 자유주의 정치경제학에서는 그리 중심적이지 않지만(심지어 조금 성가신 것으로 간주되기도 하지만) 자유주의 정치이론에서는 그토록 중심적이게 된 칸트의 이론이다. 칸트는 돈과 교환을 둘러싸고 조직된 시민 생활을 냉소했고, 그래서 합리적 시민들의 "세계사회"를 공표한 것은 그렇게 하면 실제 이루어지는 데에 도움이 될 것이라는 희망 하에 근대성의 모순들(어리석은 사리사욕과 나란한 교환된 이성)의 지양을 담은 의지의 표명이다. 평화로운 보편적 공동체라는 이 비전은 이어지는 수세기 동안 지배적인 정치경제에 의해 지속적으로 등한시되었다. 그러나 그 정치경제는 항상 자본주의가 어느 시점에는 우리를 충분히 부유하게 만들어서 그 비전을 실현할 것이라는 약속과 함께 해 왔다. 그런 의미에서 적어도 모든 자유주의는 비밀스럽게 역사의 지평에서 세계정부를 기대한다.

3.

헤겔Georg Wilhelm Friedrich Hegel은 칸트가 말하는 세계시민주의적, 비
군사화된 영구 평화를 위한 어떤 세속적 토대도 인식하지 못했다.
그에게 국가 간 갈등을 해결할 수 있는 국가 "이상"의 무언가라는 생
각은 희망 사항에 불과했다. 그가 나폴레옹의 자유주의적 제국주의
에 의해 시작된 끝도 없을 것같이 보이던 전쟁에 뒤이어 쓴《법철
학》에서 표현하듯,

> 국가들 사이에서 판결할 집정관은 없다. 기껏해야 중재인들과
> 매개자들이 있을 뿐인데, 심지어 이러한 존재조차도 우발적일 것
> 이다. 즉, 특정한 의지에 의해 결정될 것이다. 칸트의 영구 평화 이
> 념은 국가들의 연방에 의해 보장되는데, 이는 모든 분쟁을 해결할
> 것이고, 각 개별 국가들이 인정하는 권력으로서 불화를 해소함으
> 로써 불화 해소를 위해 전쟁이 발생하는 일을 막을 것이다. 그래서
> 칸트의 영구 평화 이념은 국가들 간 하나의 합의를 전제로 한다. 그
> 러나 이 합의는 도덕적, 종교적, 기타 지반 및 고려 사항 가운데 어
> 디에 기초하든 항상 특정 주권자의 의지에 좌우될 것이고, 따라서
> 계속 우발성으로 얼룩여 있을 것이다.[19]

요컨대, 국가들 간의 특정한 갈등들은 반드시 일종의 초국가 제도
(국가 간 국경 분쟁을 해결하기 위해 협상을 촉진하는 유엔 특사와 같은)

를 유발할 수밖에 없지만, 그런 우발적이고 한정적인 경우들이 성장하여 칸트의 "세계시민사회"가 될 방법은 없다. 여러 국가들이 갈등을 겪고 있는 경우 헤겔은 두 가지 길을 열어 놓는다. 국가들은 어떤 합의에 도달할 수도 있다. 그렇지 않고, "특정한 의지 사이에 합의가 도출될 수 없다면, 국가 간 갈등은 오로지 전쟁으로만 해결될 수 있다."[20]

"세계시민주의 헌법"의 전망에 대해 헤겔이 회의론을 품은 것은 나폴레옹이 피를 보면서 그것을 실현하려다 실패한 후 뒤이은 반동적 현상을 겪었기 때문일 수도 있다. 아무튼 헤겔의 비판은 두 가지 정치적 결론을 가리킨다.[21] 한편으로, 이른바 "현실주의" 입장에서 볼 때 칸트의 세계시민주의 구상은 공상적인 꿈이다. 세계정부는 그저 불가능하다. 오늘날 합당해 보이는 이 견해는 기존 국가-기반 세계질서를 "자연스러운" 지정학적 평형상태로 본다. 이따금 요동칠 수도 있지만, 장기적으로는 안정적이고 영구적인 질서라는 것이다.

다른 한편, 헤겔의 비판에서 극적으로 다른 결론을 도출해 내는 것도 가능하다. "현실주의" 입장이 기존 질서의 국가-기반 논리가 궁극적으로 불가피한 것임을, 따라서 국가 간 전쟁 역시 궁극적으로 불가피한 것임을 확인시켜 주는 것으로서 헤겔의 비판을 받아들인다면, 그것은 본질적으로 "영구 평화"라는 이념을 그 "현실주의적" 대립물, 즉 영구적(적어도 '불가피한') 전쟁으로 반박함으로써 그렇게 한다. 그러나 우리는 또한 헤겔의 논의를 (항상 전쟁이 있을 것이라는 이유로) 평화의 불가능성이 아니라 오히려 영구성 자체의 불가능성을 확인해 주는 것으로 이해할 수도 있다. 그렇다면 문제는 칸트의 사변적인 영구 평화가 아니라 그의 무비판적 가정이다. 즉, 우리가 어떤 종류이건 영구적 조건, 또는 역사적 평형상태를 가질 수 있다는 그 무비판적 가정이 문제인 것이다. 이런 관점에서 보면 우리는 끊임없는 모순과 정치적 변화, 또는 우리가 지금 헤게모니 투쟁이라고 부르는 것을 예상하지 않을 수 없다.

국가들의 주권이 국가들의 상호관계를 지배하는 원리인 이상, 국가들은 자연 상태에서 서로 관계를 맺는 한에서 존재하게 된다. 그리고 국가의 권리는 국가들을 지배하는 헌법적 권력을 지닌 보편자 속에서 실현되지만 국가들 자체의 특수한 의지들 속에서 … 국제법은 오직 의무로만 남는다. 그래서 조약의 지배를 받는 관계들의 경우 그 [정상적인] 조건은 그런 관계들의 일시정지와 번갈아 나타나게 된다.[22]

이러한 국가 내 투쟁(다른 사회집단을 포함하여)과 국가 간 투쟁(승인, 자원, 영토 등을 위한)은 끊임없이 변화하는 역학에서 하나의 질서에서 또 다른 질서에 이르기까지 상호관계들의 총체를 유발한다. 이 과정은 정해진 종결이 있는 것이 아니고 언제나 여러 경우의 수를 낳는다. 달리 말해, 그것은 "계속 우발성으로 얼룩져 있을" 것이다.

4.

정치경제는 헤겔의 정치 분석에서 본질적이다. 대단히 우발적인 방식으로 일상을 살아가는 사람들의 세속적 관심사는 헤겔이 보기에 근대 정치에서 벗어난 일상적 기분 전환이 아니라 근대 정치의 심장이다. 정의나 "권리"는 항상 이성에 얽매여 있을지 모르지만, 체험된 필연성lived necessity이기도 하다. 헤겔의 생각처럼, 칸트가 이성을 자양분 삼아 영원히 살 수 있는 초국민적 "세계사회"를 기대하면서도 그에 대한 관심을 포기했다면, 칸트는 격동의 국가-중심 세계에 묶여 있는 우리에게 거의 도움이 되지 않았을 것이다. 그런 세계에서 영구적 안정이란 존재하지 않고, 철학적 개념들은 국제관계나 정치경제의 더 노골적인 문법으로 나타난다. 이를테면, 막대한 권력, 헤게모니, 제국, 그리고 우리가 국가라고 부르는 역동적 집합체들 내부의/사이의 역동적 사회 조건들.

그럼에도 불구하고, 이것이 "구성주의" 국제관계 이론가인 알렉산더 웬트Alexander Wendt가 소위 "불가피한 세계국가"를 향해 우리를 이끄는 힘들을 발견한 세계이다.[23] 두 명제(세계국가와 그 불가피성) 모두 얼토당토않게 보일지도 모른다. 사실 2009년 국제정치학회 회장 연설에서 토머스 웨이스Thomas Weiss는 "미친 짓으로 분류될 수 있는 가장 확실한 방법은 세계정부를 가설의 결과, 더 나쁘게는 바람직한 결과로 언급하는 것"이라고 빈정거렸다.[24] 그러나 일정 형태의 세계정부에 대한 전망은 행성적 주권의 형태로 여전히 왕성하게 살아 있다. 그 단순한 이유는, 이 장의 제사題詞에서 아도르노가 말하듯, "완전한 파국을 막을 가능성이 있는 권위"(아도르노는 핵으로 인한 전멸을 생각했지만)에 대한 요구이다. 파국 앞에서는 "반드시 이 권위에 호소해야 한다."[25]

앞서 언급했듯, 많은 이들이 세계정부 또는 더 정확하게는 세계국가의 가능성에 의구심을 표했다. 1940년대와 그 이후 이어진 제2차 세계대전, 홀로코스트, 히로시마 및 나가사키 폭격, 한국전쟁, 전 세계적 반식민주의 전쟁 같은 복합적 파국들에 뒤이어 세계국가의 장점과 전망에 대한 철학적 논의가 왕성하게 일었다. 그중에서도 알베르트 아인슈타인과 버트런드 러셀Bertrand Russell이 가장 열정적인 옹호자였다. 그들은 이 행성을 거주 불가능하게 만들 수 있는 무기의 존재로 인해 인류가 양자택일을 해야만 하는 상황을 만들어 냈다고 주장했다. 갈등을 향한 국가 간 체제의 무정부적 경향을 극복하는 것, 그리하여 평화로운 공화정이라는 칸트의 꿈을 실현하는 것, 아니면 자기 자신을 파괴하는 것.[26] 엄습하는 파국의 맥락에서 칸트의 제안을 갱신하며 아인슈타인은 주장했다.

사법적 판단으로 국가 간 갈등을 풀 수 있는 세계정부가 반드시 만들어져야 한다. 이 정부는 정부들과 국가들이 승인하는 명쾌한 헌법에 기반을 두어야 하고, 그 헌법은 이 [세계]정부에 공격 무기의 단독 처분권을 주어야 한다.[27]

1945년 8월, 미국이 히로시마에 원폭을 투하하고 나서 며칠 후 버트런드 러셀은 이렇게 썼다.

　히로시마의 파괴에서 과학적 승리와 정치적·도덕적 실패의 결합이 세계에 보여 준 것보다 더 극적이고 더 공포스러운 결합을 상상하기란 불가능하다. … 인류의 전망은 모든 선례를 넘어 음울하기만 하다. 인류는 명백한 대안에 직면한다. 우리 모두 죽든가, 아니면 다소간의 상식을 가져야 한다. … 전쟁이든 문명이든 둘 중 하나는 반드시 끝이 나는데, 끝나는 것이 전쟁이어야 한다면 새로운 폭탄을 만들 유일한 힘을 지닌 국제기관이 있어야 한다. 모든 우라늄 공급은 군대로 하여금 원광原鑛을 지키게 할 권리를 소유한 국제기관의 통제를 받아야 한다. 그런 기관이 만들어지자마자 기존의 모든 원자폭탄과 그 제조 공장은 양도되어야 한다. 물론 국제기관은 자신에게 양도되는 모든 것을 보호할 군사력이 있어야 한다. 이 시스템이 수립되면 국제기관은 불가항력적이게 될 것이고, 전쟁은 멈출 것이다.[28]

이 "핵 단일-세계주의nuclear one-worldism"는 제2차 세계대전 이후 수많은 좌파들을 매료시켰다. 그리고 그 철학적 장점이 무엇이든 간에, 그것은 냉전의 또 다른 희생자인 역사에 의해 패배했다. 러셀의 공을 말하자면, 그는 이것을 1945년에 예견했다. "그러나 안타깝게도 나는 이 모든 게 유토피아적이라고 생각한다. 미국은 그 어떤 군사력 공동출자에도 동의하지 않을 것이고, 소련도 마찬가지다. 각자는 상대를 몰살시킬 수단을 보유하려고 할 것이다.[29]

대부분의 정치철학자들은 아인슈타인-러셀 사고의 맥을 따르지 않았다. 미국과 소비에트연방 간의 세계사적 분열의 그림자 속에서, 주권자 간의 통합은 불가능해 보일 뿐만 아니라 무섭게 보이기까지 했다. 한나 아렌트가 표현했듯, 그토록 많은 이들이 핵으로 인한 전멸로부터 행성을 구할 것이라 꿈꾸었던 "세계정부"의 목적은 "진정한 정치를 극복하고 제거하는 것, 즉 서로 다른 집단의 사람들이 전력을 다해서 서로서로 잘 지내는 것이다."[30] 아렌트는 그의 인생 내내 세계국가에 대한 열망을 전체주의, 즉 어디서는 반대를 하면 반역이 되는 전체주의와 연관시켰다.[31] 이 연결은 좋은 의도를 가진 "초국가적 기관"으로도 잘라 낼 수 없는 것이다. 그 권위는 가장 강력한 국가에 의해 "무력화되거나 독점될 수 있고, 그러면 세계정부로 나아갈 텐데, 이 세계정부는 쉽사리 가장 무시무시한 폭정이 될 수 있다."[32]

우리의 정치적 전망에 대한 이런 평가로 볼 때, 아렌트는 칸트에 대한 "현실주의적" 비판을 반복하고 있다. 자기 존엄성을 보존하면서도 집단적 의지를 통해 연합할 수 있는 개인들과 달리, 다수의 국가들은 절대 보편적 의지를 형성할 수 없다. 국가들은 서로에 대해 항상 자연 상태로 머문다. 국가들의 필수 접착제는 사실상 부정적인 것이다. 아렌트가 말했듯, "지상에서 평화를 보증하는 일은 원을 사각형으로 만드는 것만큼이나 유토피아적이다." 그러나(이 "그러나"는 중차대한 것이다) 이 말은 오직 "국가의 독립, 즉 외국의 지배로 부터의 자유, 그리고 국가의 주권, 즉 외교문제에서 견제받지 않는 무제한적 힘에 대한 요구가 승인될 때에만" 진실이다.[33]

아렌트의 논의는 절대 칸트의 영구적 평화에 대한 확고한 지지가 아니지만, 그렇다고 해서 체념한 현실주의도 아니다. "상호 보장된 파괴"라는 실존적 위기가 러셀의 사고만큼이나 아렌트의 사고에 영향을 끼쳤지만, 아렌트가 도출한 결론은 더 "개념적"(가장 "응용된" 방식으로)이었다. "폭력 수단의 가공할 발전 탓에 강대국 사이에서" 전쟁이 "불가능해진" 세상에서, 주권국가 간에 전쟁을 빼고는 마지막 수단이 있을 수 없다는 점을 보장하는 "국가 개념과 그 주권"은 우리에게 맞지 않게 되었다.[34] 칸트와 같이 아렌트는 연방국가를 유일한 제도적 해결책, 그러나 명백히 "국제기관"으로 본다.[35] 그 기관은 국가 사이에 있겠지만, "새로운 국가 개념", 다른 말로 하면 "정치적인 것의 적응"에 기반해 있다. 여기서는 "연맹 단위들이 상호간 서로의 권력을 견제하고 통제한다."[36]

이 제안, 즉 집단적 승인을 획득한 비전체주의적 세계국가라는 제안을 초월하는 것을 상상할 수 있을까? 가끔은 까탈스러운 정치적 논쟁의 주변부에서 수년을 보낸 후 세계정부에 대한 논의는 다시 의제로 올라왔다. 일부는 냉전의 종말 때문에, 다른 일부는 글로벌 생태적 위기에 대한 커지는 인식 때문에. 알렉산터 웬트는 이 부활의 중심에 있는 인물이고, 그가 쓴 '세계국가가 왜 불가피한가'는 세계정부가 도래할 뿐만 아니라 불가피하다는 목적론적 논의를 제시한다.

웬트의 주장은 무기 개발 논리에 근거한다. 국가들은 스스로(그들의 시민)를 지켜야 하기 때문에 자연스럽게 서로 경쟁한다. 이것은 "방위", 즉 다른 국가들이 자국을 인정하도록 강제할 만큼의 무기를 추구하게끔 이끈다. 무기 기술의 발전은 시간적으로나 공간적으로 불균등하기 때문에 국가들은 "방위"에 대해 각기 다른 역량을 보유하게 된다. 바로 이 사실이 서로의 인정을 보장할 역량에 관해 끊임없는 불안을 만들어 낸다. 그리고 국제관계 현실주의자들이 보기에 이것이 세계정세를 막다른 골목으로 이끈다. 여기서 국제관계의 오메가 포인트는 상호 의심, 경쟁적 "방위"(전쟁 준비), 그리고 기껏해야 헤게모니를 통한 안정 등으로 이루어진 영구적 무정부상태이다. 이 논쟁에 대한 이전의 기여를 돌아보는 방식으로, 웬트는 훨씬 더 무시무시한 무기의 개발이 이런 논의를 치명적으로 손상시킨다고 주장한다. 국가 간 방위 경쟁은 국가들(아마도 모든 국가들)을 파괴 가능한 상황으로 이끌었다. 간단히 말해, 대량파괴 무기가 너무나 많다. 그러나 세계국가 체제가 향하는 최종상태 또는 **목적인**目的 因은 "국가 간 인정투쟁"을 변화시켜 새로운 국면으로 이끈다. "집단 정체성 형성과 최종적으로는 [세계]국가."[37]

웬트의 이론은 프랑스혁명에서 출현한 정치 질서와 관련해서 칸트와 헤겔의 사상에 명백히 기반을 두고 구축된다. 웬트는 인간의 "반사회적 사교성"에 대한 칸트의 비관주의적 평가, 그리고 역동적으로 진행 중인 인정투쟁에 관한 헤겔의 진단 둘 다를 받아들인다. 웬트에 따르면, "개인들과 집단들의 주체성 인정투쟁은 무정부의 논리로 세계국가를 향하게 되는데, 그 무정부의 논리는 군사기술과 전쟁이 점점 더 파괴적이게 되는 경향성을 유발한다."[38] 많은 이들이 답할 수 없다고 여기는 어려운 질문은 다음과 같다. 이 역학들이 추동하는 국가 간 체계는 어떤 종착지를 향해 나아가는가?

세 가지 최종상태는 스스로를 드러낸다. ① 공화국들의 평화로운 연맹, ② 전쟁이 합법적으로 남아 있는, 현실주의적 국민국가 세계, ③ 세계국가. 첫 번째는 칸트와 연관되고 두 번째는 헤겔과 연결되는데, 둘 다 명확한 목적론적 논거에 대한 추정을 기반으로 한다. 그러므로 그들은 세계국가의 가능성을 거부하면서, 엄밀히 말해 무정부상태가 그 체제의 조직 원리로 남을 것이라는 데에 동의했다. 그 무정부상태의 종류는 서로 달랐지만 말이다. 진보의 메커니즘과 관련해서, 칸트와 헤겔은 서로 다른 방식으로 갈등의 역할을 강조했다. 칸트는 인간의 "반사회적 사교성", 헤겔은 "인정투쟁"을 강조했다. … 칸트는 갈등이 공화주의 국가를 만드는 추세를 마음속에 그리면서도, 그 공화국들이 집단 정체성을 발전시키리라 기대하지는 않았다. 그 국가들은 자기 주권을 보유한 이기주의자들로 남는다. 헤겔은 다른 결론을 내리는 토대를 제공하는데, 인정투쟁의 효과는 이기주의 정체성을 집단 정체성으로, 마침내는 국가로 바꾸는 데에 있기 때문이다. 그러나 헤겔은 개인 간의 투쟁에서만 이러한 결과를 예측한다. 국가들도 인정을 추구하지만, 그의 견해에 의하면 국가들은 자족적 총체로 남는다. 국가들의 인정투쟁은 초국가적 연대를 생산하지 못하고, 우리를 다수의 국가로 이루어진 … "역사의 종말"에 남겨 놓는다.[39]

칸트와 헤겔의 (목적론적인 설계도를 따라 수정된) 전제들을 이렇게 결합함으로써 웬트는 세계국가 출현의 토대를 발견한다. 이 경로에는 두 가지 중요한 조건이 있다. 첫째, 국가들의 인정투쟁은 한 유형의 집단적 정체성으로 나아갈 것임이 틀림없다. 강력한 국가들을 결합하는 (나머지 국가들이 추종할) 어떤 원리가 출현할 것이고, 그래서 헤겔의 표현한바 "국가들의 상호관계란 주권을 그 원리로서 갖는다"는 조건을 무력화할 것이다.* 둘째, 세계국가가 실현되려면 원리에서뿐만 아니라 구체적으로도 반드시 일정한 수단이 있어야 한다. 달리 말해, 세계국가는 국가의 기준에 부합할 필요가 있다. 이 두 조건이 맞는다면, 웬트는 "국가 간 인정투쟁이 개인 간의 그것과 동일한 결과, 즉 집단 정체성 형성 및 종국적 국가 형성을 낳을 것"이라고 주장한다.

하나의 근거는 … 기술의 역할과 관련된다. 칸트는 세계국가의 가능성을 거부했는데, 이는 부분적으로 그 당시 기술이 그것을 차단하게 했기 때문이다. 그리고 헤겔은 전쟁이 합법적으로 남아 있는 최종상태를 상정하면서 전쟁 비용이 감당 못할 정도가 되리라

---

* 이것이 기후 리바이어던과 관련해서 어떤 원리들일지는 우리가 곧 돌아가 살펴볼 문제다.

고는 생각하지 않았다. 둘 다 지난 세기의 극적인 기술 변화를 예측하지 못했다. 그런 극적 기술 변화는 부분적으로 안보 딜레마 때문에 발생했고, 그와 같이 무정부상태에 내생적인 현상이었다. 대니얼 듀드니Daniel Deudney가 설득력 있게 주장하듯이, 이러한 변화들은 전쟁 비용을 상당히 증가시켰고, 또한 국가를 조직하는 규모도 증가시켰다.[40]

웬트가 말한 "불가피한" 세계국가의 기본 논리는 1940년대의 러셀과 아인슈타인의 논리와 동일한데, 비록 무기가 훨씬 더 강력해지고 정밀해지고 기동성 있게 되었다고 해도 그렇다(이 사실은 아인슈타인-러셀의 논의를 더 눈에 띄게 만들 뿐이다).[41] 사실상 냉전은 세계국가 논쟁을 중단시켰다. 때로 "역사의 종말"이라는 축하를 받았던 냉전의 종말은 또 다른 결론을 도출하기도 했다. 세계정부가 수립될 가망의 복귀.

웬트는 국가들 사이의 인정투쟁이 기술 변화와 결합하여 세계국가로 향하는 시스템을 추동할 것이라고 말한다. 그는 전쟁이 더 이상 실행 가능한 "최후의 수단"이 아니라는 아렌트의 결론을 공유한다. 그러나 아렌트는 닥쳐올 말살의 힘, 즉 세계평화를 성취할 수 있도록 정치적인 것의 적응을 강제하는 그 힘을 신뢰하지는 않았던 것 같다. 더욱이 아렌트는 세계정부에 대한 자처를 "가장 무시무시한 폭정"과 연관시켰다. 웬트는 훨씬 더 "낙관적"이었다. 확실한 파괴의 문턱에 도달하면 세계가 반드시 적응할 수밖에 없다고 예상했다는 점에서, 그리고 비전체주의 세계정부란 모순어법이 아니라고 믿었다는 점에서 그렇다.

이 "낙관주의"적 분석은 웬트가 해답을 내놓지 않은 몇 가지 어려운 질문을 제기한다. 첫째, 기술 발전이 이 변화를 추동한다면, 어떤 기술일 것이며, 그 이유는 무엇인가? 웬트는 그저 대량살상 무기를 언급하지만 히로시마/나가사키 이후 60년도 더 된 시점에 우리는 제2차 세계대전의 종말 때보다 세계국가에 더 가까이 가지 못했다.* 둘째, 세계국가가 "집단 정체성 형성"을 통해 실현된다면, 무엇이 그 집단성의 이념적 기초를 제공해 줄 수 있는가? (분명, 국가주의는 아닐 것이다.) 셋째, 세계국가의 출현은 세계 대부분의 기존 국민국가(그리고 거의 모든 강대국)가 지닌 특히 자본주의적 성격에 어떤 영향을 받을 것인가? 웬트는 방법에 대해서는 설명하지 않은 채, 자본의 논리가 세계국가의 출현에 더 기여하리라고 말하는 것을 제외하면 자본주의 문제를 괄호 안에 넣어 버린다.

여기서 첫 번째 질문을 다루는 것은 웬트의 생각들을 정교화하려는 시도에 불과할 수 있다. 그러나 문제를 분명히 하기 위해서 (훨씬 심화된 논의가 필요한) 다른 이들의 논의를 살펴보자. (비전체주의적) 세계국가에서 집단 정체성의 이데올로기적 토대는 마법의 묘약처럼 보일지도 모른다. 그게 무엇인지 알 수만 있다면 우리는 "보편적 시민권"에 한 발짝 더 다가가게 될 것이다. 우리는 국가들 간 인정투

---

* 한 가지 예외는 유럽연합 프로젝트다. 그것은 그가 글을 쓸 당시에만 해도 매우 미약해 보였다.

쟁을 해결할 수 있는 유일하게 가능한 이데올로기 형식이란 지상 생명체들의 "집사"라고 앞서 언급했다.

두 주요 자본주의국가 미국과 중국의 엘리트들이 행성적 토대 위에서 주권이 조직되고 합법화되게끔 정치적인 것을 재구성할 능력이 있다고 가정해 보자. 그 엘리트들은 자신들의 이익이 마치 행성 전체의 보편적 이익인 것처럼 자신들의 이익을 제시할 것이다. 국가 시스템의 수준에서 보면 이는 근본적으로 엘리트 프로그램을 대변하는 것이지만, 그렇다고 해도 그들의 이익은 행성적 긴급사태 인식이라는 맥락에서 상당한 합법성을 부여받을 것이다.** 세계국가를 향할 가능성 있는 모든 움직임들이 지닌 그런 특질은 자본의 역할(그 어떤 엘리트 프로젝트라 하더라도 토대가 될 것이 거의 확실한)에 대한 힌트를 제공한다. 따라서 자본의 역할에 관한 한, 우리는 자본의 논리가 세계국가를 추동할 수도 있다고 주장한 웬트에 동의한다. 노동력의 재생산은 말할 것도 없이 자본의 순환과 축적을 위한 토대를 유지하기 위해서는 "집단행동 문제"에 대한 해법이 필요한데, 이는 오직 행성적 토대 위에서만 찾을 수 있기 때문이다(제5장 참조).

조반니 아리기의 주장에 의하면, 자본주의 역사에서 자본의 모순의 운동은 사실상 항상 더 광범위한 정치적 · 지리적 '결의/거버

** 물론 그 프로젝트의 엘리트적 성격은 국가 체제라는 스케일에서는 문제가 되지는 않을 것이다. 인간 공동체를 괴롭히는 계급, 젠더, 기타 다른 위계들은 그런 성격이 백인 남성 지배를 경유해서 행사될 것임을, 또 그럴 가능성이 매우 높음을 의미하기도 한다. 집단 정체성의 형성 과정에서 거의 확실한 중국 중심성은 이 과정의 유럽-미국적 성격을 감소시킨다.

넌스' 스케일을 향해 움직였고, 미국의 **아름다운 시절**belle époque 이후
에는 오직 하나의 더 큰 스케일만이 가능해졌다. 행성적인 것 말이
다.* 더욱이 그렇게 되면 기후 리바이어던의 합법성에 관한 모든 주
장의 핵심에는 자본이 자리하게 될 가능성이 크다. 웬트가 아무런
암시도 하지 않는 혁명적 이데올로기 변화를 제외하고, 지구를 구한
다는 엘리트 프로젝트는 성공을 위해서 합법성을 필요로 하는데, 이
는 적어도 지금 당장은 자본만이 부여해 줄 수 있는 것이기 때문이
다. 그렇지만 이 모든 것은 꽤 빨리 변할 수 있다.

　여기에는 더 많은 논의가 필요하지만, 일단 기술이 주권 및 집단
정체성 형성에 관여되기 때문에 다시 기술의 문제로 돌아가 보자.
웬트는 국가들이 끊임없이 상호 인정을 추구하도록 만드는 "무정부
의 논리"를 강조한다. 그렇게 각 국가는 서로를 파괴하기 위해 군사
력을 강화하면서 대규모 집단행동 문제를 야기하고, "방위"에 더 많
은 투자의 필요성을 영구화한다. 동일한 문제를 연구하는 다른 이
들은 아렌트가 "폭력 수단의 가공할 발전"이라고 한 데에 대한 반응
으로서 웬트가 강조한 군사기술과 세계정부 "논리"의 중요성을 지
지한다. 그러나 "논리적"임이 "불가피함"을 의미하지는 않는다.[42] 예

---

* Giovanni Arrighi, *The Long Twentieth Century: Money, Power, and the Origins of Our
Times*, New York: Verso, 1994. 참조. 아리기의 설명이 많은 것을 설명하지만, 더 큰 스케일
을 향한 자본의 추진력은 항상 특정 "소규모 자본"을 유지하기 위해 공간적 차이를 착취할
가능성과 교차한다. 풀란차스가 상기시키듯, "자본 전체 내에서" "다른 자본이 계속 번영할
수 있도록 누가 희생할 것인지를 결정할 수 있는" 일반적인 원칙이나 사례는 존재하지 않는
다: (*State, Power, Socialism*, 182–83).

를 들어, 웬트의 동료인 버드 듀발Bud Duvall과 조너던 하버크로프트 Jonathan Havercroft는 세계정부의 출현에 관건이 되는 것은 웬트가 간과한 세부 사항들(간과한 이유는 아마도 그가 오래된 핵 단일-세계주의 전통에 너무 많은 빚을 지고 있기 때문일 것이다)이라고 주장한다. 기술(이 경우에로 군사기술)이 참여하기 위해서 이해해야 하는 주권에, 그리고 주권 행사를 위해서 필요한 집단 정체성에 모두 영향을 끼친다면?

듀발과 하버크로프트에 따르면, 하나의 특수한 군사기술 분야(우주무기)는 중대하고, 그래서 결정적인 결과를 유발할 가능성이 있다. "군사기술의 변화(다른 과정들과 함께)는 정치사회들의 형식"과 "그들 관계의 성질"에 변화를 불러올 것이다. 따라서 두 사람의 분석 대상도 "새로운 우주무기 기술이 국제 시스템을 구성하는 정치사회의 … 존재론에 … 즉, 주권에 끼치는 영향"이다.[43] 이러한 주장은 세계국가 이야기가 정치이론의 까탈스러운 변두리에서 보낸 그 세월을 정당화하는 듯하다. 우리는 어떤 종류의 우주무기에 대해 이야기하고 있는 것인가?

우주 궤도의 세 가지 잠재적인 군사적 용도가 지평선 근처에 놓여 있다. 첫째는 적어도 1980년부터 미국이 추구해 온 것으로[완벽하진 않더라도 이미 사용 가능한] 미사일 공격 요격, 즉 우주 기반 미사일 방어막이다. 둘째, 진지한 "우주통제" 개발 논의가 있다. 이는 미국 국방부가 "우주 착취와 적국[특히 중국]의 우주 사용 거부"

라고 규정한 것이다. 셋째는 우주에서의 무력 사용이다. 궤도에 배치되어 지구 대기권이나 지구 표면 또는 그 근처를 비행하는 물체를 공격할 수 있는 ⋯ 다양한 종류의 무기.[44]

듀발과 하버크로프트는 미국만이 "효과적인 우주무기 프로젝트를 개발"할 위치에 있지만 그 이유는 명백하지 않다고 말한다.[45] 그러나 이 주장을 차치하고, 그들의 분석은 설득력이 있다.

우주통제는 미국의 주권이 우주 궤도로 확장하는 것을 의미한다. 우주통제의 실행은 ⋯ 미국의 "비타협적" 국경을 다시 새겨 넣는 일이 될 것이다. 이제는 우주 궤도의 "영토"를 포함할 만큼 확장해서 말이다. 미국 주권은 이 세계 밖으로 투사되어 궤도로 진입한다. 1967년 우주조약Outer Space Treaty 제II항에 따르면, "달과 다른 천체를 포함한 우주는 주권의 주장으로도, 이용이나 점령으로도, 그 어떤 다른 수단으로도 국가가 전유할 수 없다." 미국 우주통제 프로젝트는 이 조항의 명백히 위반을 수반할 것이다. 또한, 미국 주권 범위의 확장까지도.[46]

이 과정들은 "정치사회의 형식"에 아주 특정한 발전 또는 적응을 수반할 것이다. 국제법 위반은,

확실한 자본주의적 주권을 생산할 것이기 때문이다.《자본론》

제1권에서 마르크스는 노동자들이 생산수단으로부터 소외되는 과정을 고전 정치경제학자들이 설명하지 못했음을 책망한다. 애덤 스미스 같은 정치경제학자들의 경우 이전 자본축적이 노동 분업을 위해 필요했다고 주장한 반면, 마르크스는 이 학설이 터무니없다고 주장했다. 노동 분업은 노동자들이 노동으로부터 소외되지 않았던 자본주의 이전 사회에서도 존재했다. 그 대신, 마르크스는 자본의 원시적 축적의 실제 역사적 과정이란 무력에 의한 식민주의적 전유 관계로 실행되었다고 주장했다. 완벽한 비유는 아니지만, 우주 궤도에서 강제로 전유할 만한 가치가 있는 물질적 노동의 결여 때문에, 우주통제는 이전의 흔한 "부동산" 재산 형태처럼 우주를 식민화함으로써[우주공간을 새로운 형태의 부동산으로 사실상 개조함으로써] 글로벌 자본주의 질서를 구성한다는 점에서 원시적 축적과 같다. 우주 궤도에 대한 접근을 통제함으로써 미국은 강제로 궤도를 전유하게 될 것이고, 그리하여 사실상 그 공간을 원시적으로 축적된 사적 소유로 전환시킬 것이다. 이런 식으로 미국은 오늘날 글로벌 자본주의를 위한 주권국가 이상, 즉 글로벌 자본주의국가가 된다.[47]

듀발과 하버크로프트는 다가올 수십 년 동안 미국이 지상-기반 군사력을 능가할 우주무기에 대한 글로벌 독점을 추구하고 성취할 것이라고 예측한다. 이것은 공격용 우주-기반 무기와 핵무기, 공군력·해군력 장악과 결부된 "미사일 방어막"을 포함할 것이다. 그들의 주장에 의하면, "주어진 영토"가 전체 행성인 상황에서 하나의 국가가 최초로 베버의 국가성statehood 기준을 충족하게 되는 것이다. "특정 영토 내에서 합법적 무력[폭력Gewalt] 사용의 독점을 요구하는 기관" 말이다.[48] 미국이 "지구적 규모의 … 제국, 즉 세계주권"이 되는 미국-중심 제국주의의 새로운 시대가 도래할 것이다.[49]

그렇다면 어떤 근거로 우주무기가 기후 리바이어던에 기여할 수 있을까? 음모론처럼 들리지만, 우주무기와 매우 닮은 무언가가 지상의 생명을 지키는 데에 동원될 것이다. 그것은 대기권 지구공학이다. 경감의 창구가 닫혔다는 인식이 커지면서, 우리는 대규모 '테크노-사회적 대기권-조종에-의한-경감'을 통해 안전을 보장하는 "지구공학" 계획 이야기를 점차 더 많이 듣게 된다.[50] 예를 들어, 대기 반사율을 인공적으로 증가시키는, 태양복사조정SRM(Solar Radiation Modification)으로 알려진 황산염 에어로졸 주입을 생각해 보자.[51] 최근 한 논문은 SRM을 옹호하며 이 기술을 "반사율albedo 조정—지구 대기권의 반사율을 증가시킴으로써 지구를 냉각시키는 일종의 지구공학"—으로 규정한다. 그 메커니즘은 단순하다. 합성 에어로졸을 주입하면 마치 "여름에 흰 셔츠를 입는 것"과 같이 "햇빛을 성층권으로 반사시킨다."[52]

물론 큰 차이가 있다. 여름에 흰 셔츠를 입는 경우, 무엇을 입을지 결정하는 사람은 바로 나다. 그런데 누가 성층권에 합성 에어로졸을 주입하기로 결정하고, 또 얼마나 주입하기로 결정하는가?[53] SRM과 같은 지구공학 프로젝트들은 탄력성 있는 인프라를 창조하거나 가뭄-내성이 큰 씨앗을 생산하는 프로젝트와는 질적으로 다르다. 대규모 탄소 포집과 저장도 동일한 논의에 속하는데, 수천 년 동안 지구 지각에 기가톤급 탄소를 쌓아 놓는 것은 상당한 지질학적 지구 공학을 수반할 것이기 때문이다. 그러나 SRM은 주장컨대 진행 중인 지구공학 형식 가운데 가장 개연성 있고 의미 있는 것이고, 그래서 정치적인 것의 적응에도 지대한 결과를 낳는다. 세계의 반사율을 변경하려는 그 어떤 시도도 지구의 기후와 에너지의 운명, 삶과 죽음을 좌우할 여러 가지 결정을 요구할 것이다. 모든 대규모 지구공학 프로젝트는 지구 시스템으로 실험을 하는 상대적으로 소수의 행위자들을 가장 개연성이 없는 임무에 참여시킨다. 인간의 정치경제를 재설정하지 않기 위해서 지구 행성을 물리적으로 재형성한다는 임무 말이다. SRM의 가장 큰 문제, 소위 "거버넌스"는 진실로 주권의 문제인데, 근본적 질문이란 "지구공학을 통치하는 데에 알맞은 제도들을 어떻게 디자인해야 하는가"가 아니라 "누가 긴급사태를 선포할 수 있는가?"이기 때문이다.[54]

황산염 에어로졸 주입은 … 황산염 에어로졸을 성층권으로 주입하여 햇빛을 다시 우주로 흩어지게 하는 일이다. 이 방법이 평균 지표면 온도를 낮추는 데에 성공한다 하더라도, 그것은 기온과 강수량과 물 순환 강도에 상당한 지역적 편차를 불러올 가능성이 크고, 인도 몬순을 교란시킬 가능성도 있다. 많은 이들이 황산염 에어로졸의 지구공학 차원의 "자연적 실험"이라고 보는 1991년 피나

투보산 화산 폭발은 상당한 규모의 육지 강수량 감소를 야기했고, 일부 열대지방에 가뭄을 몰고 왔다.[55]

이러한 변화는 지구의 태양복사 흡수력 분포의 변화에 기인한다. 태양복사는 열대지방(에어로졸이 농축되는 곳)에서는 상대적으로 낮고, 위도가 높은 곳에서는 높다. 따라서 SRM은 근본적으로 불확실하고 지리적으로 불균등하게 날씨를 변화시킬 수 있다. SRM의 정치적 함의에는 시간적 차원도 있다. "우리가 계속 이산화탄소의 대기 농축을 증가시키는"(거의 확실한) "동안 SRM 프로그램에 착수한다면, 우리는 파국적 기후변화의 위험을 감수해야 할 것이다. 다음 천 년 또는 그 이상의 기간 동안 언제든 태양복사를 관리할 수 있는 능력 또는 의지를 상실하게 된다면 말이다."[56] 다시 말해, SRM에 착수하는 국가나 주권자는 그 스스로 SRM의 영구적 필요성을 떠안는 것이다. 이는 중대한 정치적 문제들을 제기한다.

> 많은 사람들은 지구공학 기술이란 발전해야 하지만 기후 긴급사태의 경우에만 배치되어야(이 군사용어에 주목하라) 한다고 생각한다. … 누가 그런 긴급사태를 선포할 권위를 갖는가?[57]

데일 제이미슨은 이러한 질문을 수사학적으로 제기하지만, 질문의 내용은 수사학이 아니다. 그 질문은 행성적 주권의 논리에서 발생한 것이고, 그래서 우리는 그에 답하든, 그것을 능동적으로 억누르든, 그것도 아니라면 그것을 더 좋은 질문으로 바꾸든 해야 한다.

틀림없이 지구공학 단독으로는 리바이어던을 낳을 수 없다. 기후 리바이어던은 몇 가지가 맞물리는 과정의 교차 지점에서 출현하기 때문이다. 그래도 지구공학 프로젝트를 평가하기 위한 수단이란 모두 극명하게 정치적일 것이라는 인식은 실험의 장점을 판단하기 위한 합법적 행성 권력의 논리적 필요성을 설명해 준다. 그 권력은 기술-과학 전문 지식의 흰 코트를 입고 나타날 것이다. 말하자면, "우리가 그 피드백 메커니즘을 스스로 고안해 낼 만큼 똑똑하든, 아니면 지구 시스템이 궁극적으로 그것을 제공해 줄 것이다."[58] 이는 이성Reason 대 자연 상태이다. 그 둘 사이에는 행성적 주권자가 서 있다. 생명 자체의 이름으로 (실험적) 예외를 선포하는 주권자 말이다. 따라서 행성적 주권은 세계법Weltrecht이라고 불리는 것에서, 말하자면 세계를 구원하기 위한 세계 개조의 권위와 의무를 사칭하는 데에서 출현한다.

5.

아직 존재하지 않는 기술을 논할 때면 늘 기술결정론이나 과학적 "진보"의 목적론으로 빠질 위험이 있다.[59] 우리의 논지는 변화란 단순히 기술에 의해 인과적으로 추동되는 게 아니라는 데에 있다. 모든 과학기술 분야는 언제나 이미 사회적이고, 그래서 특정한 기술의 잠재적 창조는 정치적 변화의 결과일(그리고 정치적 변화에 기여할) 것이다. 그런 기술들의 지정학적 차원은 이미 지구를 찢어 놓고 있는데, 일례로 미국과 중국 사이에 깊은 긴장을 유발하고 있다. 우리는 이러한 기술 변화가 미국의 헤게모니를 뒷받침할 수 있다는 듀발과 하버크로프트의 주장에 동의하지만, 그렇게 될 것이라고 전제해서는 안 된다. 기술은 지구적 권력의 공고화(예를 들어, "G2"의 형태로, 중국과 미국이라는 결합된 두 국가에 의한 헤게모니적 지배) 이후, 또는 미국의 헤게모니를 극적으로 약화시키고/거나 중국의 지정학적 힘을 증대시키는 전쟁이나 기타 사건 이후에 천천히 발전할 수 있다.

이렇게 불확실한 역학은 우리의 분석에서 가장 걱정스러운 결론 중 하나를 강조한다. 기후변화가 일으킨 주요한 변화가 정치적인 것의 적응이라면, 그 적응에서 가장 큰 불확실성의 원천은 미국과 중국의 복잡한 지정학적·경제적 관계에 있다. 두 세력 사이의 세계전쟁을 볼 수도 있을 텐데, 그것은 세계 시스템의 붕괴, 미국과 중국의 협력을 통한 기후 리바이어던의 공고화, 미국-중심의 리바이어던 가운데 어느 하나로 나아갈 것이다. 물론 다른 전망도 가능하다. 결국 모든 경우에 기후변화-정치적 복합체의 강력한 예측 모델을 생산하는 것은 불가능하다.

이 장에서 살펴본 주장들을 다시 상기해 보자. 알렉산더 웬트와 마찬가지로 우리도 세계-스케일의 권력을 향한 변화를 예상하고, 그래서 국가 간 시스템의 논리란 그 권력의 창조를 가리키고 있다는 그의 주장은 설득력이 있다. 그러나 웬트는 자본과 자본의 기술적 역동성(특히 비군사적 기술) 문제를 회피했다. 이 둘은 세계정부를 "불가피"하게 만드는 것이 아니라 오히려 "있을 법"하게 만드는 두 가지 요소이다. 더 불가피해 보이는 것은, 웬트 및 듀발과 하버크로프트 모두 보여 주고자 했던 주권상의 근본적 변화이다.

우리는 행성적 주권을 가리키고 있는 세 가지 논리를 확인한다. 첫째는 무기, 특히 대량파괴 무기의 논리로, 아인슈타인과 러셀로부터 아렌트로, 다시 웬트(이 역학에 대한 구체적 대응이 각기 다르다 하더라도)로 이어지는 전통에서 다듬어진 논리다. 둘째는 마르크스주의 전통, 즉 자본주의의 위기 성향에 대한 중심적 강조다. 그 논리는 점차 증가하는 지구적 또는 행성적 모순을 해결할 수 있는 것으로 간주되는 주권의 형식과 스케일을 지향하는 경향이 있다(제5장 참조). 현재 위기의 근본적 새로움을 강조하는 셋째는 생태적 파국의 "논리", 그리고 그에 수반하는 것으로서 지구공학(SRM은 그중 가장 진보된 표현이다)을 통해 지구상 생명을 살리라는 명령이다. 이 논리들은 신흥 기후 리바이어던에서 조리가 선다. 이 경우 정치적인 것은 위기와 파국이 요구하는 필요들로 구성된다. 그 필요들로는 "행성 구하기"에 적합한 스케일의 헤게모니적 군사-정치 역량, 지구공학의 생산과 보호 또는 이 목표를 실현할 관련 사회-기술적 메커니즘, 그리고 마지막으로 긴급사태 선포, 적합한 것으로 여겨지는 제도적·기술적 대응 개시, 가능한 한 그 합법성 보장 등이 있다.

이미 진행 중이고 분명 악화될 것이 뻔하지만, 해수면 상승과 심화하는 가뭄 같은 가속화하는 환경 변화들은 기후변화가 요구하는 정치적 변화를 스스로 간청하지 않는다. 행성적 주권을 "필요"하게 만드는 것은 대량이주와 갈등의 유령들(그리고 현실)에다 지구공학의 약속이 합해져야 하는 경우다. ⓐ 과정들이 실존적 위협을 제시하는 경우, ⓑ 과정들이 대규모(글로벌)일 경우, ⓒ 과정들이 기존 정치 질서에 난제를 제기하는 경우, 그 과정들은 리바이어던의 창출을 추진할 가능성이 더 크다. 이런 측면에서 SRM과 새로운 행성적 거버넌스(특히 우주-기반 무기와 함께 도입될 경우)는 행성적 주권을 위한 결정적 촉발제가 될 수 있다. 우리가 앞서 주장했듯, 행성적 주권은 두 가지 광범한 정치경제적 형식 중 하나를 취할 수 있다. 자본주의 혹은 포스트자본주의. 그러나 여기에 덧붙이고 싶은 것은, 행성적 주권이 두 가지 지정학적 경로 중 하나를 통해 출현할 수 있다는 것이다. 사실상 제국의 두 유형, 즉 지정학적으로 구별되는 "기후 리바이어던들" 가운데 하나를 생산해 내면서 말이다(둘 다 포스트자본주의보다 자본주의일 가능성이 훨씬 높다. 그러므로 두 시나리오 다 표 2.2의 상단 좌측 사분면을 반영한다).

첫째는 미국 중심의 기후 리바이어던이다. 이 시나리오에서 미국은 현재의 군사적 지배력을 유지하고, 새로운 제국적 헤게모니의 이데올로기적 토대로서 "지구 생명체를 구할 필요성"을 이용한다. 미국은 파괴 기술에서 전 세계 으뜸일 뿐만 아니라 지구공학, 특히 SRM의 리더이기도 하다. 그러한 미국 주도의 행성 관리는 심대하게 불균등한 지정학적 영토를 토대로 펼쳐질 것인데, 여기서 행성적 주권은 사실상 제국의 지배라는 형식을 취할 것이다. 이와 같은 미국 중심의 기후 리바이어던은 예상컨대 오래 지속될 것이다. 미국을 군사적으로 격파하려는 그 어떤 시도도 지구 생명의 관리 자체를 불안하게 할 것 같기 때문이다. 미국 헤게모니에 저항하는 모든 시도는 극단적 반역의 "테러리즘"으로 취급되어 압도적인 군사기술로 제재될 것이다.

두 번째 시나리오는 우리가 미국은 사실상 전 세계적인 헤게모니를 갖고 있지 않다고 인식할 때(예를 들어, 미국이 단독으로 우주무기 같은 군사기술 분야의 급속한 발전을 이룰 것이라고 생각하지 않을 때) 출현한다. 반대로 미국은 이미 "강대국" 지위를 위해서 다른 몇몇 자본주의 국민국가들(가장 주목할 만한 국가는 중국이지만, 러시아, 인도 및 다른 나라들도 있다)과 경쟁하고 있다. 그리고 이 경쟁은 이미 새로운 신냉전 사이버전쟁, 외교 갈등, 정교한 무기(우주무기 포함) 개발 경쟁에서 드러나고 있다.

좀 더 가능성이 커 보이는 이 시나리오에서는, 경쟁국들 가운데 하나나 그 이상이 계속 미국과 경쟁할 것이다. 역사는 이 경쟁이 전쟁으로 나아갈 수 있음을 보여 주었고, 충분히 그럴 만하다. 그러나 우리의 목적에 맞춰 생각하자면, 중요한 것은 미국이 정치적·군사적·기술적 지배를 수립하는 데에 실패할 것이라는 점이다. 그 의미는 이렇다. 행성의 관리가 민주적이지도 않고(대다수의 국민국가들과 국민이 행성의 관리에 관한 중요한 의사결정에 참여하지 못할 것이기 때문에), 하나의 헤게모니 권력에 의해 깔끔하게 지배되지도 않는 세계 시스템의 맥락에서 전개되리라는 점이다. 행성적 거버넌스는 울퉁불퉁하고 갈등이 가득한 지정학적 영토에서 펼쳐질 텐데, 여기서 엘리트들은 자신들의 필요(정치적 안정성, 계속되는 축적 등등)를 충족시켜 주는 "적응"을 계속해서 추구할 것이다. 예를 들어, 미국과 중국(또는 세계적으로 영향력이 있는 국가들로 이루어진 몇몇 소규모 집단들)이 행성 관리의 공유를 포함하는 일종의 대타협, 즉 지구 생명을 구하기 위해 쌍방으로 구성된 기존 질서의 G2 집중 속에서 세계체제를 재조직하리라고 상상하는 게 완전히 얼토당토않아 보이지는 않는다.

　기후정의와 같은 무언가를 희망하는 사람들의 입장에서 보자면, 이러한 미래 경로들(또는 그것들을 토대로 한 변주) 가운데 받아들일 만한 것은 없다. 다른 대안은 없는가? 대안을 실현하려면 무엇이 있어야 하나?

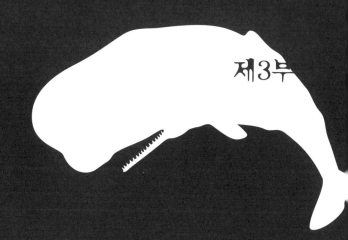

제3부

7
파리 이후

우리는 이러한 미래의 그림자를 거부하고,
안보의 이름으로 자유를 억누르는 공포의 정치에 굴복하지 않을 것이다.
안보상 가장 큰 위협, 모든 형태의 생명에 가해지는 위협은
기후재앙을 추동하는 시스템이다.

_ 최근 파리 공격에 대한 기후 게임 대응Climate Games Response to Recent Paris Attacks, 2015년 12월[1]

1.

2012년 10월 허리케인 샌디가 뉴욕시를 강타했다. 직경으로 볼 때 역사상 대서양을 강타한 가장 큰 허리케인이었고, 그로 인한 피해는 막대했다.[2] 200명 이상이 사망했고, 직접피해가 750억 달러에 육박했다.* 피해 비용의 일부는 200만 명에 달하는 사람들이 영향을 받은 정전 때문이었다.[3] 뉴저지 북부와 브루클린을 가로지르는 저지대 저소득층 공동체들은 특히 전기와 물 부족, 주택가 침수, 통행 단절, 질병 등 여러 가지 고난으로 심각한 타격을 입었다. 그러나 모두가 고통을 받은 것은 아니었다. 로어맨해튼의 어둠 속에서 골드만삭스의 세계본부 빌딩은 응급 예비발전기 덕에 밝게 번쩍이며 도시의 횃불이 되었다(표 7.1 참조).

이 실화는 기후 리바이어던의 은유이다. 세계의 부자들과 권력자들은 이미 행성의 급속한 변화에 적응하고 있다. 막대한 개인 투자와 강력한 국가 제도 간의 끈을 이용해 엘리트들은 자신들의 부와 지위, 권력을 보호할 체계를 굳건히 다지고 있다. 그들은 현재의 세계질서가 가속화하는 기후변화를 막을 힘이 없다는 것을 인지하고 있다. 월스트리트는 샌디와 같은 슈퍼폭풍을 막지는 못해도 충분한 콘크리트와 발전기로 최악의 결과를 피할 수 있고, 폭풍해일로 증

---

* 샌디가 유발한 피해에 대해서는, 산정할 수 있는 피해액이 가장 컸던 미국의 피해에 초점을 맞췄다. 그러나 아이티와 쿠바 등 다른 카리브해 국가들도 막대한 피해를 입었다. 금전적인 산정은 항상 빈곤층의 피해를 적어 보이게 한다.

| 표 7.1 | 허리케인 샌디가 강타하는 동안 밝게 빛나는 골드만삭스 본부, 2012년

출처: 에두아르도 무노즈/로이터통신.

가한 사업 비용을 재난채권으로 감당하고도 남을 수 있다. 탄소 배
출을 급속하게 줄여야 할 필요성이 세계의 가장 큰 집단행동 문제
라면, 우세한 적응 패턴(심각한 불평등의 확립)은 엘리트들이 이 문제
해결을 계획적으로 거부하고 있음을 반영한다. 상대적으로 가난하
고 힘 없는 이들은 알아서 스스로를 돌볼 수밖에 없다.[4]

그로부터 2년 후인 2014년 9월 21일, 뉴욕시는 미국 역사상 가장
큰 정치행진 중 하나이자 아마도 가장 큰 환경행진이었을 '사람들의
기후 행진People's Climate March'을 개최했다. 유엔기후정상회의가 열
리기 하루 전날 열린 하루 일정의 이 행진에서는 추산 인원 31만 1
천 명(1천 개가 넘는 단체들의 대표들을 포함하여)이 맨해튼 중심가에
서 기후변화에 대한 행동을 요구했다.[5] (작은 규모의 연대 행사들이 다

른 대여섯 도시들에서도 열렸다.) 맞서기보다 축하하는 분위기 속에서 열린 뉴욕 '사람들의 기후 행진'은 다채로웠고 삶을 긍정하는 분위기였다. 주최 측의 표현대로 말하자면, 행사는 "우리 운동의 규모와 아름다움을 보여 주는 놀라운" 일이었다. 합법적으로 허가된 행진은 센트럴파크 서쪽과 남쪽 주요 도로들을 차단했지만 참여자들이 잘 통제했고 마찰도 거의 없었다. 행진의 이미지들은 시민들이 변화를 요구하면서도 조화를 이루는 아름다운 사회에서 보낸 우편엽서 같아 보인다. '사람들의 기후 행진' 요약이 설명하듯,

세계 지도자들이 기후변화 정상회의에 참여하기 위해 뉴욕시로 모이는 와중에, 전 세계 사람들이 기후위기를 끝낼 행동을 요구하고자 거리를 가득 메웠다. 그 어느 때보다도 지금, 우리는 아름답고 단합된 하나의 커다란 운동이 되었다. 우리는 모든 이를 위한 더 밝고 더 공정한 미래를 요구하고자 처음으로 전 세계에서 한데 모이고 있다.

모든 시위와 마찬가지로, 이 행진은 일종의 공간 퍼포먼스였다. 목적은 다음 날 기후정상회의가 열리는 유엔본부까지의 행진이었다. 뉴욕경찰청은 이 행사를 불허했고, 시위 참가자들은 42번가로 우회해 유엔본부에서 멀리 떨어진 서쪽으로 갈 수밖에 없었다. 대중은 무대를 떠난 후 도시 안으로 몇 블록 더 산개해 들어갔다. 그런 거대한(동시에 중요한) 정치행사치고는 놀랍도록 짧은 거리를 나아

갔다. 시위 참가자들은 공간적으로 질서정연했다. 수만 명의 참가자들은 사실상 여러 사회집단들로 분류되어 있었다. 원주민과 "전위 공동체들"이 이끌고, 학생, 과학자 등이 뒤따랐다.✦ 행진의 선두에는 그 직무나 명성 때문에 엘리트 집단들의 참여를 알린 이들, 즉 할리우드 스타 레오나르도 디카프리오, 전직 미 부통령 앨 고어, 뉴욕 시장 빌 디블라지오, 유엔 사무총장 반기문 같은 이들로 구성된 특별 구획이 있었다.

회의가 열린 다음 날 아침, 뉴욕시에서는 더 많은 기후 시위가 벌어졌지만 그 분위기는 사뭇 달랐다. '월가를 점령하라' 시위를 연상시키는 "월가를 범람시켜라Flood Wall Street"는 행성 긴급사태와 글로벌 자본 간 중대한 연결고리에 주의를 집중시킬 목적으로 잠시나마 금융가를 폐쇄하려는 수백 명의 기후정의 활동가들을 결집시켰다. 그들의 슬로건은 "자본주의를 멈춰라. 기후위기를 끝내라"였다.[6] 너무나 대규모여서 전날 맨해튼 중심부를 마비시켰던 '사람들의 기후 행진'과는 달리, 월가를 범람시키려 한 급진주의자 그룹은 숫자가 너무 적어서 로어맨해튼의 비즈니스를 심각하게 교란시킬 수 없었다. 경찰은 즉시 시위자들을 덮쳤다. 100명 이상의 시위 참가자들이 체포되었다.[7] 뉴욕주는 왜 하루 전에는 거리를 가득 메운 30만 명의

✦ 우리는 "우리는 누가 책임을 져야 하는지 알고 있다we know who is to blame"라는 그룹과 함께 행진하려 했으나 군중을 뚫고 목표 지점으로 나아가지 못했다. 대신에 (적절하게도) 과학자들과 대학들 그룹에 합류했다. 그러나 우리 부분은 실제로 행진하지 못했다. 도로가 너무 꽉 차 있고, 대열의 선두와 너무 멀리 떨어져 있어서 행진 시작 두 시간이 지난 후에도 여전히 같은 장소에 있었다.

사람들을 평온하게 바라보다가, 이 시위 참가자들은 그토록 거칠게 다룬 걸까? 이 질문 자체가 답을 하고 있다. 금융가 시위자들이 허가를 받지 않았다는 사실만으로는 대답이 되지 않는다. 주 당국은 바닷물이 뉴욕시로 범람하는 것을 막을 수는 없지만, 경찰은 월스트리트를 보호할 수 있다. 오늘 반자본주의자들로 범람하는 것보다 내일 바닷물로 범람하는 게 더 낫다.

이 두 장면은 기후정의운동의 복잡성과 일부 모순을 드러낸다. 상대적으로 짧은 역사를 가진 이 운동은 몇 가지 주목할 만한 성공을 거두었는데, 특히 유럽에서 그랬다. 그러면서도 우리 대부분은 우리의 현재 능력과 정치적 목표 사이의 거대한 부조화를 인식하고 있다. 우리는 어려운 난제들, 말하자면 모든 기획 회의, 행동, 캠페인 등과 함께 대두되는 질문들에 직면해 있다. 우리가 "기후정의운동"이라고 할 때 우리가 의미하는 바는 무엇인가? 이 운동 속에 있는 사람은 누구이고 그렇지 않은 사람은 또 누구인가?[8] "우리의 운동"이라고 말하는 사람은 누구의 이름으로 발화하는 것인가? 이 투쟁을 위한 어떤 지리적이거나 계급적인, 아니면 다른 어떤 토대가 존재하는 것인가? 변화가 필요한 현재 상황은 어떤 것이고, 또 그것은 어떤 방법으로 그것을 변화시킬 것인가?

제21차 당사국총회COP21 동안, 수만 명의 활동가들과 최전선 공동체 대표들이 전 세계 기후정의운동을 촉진하고자 파리에 모였다. 2주 동안 수백 명의 시위자들이 도시 전역에서 격렬한 항의와 시위를 했고, 이후 「파리협약」이 조인되던 날(2015년 12월 12일)에는 1만 2천 명이 행진을 했다. 레퓌블리크 광장, 루브르 근처, 센강, 당사국 총회 회의장 내에서 수천 명의 용감한 활동가들이 엘리트 의제, 탄소 오염 유발자들, 그리고 불가피하게도 경찰과 대치했다. 이 모든 일들이 프랑스 정부가 11월 13일 대규모 테러 공격 후 선포한 긴급사태 기간에 벌어졌다. COP21이 시작된 즈음 300명 이상의 기후 활동가들이 체포되었다. 회의 기간 내내 도시는 현미경으로 조사하듯 감시당했다. 무장 군인과 경찰이 사방에 배치되었고, 온갖 감시 체제가 사방에 포진되었으며, 공공시설이 폐쇄되고 이주민과 소수자 단체에 대한 추가적 압박이 가해졌다. 파리 시위자들은 진정 위험을 무릅썼으며, 기후정의와 민주주의 권리(긴급사태에 맞서)를 위해 분연히 일어섰다. 이 시위에 참가했던 한 단체가 작성한 다음 문서는 당시의 분위기를 말해 준다.

사회·기후정의를 위한 우리의 헌신은 그 어느 때보다 강하다. 우리는 기후 혼돈의 기저에 있는 지정학적·경제적 역학이 테러리즘을 키우는 역학과 동일하다고 확신한다. 생태계 붕괴로 발생한 이라크 오일전쟁부터 시리아 가뭄까지 모두는 똑같은 불평등을 키우고, 폭력적인 갈등의 사이클을 유발한다. 우리는 이 글을 국가가 긴급사태를 선포한 도시에서 쓰고 있다. 정부는 COP21 협상이 계속될 것이라고 했지만, 프랑스 전역의 모든 공공 실외 시위는…금지되었다. 우리는 미래의 이 그늘을 거부하고, 안보의 이름으로 자유를 억압하는 공포정치에 굴복하지 않을 것이다. 안보, 모든 형태의 생명에 가장 큰 위협은 기후재앙을 추동하는 시스템이다.[9]

기후정의를 실현하려면 (다른 많은 것들과 함께) 이 같은 선언이 훨씬 더 많이 필요하다.

파리(COP21이 아니라)는 전 세계 기후정의운동의 정점이었기 때문에 이때의 행사들은 평가받을 만한 가치가 있다. 뉴욕에서 벌인 행진보다 참가자가 훨씬 적었음에도 시위는 더 위험했고 이해관계는 더 첨예했다. 운동의 구성과 이데올로기적 범위를 보면 (특히 유럽을 가로지르는) 운동 내부의 다양성도 더 컸다.✦ 회의 기간 동안 수백 건의 행사가 열렸는데, 그중 가장 큰 것은 「파리협약」이 효력을 발효한 날(2015년 12월 12일) 개최되었다. 이날은 어느 정도 검토해볼 만한 가치가 있다. 이날은 현재 사람들을 포함한 많은 이들에게 참으로 결정적인 순간, 즉 대중 동원이 정치적인 것의 조건을 변화시킬 수 있었던 순간으로 이해되기 때문이다.

세 개의 특수한 행사들은 매우 흥미진진한 병치를 제공한다. 첫째, 12월 12일 일찍 원주민 지도자 단체가 허가 없이 노트르담 대성당 앞에 모였다. 그들은 원주민들의 끊임없는 반식민주의 저항을 기리는 한편, 협약에 원주민의 이익을 인정하는 구속력 있는 내용이

✦ "더 컸다"는 것이 "충분하다"를 의미하지 않는다. 파리에서 대부분의 활동가들은 유럽, 특히 프랑스와 독일 출신이었다. 공간적 거리감의 한계는 다른 것만큼이나 시위자들에게도 적용된다.

없다는 데에 항의하려 했을 것이다.* 그날 익숙한 좌파 스타일의 정치 축제 분위기로 진행된 다른 시위와 달리, 노트르담 행사는 음울했고 그 메시지도 달랐다. 환경 시위들이 거의 모두 더 강력한 협상을 요구하며 당사국총회를 지지했지만, 노트르담 행사는 행성을 생태재앙의 벼랑으로 이끈 제국주의에 초점을 맞췄다. 원주민 지도자들은 광장 및 프랑스 가톨릭교회의 역사적 중심지, 즉 프랑스에서 거리 측정의 기준이 되는 지리적·상징적 지점에서 쫓겨났다. 그들은 근처 다리에서 행사를 치를 수밖에 없었다.**

그날 두 번째 행사는 국제 기후정의 단체 연합으로 조직된 "붉은 선red lines" 집회였다. 시위 제한 때문에 행사 계획은 개선문 근처 그랑 아르메가를 따라 큰 집회가 열릴 것이라는 소식이 돈 그 전날 오후까지 확정되지 않았다.*** 아마도 1만 명이 모였을 것이다. 모두

---

* 원주민들은 COP21을 둘러싼 집회에서 두드러진 모습을 보였지만 그들의 이해관계는 최종 선언문에 반영되지 않았다. 구속력 없는 섹션에 언급된 것을 제외하고, 「파리협약」은 "원주민"이란 말을 단 한 번 사용한다. "당사국들은 적응 조치가 취약 집단과 지역사회 및 생태계를 고려하여, 국가 주도의 성인지적이고 참여적이며 완전히 투명한 접근법을 따라야 하며, 적절한 경우 적응을 관련 사회경제 및 환경정책과 행동에 통합하기 위해 가용한 최선의 과학과 전통 지식, 원주민의 지식 및 지역 지식 체계에 기반하고 이에 따라 안내되어야 함을 인정한다."(제7조 5항, 24조). 따라서 「파리협약」 본문에서 "원주민"이라는 단어가 한 번 사용된 것은 원주민의 권리가 아니라 원주민의 지식을 의미한다. 양도되지 않은 원주민의 토지에서 화석연료를 추출하는 것을 제한하는 문구는 없다. 따라서 원주민의 분투는 자본의 적응을 위한 자원이 된다.

** 같은 시각, 정치시위 금지에 대한 창의적 대응이 나왔다. 시위자들이 파리 전역의 지리적 표시가 된 지점들로 이동해 특정 순간에 "지금 기후정의"라고 쓴 휴대전화의 불을 밝혔다.

*** 오후 12시 30분 수신된 문자메시지는 다음과 같다. "#d12 내일: 에투알 광장과 포르트 마이요 사이 그랑 아르메가에서 11:45분 만남. 붉은색 무언가를 가져올 것." 상세한 내용은 기후행동 지대 공청회에서 설명되었다.

붉은 옷을 입고, 기다란 붉은 깃발들이 주변에 장식되었다. 사회주의를 상징하는 것이 아니라 타협할 수 없는 지점, 즉 한계선을 상징하는 붉은 선을 긋기 위함이었다. 그것은 기후정의를 위한 거리 축제였고, 기뻐하는 군중과 붉은 풍선, 활기 넘치는 복장이 보였다. 그러나 그것은 병 속의 파티였다. "녹색지대"(경찰 용어로 시위가 허락된 공간)에 들어가는 것은 문제없었으나 나가기는 어려웠다. 사방에 경찰이 둘러싸고 있어서 르부르제에 있는 대표들은 고사하고 근처 동네들과도 단절되었다. 더욱이 시위의 퍼포먼스 행위가 "우리의 붉은 선 긋기"였는데, 우리가 요구하는 것이 무엇인지 명확하지 않았다. 우리가 타협 불가능하다고 주장한 것은 무엇이었는가? 우리가 정언적으로 거부한 것은 무엇이고, 절대 본질적이라고 여긴 것은 무엇인가? COP 과정? 이 특수한 합의? 자본주의? 이런 질문들에 명확한 답을 줄 대변인은 없었고 그저 구호, 상징, 슬로건만 있었다.

얼마 후 우리를 비롯한 다른 사람들은 경찰의 호위를 받으며 세 번째 집회 장소에 다다랐다. 프랑스 사회–민주주의 시민협회 단체 연합이 조직한 "마르스 광장 집회."[10] 붉은 선과 분리된 이 집회는 집회 허가와 청중 등 몇 가지 문제를 두고 연합 내부 의견이 분열된 결과였다. 붉은 선 행사는 국제 기후정의 단체들이 조직했고, 마르스 광장 집회는 국내 단체들이 조직했다. 후자는 허가를 받았고, 전자는 허가를 받지 못했다(경찰이 다소 누그러져 작은 사각형 녹색지대를 허락하기 했지만). "시민 대모임"은 "기후 긴급사태를 선포하라!"라는 슬로건 아래 조직되었다.

국가 온실가스 배출 감축 약속은 세계 평균온도 3℃ 상승을 유발할 것이고, 이는 우리를 기후혼돈으로 몰아넣을 것이다. … 급격한 변화 없이는 COP21 합의는 인류에 대한 세계적 범죄를 암묵적으로 허락할 것이다. … 우리는 세계 사람들에게 기후협상의 가능한 결과들을 알리기 위해 경종을 울려야 한다. … 우리는 정치경제 지도자들이 기후 문제에 대한 진정한 해결책을 내놓도록 혹독하게 요구하기 위해 향후 몇 년 동안 대규모 … 시민 동원을 요구한다. … 우리는 기후 긴급사태를 선포하고 … 12월 12일 토요일 14:00시에 마르스 광장 에펠탑 아래서 대규모 시민 집회를 요청한다. 우리는 거대한 인간 사슬을 형성하여 기후위기 행동 메시지를 전 세계 사람들에게 알릴 것이다.[11]

수천 명이 이 요청에 응답했다. 집회는 차분했고 상대적으로 큰일 없이 진행되었다. 주로 에펠탑을 배경으로 한 군중 사진 찍기 행사였다. 「파리협약」이 르부르제에서 조인되자, 마르스 광장 연사들은 우리에게 각자의 정부에 더 많은 일을 하도록 압박하라고 권했다.✦

✦ 여기서 가장 유명한 연사였던 나오미 클라인은 자본주의 비판에서 한 발 물러섰다. 대신, 클라인은 공동의 마음collective psyche을 강조했다. 12월 12일 마르스 광장에서 한 그녀의 연설은 다음과 같은 말로 끝맺었다. "우리는 또한 슬픔을 인정해야만 합니다. 우리가 부정하지도 않고 억누르지도 않을 슬픔, 우리가 이미 잃은 것에 대한 슬픔, 우리가 이미 잃은 사람들에 대한 슬픔 말입니다. 그리고 우리는 오래전에 행동할 수 있었는데 그러지 않기로 작정한 사람들, 여전히 똑같은 재앙적 결정을 내리는 사람들에 대한 분노도 있습니다. 그러나 대부분 기쁨이 있습니다. 우리가 우리 눈앞에서 모양을 갖추어 가고 있는 다음 세계를 목격하는 지금, 대부분 기쁨과 결의가 있습니다."

시위 계획의 측면에서 보면 COP21과 같은 국제 정상회의는 기후정의운동에 시위를 할 것인지, 한다면 어떻게 할 것인지 같은 문제를 제시한다. 1999년 세계무역기구wto에 반대하는 시애틀 시위의 목표는 WTO 각료들이 모이지 못하도록 막는 것이었다.[12] 이라크전쟁 반대 시위들은 국가 제도를 목표로 삼았다. 2011년 반월가 시위는 공공공간을 장악했다. 그와 달리 기후정의운동 시위 대부분은 유엔이나 COP21 회의를 봉쇄하려 하지 않았다. 오히려 그 회의들이 진척을 보이기를 원했다. 그런 상황에서 좌파 시위자는, 마지못해서건 빈정대는 투이건, 엘리트 기관들을 위한 치어리더가 되었다. "폐쇄하라!"가 아니라 "협상하라!" 어떤 국제회의가 지금보다 더 효과적이기를 바라는데, 그 국제회의에 반대하는 시위를 어떻게 하겠는가? 그 국제회의가 더 권한이 세고 급진적이라면 찬성하겠다는 사람이 어떻게 반대 시위를 하겠는가? 이것이 기후정의운동의 복잡한 전략적 문제로 드러났다. 바로 이런 이유로 우리는 탄광, 송유관, (적어도 모호한 방식으로) 월스트리트 같은 구체적인 대립물들을 목표로 삼을 때 더 많은 대중적 영향력과 더 많은 유대감을 생산해 내려고 한다.

기후변화에 대처하기 위한 모든 가능성 있는 계획에서 국제 협상이 차지하는 중요성을 생각할 때, 현재의 제도적 체제가 기후정치에 제기하는 전략적 문제는 매우 중요하다. 이는 진정 파리 붉은 선 시위를 물들였던 모호성의 바로 그 표명이다. 그 이념은 르부르제에 전시되었던 엘리트 기후 외교에 대한 비판을 행성적 한계라는 관넘과 결합하는 것이었다. 즉, 우리의 실존적 "붉은 선" 너머에는 죽음과 파괴가 있다는 것이다. 동시에 우리 시위 참가자들은 사실상 똑같은 엘리트 정치를 강력하게 승인하고 있었다. 암묵적 메시지는 "합의는 좋으나, 이건 아니다. 우리는 우리에게 다른 결과를 준다면 같은 제도와 정치를 받아들일 것이다"였다. 우리는 여기에 이르는 논리를 확실히 따라갈 수 있지만, 이것이 국제 기후정치 체제에 대한 모호하고 제한된 비판임을 인정해야 한다. 우리는 2015년 12월 12일의 파리 시위를 다룬 국제 미디어들이 급진 좌파의 입장은 반영하지 않았다는 사실에 놀라서는 안 된다. 붉은 선과 기후 긴급사태 시위는 미디어에 의해 융합되었고, 거의 논의되지 않았다. 그저 큰 그림, 즉「파리협약」조인에 보탬이 될 다채로운 시각적 보완물로서 제공되었을 뿐이다. 암묵적 메시지는「파리협약」의 조인이 대중적 환호를 받았다는 것이다. (노트르담의 원주민 행사는 무시되었다.)◆

◆ 2015년 12월 12일 《더 가디언》 톱기사는 이 시위에 관해 단 한 가지만 언급했다. "파리 전역에서 기후 활동가들은 평화로운 시위를 계획했다. 시민사회 단체들은 넘지 말아야 한다는 붉은 선을 나타내려고 수천 송이의 붉은 튤립을 나누어 줄 것이고 협상이 이루어지면 에펠탑 아래에서 집회를 열 것이다. 그 명백한 함의는 협상을 **축하하기** 위한 집회임을 뜻한다 (Suzanne Goldenberg, Lenore Taylor, Adam Vaughan and John Vidal, Saturday 12 December 2015, "Paris Climate Talks: Delegates Reach Agreement on Final Draft Text," theguardian.com). 대신 무슨 말을 할 수 있었을까? "대규모 기후정의 활동가 그룹이 반자본주의적 지반 위에서 COP21 결과에 반대하려고 모인다. 그들은「파리협약」은 구속력이 없고, 있다 하더라도 세계 평균기온 상승을 기껏해야 3~4℃로 맞출 뿐이라는 것이다. '화석연료'라는 단어는「파리협약」에 포함되지 않는다. 우리는 급격한 탈탄소화가 필요하고, 더 민주적이고 더 이상 이윤을 위해 조직되지 않는 다른 세계로의 전환이 필요하다." 조금도 과장하지 않고 그럴 것 같지 않다. 적어도 부분적인 이유는 이러한 견해를 공유하는 많은 이들이 그럼에도 나쁜 협상을 하는 것이 아무런 협상을 하지 않는 것보다 훨씬 더 낫다고 간주한다는 데에 있다.

12월 12일 시위의 분열과 한계는 세계 기후정의운동의 중차대하고 피할 수 없는 난제들을 제기한다. 미디어의 시위 보도는 그 미묘한 차이를 포착하지 못했지만, 이 운동을 창조하고 유지하는 데에 도움을 주고 싶은 우리는 정직한 자기비판을 회피해서는 안 된다. 문제는 일관성 있는 만장일치 정치적 프로그램(운동의 다양한 양상 때문에 우리가 거의 기대하거나 심지어 욕망할 수도 없는 것)이 부재한다는 것이 아니라, 절대적으로 핵심적인 문제들에 대한 일관성 있는 정치적 입장이 부재한다는 것이다. 우리는 필요한 초국가적 사회운동 조건들을 조성하지 못하고 있다. 분명 세계 기후정의운동은 힘의 표식과 성장의 영역을 보여 주었다. 그래도 우리는 이념과 공약을 효과적인 정치적 저항 및 지구의 정치경제적 변화로 바꾸어 놓는 데에서 거대한 난관에 봉착해 있다. 기후 X의 경로를 취하는 것은 훨씬 더 광범위하고 급진적인 운동을 필요로 할 것이다. 이 운동이 직면한 근본적 장애물 몇 가지를 살펴보자.

2.

기후정의운동이 일관성 있는 정치이론이나 운동의 동기, 전략, 전술 등을 설명하는 이론들이 없다는 주장에 관해서는 상술할 필요가 있다. 아주 많은 이들이 헌신하며 쏟는 놀라운 에너지와 그럼으로써 그들이 떠안는 위험을 생각하면, 자세히 설명하기에 앞서 몇 가지 해명을 하지 않을 수 없다. 우리는 외부자적 시선으로 동료와 동맹을 비판하는 게 아닐뿐더러, 비난하거나 탓하는 것은 더더욱 아니다. 우리의 목표는 정치적·이론적 도발을 하고 비판적 성찰을 자극하는 데에 있다. 우리의 동기는 앞서 제시한 몇몇 질문들과 씨름하는 것이다. 우리가 "기후정의운동"이라고 할 때 그것은 무엇을 의미하는가? 우리는 무엇을 위해 싸우는가? 우리는 누구의 이름으로 말하는가? 우리는 무엇을 변화시키려 하고, 또 어떻게 변화시키려 하는가? 우리는 이런 질문들을 다루어야만 한다. 기후정의운동의 과거, 현재, 미래에 대한 견해가 어떻든 말이다. 그리고 우리는 우리의 답변이 훨씬 강력할 수 있고 또 그래야 한다고 느낀다.

첫 번째 난제는, 기후정의운동에 "하나" 또는 "바로 그" 운동이란 존재하지 않는다는 사실에 있다. 적어도 1940년대 인도의 반식민주의 운동, 또는 1980년대 남아프리카공화국의 반아파르트헤이트 운동을 논하는 일과는 다르다는 의미에서 말이다. 그 사례들에서는 서로 다른 정치적 목표를 구상했던 다양한 사회적 행위자들과 과정들이 하나로 합쳐져서 효과적인 사회정치적 힘이 될 수 있었다. 내부적으로 복잡하기는 했지만 상대적으로 일관성 있는 사회운동으로 해석될 수 있었던 것이다. 두 경우 모두 우리는 근본적인 분석 단위를 확인할 수 있다. 그것은 영토 국민국가를 말한다. 통일성을 촉진했던 이데올로기적 "접합제"의 중요한 부분은 각각의 사례에서 동일했다. 그것은 민족주의였다. 이 사회운동들의 통합은 결국 국가의 리더십을 변화시키는 데에 초점을 맞추게 되었고, 두 경우 모두 성공했다. 그러나 이 역학들로는 효과적인 기후정의 정치를 활성화할 수 없다. 민족주의는 분명히 글로벌 기후정의를 실패하게 만들 것이고(덧붙이자면, 보편적인 정의도 마찬가지다), 이 나라 또는 저 나라의 리더십에 초점을 맞추면 특정 국가 본위의 운동을 만들어 내고, 결국 지구적 기후정의운동을 하나로 만들지 못할 것이다. (반아파르트헤이트 운동은 국제적이었다. 그러나 지리적 의미에서 기후정의는 그럴 수 없다. 우리 문제나 그 해결책은 영토 경계선으로 가둘 수 있는 게 아니기 때문이다.)

국민국가나 다른 하위-지구적 사회 단위(국가, 공동체, 지역, 유역 등)에 초점을 맞추는 일은 이해할 만한데, 그게 바로 세계가 현재 구성되어 있는 방식이기 때문이다. 어떤 중요한 정치적 의미에서 존재하지 않는 스케일을 겨냥하는 공간정치가 무슨 소용이 있겠는가? 그러므로 하나의 기후정의운동이나 바로 그 기후정의운동은 절대 있을 수 없고, 각기 다르고 서로 겹치며 (희망컨대) 상호 간에 협력적이며 각기 개별적인 운동들만 있을 뿐이다. 이런 관점에서 일관성 있는 정치이론의 부재는 약점이 아니라 우리 현실의 반영이다. 운동의 에토스는 다원론적이고, 우리의 다양성은 운동의 강점이다. 우리는 통일성 성취를 걱정해서는 안 되고, 지역 전투에서 이기는 데에 더 신경 써야 한다.

이 주장에는 많은 지혜가 담겨 있다. 그러나 그것은 또한 중요하고도 끈질긴 문제들이 잘 드러나지 않게 할 수 있다. 우리는 그게 파리에서 이따금 있었던 일이라고 주장하려 한다. 미래의 정치적·생태적 난제들의 극악함(참으로 어마어마한 것이어서, 「파리협약」은 거기에 손톱자국도 남기지 못했다)을 일일이 자백하는 대신, 우리는 어쩔 수 없이 살아가야만 하는 세계의 불가피한 산물로서 우리의 하찮음을 합리화하려는 생각을 한다. 그렇다고 다른 더 좋은 세상에서 사는 척 가장하라고 제안하는 것은 아니다. 오히려 이 "현실주의"가 어떤 일, 이를테면 기후 시한폭탄의 초침을 아주 잠깐 멈추게 하는 것조차도 거대한 성공으로 보이게 만들 수 있음을 지적하기 위함이다. 현 상황에 대한 비판적 성찰 대신, 우리는 서로에게 우리의 운동이 얼마나 멋진지 떠들고 있는 우리 자신을 발견하는 것이다. 얼마나 오래 걸리든 결국 성공하리라고 확신하는 것 같다. 실상은 파국을 향해 가는데도 환호성을 지르고 있는 것이다.

우리 운동 또는 운동들의 목표가 기후변화의 폭주를 막는 것이라면, 우리가 이미 실패했다는 데에 기후과학자들의 실질적 의견일치가 있다. 더 겸손하게 희망을 잡아, 온난화 세계에 대한 적응의 정치학 논의 틀을 다시 짜는 것을 목표로 한다면(우리 생명과 생계가 달려 있는 자본의 행성 변형에 대해 누가 값을 치르고 있고 또 치를 것인지와 관련한 불평등을 강조한다면), 우리는 여전히 갈 길이 멀고 할 일이 너무나 많다. 이러한 사실들은 분명 매우 우울하지만, 사실은 사실이다. 부정적인 것을 강조하는 일은 거의 효과가 없지만(우리는 긍적적인 변화의 비전이 필요하다), 우리는 서로 또는 자기 자신에게 거짓을 말할 수 없다. 그러면 우리가 반쪽의 진실 또는 결국 모든 게 다 잘 풀릴 것이라는 헛된 확신에 빠지지 않은 채 내성을 키울 수 있고, 또 우리의 정치적 난제에 맞설 수 있을까? 오직 우리의 난제, 우리의 국면에 대한 비판적 분석 속으로 더 많은 사람들을 데려올 때에만 가능하다.

원활한 논의를 위해 이 분석이 무엇을 수반하는지부터 명확히 따져 보자. 우리의 난제를 규정하는 하나의 방식이 현재의 지배적 세계 정치경제 상황을 변화시켜 우리가 기후변화에 정의로운 방식으로 맞서는 것임을 받아들인다면, 우리는 최소한 일시적이면서도 상징적으로 우리가 행동을 조율할 수 있는 방식으로 차이들의 통일을 이루어 내기에 충분한 무언가("정의로운 미래"라는 구상, 하나의 정당, 또는 하나의 운동이라고 부르자)를 창조해 내야 한다. 여기에 이르려면 아직 갈 길이 멀지만, 긍정적인 신호도 몇 가지 있다. 예를 들어, 민주적 다원주의와 다양성을 신봉하는 우리 중 많은 이들이 한목소리로 "기후정의운동"을 말하고 있다. 사파티스타〔멕시코 최남단 치아파스주에서 영토의 상당 부분을 장악했던 민족해방군이자 극좌파 정치·무장 그룹으로 멕시코 정부와 대치하며 시민저항 전략을 이용했다.〕는 국제 좌파에게 이런 공통성 형식, 즉 운동들 안에서 다양성과 차이를 인정하면서도 사회운동을 통합한다는 난제를 상상할 수 있는 놀라운 은유를 선사했다. 그들은 이를 "여러 운동들의 운동a movement of many movements"이라고 칭한다. 이것은 이미 기후정의운동 내에서 발화하고 있는 것으로서, 그래서 우리에게는 본질적인 것처럼 보인다. 전술적으로뿐만 아니라 우리의 복합적 통일성을 파악한다는 이론적 수준에서도 말이다. 기후정의운동은 여러 운동들의 운동이 되어야 한다.

그럼에도 여러 운동들의 운동은 다소간 일관되어 있을 수 있다. 어떤 요소들은 차이들을 더 잘 효율적으로 조정할 가능성이 있거나 그럴 수 있다. 다른 요소들은 내부 세력이나 외부 세력, 또는 두 세력 모두에 의해 더 속박받을 것이다. 여기가 바로 리더십과 실효성 있는 세계 구상이 중요하게 되는 지점이다. 우리가 맞닥뜨린 엄청난 난제는 지구적 다양성 안에서, 또 지구적 다양성을 통하여 그런 구상과 리더십을 위한 조건들을 창조해 내는 것이다. 우리의 정치적 과제는 이런 의미에서 매우 다르고, 주장컨대 인도에서 영국 제국에 대항해 싸웠던 사람들 또는 남아프리카공화국에서 아파르트헤이트에 대항해 싸웠던 사람들이 맞닥뜨렸던 것보다 훨씬 더 복잡하다.

〈발리 원칙 선언문Bali statement of principles〉으로 그 잠재력을 처음 엿볼 수 있었던 2002년 이래, "기후정의" 논의는 다양화되었다. 많은 텍스트들이 그에 대한 이해를 시도해 왔던 것이다.[13] 그 텍스트들을 체계적으로 검토하는 것보다는 그 정치적·이론적 지형을 포착하고 있는 하나의 저명한 텍스트에 초점을 맞추는 게 더 유용할지도 모른다. 나오미 클라인의 책《이것이 모든 것을 바꾼다: 자본주의 대 기후》가 파리에서 모든 이의 입길에 올랐다. 이 책은 기후위기에 대한 역사적 이론과 내재적 기후정의 동원에 대한 정치적 이론을 제시한다.* 이 책은 화석연료 기업들의 자본주의사회 장악력을 분

---

* 파리에서는 수많은 표지판, 포스터, 팸플릿, 에세이, 책 등이 우리가 현재 어디에 서 있고 어

석하고, 사회를 바꿀 "블로카디아Blockadia"의 조직 필요성을 강조한다.[14] 클라인은 파리에서 좌파의 스타였다. 그녀의 이름은 모든 곳에 있었다. 그녀가 참석하는 행사는 사람들로 가득 찼다. 클라인의《뉴요커New Yorker》에세이는 긴급사태에 대한 기후정의 대응의 뼈대가 되었다. 클라인의 파리 현지 보고는 전 세계로 유포되었다.[15] 결정적인 인물이자 제도적 지도자(클라인은 주요 국제 기후변화 단체인 350.org의 이사로 일하고 있다)로서 클라인은 기후정의운동에서 중요한 저자일 뿐만 아니라 가장 유명한 지도자다. 이런 이유로 우리는 클라인의 기여에 대해 숙고해야만 한다. 《이것이 모든 것을 바꾼다》는 기후변화의 명성을 정치적 쟁점으로 격상시킨 공이 큰 필독서이다. 그렇지만 그 자본주의 분석에는 많은 한계가 있다.

《이것이 모든 것을 바꾼다》의 가장 큰 강점은 기후변화가 근본적으로 정치적 문제, 자본주의의 산물이라고 하는 주장이다. 이것은 아주 중요한 점이다. 그러나 자본주의사회가 왜 기후변화 대응에 실패하는지에 대한 클라인의 논거는 그 사회들이 자본주의적이라는 것이 아니다. 오히려 그 논거는 그 사회들을 특징짓는 자본주의의 종류와 관련이 있다. 자본주의는 기후변화라는 난제에 대한 적절한 대응을 할 수도 있었지만 그렇게 하지 못했는데, 기후변화가 정치적 레이더망에 포착된 시기인 1980년대 자본주의 제도들이 신자유주의에

디로 향하는지에 대한 경쟁적 해석들을 내놓았다. "기후정의"는 운동의 틀을 짜는 데에 가장 널리 사용된 용어이다.

포획되어 있었기 때문이다. 기후변화는 "나쁜 타이밍의 서사시적 사례"다.[16]

우리는 온실가스 감축을 위해서 필요한 일을 하지 않는다. 그 일이 근본적으로 탈규제 자본주의, 말하자면 우리가 이 위기에서 벗어날 방법을 찾기 위해 분투하는 내내 군림한 이데올로기와 상충하기 때문이다. 파멸적인 파국을 피할 최고의 기회를 열어 줄─그리고 대다수에게 혜택을 줄 수 있는─ 행동들이 우리 경제, 정치적 과정, 대다수의 주요 매체를 장악하고 있는 소수 엘리트들에게 심각한 위협이 되기 때문에 모두가 옴짝달싹 못하고 있는 것이다.[17]

아주 넓은 수준에서 보면, 이것은 분명 진실이다. 우리가 인식하는바 문제는 수식어 "탈규제"에 있다. 《이것이 모든 것을 바꾼다》의 이곳저곳에서 클라인은 "탈규제" 자본주의 때문에 세계가 기후변화에 대처하는 데에 실패했다고 주장한다. 해결책은 자본주의의 폐지가 아니라 5장에서 기술한 것과 다르지 않은, 규제된 녹색 자본주의다. 이것이 과연 맞느냐 하는 문제는 기후정의운동 내 차이들이 축으로 돌고 있는 핵심 질문에 속한다. 5장에서 상세히 설명했듯, 우리의 논의 또한 자본주의가 파국적 기후변화를 만들었지만 자본주의에 그 문제를 다룰 능력은 없다는 주장에 근거를 두고 있고, 그래서 그게 왜 사실인지를 보여 주려고 한다. 우리는 클라인의 맹우로서 현재 지구의 궤적에 관한 클라인의 우려를 공유하지만, 그녀의 자본주의 분석은 역사적·이론적으로 결함이 있고, 그 결과는 잠재적으로 심각하다.

기후변화 문제는 "그게 우리 역사의 다른 시점에 스스로를 드러냈더라면 극복하지 못할 것이 아니었을 수도 있다"고 클라인은 쓰고 있다.

그러나 엘리트들이 정치, 문화, 지식 분야에서 1920년대 이후 그 어느 때보다도 더 구속받지 않는 권력을 누리고 있던 바로 그때, 과학계는 기후위협이라는 결정적 진단을 내렸다. 이는 우리에게 엄청난 불운이다. 사실 각 정부들과 과학자들이 온실가스 배출의 급격한 감축에 관한 진지한 논의를 시작한 것은 1988년이다. 1988년은 "지구화"라고 불리게 된 시대의 여명을 알린 해였는데, 이 해 캐나다와 미국 간 세계 최대의 쌍무 무역 관계를 대표하는 협정이 조인되었기 때문이다. 이 협정은 나중에 멕시코를 포함하는 북미자유무역협정NAFTA으로 확장된 바 있다.[18]

역사적 관점에서 보면, 문제가 1988년 세계화의 "여명" 시점에 발견되었기 때문에 자본이 기후변화에 대처하지 못했다는 주장은 지지하기가 어렵다. 경제정책사나 기후과학사 둘 다 보더라도 1988년에 특별히 눈에 띄는 일은 없다. 과학자들은 수십 년 동안 기후변화를 추동한 물리적 역학을 이해하고 있었고, 신자유주의의 출현과 공고화(클라인이 일련의 탁월한 책과 논문에서 멋지게 해체한)는 1988년 이전에 이미 진행 중이었다. 클라인의《자본주의는 어떻게 재난을 먹고 괴물이 되는가Shock Doctrine》를 포함한 대부분의 역사 연구는 신자유주의를 브레튼우즈 회의〔1944년〕의 붕괴로 시작되고, 볼커 쇼크Volcker shock〔1979년 폴 볼커 연방준비제도이사회 의장이 임기 첫 3년 동안 중앙은행의 기준금리인 연방기금 실효금리를 인상하기로 결정하면서 촉발된 역사상 가장 높은 금리의 시기로, 두 자릿수 인플레이션을 종식시켰다〕로 끝이 난 1970년대로 끌어 올린다.[*] 더욱이 자본주의의 신자유주의 변종들이 적었다면 경제가 어떤 유의미한 방식으로 녹색이 되었을 것이라고 믿을 만한 이유도 거의 없어 보인다. 세계는 기후변화의 발견 이래 균일하게 신자유주의인 적은 없었어도, 자본주의 엘리트들은 모든 곳에서 동일한 방식으로 행동해 왔다.[**] 신자유주의 질서가

---

[*] 예를 들어, 신자유주의의 출현을 1970년대 초반—훨씬 옹호하기 쉬운 시점—으로 거슬러 올라가는 Klein's The Shock Doctrine: The Rise of Disaster Capitalism, New York: Picador, 2007. 참조. 《이것이 모든 것을 바꾼다》에서 클라인은 자본이 기후를 다루지 못하는 이데올로기적 장벽을 이렇게 요약한다. "성공으로 남아 있는 것은 전체 [신자본주의] 프로젝트의 이데올로기적 토대였다. 그것은 … 다국적기업들이 제품을 최대한 싸게 생산하고 최소한의 규제로 팔 수 있도록 최대한의 자유를 제공하는—그러면서 세금은 최소로 내면서— 세계 정책 프레임 속으로 들어가기 위해 항상 이 파죽지세로 나아가는 [무역]협정들과 일련의 다른 도구들[예를 들어, 금융자유화]을 이용하는 것에 관한 프로젝트였다. 이런 기업의 소원 목록을 들어주는 것이 경제성장을 촉진시킬 것이고 그러면 그 혜택이 결국 나머지 우리에게 낙수처럼 떨어질 것이라는 말을 우리는 들었다."(19). 폭넓게 이야기하자면, 우리는 클라인의 신자유주의 **묘사**는 인정하지만 그것에 대한 클라인의 **설명**은 그만큼 인정하지 못한다. Arrighi, The Long Twentieth Century; and Harvey, The Enigma of Capital. 참조.

[**] 마르크스주의 생태학 문헌에서 볼 수 있는 자본의 생태위기에 대한 비판적 역사주의적 설명과 이 접근법을 대조해 보면 더 강력한 대안을 찾을 수 있다. 특히 Andreas Malm, Fossil Capital: The Rise of Steam Power and the Roots of Global Warming, New York: Verso, 2016. 참조. 공정하게 말하자면, 말름의 책은 한정된 독자를 위한 책이고, 클라인은 이 책의 역사적 접근법이 지닌 강점을 인정하는 것 같다. 말름의 《화석 자본Fossil Captial》 표지 문

계속해서 전 세계 인간과 비-인간 공동체를 파괴하고 자본주의에 의해 고삐가 풀린 황폐화 과정(기후변화 포함)을 가속화하고 있는 동안, 우리는 기후변화 현실을 직면하는 데에 실패한 책임이 있는 신자유주의를 논리적으로도 역사적으로도 유지할 수 없다. 신자유주의는 자본 헤게모니의 정치경제적·사회적 형식상 발전이고, 그래서 우리가 초점을 맞추어야 하는 것은 이런 광의의 과정, 즉 신자유주의가 중요한 계기를 이루는 그런 과정이다. 자본주의는 꼭 신자유주의적이어서 우리가 직면한 난제를 유발한 것이 아니다.

《이것이 모든 것을 바꾼다》는 분명 기후정의운동 가운데에서 우리가 규제된 녹색 자본주의에 대한 막연한 믿음을 발견하게 되는 유일한 장소가 아니다. 그러나 5장에서 상세히 설명한 그 모든 이유에도 불구하고, 기후변화에 대한 이 "해결책"은 정치적·경제적·심리적으로 타당한 여러 이유 때문에 많은 이들에게 크게 공감을 얻었다. 우리가 이미 가지고 있는 것의 개조가 해결책이라고 스스로를 설득한다면, 아니면 좀 더 체념적인 투로 그런 개조가 해결책일 수 있었으면 하고 스스로를 설득한다면, 파국은 저 멀리 있는 것처럼, 즉 해결 가능한 것처럼 보이게 된다. 그리고 그 결과는 우리가 준비 부족으로 비난을 받지 않을 만큼 충분히 불확실해 보이게 된다. 그러나 문제는 자본주의가 아니라 신자유주의라는 의견은 많은 사람

구에서, 클라인은 이 책을 "우리 경제체제가 어떻게 기후위기를 불러왔는지에 관한 단연 심오한 역사"라고 썼다.

들이 사실이 아니라는 걸 알면서도 믿고 싶어 하는 것이다. 그런 의견은 잠재적으로 치명적인데, 그런 의견은 정치 분석과 정치 실천의 수준 모두에서 기후정의운동이 자본과 대치하지 못하도록 계속해서 그 둘을 떼어 놓기 때문이다.

이것은 우리가 더 이상 피할 수 없는 대치다. 그러면서도 점점 더 많은 사람들이 이런 결론에 이르기 때문에, 우리는 또한 어쩔 도리 없이 살 수밖에 없는 이 더워지는 지구에 적합할 포스트자본주의적 사회관계의 이론적·실천적 비전을 개발하기보다는 기후변화에 대한 반자본주의적 비판을 개발하는 것이 훨씬 더 쉽다고 생각한다. 우리가 "기후변화가 아니라 시스템 변화"를 요구하는 것만큼 열렬하게, 우리는 화석연료의 부재 너머 "시스템 변화"의 모습을 정말로 정교하게 다듬어야만(민주적인 방식일지 폭넓은 방식일지는 말할 것도 없고) 한다. 사실 대부분의 경우 암묵적 전제는 "시스템 변화"란 신재생에너지 기반 녹색 자본주의라는 것이다. 우리는 거의 전적으로 광업이나 석유 기업 같은 환경 "악당" 자본가들에게만 초점을 맞춘다. 마치 그런 것들만 없으면 상황이 괜찮으리라는 듯이 말이다.

마찬가지로, 우리는 전적으로 주권적 영토 국민국가들(자연적인 것이자 유일하게 실행 가능한 투쟁의 기본 구성 요소로 여겨지는 것)을 토대로 구성된 지구적 기후정치에 대해 모순적인 '예스-그러나-노' 태도를 취함으로써 분석적으로도 실천적으로도 국민국가와 대결하지 못했다. 물론 전 세계에 걸친 기후정의운동은 특정 국민국가의 엘리트들이나 거버넌스 제도들에 용감하게 맞섰다. 그러나 지구적인 정치적 삶의 기본 단위로서 근대 국민국가의 합법성과 자연성에 관한 의문은 거의 제기하지 않는다. 적어도 부분적으로는 우리도 (적어도 지금으로서는) 국가 간 "세계 협력"이 살 만한 행성을 지속하게 해 주는 유일한 방법이라고 믿기 때문이다. 그러나 경로의 존성path dependency에 근거한 일부 "현실주의적" 논의 너머에는 그렇게 생각할 만한 어떤 이유도 없다. 오히려 국가야말로 우리의 가장 큰 장애물 중 하나일 수 있음을 시사하는 더 많은 이유들이 존재할 뿐이다.

다시 한 번 뉴욕과 파리에서 있었던 편재하는 반동적 국가의 억압, 주장컨대 초기 지구적 기후정의운동을 공고화하는 데에 절대적으로 본질적이었던 순간 벌어진 그 억압을 생각해 보자. '월스트리트를 범람시켜라'는 합법적 비판 대상에 관한 자본주의국가의 구상에 도전했다. 이러한 대규모 집회들이 '월스트리트를 범람시켜라'의 투쟁정신을 보여 주었다면, 국가는 폭력적이고 악랄하게 그들을 진압했을 것이다. 금융가의 시위자들은 그들의 힘이 아무리 미미할지라도 자유주의 자본주의 인프라의 핵심 구성 요소, 즉 현재의 헤게모니 블록이 작동하는 데에 없어서는 안 될 요소들을 위협하는 것으로 보였기 때문에 용납되지 않았다. '월스트리트를 범람시켜라'에 대한 반응이 보여 준 것은 바로 이 헤게모니가 기후변화를 추동하는 세력의 재생산을 보장하기 위해서 어떤 일이든 전력을 다하리라는 점이다. 따라서 이 운동의 예비 목표라도 충족시키는 데에 필요한 광범위하고도 급진적인 연합을 구축하려는 모든 시도는 긴급사태의 형식을 취하는, 말하자면 이제는 규범이 된 "예외적" 자본주의 비상 국가의 형식을 취하는 자본주의국가들의 결연한 반대에 확실히 직면할 것이다.

자본과 국민국가에 대한 이 이중 굴종은 기후정의를 위해 노력하는 이들을 어디에 둘 것인가? 평등, 민주주의, 정의 같은 주요 쟁점들을 두고 벌어지는 투쟁이 대부분 이미 권리가 양도된 지형에서 일어나기 때문에 그들은 어려운 상황에 처할 것이다. 그런 조건에서 할 수 있는 일의 한계는 적어도 1970년대부터, 즉 우리가 여전히 참여하고 있는 대부분의 전선에서 불안정한 방어 노력을 시작했던 때부터 많은 좌파들에게는 익숙한 일일 것이다. 오늘날 우리가 이러한 문제들을 논의하는 방식을 분석해 보면 자유주의적 상식의 헤게모니가 드러나는데, 많은 이들이 아무리 큰 소리로 저항하거나 거부한다 해도 마찬가지다. 자본과 국민국가라는 (신)자유주의 자본주의 질서의 본질적인 측면이 난공불락임을 이해한다고 한들, 아무리 분노해 봤자 그 헤게모니를 해체하지는 못한다. 다른 말로 하면, "기후변화가 아니라 시스템 변화" 같은 슬로건 또는 송유관 봉쇄, 월스트리트 범람 같은 가끔 있는 용감하고 과격한 행동에도 불구하고, 기후정의운동은 몇 가지 측면에서 우리가 믿고 싶어 하는 만큼 그렇게 급진적이지는 않다. 활동을 조율하는 환경단체 지도자들의 비전을 보면 상상력 부족과 체념한 자유주의적 성격이 드러나는데, 그들은 그것을 보통 "그저 현실주의적인 것"이라고 정당화한다.

이 "현실주의적인" 정치적 태도는 우리가 기후 리바이어던이라고 부르는 것에 서명을 하는 것과 동일한 논리로 수립되었다. 이는 녹색 자본주의와 행성적 주권을 우리의 최고 또는 유일한 희망으로서 암묵적으로 수용하는 것이다. 바로 이것이 우리 목표에 대한 일관성 있는 비전이나 인식이 없을 때 많은 기후정의운동이 향하는 지점이다(특히 북반구에서). 이는 아마도 기후정의운동 참여자들 상당수가 운동이 필요 없기를 간절하게 바라기 때문이다. 바로 이것이 '사람들의 기후 행진', 말하자면 신흥 기후 리바이어던에 반드시 필요한 국가의 금융수도 한가운데 있는 유엔 정문 앞에서 행진하는 30만 명의 시위대 행렬 선두에서 유엔 사무총장을 보고 처음에는 눈썹을 치켜올리지만 실제로는 충분히 이해하게 되는 이유이다. 파국을 피할 가능성이 있는 유일한 경로가, 우리를 바로 그 진창에 몰아넣은 바로 그 권력의 문으로 직행하는 길이라니. 다행인 것은, 그 길에 보조를 맞추어 행진하는 것이 우리의 유일한 선택지는 아니라는 점이다.

8

기후 X

급진 자연사 사상[에], 존재하는 모든 것은
폐허와 파편으로 변모한다.

_ 테오도어 아도르노

1.

기후정의의 가장 심오한 모순 중 하나는, 우리의 노력이 미래 사람들, 특히 전 세계 힘 없는 자의 후손들을 위한 개방된 정의로운 미래를 향한다지만, 이 미래가 부정할 수 없을 정도로 너무나 황폐해서 (그리고 현재 세계 정치 지형이 너무나 비민주적이어서) 그 어떤 정통한 합리적 대응도 우리를 결국 기후 리바이어던으로 이끌 가능성이 높다는 것이다. 현재 권력 구조의 진전된 강화와 확장은 기후변화 과제라는 난제에 그나마 적합해 보이는 스케일, 범위, 권위의 유일한 구조들로 보이기 때문이다. 그렇지만 미래가 아무리 암울해 보이더라도, 우리의 사유는 가능한 대안적 궤도의 스케치라는 과제를 방기해서는 안 된다.

공식을 사용해서 시작하자면, 기후 X는 신생 기후 리바이어던과 기후 리바이어던의 행성적 주권에 대한 강박을 물리치는 한편 자본주의 또한 초월한 세계라고 말할 수 있다. 이것은 분명 온건하게 표현하더라도 어려운 주문이다. 그러나 자본주의적 가치로 조직되지 않고, 주권이 너무 기형화되어 정치가 더 이상 국민국가의 주권적 예외로 정의될 수 없는 세계에서만 기후변화에 대한 정의로운 대응을 상상할 수 있다. 이 일반적 개요가 우리에게 폭넓은 방향감각을 주고, 진보를 식별하고 측정할 수 있는 몇 가지 지표들을 제공해 준다. 녹색 케인스주의, REDD+, 기후금융, 엘리트 적응 정치 등에 대한 지지는 더 이상 우선권을 받을 수 없다. 이러한 것들은 우리의 집중을 방해하고, 변화를 위한 에너지를 분산시킨다. 우선권은 집단적 보이콧과 파업을 통해 급격한 탄소 배출 감축을 조직하는 일에 두어야 한다. 이것이 유토피아주의인가? 어쩌면 그럴지도 모르지만, 반드시 그런 것은 아니다. 이것이 기후 X이다. 어떤 형식을 취하든, 기후 X는 절대적으로 필요한 것에 속하는 보기 드문 장점을 갖는다. 우리는 무언가 새로운 것을 창출해야만 한다. 같은 일을 더 많이 하는 것은 선택지가 될 수 없다.

기후 X가 어떤 형식을 취하게 될지 알 수 없다는 것을 인정하게 되면, 기후 X를 그냥 거기 두고 싶어지게 된다. 모든 정치적 예언은 오만하다. 역사가 그것이 틀렸다는 것을 명백하게 보여 줄 때 더 나빠 보이는 오만함이다. 그러나 무언가 말해야만 하는 바로 그 순간에 뒤로 물러나는 것 역시 표리부동하다. 무언가 반박당할 만한 것은 피하려는 욕망과 지나고 나서 회상할 때 현명해 보이려는 희망으로 표출되는 표리부동이다. 가끔은 틀릴 수 있는 위험을 감행하는 것이 머뭇거리는 침묵을 유지하는 것보다 생산적이고, 더 겸손하다. 우리는 운동을 통해 획득한 어떤 세계에 관한 정치적 비전들을 탐구해야 한다. 어두운 시대에 우리를 안내해 줄 수 있는 미래에 관한 생각들, 즉 변화를 실현하기 위한 동원령에 관한 생각들을 말이다. 그런 비전이나 생각을 제안하는 사람들이 알 수 있는 것보다 더 많이 안다는 식으로 오만해 보일 위험이 있다고 해도, 그렇게 할 필요가 있는 것이다. 우리는 운동이 승리를 거둔 세계의 정치적 비전을 연구해야 한다.

이 난제 또는 필요성은 새로운 것이 아니다. 냉전시대의 최정점기 수많은 좌파들은 똑같이 종말론적인 파괴력을 지닌 용납할 수 없는 두 제국이 지배하는 어떤 미래의 거주 적합성에 의문을 제기했는데, 이때 유사한 요구가 마르크스주의 정치 비판을 소생시켜 줄 몇몇 시도들을 활성화했다. 이는 흔히 새로운 선언Manifesto, 즉 그 시대에 더 적합한 선언의 저술 시도라는 형식을 취했다. 1956년 흐루쇼프가 스탈린주의를 폐기하고 나서 이어진 몇 주 동안, 당시 가장 저명한 마르크스주의 사상가였던 테오도어 아도르노와 막스 호르크하이머는 새로운 〈공산당 선언〉을 쓰려고 계획했다. 비록 이 계획은 실행되지 못했지만, 이 문서가 어떤 모양으로 어떤 내용을 담을지를 두고 두 사람이 논의한 내용(기록된 논의)은 생각해 볼 가치가 있다.

> 호르크하이머: 우리는 우리 믿음에 대한 질문을 미해결 상태로 둘 수 없습니다. 작업 중인 부분은 유토피아주의자들에 대한 보론을 담고 있어야 합니다. …
> 아도르노: 유토피아주의자들은 실제로는 전혀 유토피아적이지 않았습니다. 우리는 긍정적 유토피아상을 제공해서는 안 됩니다.
> 호르크하이머: 특히 우리가 절망에 아주 가까이 있을 때에는 더 그렇죠.
> 아도르노: 저는 그렇게 생각하지 않습니다. 저는 모든 게 너무 명백한데, 새로운 정치권력이 출현할 것임을 믿습니다. … 그게 도래하리라는 믿음은 아마도 너무 기계적인 망령일지도 모르죠.

그것은 도래할 수 있습니다. 그게 도래할지, 엉망이 될지는 예측하기 너무 어렵습니다. … 우리는 상황이 결국 제대로 풀릴 것임을 믿는다고 덧붙여야 합니다. … 우리가 오늘날 지침이 되는 정치적 원리들을 고안해 보면 어떨까요?[1]

둘 사이에 정확히 무슨 말이 오갔는지 알 수 없으나, 전반적인 대화 분위기는 그들이 고려하고 있는 과제의 어려움을 드러낸다. 우리가 그보다 더 잘 준비하기는 어렵다. 분명 기후 X와 같은 급진적 대안은 역사적으로 미래에 개방되어 있다. 기후 X가 궁극적으로 어떤 형식을 취하든, 그것이 현재 우리가 거기에 부여한 기대를 충족해야 할 책임은 없다는 의미에서 그렇다. 그럼에도 불구하고 어두운 시대에 우리를 안내해 줄 수 있는 미래에 관한 생각들, 즉 변화를 실현하기 위한 동원령에 관한 생각들을 요청하는 데에 주의를 기울이지 않는 것은 무책임해 보인다. 우리는 그런 생각들이 필요함을 확신한다.

호르크하이머가 말하듯, 우리는 우리 믿음에 관한 물음을 미해결인 상태로 둘 수 없다. 운동이 진행됨에 따라 문제가 해결될 것이라는 막연한 희망만 가지고 있을 수는 없는 것이다. 아도르노가 경고하듯, 우리는 긍정적인 유토피아상을 그릴 수 없다. 그런 비세속적인 유토피아 비전은 150년 전 마르크스와 엥겔스가 원래 선언에서 경고했던 때보다 더 도움이 되지 않는다. 아도르노의 제안에 따르면, 우리에게 필요한 것은 단지 꿈꿀 수 있기 때문에만 실현될 수 있는 꿈처럼 우리 마음속에 간직할 수 있는 완벽한 세계에 대한 설명이 아니다. 그 대신 필요한 것은 가능한 것에 대한 설명, 즉 상황이 "결국에는 호전될 수 있는"(호전되지 않을 수도 있는) 가능한 것(현재의 잠재적 귀결로서 인식하게 되는 미래)에 대한 설명이다. 아도르노는 이 일이 근본적으로 새로운 형태의 정치권력의 출현을 수반하리라고 생각하는 듯하다. 이를 위해 우리는 "몇 가지 지침이 되는 정치적 원리들을 공식화"할 수 있을 것이다.

우리는 현재 출현하는 또는 미래의 모든 기후 X에 근본적인 원리로서 최소 세 가지를 제안한다. 첫 번째는 평등이다. 20세기 어느 시점에 (백인, 남성, 유럽계 미국인의 "자유 공동체" 구성원들뿐만 아닌) 모든 인간의 평등에 대한 근본적 요구, 즉 좌파의 오래된 명제는 자유주의에 의해 납치당했다. 몸값 요구서는 우리가 그것을 다시 돌려받는 대신 자본주의에 대한 반대를 포기해야만 한다고 못 박는다.[2] 우리는 그렇게 할 수 없다.

자본주의는 자본과 노동의 관계를 규정하는 본질적 불평등 위에 설립된 사회구성체이고, 그래서 끊임없이 사회적 불평등과 빈곤의 비자유를 생산한다. 그러나 이런 사실이 인간 평등에 대한 요구가 자본에 대한 비판인 유일한 이유는 아니다. 지구 생태계 위기는 또 다른 것을 보여 준다. 우리가 진정으로 평등하다면 우리는 지구를 공유할 것이다. 그 누구도 지구를 소유할 수 없다. 마르크스는 오래 전에 "전체 사회, 국가 또는 공존하는 모든 사회를 합쳐도 지구의 주인이 아니다. 그들은 그저 점유자, 사용자이고, '가족의 좋은 아버지

boni patres familias'로서 그것을 다음 세대에 유증하고 개선해서 넘겨야 한다"고 말했고, 이는 여전히 사실이다.[3] 이 지혜는 물론 마르크스보다 훨씬 더 오래된 것으로, 인류와 우리 보통 집 사이의 적합한 관계에 대한 다양한 가르침에서 찾아볼 수 있다.[4]

이것은 앞서 주장했듯 효과적인 기후정치를 위해서는 자본주의에 대한 비판이 필요하지만, 그 자체만으로는 충분하지 않은 이유를 설명하는 데에 도움이 된다.* 환경문제로서 기후변화의 많은 독특한 특징들(문제를 진단하는 데에 기후과학의 중요성, 영향의 지리적 불균일성과 다양성, 조율된 대응의 명백한 시급성, 대기의 공유재적 특성 등)은 자본의 역학에 국한된 분석으로는 설명될 수도 극복할 수도 없다. 자본주의 및 주권에 대한 급진적 비판만이 오늘날 우리에게 방향을 제시해 줄 수 있다. 기후변화에 대한 신속한 지구적 대응을 요구하는 많은 이들의 목표는 절대적으로 행성적 주권 형식이다. 그러나 그런 세상은 정의로운 세상이 될 수 없다.

이는 두 번째 지침이 되는 정치 원리로 이어진다. 모두의 포용과

---

* 디페쉬 차크라바티도 비슷한 주장을 했다. "기후변화는 결국 자본주의 세계질서의 모든 불평등을 두드러지게 할 것이다. … 자본주의 세계는 존재하며, 그에 대한 비판도 존재해야 한다. 그러나 기후변화 위기가 여기 우리와 함께 존재하고, 자본주의보다 훨씬 더 오랫동안 또는 자본주의가 더 많은 역사적 변이를 겪은 후에도 이 지구의 일부로 존재할 수 있다는 사실을 받아들이면 이러한 비판은 인류 역사에 대한 적절한 이해를 제공하지 못한다. … 기후변화가 자본의 역사와 깊은 관련이 있다는 사실을 부인할 수는 없지만, 기후변화의 위기가 인정되고 인류세가 현재 지평선에 다가오기 시작한 지금, 자본에 대한 비판만으로는 인류 역사와 관련된 문제를 해결하기에는 충분하지 않다." Dipesh Chakrabarty, "The Climate of History: Four Theses," *Critical Inquiry* 35, 2009, 212.

존엄성이다. 이것은 자본주의 주권과 그 주권에 의존하게 된 빈약한 형태의 민주주의에 대한 비판이다. 민주주의는 다수결이 아니며, 투표와는 거의 관련이 없다. 오히려 민주주의는 누구나 통치할 수 있는 한에서, 집단적 질문에 대한 집단적 응답을 형성할 수 있는 한에서 사회에 존재한다. 오늘날 이 기준을 충족하는 국민국가는 없다. 이를 위해서는 지배의 정치를 변화시킬 수 있는 우리의 역량을 강화하는 데에 필요한 포용과 존엄성을 위한 투쟁, 즉 우리의 자결권을 실현할 수 있는 조건을 만들기 위한 위대한 집단적 시도가 요구된다. 아도르노가 말했듯, "아우슈비츠의 원리에 대항하는 유일하게 진정한 힘은 자율성이다. 칸트의 표현을 빌린다면, 성찰의 힘, 자기결정의 힘, 비협조의 힘"이다.[5] 이러한 존엄성은 "미래의 그림자"를 거부하고, "안보라는 이름으로 자유를 억누르는 공포의 정치에 굴하지" 않으며, "기후재앙을 초래하는 시스템"이 안보와 삶에 가장 큰 위협임을 확인한 파리의 기후 시위자들이 표현한 것이다.

세 번째 원리는 다수 세계들의 세계를 구성하는 연대이다.** 행성적 주권에 반대하여 우리는 주권 없는 행성적 비전, 즉 우리의 공통 대의와 다수성 모두에 대한 긍정이 필요하다. 슈미트가 예외적 주권의 필요성을 선언했을 때 그가 명시적으로 지구적 주권을 부인했다는 사실에서 이에 대한 희망을 찾을 수 있다. 그러나 당연하게도 그에게는 그런 희망이 불가능했는데, 잠재적인 행성적 연대란 정치

** 사파티스타의 슬로건을 빌렸다.

적인 것의 본질적 의미를 규정하는 형식으로서 주권의 지반을 침식할 것이기 때문이다. 반대로 슈미트는 지구적 주권이 불가능하다고 말했는데, 보편적 연대란 모순어법이라는 게 그 이유였다. 국가를 포함하여 적절한 정치적 실체는 돌이킬 수 없을 만큼 적개심으로 구성된다. 슈미트에 따르면, "그들" 없이는 "우리"도 없다.[6]

  그가 쓴 맥락을 (그리고 그가 한 끔찍한 협력을) 볼 때, 슈미트가 대변하는 특정 민족주의적·인종적·젠더적 사상을 구별해 내고 그의 정치학 이해에 늘 붙어 다니는 인간 "타자"에 초점을 맞추기는 쉽다. 그러나 정치적 삶의 토대로서 배제와 예외에 대한 "현실주의적" 강조는 "우리/그들," 친구/적과 더불어 시작되지 않는다. 슈미트의 구분은 더 근본적인 선험적 구분을 기반으로 할 때에만 가능하다. 인간과 자연(영토권이 확인된 비인간적 공간) 사이의, 즉 삶과 생명, 인간과 인류, 다수성과 동일성 사이의 구분 말이다. 이는 우리의 집단적 자율성과 개인적 자율성, 말하자면 아도르노가 찬양했던 "하나의 진정한 힘"과 홉스와 슈미트가 희생해야 한다고 선언한 제한된 "보편적" 추상들("국가," "국민," "인종" 등등)이다. 역설적이게도 이러한 구분들은 기후 리바이어던에 "진보적" 호소력을 부여하는 집단적 행성성 구상에 훨씬 더 근본적일 것이다. 리바이어던은 많은 삶의 방식과 공동체가 지구상의 생명을 구하려는 노력 속에서 사라질 것임을 알고 있다. 이는 "우리"가 치러야 하는 희생이라는 것이다. 기후 X는 "행성적" 관심사가 행성에 거주하는 많은 공동체들과 사람들의 관심사를 지배해야 한다는 주장을 거부해야 하고, 그러한 관심사를 결정할 권리를 가정하는 지구적 주권 또한 거부해야 한다. 그렇다면 이것이 행성적 문제에 대한 발언권을 사칭하는 모든 사람을 반대해야 한다는 의미인가? 선천적으로 주권 통치를 수반하지 않는 것처럼 보이는 행성성에 부합하는 정치적 삶의 형식은 무엇인가?

이러한 원리들(평등, 존엄성, 연대)이나 질문들은 상아탑에서 나오지 않는다. 그런 원리들은 오히려 전 세계적으로 뭉치고 있는 기후정의 투쟁에서 그리고 세계의 가장 주변적인 사회집단들 가운데서 직접적으로 유래한다. 그들 중 다수는 당연하게도 원주민 공동체들인데, 이 경우 그 원리들은 원주민 공동체들이 정착민–식민지적이면서 식민화하는 세계 대부분에게 요구하는 급진적 정치 혁신을 요구하지 않는다. 이 집단들은 유엔기후변화협약의 기후정치 구상에 대한 맹렬한 반대를 주도했는데, 그들은 그 구상을 자본주의적 제국주의의 장기자랑으로 보았고, 파국적 기후변화의 충격을 경감할 수 있는 능력과 관련해서는 무의미한 자유주의적 경건함으로 보았기 때문이다. 이러한 용감한 운동들(일부는 돈키호테식 무모함에 불과해 보이는)은 기후 X의 씨앗이며, 이 씨앗이 발아하고 있다는 증거이다.[7]

이 운동의 형성 조건들은 우리 앞에 있는 모든 다양한 급진적 발전의 가능성들에 놓여 있다. 이 중 일부는 중국 경제학자 리민기 Minqi Li가 공산혁명을 통한 생태적 부활을 예상한 것처럼 다소 "정통" 좌파 형태를 취한다.

바라건대, 전 세계 사람들이 경제와 정치 지도자들, 전문 지식인들뿐만 아니라 광범위한 노동자와 농부들에게도 개방된 투명하고 합리적이며 민주적인 논의에 참여하기를 바란다. 그러한 글로벌 집단 토론을 통해 기후 안전화로 이어질 글로벌 사회 변화의 경로를 결정하는 민주적 합의가 도출될 수 있다 … 너무 이상적으로 들릴 수도 있다. 그러나 정말 세계의 기존 엘리트들이 전 세계 인구의 기본적인 필요를 충족시키면서 기후안정화를 달성하리라고 기대할 수 있을까? 결국, 기후안정화는 세계 인구의 대다수(엘리트층과 생태적으로 의식 있는 중산층뿐만 아니라)가 그 의미를 이해하고, 이 의미를 자신의 삶과 연결시키고 … 기후안정화를 위한 전세계적 노력에 적극 참여해야만 달성할 수 있다.[8]

리의 분석에 담긴 희망적 논리는 "긍정적인 유토피아"와 "상황이 결국 호전될 수 있다"라는 세계 비전 간의 틈을 이으려는 시도로 볼 수 있다. 그러나 여기에는 (아도르노의 말을 빌리자면) 여전히 "너무 기계적인 망령"이 남아 있다(리도 인정할 것이다). 본질적인 질문은, 이러한 역학이 실제로 작동할 수 있는 조건을 우리가 만들어 낼 수 있는가이다. 분명 시간이 촉박하지만, 우리의 당면 과제는 개간작업, 즉 이러한 운동이 가능한 한 빠르게 그리고 다양하게 꽃피울 수 있는 물질적·이데올로기적 지반을 다지는 작업이다. 이러한 개간 작업은 역사가 잘못되었음을 증명하는 급진적인 투쟁을 필요로 한다. 기후정의를 위한 세계혁명은 명확한 역사적 선례가 없다. 즉,

"기후안정화는 전 세계 인구의 대다수가 그 의미를 이해하고, 이러한 의미를 자신의 삶과 연관시키고, … 안정화를 위한 전 세계적 노력에 적극적이고 의식적으로 참여해야만 달성할 수 있다"는 리의 말이 맞다면, 우리는 전례가 없는 모델에 의존할 수밖에 없다. 우리는 지구 전체가 변화하고, 온난화하고, (잠재적으로) 전쟁을 치르는 동안 지구적 참여를 가능하게 하는 수단을 구축해야 한다. 그리고 이 모든 일은 잘못된 방향으로 너무 빨리 움직이고 있는 세상에서 일어나야만 한다.

우리는 아시아의 경우 기후변화 및 기타 정치경제 세력들로 인해 위험에 처한 수많은 사회집단들이 리바이어던에 도전할 것임을 지적했다. 캘커타나 자카르타의 도시빈민 또는 멕시코 중부와 사하라 사막지대 농민 같은 가장 큰 피해를 입게 될 사람들은 주로 종교를 통해 이데올로기적 자원을 찾을 것으로 예상된다. 이러한 도전이 어떤 형태로 나타날지 예측하려면, 동시대 아시아 대부분의 지역에서 서구 자유주의에 대한 대립의 지배적 프레임이 다양한 형식의 정치적 이슬람임을 인정해야 한다.

이슬람주의 운동은 우리 도표(표 2.2)의 네 개의 사각형 중 어떤 것과도 일치할 수 있지만, 반동(오른쪽 위)이든, 혁명(오른쪽 아래)이든 우리가 베헤못이라고 부른 네 사각형의 오른쪽 절반을 향하고 있다. 리바이어던이 행성의 관리를 부르짖는 와중에, 이른바 "기후 알카에다"는 행성적 주권 또는 더 좋게 말해 신의 창조물 수호라는 자유주의적 열망의 오만함에 대항한 공격을 대변한다. 예를 들어,

2010년 2월 10일 오사마 빈 라덴의 〈지구를 구하는 길the way to save the Earth〉 성명을 보자. 그의 메모는 기후변화에 대처한다고 하는 일반적인 제안을 배격하면서 "세계는 부유한 사람들과 기업들에 납치되어" "심연으로 향하고 있다"고 지적한다. 그는 산업 선진국, 그중에서도 미국이 기후위기에 책임이 있다고 주장한다. 빈 라덴의 주장은 분명 옳다. 그리고 그가 제안한 정유 회사와 미국 달러에 대한 보이콧 전술은 순진한 생각과는 거리가 멀다.[*] 파괴적인 지배력을 확대함으로써 그 창조물에 대한 관리 책임을 떠넘기려는 서구의 위선적인 시도에 대한 빈 라덴의 비판은 리바이어던을 공격하는 베헤못의 강력한 예시를 제공한다.

빈 라덴의 제안이 자본의 헤게모니에 어느 정도 반대하는지는 명확하지는 않지만, 그가 신봉하는 전투적인 이슬람주의와 결합한 그 제안을 X의 잠재적 버전으로 삼을 수는 있다. 이것은 분명 우리가 바라는 기후 X는 아니지만, 이 비전이 좌파가 헌신할 수 있는 것과 얼마나 구별될 수 있는지에 대한 의문을 던져 준다. 우리의 관점에서 볼 때, 가장 중요하고 결정적인 차이는 다음과 같다. 즉, 빈 라덴

---

[*] "우리는 달러로 거래하기를 거부하고 최대한 빨리 달러를 없애야 한다. 나는 이 행동이 엄청난 결과와 파장을 가져올 수 있음을 잘 안다. 그러나 이것은 인류를 미국과 미국 기업들에 굴종시키고 노예화하는 것에서 해방시킬 수 있는 중요한 방법이다." 빈 라덴은 서구 청중에게 덧붙인다. "기후변화로부터 여러분 자신과 재산, 아이들을 구하기 위해, 그리고 회의장에 서서 목숨을 구걸하는 대신에 자유롭고 명예롭게 살기 위해 진지하게 보이콧에 앞장서야 한다." Osama bin Laden, "The Way to Save the Earth," February 10, 2010, available at archive.org/stream/Ossama_ihtibas_03/sabil-e_djvu.txt.

의 비전은 더 해로운 형태의 세속적 주권의 파괴를 암시할 수 있을지도 모르지만, 확고부동하게 신권주의적이고, 결과적으로 슈미트처럼 정치적인 것에 대한 친구-적 개념에 돌이킬 수 없을 정도로 묶여 있다는 것이다. 빈 라덴은 "피조물을 구하는" 수단으로서 신자들에게 "타락한" 세계의 구원을 촉구한다. 이는 수십 억에 이르는 불신자들의 배재와 지배, 심지어 삭제에 기초한 신학적 기후"정의" 구상이다. 이를 실현하려면 많은 경우 빈 라덴이 연루되어 있는 테러, 아마도 이런 유의 선이 지닌 피치 못할 악마 쌍둥이의 전폭적인 힘이 필요하다.

이것은 힌두교 근본주의부터 반동적 기독교 보수주의에 이르기까지 종교의 이름으로 기후 리바이어던에 대응하려는 모든 시도의 결과일 가능성이 높다. 반동적 기독교 보수주의는 대개 미국 공화당의 부정주의를 채택하거나 위기의 종말론적 양상을 죄 많은 세상에 대한 신의 심판으로 받아들였다. 프란치스코 교황은 다른 입장을 취했지만, 근본주의를 거부하고 보편적 연대를 (조심스럽게) 수용함으로써 자유주의 엘리트들 사이에서는 입지를 개선했지만 로마가톨릭을 포함한 정통(달리 말해 배타적인) 종교 공동체에서는 지위가 곤란해졌다. 문제는 프란치스코의 보편주의조차도 궁극적으로는 교회에 종속되어 있다는 점이다. 이때 우리 모두는 교회에서 환영을 받도록 되어 있기도 하지만, 우리가 이해하든 못하든 우리는 모두 이미 교회에 예속되게끔 되어 있기도 하다. 교회는 모든 사람이, 심지어 불신자까지 거주하는 보편성의 집이다. 그러나 이는 오직 하나님의 주권적인 은총으로만 가능하다.

종교와의 대비는 기후 리바이어던이 제기한 난제를 개념화할 수 있는 중요한 방법을 제공한다. 많은 이들에게 종교는 뜨겁고 불안정한 세계에 적응하는 데에 필요한 중요한 자원이기 때문이다. 따라서 X는 종교적 구조를 대신하는 비종교적 운동으로 볼 수 있다. 기후 X는 세속적이고 개방적이며 모든 사람의 자율적 존엄성을 존중한다. 그것은 자본과 행성적 주권에 맞서 기후정의와 민중의 자유를 확언하는, 배제된 이들까지 포함한 모든 공동체의 운동이어야 한다. 그러나 그런 세계를, 그 실현 가능성은 고사하고, 상상이나 할 수 있을까?

2.

정치 이론의 견고함을 가늠하는 한 가지 척도는 이론 자체의 모순에 대한 인정과 관심, 그리고 이를 설명하는 능력이다. 이러한 토대에서 우리는 가장 먼저 기후 X의 한계를 식별해 내려고 노력해야 한다. 특히 세 가지 우려가 심각해 보이는데, 그 각각은 X가 다른 세 가지 경로들과 맺고 있는 관계를 반영한다. 다른 가능성들 또는 경로들의 유리한 지점에서 X를 비판적으로 살펴야만 한다. 기후 리바이어던의 헤게모니적 지위와 더불어 시작해 보자.

첫째, 기후 리바이어던의 관점에서 보면 X는 정의상 불가능하다.

기후 리바이어던은 모든 면에서 거부되어야 하는데, 이데올로기 수준에서는 실제로 이미 거부되고 있다. 불법적이고, 비실용적이며, 위험하고, 판타지적이고, 공허한 것이기 때문이다. 현재의 지정학적 질서에서 볼 때, 기후 X는 리바이어던보다 훨씬 약할 뿐만 아니라 표현할 수조차 없는, 아무도 이해하지 못하는 농담이다. 예를 들어, 미국과 중국에서 기후정의를 향한 급진적 운동이 직면한 과제들을 생각해 보자. 두 국가는 이 행성에서 가장 강력한 국가들일 뿐 아니라, 최대 이산화탄소 배출국이기도 하다. 두 나라는 마지못해 불안정한 "G2"를 형성하고 있고, 중요한 지정학적 갈등(특히 태평양 지역)을 겪고 있는 핵 강대국들이자, 세계경제의 심장부에 (불행히도) 함께 묶여 있는 자본주의사회들이다. 두 나라의 관계를 급진적으로 재구성하려면, 즉 자본주의를 극복하면서 이들 사회에서 리바이어던의 기세를 꺾으려면, 두 국민국가에서 혁명적 사건이 일어나야 할 뿐만 아니라 두 국가 내부 투쟁과 국가 간 투쟁을 연계하는 급진적 초국가주의 형태도 필요하다. 우리는 이 일에서 아직 갈 길이 멀다. 우리에게는 기껏해야 산발적으로 표현되는 제한된 형태의 연대밖에 없으며, 그마저도 주로 국가주의적 렌즈로 필터링되어 있다.

사파타주의는 이런 종류의 투쟁을 생각할 때 유용한 교훈을 제공한다. 사파티스타 운동은 국민국가 형식 안팎에서 작동하는 사파티스타의 장소 기반 혁명 투쟁을 위한 탁월한 이론과 실천을 만들어냈다. 사파타주의는 투쟁의 토착성, 멕시코성, 행성성을 동시에 확인하는 영토 전략을 세웠다. 이 운동은 명백히 반자본주의적이지만, 자본주의적 사회관계에서 벗어나기 위한 길을 낸다는 끈기 있는 노동을 지지함으로써 자본에 대한 정면공격은 피했다. "우리는 온건한 반자본주의자이다."

사파티스타는 국민국가를 장악하거나 해체하려 하기보다 국민국가에서 자신들의 공동체들을 빼내어, 지역에서 선출된 "좋은 정부"에 뿌리를 둔 새로운 형태의 국가를 만들기 위해 노력했다. 사파티스타가 국제 연대의 제스처에 반대하는 것은 아니지만, 그들의 주요 대외 활동은 본보기를 보이는 것이었다. 사파티스타는 우리가 기후 X에게 기대할 수 있는 많은 특질들을 미리 보여 주는 새로운 급진주의를 표현한다. 그러나 미국의 지원을 받는 멕시코 정부/군대의 지속적인 포위공격, 군사 및 준군사기지와 요원들의 사파티스타 공동체 포위, 사파티스타 투쟁을 지원하는 초국적 연대의 제한 등은 그들 노력의 한계를 나타내는 동시에 재생산한다. 하지만 그런 한계를 완전히 극복하지 못했다고 해서 사파티스타를 탓할 수는 없다. 달리 말해, 아직 갈 길이 멀었다고 말하는 것은 이 운동을 비판하는 것이 아니라 그것을 존경하고 배워야 한다는 뜻이다.

기후 X의 특정 지역적 사례를 실현하려는 모든 노력의 문제는 최소한의 생존 가능성과 가시성에 도달하면 모든 "X"가 자본주의 국민국가와 그 "민간" 조직 동맹에 포위당하고 공격받을 것이라는 점이다. 위나 외부의 더 광범위한 힘(예를 들어, 좌파의 초국적 사회운동과 협력하는 개혁된 유엔)으로 보호받지 못하는 이상, 각각의 내재적 X는 파괴되거나 그 완전한 실현을 사실상 불가능하게 만들 정도로 엄격하게 제약될 것이다. 그러면 어떤 다른 국가 형태, 이상적으로는 세계국가를 통한 방법 말고 우리가 어떻게 자본주의국가의 "위나 그 너머"에서 연대주의의 방위를 구축할 수 있을까? 이 문제는 좌파를 분열시킬 수 있으며(거의 틀림없이, 이미 그렇다), 많은 이들이 "진보적인" 것이든 혁명적인 것이든 리바이어던을 찾게 만들 수 있다.

이는 예비 잠재적 기후 마오의 입장에서 본, 기후 X의 두 번째 한계로 이어진다. 효과적이거나 급진적일 수 있는 그 어떤 기후정의운동에서도 우리는 지구의 생명을 구하는 데에 필요한 긴급조치를 취할 수 있는 행성적 주권자에 대한 깊은 열망에 직면하게 될 것이다. 이런 관점에서 볼 때 X는 너무 민주적이고 너무 반주권적이다. 화석연료 기업들에 대항하여 싹트기 시작한 전 세계적 저항, 그리고 이데올로기적 지형을 지배하는 신자유주의 정통성과 정치적 비관주의에 대한 흥미로운 급진적 도전에는 축하할 만한 일이 많다.[9] 그러나 급속한 기후변화에 직면하여 좌파의 많은 이들은 기후 리바이어던 같은 것이 우리의 유일한 희망이라고 확신하게 되었다. 우리가 알고 있는 민주주의(특히 패권적 자유주의 버전)는 우리 앞에 놓인 문제에 매우 부적절해 보인다. 그리고 다른 민주주의 형식이 문제를 해결하리라고 상상하는 것은 많은 이들이 정당하게도 더욱더 터무니없는 비약으로 볼 만한 일이다.

도널드 트럼프는 미국의 대통령이다. 이 사실 자체가 자유민주주의가 형식적으로 민주적이라는 이유만으로 정의롭고 살기 좋은 길을 찾는 데에 도움이 되리라고 믿을 만한 이유는 없음을 확인시켜 주는 것 같다. 예를 들어, 전 세계의 지배적인 자본주의 자유민주주의 국가의 유권자들이 기후정책을 결정할 수 있다면 현 상황이 얼마나 달라질까? 이 질문에 대한 분명한 답은 "전혀 그렇지 않다"이다. 이 사실은 근본적으로 다른 두 가지 결론을 가리킬 수 있다.

한편으로, 이는 기후 리바이어던과 그 기술주의적 권위주의의 필요성을 확인시켜 주는 것 같다. 그러나 다른 한편으로는 민주주의의 무용성을 가리키는 게 아니라, 단순히 투표함을 통해 "사람들"을 기후 무대로 불러들이는 것보다 더 급진적인 정치 생활의 재편이 필요함을 가리킨다. 대중정치와 급진정치를 동일시하는 것은 잘못이다. 이는 군중과 민주주의에 대한 헤게모니적 엘리트들의 두려움 (우리가 일반적으로 편하게 비판하는 것)이란 급진적 이념의 "실현"과 사회정의의 구현에 대한 두려움에 기인한다는 가정이 거짓인 것과 같다.[*]

세 번째, 베헤못의 입장(4장에서 논의된 것처럼)에서 보자면, 현대 자유주의의 가장 강력한 내부 비판은 사실상 부르주아지가 이기심과 근시안 때문에 자기 특권과 권력을 훼손하는 일을 막으려는 자유

---

[*] 안토니오 네그리는 가끔씩 이런 성향에 잘 빠진다. 예를 들어, 그의 탁월한 케인스주의 비판을 보자. 네그리는 "계획국가"의 부상을 자본이 "노동자계급의 자율성을 인정"했다는 무조건적인 증거로, 즉 "강력한 노동조합 및 노동계급의 정치운동의 억압 문제"가 "혁명적 경험을 자본주의 세계 전체로 확장해" 놓았다는 인식으로 본다(Antonio Negri, "Keynes and the Capitalist Theory of the State post-1929," in *Revolution Retrieved: Writings on Marx, Keynes, Capitalist Crisis and New Social Subjects*, London: Red Notes, 1988 [1967], 12, 15). 대중과 민주주의에 관한 이러한 사고방식은 자유주의적 핵심-자본주의 민주주의 국가에서 공공연하게 비민주적인 국가들, 특히 글로벌 사우스로 이동하면 근본적으로 다른 관점을 취하게 된다.

주의적 노력에 있다. 자유주의자들은 다중에게서 사회적 안정의 잠재적 파괴 가능성만을 인식한다(자유주의자들은 자신들이 혼돈을 막고 있다고 믿는다). 이 군중, 즉 폭도, "오합지졸"은 매우 오래된 유령이고, 이 유령의 가장 오래된 버전 중 하나가 베헤못이다.** 이 혼란에 대한 두려움은 리바이어던에게 생명을 불어넣는 주요 힘 중 하나일 것이다. 자유주의는 기후변화 자체에 대한 두려움은 거의 없지만, 폭도나 폭동, 기후난민을 두려워하기 때문이다. 이들은 부르주아지만이 아니라 부르주아지가 "문명"으로 이해하는 질서 전체를 파괴할 우려가 있다. 6장 서두에서 소개한 오레스케스와 콘웨이의 자유주의적 디스토피아 판타지를 떠올려 보라. 온난화로 서남극 대륙이 파괴되고, 홍수로 인해 대중이 떠돌아다니며, 난민이 지구 전체로 쏟아져 나오고, 서구 문명이 파괴된다. 이야기는 새로울 수 있으나, 그 종말론은 오래된 것이다.

** 이에 대한 두려움은 자본주의에 대한 좌파-자유주의의 반대와 결코 멀리 떨어져 있지 않다. 2008년 글로벌 경제위기에 대한 로빈 블랙번과 로버트 웨이드와 같은 급진파들의 대응을 생각해 보라. 블랙번과 웨이드는 마르크스가 1857년 폭락을 환영했던 것처럼(그가 엥겔스에게 "증권거래소는 현재의 침체가 탄력과 활기로 바뀌는 유일한 장소이다"라고 썼다) 이 위기를 환영하기보다는, 시스템을 안정시켜 불안이 전체 시스템을 파괴하지 않도록 하는 데에 주로 관심이 있는 듯하다(마르크스 인용은 로먼 로돌스키에게서 가져왔다. *The Making of Marx's 'Capital', Vol. I*, London: Pluto Press, 1977 [1968], 7); Robin Blackburn, "The Subprime Crisis," *New Left Review* II/50, 2008, 63-105; Robin Blackburn, "Crisis 2.0," *New Left Review* II/72, 2011, 33-62; Robert Wade, "Financial Regime Change," *New Left Review* II/53, 2008, 5-21; Robert Wade, "From Global Imbalances to Global Reorganizations," *Cambridge Journal of Economics* 33, 2009, 539-62.

누군가는 앞서 언급한 X의 모순이 너무나 근본적이어서 리바이어던이나 마오의 편을 드는 근거가 된다고 생각할 수도 있다. 그러나 이러한 모순이 우리가 X를 좌파의 정치 전략으로 개념화하거나 혁명적 실천에서 X를 실현하기 위해 노력하는 것을 막지는 못한다. 그럼에도 외관상 불가능한 문제들을 통해 가능한 경로를 밝혀야 한다는 이론적 과제는 여전히 남아 있다. 강요된 자유주의적 "낙관주의"라는 이름으로 다른 이들을 설득하는 잘못된 해법을 제쳐 두면, 우리는 서로 얽혀 있으면서도 구별되는, 좌파적 실천을 위한 두 개의 진정한 돌파구를 보게 된다. 이때 그 각각은 별개의 사유 전통을 반영한다.

첫 번째 돌파구는 주권과 공산주의에 대한 마르크스의 비판을 승인하는 정언적 거부에서 영감을 찾을 수 있다. 마르크스는 많은 이들이 예언서처럼 읽는 〈공산당 선언〉을 공동 집필했지만, 미래에 대해서는 거의 아무것도 쓰지 않았고, 미래 공산주의가 어떠한 모습일지는 더더욱 언급하지 않았다. 이 문제에 대한 마르크스의 가장 명료한 진술은, 혁명적 사유가 혁명적 행위의 진행 방향을 규정적으로 "알" 수 있을 가능성에 대한 거부다. 마르크스에 의하면, 공산주의란,

수립되어야 할 사태, 즉 현실이 적응해야 [할] 이상이 아니다. 우리는 공산주의를 현재 상태를 폐기하는 진정한real 운동이라고 부른다. 이 운동의 조건은 현존하는 전제들에 기인한다.[10]

두 번째 돌파구는 위기에 대한 정치적으로 단호한 증언을 요구하는 벤야민의 요청에 근거할 수 있다. 이는 "도래할 공동체"와 "탈정립적인" 권력에 대한 아감벤의 호소에서도 확인되는 입장이다. 우리는 두 입장을 동시에 긍정하며, 둘 다 예스라고 말해야 한다고 생각한다. 이런 관점에서 볼 때, 기후 X는 수단이자 규제적 이상$_{ideal}$이며, 기후정의를 위한 필수 조건일 수 있다. 기후 X는 동일한 필요성, 즉 현재를 정치화할 필요성과 미래를 끊임없이 의문시해야 할 필요성에 따른 논리적 결과이다. 유토피아적 청사진의 거부, 잃어버린 과거에 대한 향수의 거부, 놓친 기회에 대한 헛된 애도의 거부.

　　기후 X는 실제로 어떤 모습일까? 전 세계적으로 일어나는 풀뿌리 기후정의운동에서 많은 것을 배울 수 있다. 예상하지 못한 출처에서 지혜를 얻을 수도 있다. 「파리협약」 이후 생태학자 미구엘 알티에리$_{Miguel\ Altieri}$는 "2015년 인류를 위한 가장 중요한 … 메시지: 프란치스코 교황의 생태 회칙 '라우다토 시'$_{Laudato\ Si}$"(찬미받으소서)"라는 글을 유포했다.[11] 그의 열정은 이해할 만하다. 프란치스코 교황은 "심각한 함의가 있는 지구적 문제"를 비난하면서 기후변화의 본질적인 정치경제적 부정의를 강조한다. 즉, 세계에서 가장 부유한 사회의 산물인 기후변화로 가난한 사람들이 가장 큰 대가를 치르고 있다는 것이다. 그들은 "기후변화에 적응하거나 자연재해에 대처할 수 있는 다른 재정 활동이나 자원이 없고, 사회서비스와 보호에도 매우 제한적으로만 접근할 수 있다." 이러한 출처 없이도 우리는 이미 "환경파괴로 인한 빈곤의 증가를 피하려는 이주민들", 즉 "국제협약에 의해 난민임을 인정받지 못한" 난민들의 "비극적 증가"를 목도한다. "그들은 아무런 법적 보호도 받지 못한 채 남겨진 삶의 상실을 감당"하고 있다. 그들의 곤경은 그들의 잘못이 아니다. 그러나,

　　이 고통에 대한 무관심이 만연해 있으며, 이는 지금도 전 세계에서 일어나고 있다. 우리 형제자매와 관련된 이런 비극에 대한 우리의 대응 부족은 모든 시민사회의 기초가 되는 동료에 대한 책임감의 상실을 나타낸다.*

　　프란치스코 교황은 이 무관심의 원천이 부의 특권과 권력의 특권임을 단호하게 지적한다. 이는 도널드 트럼프가 기독교인이 아니라는 그의 인식과 동일한 윤리적 토대에 근거한다. "더 많은 자원과 경제적·정치적 권력을 가진" 이들은 "대부분 문제를 가리거나 그 징후를 은폐하는 데에 관심이 있는 듯하다. 기후변화의 부정적 충격을 줄이려는 노력을 하면서도 말이다."[12] 권력자의 이중성은 "이러한 태도가 '녹색' 수사修辭와 나란히 존재"할 때 드러난다. 바로 그 동일한 엘리트들이 행성의 미래에 대한 결정권을 가로채도록 해 주는 그런 수사 말이다. 이에 맞서 "진정한 생태적 접근법은 항상 사회적 접

---

* Pope Francis I, "Encyclical Letter Laudato Si′ of the Holy Father Francis on Care for Our Common Home," 2015. 프란치스코가 말하는 "시민사회"는 수세기 동안 유럽의 정치이론을 사로잡았던 부르주아 사회조직이 아니다. 교황은 과거에는 주저 없이 "문명"이라고 불린 이 용어를 예의civility에 기초한 사회를 설명하는 데에 사용한다. 교황은 문명이란 용어를 피함으로써 적어도 문명의 부정적 유산 중 일부에 대한 인식을 드러내고 있다.

근법이 된다는 점을 깨달아야 한다. 환경에 관한 논의에 정의의 문제를 통합하여 지구의 외침과 가난한 이들의 외침을 모두 들어야 하는 것이다."[13] 결론은 급진적이다. 기후위기에 대한 정치적 분석의 초점을 가난하고 힘 없는 이들에게 맞추는 데에 대한 거부는 제안된 "해결책"이 왜 거짓이고, 탄소 감축을 위한 국제 리더십이 왜 그토록 한심했는지를 설명해 준다.

우리에게는 새로운 길을 개척할 수 있는 리더십, 또한 모두를 배려하고 다음 세대에 대한 편견 없이 현재의 필요를 충족시킬 수 있는 리더십이 부재하다. 분명한 경계선을 설정해서 생태계 보호를 보장할 수 있는 법적 틀의 구축은 필수불가결하게 되었다. 그렇지 않으면 기술-경제 패러다임에 기반한 새로운 권력구조가 우리 정치뿐만 아니라 자유와 정의까지 압도할 것이다. … 그동안 국제 정치권의 대응이 얼마나 미약했는지 놀라울 따름이다. 환경에 관한 세계 정상회담의 실패는 우리 정치가 기술과 금융에 종속되어 있음을 명백히 보여 준다. 특별한 관심사가 너무 많고, 경제적 관심사는 공익을 능가하고 정보를 조작해서 자신의 계획이 영향을 받지 않도록 한다. … 경제와 기술의 동맹은 결국 즉각적인 이익과 관련이 없는 모든 것을 외면하게 만든다. 그 결과 우리가 기대할 수 있는 것은 대개 피상적인 수사와 산발적인 자선 행위, 환경에 관한 우려의 표현뿐이다 ….[14]

프란치스코는 자신의 지위를 활용해 기후 운동가들과 연대의 제스처를 취하며 그 어떤 세계 지도자보다 더 강력하게 정치 지도자들에게 행동을 촉구한다.♦ 사실, 교황의 기후정치가 기후정의운동을 하는 이들보다 더 엄밀한 공약을 제공한다는 논의가 있을 수 있다. 우리가 파리에서 읽어 본 기후변화 대처 원리들 가운데 가장 직접적이고 일관되고 급진적인 성명은 프란치스코에게서 나왔다. 제21차 유엔기후변화협약 당사국총회 기간 동안 우리는 1871년 파리코뮌의 폐허 위에 지어진 반동적 교회, 즉 좌파가 증오해 마지않는 사크레쾨르 대성당까지 행진했다.[15] 성당 안에서는 교황의 회칙을 설명하는 전시가 열렸다. 모두의 연대, 존엄성, 평등에 기초한 새로운 행성적 합의를 강조하는 것이었다. 사크레쾨르 내부에 새겨진 1871년의 가치라니! 마치 파리코뮌의 이념이 대리석 바닥을 뚫고 나와 계획보다 150년 늦게 싹을 틔운 것 같았다.

그러나 우리는 가톨릭 신자가 아니고, 적어도 아직은 교회에 합류하지 않았다. 문제는 프란치스코의 기후 담론 아래 일부 반동적 메시지가 숨겨져 있다는 것이 아니다. 프란치스코식 접근법의 문제는 오히려 그 신학적·제도적 헌신에 있는데, 이는 지구 환경문제에 대한 모든 종교적 접근을 제한하는 문제이기도 하다. 교황 회칙은 그 명확성으로 인해 교회가 교회 계단에서 의식을 치르려 한 원주민 급

♦ 예를 들어, 파리회의를 앞두고 교황은 금지된 기후행진에 연대한다는 의미로 레퓌블리크 광장에 자신의 신발을 놓았다.

진주의 비판자들의 편에 서게 할 것이다. 그러나 유감스럽게도, 노트르담 대성당의 닫힌 문과 광장을 지키는 경찰이 상징하는 것처럼, 종교 간의 경계는 그대로 남아 있고, 신자 중 누가 포함되고 누가 제외되는지 같은 분할에 대한 그들의 용서할 수 없는 집착도 그대로 남아 있다. 사크레쾨르 내부에서 있었던 예기치 못한 급진적 발언이 기후위기 앞에서 종교의 역할에 대한 희망을 준다면, 그 희망은 노트르담 정문 밖에서 원주민 지도자들을 야박하게 내쫓은 일 때문에 완전히 소멸하지는 않는다고 해도 희석될 수밖에 없다.

현대 종교의 제도적 경직성은 환경 변화에 대한 종교적 관점들을 풍부하게 하면서 통합하려는 세계교회주의적 "종파 초월" 운동으로 어느 정도 보완되었다. 그러나 이러한 운동이 공항 예배당이라는 표면적인 연대를 넘어선다고 해도, 신학적 틀은 주권 권력의 본질적 구조와 정치적 상상("신학theology"은 문자 그대로 신의 말이다)에 기반해 있기 때문에 역시나 제한적이다. 이는 복잡한 문제라서 우리가 여기서 제대로 다루기 어렵지만, 우리 견지에서 보면 그것은 베헤못의 자본주의 천년왕국주의와 X 사이의 모호한 관계와 관련이 있다. 진보주의자와 좌파에 대한 프란치스코의 호소력은 의심할 여지 없이 X의 잠재적 가능성을 반영하고, 그래서 기후 비상사태에 관한 교황의 입장은 자본주의에 대한 비판을 반영한다. 모든 종교 전통에서는 유사한 실례를 찾아볼 수 있다.

그러나 현재의 질서를 초월하라는 모든 종교적 요구처럼, 프란치스코의 입장은 통치의 문제를 근본적으로 미해결 상태로 둔다. 우리의 요점은, 프란치스코가 은밀히 일종의 "생태적 신정神政"의 토대를 구축하고 있다는 것이 아니다. 오히려 요점은 신정주의가 신학적 세계관에서는 불가피하게 구성적 이상ideal일 수밖에 없다는 것이다. 진리와 지혜로서 신의 말의 절대적 권위를 받아들인다면, 신(또는 그분의 지상 대리인)의 통치는 논리적이고 무조건적인 목표가 된다. 이상화된 목표이기는 하지만 말이다. 신이 통치할 수 있다면 인류가 왜 이를 방해하겠는가? 기후에 대한 프란치스코의 입장만큼이나 근본적으로 진보적이게 보이는 이 명제는 그 입장과 분리할 수 있는 게 아니다. 대신 필요한 것은 벤야민이 말하는 "실제 비상사태"다. 여기서는 신정주의적 또는 세속적 형식의 주권적 패권, 따라서 베헤못과 X를 하나로 묶어 주는 것처럼 보이는 연결장치가 부서져 버린다.[16]

3.

지난 20년 동안 이탈리아 공산주의 철학자 안토니오 네그리Antonio Negri는 욥이라는 성경 속 인물, 즉 그 무기력 때문에 신이 리바이어던이라고 조롱했던 바로 그 인물을 "우리의" 현재 상황에 대한 은유로 자주 사용했다.

우리의 비참한 현실은 욥의 현실이며, 우리가 세계에 던지는 질문과 답은 욥의 그것과 동일하다. 우리는 똑같은 절망감으로 우리 자신을 표현하고 똑같이 불경한 언사를 내뱉는다. 우리는 부와 희망을 알았고, 이성으로 신을 유혹했지만, 결국 먼지와 무의미함만 남았다.[17]

여기에는 확실히 무언가가 있을 수 있다. 트럼프 시대에 기후정의를 위해 분투하는 사람들은 욥과 같다. 물론 트럼프는 신이 아니지만, 기후 행동에 대한 많은 주장을 뒷받침하는 절박한 "이성"을 조롱한다.

그러나 이 책이 〈욥기〉에 나오는 인물들(리바이어던과 베헤못)로 구성된 이유는 여기에 있지 않다. 기후변화의 정치에 대한 논쟁은 욥이 하나님과 벌인 논쟁처럼 주권으로 귀결된다. 자본도 한 원인이지만, 자본의 끊임없는 팽창주의적 명령이 탄소 배출을 주도하고 자본주의 국민국가가 기후변화에 대한 효과적인 대응을 제한한다는 좌파의 주장은 비교적 논란의 여지가 없어 보인다. 이는 현대 기후변화 담론에 중요한 시사점을 준다. 최근까지만 해도 소수의 급진적 정치생태학자들만이 행성의 환경 변화가 자본주의의 논리적 결과라고 주장했다. 더 이상은 아니다. 이제는, 오늘날 자본주의의 가장 유명한 옹호자들, 즉 폴 크루그먼, 조셉 스티글리츠, 크리스틴 라가르드 같은 유명 인사들조차 무자비한 축적의 논리와 기후변화 사이의 연관성을 도출하고 있다.[18] 그들의 주장은 국가정책을 형성하는 자유주의적 상식이 아니지만 주목할 만한 발전이다. 적어도 이제는 기후변화를 다루는 문제에서 자본주의의 실패(그저 "시장실패"라 할지라도)를 공개적으로 논의할 수 있게 된 것이다. 그에 반해, 정치적인 것과의 관계, 즉 기후변화로 인해 주권에 제기된 문제들은 좌파들조차 이제야 파악하기 시작했다.

따라서 리바이어던을 명확한 사회구성체로 기술하는 것은 우발적 추상화일 수 있고, 그래서 잘못된 것으로 판명될 수도 있지만, 리바이어던의 유령은 정말로 현실적이다. 기후 리바이어던의 희망적 주체는 특별한 무언가, 즉 추상적 "변화" 이상에 대한 욕망을 추구할 것이다. 코펜하겐에서 파리까지 의미 있는 국제적 합의를 이루기 위한 대중 동원은 아무리 돈키호테식이라 할지라도 상규에서 벗어난 게 아니다. 오히려 감지할 수 있는 절박함에서 비롯된 절실한 진심이다. 이 논리는 존중받아야 하고, 그래서 우리는 그 논리가 좌파뿐 아니라 더 많은 사람들의 공감을 얻을 것으로 기대한다. 글로벌 금융주권을 요구하는 엘리트들의 첨예한 요구는 비슷한 추론의 침전물이다. 문제는 주권의 틈새에서 비롯한 것으로 인식되고, 그래서 해결책은 그러한 틈새가 없는 통치다. 이는 단 하나의 결정적 단일 통치, 즉 자본주의 세계에 적합한 주권자이다.[*] 이것이 기후 마오가 일부 반자본주의자들에게 강력한 호소력을 발휘하는 이유이다. 자본주의를 거부하는 이들은 우리 모두를 구해 줄 주권 권력, 그리

---

[*] 국제통화기금, 국제결제은행, 바젤 은행협약 등 "급진적" 규제 강화 형태로 전능한 글로벌 금융주권을 요구하는 엘리트들의 주장은 금융 붕괴 직후인 2007~2008년에 널리 퍼져 있었다.

고 우리를 이 벼랑 끝으로 내몬 자들을 처벌할 주권 권력을 정말로 강력하게 요구한다. 이러한 충동을 이해할 수는 있지만, 우리는 이를 거부해야 한다. 행성적 주권만이 지구의 생명을 구원할 유일한 길임이 명백해 보인다면, 우리가 정확히 무엇을 구원할 것인지 생각해 보는 일은 매우 중요하다.

기후 마오는 분명히 연대, 즉 기후 X의 세 번째 원리로 건설된 여러 세계들의 세계가 아닐 것이다. 리바이어던과 마오 모두 이 원리에 대한 정언적 거부를 요구하는 데에 반해, 실현 가능한 기후 X에게 그 원리는 양도 불가능한 것이다. 사실 기후 리바이어던에 대한 요구가 지닌 잘못된 보편성("우리"를 구원하기 위해 필요하다)—특권적인 "우리"의 가면을 벗기는 것은 부분적으로 기후 X를 규정하는 일이다—과 기후 X의 비동일성을 모두 강조하는 것은 매우 중요하다. 기후 리바이어던에 대한 해방적 반대는 행성적 주권의 약속에 대한 거부에 기초한다. 그 거부의 이유들이 공통의 "비참함"을 겪는 "우리"의 궁극적 보편성으로 동질화되어서는 안 된다. 우리가 앞에서 강조했듯, 생태적 재앙에 직면한 자본주의 지배의 주체는 분화되지 않은 "우리"가 아니고, 그래서 X가 취할 수 있는 형식들은 다양한 역사들과 그 역사들이 이루어지는 공동체들에 의해서 형성될 것이다.

다시 말해, 기후 X를 어두운 시대에 우리를 인도해 줄 수 있는 일련의 미래 이념들 가운데 하나로서 정식화할 경우, 우리는 주체성에 대한 보편적 요구에 사로잡히지 말아야 한다. 예를 들어, 하트와 네그리는 그런 요구를 "제국"에 귀속시킨 바 있다. 기후 X는 "피착취자와 피지배자의 집합, 즉 아무런 중재 없이 제국과 직접 대립하는 다중"이 절대 아니다.[19] 우리는 이 말을 반식민주의 민족주의와 공산주의 무장투쟁이 더 이상 탈식민 저항의 매개 역할을 독점하지 않는다는 의미로 받아들일 수 있고, 그래서 이러한 발전 앞에서 향수를 느껴서는 안 된다. 그러나 다중이 "우리의 비참함"을 겪는다는 "모두의 집합"은 신화이며, 그것도 반연대적 신화이다. 이런 의미에서 그것은 인류세, 즉 모든 인류를 동일한 지질학적 페이지에 올려놓는 시대와도 다르지 않다.[20] 전 세계 사람들은 우리의 행성적 "동시성"에도 불구하고, 다수의 지리생태적 시대를 살고 있고, 이러한 세계들을 만들어 낸 세력들은 인류 일반이 아닌 특수한 자연사적 사회구성체들로 환원되어야 한다.

자본과 국민국가는 그런 많은 구성체들에 근본적인 것이었다. 이때 그 사회구성체들은 매우 불균등한 방식을 취했는데, 이는 자본과 국민국가가 변화시킨 사회구성체들이라는 견지에서 이해되어야만 한다. 예를 들어, 인류세를 "인류" 또는 "인간"에 의해 돌이킬 수 없는 방식으로 형성된 행성적 · 역사적 체제regime로 정의한다면, 아메리카 대륙의 원주민들은 500년 넘게 인류세의 지옥살이를 하고 있는 것이다. (자본주의적 소유관계와 국가 기반 소유권 박탈이 결합된, 질병과 침입종의 소위 "콜럼버스적 교류Columbian Exchange"를 달리 어떻게 기술할 수 있겠는가?) 만약 이 개념이—일부 집단만이 세계 또는 세계들의 공동체를 파괴했던 아메리카 대륙의 식민화 같은 순간과 달리 인류라는 종이 지구 시스템을 근본적으로 바꾸어 놓은 시기를 지칭하기 때문에 그 최근의 시대구분을 옹호한다면, 그것은 명백히 잘못이다. "우리"가 모두 동등하게 이 행성과 행성 거주자들의 곤경에 기여한 것은 아니다.

말하자면, "다중"이라는 "모두의 집합"이 하나만 있는 것이 아니듯, "기후 X"도 하나만 있는 것이 아니다. 기후정의운동을 정착시키는 데에 도움을 준 일부 정치조직은 자신이 기후 리바이어던에 대립한다고 여기지 않을 것이다. 또는, 자신이 역사적으로 경험한 자본주의적 주권 양식과 기후 리바이어던이 구조적으로 다르다고 여기지도 않을 것이다. 리바이어던이 예외를 선언할 권리, 즉 "인류"를 구할 권리, 보편적 이익을 위해 희생될 생명을 결정할 수 있는 권리 등의 참칭으로 어느 정도 정의된다면, 그러한 주권 형식은 원주민과 피식민지인에게 그리 새로운 게 아니다. 환경적인 부정의도 인류세도 그들에게는 새로운 역사의 시작을 표시하는 게 아니다.

기후 X로 나아가는 광범위하지만 분명히 다른 두 가지 궤도가 있다고 말할 수 있다. 첫 번째는 마르크스주의에 뿌리를 둔 반자본주의 좌파 전통을 포용하는 급진적 분석과 실천이다. 마르크스주의 사상이 해방적인 정치투쟁의 만병통치약은 아니지만, 마르크스주의 사상이 전 세계 운동에 준 다양하고 창의적인 방식은 그 생산력을 증명한다. 마르크스주의가 근본적으로 재발명되거나 비난 받을 때에도(예를 들어, J. K. 깁슨-그레엄과 연관된 공동체 경제활동처럼), 그럼에도 불구하고 마르크스주의는 어떻게 하면 상황이 달라질 수 있는지, 어떻게 하면 그렇게 될 수 있을지 등에 관해 사유하기 위한 기반과 대위법을 제공한다.

두 번째 궤도는 매우 다른 출처들로부터 추진력을 얻는다. 자본과 주권국가에 의해 과잉결정되지 않은 존재 방식으로 오랜 역사적 경험을 한 사람들의 지식과 생활 방식이 그것이다. 원주민과 피식민지인이 실현 가능한 기후 X의 씨앗을 뿌리는 투쟁의 최전선에 서 있는 것은 결코 우연이 아니다. 물론 이 집단들도 자본과 국가권력에 종속되어 있긴 하지만, 일반적으로 볼 때 그들의 현재 전략은 혁명적 공산주의 또는 사회주의 미래를 위한 국제주의적 연대의 수립을 강조하지 않는다. 오히려 그들의 요점은, 그런 생활 방식의 충분한 다수성이 활력 넘치는 존엄한 미래를 누리도록 보장하는 것이다. 그리고 경우에 따라서는 이를 통해 배울 수 있는 바를 기꺼이 경청하는 사람들과 소통하는 것이다.

기후 X를 정의하는 과제는 이 두 궤도를 하나로 모은다. 두 궤도를 합하거나 서로 종속시키는 것이 아니라, 서로를 뒷받침하고 서로에게 에너지와 추진력을 줄 수 있는 수단을 찾는 것이다. 그것은 불가능한 일이 아니다. 물론 리바이어던이나 마오를 향해 왼쪽으로 틀면 시너지의 잠재력이 거의 확실히 무효화될 것이긴 하지만 말이다. 이는 기후 X, 즉 자본과 주권 통치를 모두 거부하는 기후정의운동의 또 다른 근거이다. 리바이어던이나 마오로 다시 돌아가는 것은 첫 번째와 두 번째 원리, 즉 모두를 위한 평등과 존엄성 또한 거부하는 것이기 때문이다. 두 가지 주권 경로는 모두 정의상 이러한 원리들에 반대한다. 아도르노는 잠재적으로 급진적인 새로운 권력 형식이 "도래할 수 있다"고 말했다. 그것은 무엇일까? 그 답은 주권에 반할 정도로 급진적인 민주주의일 수밖에 없다. 사실, 진정한 민주주의는 비주권적일 수밖에 없다. 너무 신성해서 다른 식으로 존재할 수 없는 통치 원리나 영토 폐쇄란 없기 때문이다.

아도르노는 분명 초기 마르크스주의를 기반으로 하고 있지만, 이러한 사고에는 하나 이상의 출처가 있다. 그가 말하고자 한 바가 무엇인지, 따라서 급진 좌파의 궤도가 투쟁에 어떤 결과를 불러올 수 있는지 이해하려면, 슈미트가 홉스의《리바이어던》의 "실패"에 비추어 찬양했던 헤겔의 주권 분석으로 돌아갈 수 있다.[21] 마르크스도 1840년대에 같은 주제로 고심했다. 마르크스는 헤겔의《법철학 강요》에 대한 비망록에서 슈미트의 관심을 끌었던 것으로 보이는 헤겔적 국가의 특징, 즉 "논리적 범신론적 신비주의"를 끊임없이 비판한다.

헤겔이 실제 주체를 국가의 기초로 삼았다면, 국가를 신비로운 방식으로 주체로 변형시킬 필요성을 느끼지 못했을 것이다. 헤겔은 "그러나 그 진리 안에서 주체성은 오직 주체로서만 존재하고, 인격personality은 개인person으로서만 존재한다"고 말한다. 이 또한 일종의 신비화다. 주체성은 주체의 특성이고, 인격은 개인의 특성이다. 헤겔은 술어를 주어의 술어로 생각하는 대신, 술어에 독립적인 존재를 부여하고 신비주의 방식으로 주어로 변형시킨다.[22]

마르크스의 헤겔 비판은 기후 리바이어던이 직면한 본질적인 문제를 예견한다. 이때 기후 리바이어던이란 바로 주체를 찾는 주권 형식에 지나지 않는다. 장래의 행성적 주권자라는 신비주의는 자본주의적 형식과 비자본주의적 형식 모두 마르크스가 말한바 "전체 이념에 의한 부분의 실질적 규제"에 거주한다.[23]

오늘날 혐오스러운 인종주의적 민족주의들이 부상하고, 기후행동과 모든 종류의 글로벌 협력을 방해하려는 그들의 일치된 노력에도 불구하고, 엘리트들과 진보주의자들 사이에서는 행성적 거버넌스라는 이념이 기후변화에 대한 바로 그 대응으로서 헤겔적 필연성에 대한 캐리커처처럼 펼쳐지고 있다. 행성적 거버넌스는 주권의 궁극적 종말, 주권의 지구적 텔로스telos의 탄생, 신비롭게 스스로를 실현하는 하나의 관념Notion을 향해 나아간다. 행성적 주권은 몇 가지 면에서 항상 그래 왔듯 근대성의 완성으로 서 있다. 행성적 거버넌스는 생명과 문명의 방어막임을 자처하지만, 민주주의를 지지하지 않는다. 이것은 모순이나 역설이 아니다. 민주주의와 주권은 결코 동맹이 될 수 없다. 헤겔이 보기에, 민주주의와 주권은 대척점에 서 있다.

그러나 최근 "인민 주권"이란 용어가 쓰이기 시작했는데, 그 일반적 의미는 군주君主에게 존재하는 주권의 대립물을 표시하기 위함이었다. 이런 대립적 의미에서 인민 주권은 인민이라는 혼란스러운 관념에 기반한 혼란스러운 생각들 가운데 하나다. 인민의 군주가 없다면, 그리고 군주와 필연적이면서도 직접적으로 연관되어 있는 전체의 표현이 없다면, 그 인민은 형식 없는 군중이다.[24]

마르크스는 최소한 이 단계의 사고에서 헤겔이 급진적 민주주의를 묵살한 것에 분노했다. 그는 헤겔이 군주를 이렇게 생각한다고 썼다.

　육화肉化된 정치의식; 그러므로 결과적으로 다른 모든 사람은 이 주권에서 배제된다. … 그러나 그가 국가의 통일을 대표하는 한 주권자라면, 그 자신은 국가주권의 대표이자 상징일 뿐이다. 국가주권은 그의 덕에 존재하는 것이 아니다. 반대로 그가 국가주권 덕에 존재하는 것이다.[25]

여기서 젊은 마르크스는 "라인란트 자유주의Rhenish liberalism"로 인해 국가에서 탈피하지는 못했지만, 이러한 상황에서 헤겔에게 무엇이 문제인지는 파악할 수 있었다. 근대 세계에서 민주주의는 주권 양식 역할도, 수단 역할조차도 할 수 없다는 것이다.[26] 오히려 민주주의는 주권의 부정이다. 바로 이것이 1930년대 후반 슈미트가 홉스를 버리고 헤겔로 돌아선 이유일 것이다. 헤겔은 군주제적 방식으로 주권을 상정하는데, 그에게 민주주의는 정의상 주권을 구성할 수 없기 때문이다. 대신 군주 또는 주권자는 "육화된 정치의식"인데, 주권적 결정, 즉 보통 말하는 주권의 구성이 이성적 국가의 실체를 정의하고 따라서 정치적인 것의 지형을 결정하기 때문이다.[27] 슈미트도 마찬가지로 주권은 결정 행위로 구성된다고 주장한다. 이러한 이유에서 정치적인 것은 주권에 앞서 존재할 수 없고, 주권이 없는 세계는 전혀 세계가 아니다.[28]

이러한 것들은 과거부터 샅샅이 파헤쳐 온 닳아빠진 문제들이 아니다. 오히려 급진 좌파 전통의 관점에서 보면, 그 문제들은 오늘날 기후 X의 중차대한 차원을 실현하는 데에 정확히 무엇이 문제인지를 확대해서 보여 준다. 결국 우리는 오래된 질문에 직면하게 된다. 우리는 주권을 가져야만 하는가? 비주권적 개체entity는 불가능한가? 그것이 유토피아적 제스처일지라도 대답은 '아니오'일 수밖에 없다. 이것이 바로 기후 X의 본질적 유토피아주의, 즉 기후 리바이어던의 "현실주의"의 상극이다.* 마르크스는 우리가 물려받은 주권 개념의

---

* Mick Smith, *Against Ecological Sovereignty*, Minneapolis: University of Minnesota Press, 2011. 참조. 스미스가 주장하는 많은 도발적인 논지 중 하나는 주권이 본질적으로 "반생태적 … 원리"(xiii)라는 것인데, 주권이란 세계를 인간이 사용할 수 있는 자원의 공간으로 파악하고, 그에 따라 통치할 주권자를 필요로 하기 때문이다. 논쟁의 여지 없이 맞는 말이지만, 생태학이 반주권적이라고 주장하는 것은 우리가 직면한 문제를 정치의 특수한 영역으로 옮기는 것이다(환경주의가 자연에 관한 것이기 때문에 그것을 더 급진적인 것으로 취급하는 일). 마르크스주의 전통은 미래 공산주의적 민주주의를 주권과는 근본적으로 다른 것으로 취급함으로써 다른 (비생태적) 방법을 제시한다. 스미스는 주장한다.
"만약 주권 세력이 '위기'라는 정의를 내릴 만큼 사람과 국가에 대한 생태적 위협이 존재한다고 스스로 판단한다면 어떻게 될까? 이제 생태위기라는 생각 자체가 정치적 비상사태에 대한 가장 최근의, 가장 포괄적인 정당화로서 … 그 위기를 초래하는 데에 연루된 바로 그 세력에 의해 회복될 가능성이 있지 않을까?(xvi)"
이 경우, 스미스는 "세계 테러와의 전쟁이 … 지구온난화 위기로 이어질 것"이라고 썼다(xvi). 여기서 스미스가 "실제 … 가능성"이라고 묘사한 것은 리바이어던의 위험한 헤게모니이고, 그의 명제적 경고("지금 … 있지 않을까?")는 편집증적 음모론이 아니다. 스미스가 이러한 발전을 "실제"라고, 즉 역사적으로 식별 가능하다고 묘사할 수 있을 정도로 리바이어던은 이미 존재한다.

한계를 큰 희망의 이유로 보았다. 인민의 주권과 군주적 주권을 병치하면서 "우리는 두 영역에 존재하는 동일한 하나의 주권을 논의하는 게 아니라 완전히 반대되는 두 개의 주권 개념을 이야기하고 있다. … 둘 중 하나는 거짓일 수밖에 없다. 실존하는 거짓말은 아니라고 하더라도."[29] 헤겔과 슈미트는 옳다―민주주의는 지배 가능성 자체를 무력화한다. 그들에게 이것은 민주주의의 큰 실패이지만, 마르크스와 우리에게는 거대한 약속이다. 다가오는 기후전환이 정의로우려면 헤겔적–슈미트적 의미의 주권은 잔존할 수 없다. 달리 표현하면, X는 행성 지배라는 이념Idea의 신비주의, 즉 지구적 주체를 추구하는 주권을 폭로하고 거부한다.✦✦

기후정치의 특이성 대부분은 시간성으로 귀결된다. 우리가 오늘날 느끼는 고통스러운 긴박감, 즉 끔찍한 기다림 말이다. 우리는 현재를 필연적이게 현재로 만드는 이러한 우발적인 역사적 역학을 이해해야만 현재를 파악할 수 있다. 그래야만 우리는 잠정적으로나마 미래를 엿볼 수 있다. 이 역사에 희망이 없는 것은 아니지만, 그것을 현재 국면에 결집하려는 우리의 노력은 필연적으로 어려움을 겪을 수밖에 없다. 기후 X가 이런저런 스케일로 통합되리라고 기대할 만한 이유는 전혀 없다. 이것이 의미하는 바는, 궁극적으로 기후 X가 실현되더라도 통일된 현상, 즉 통합된 조직 질서나 양식이 될 가능

✦✦ 이것이 바로 벤야민이 "신성한 폭력divine violence"이라는 말로 의미하는 바이다. 기존의 주권/법을 부수고 그걸 다른 것으로 대체하는 게 아니라, 주권을 완전히 무력화하는 변화의 한 형태. 이것이 바로 아감벤의 '탈정립적 권력destituent power'이 나온 영감의 출처이다.

성은 거의 없다는 것이다. 우리는 기후 X가 많은 사람들의 잡동사니 모음으로 나타나리라고 기대할 수 있지만, 실제로는 어떤 결정적인 것도 말할 수 없다. 결국 X는 변수다. 그러나 그렇다고 X가 어떤 모습이어야 하는지를 누구나 선택할 수 있다는 뜻은 아니다.

> 사회의 경제 구성체의 발전을 자연사 과정으로 보는 [나의 입장은], 사회적으로 말해서 개인이 제아무리 주관적으로 스스로를 관계들 위에 올려놓을지라도 개인에게 그를 만들어 낸 관계들에 대한 책임을 다른 어떤 것보다 더 많이 지울 수 없다.[30]

정치적인 것이 개인의 책임과 주관적인 결정의 문제가 아니라면, 그것은 무엇인가? 자연사의 문제라고 말하는 것은 결정론처럼 들리지만, 우리의 자연사 구상은 그람시의 급진적인 유물론 비판을 따르고, 결국 자연사에 대한 비판적 구상에 마지막 승부를 걸었던 아도르노와 일치한다. 아도르노의 자연사 논의는 자연이 (사회적으로 매개된) 역사적 존재가 되었음을 알리는 것뿐만 아니라, 이 매개가 자본주의사회에서 어떻게 작동하는지에 관심을 돌려 언젠가 이를 극복할 수 있도록 하기 위함이다. 우리는 내내 이것이 그저 자본의 문제만이 아니라고 주장했다. 마르크스와 아도르노가 주장했듯, 헤겔의 《법철학 강요》에서 사회의 신비화는 무언가(주권)를 "신성하고 영속적이며 그것이 생산된 영역 너머의 것으로" 만들어 "절대적 지배를 … 존재 자체에 … 투영하는" 결과를 낳는다.[31]

오늘날 이러한 역사적 과정은 행성적 주권, 즉 인간 본성을 포함한 자연을 새롭게 변화시키는 신흥 지배 형식을 낳고 있다. 이러한 가능성에 주목하라고 촉구할 때 아도르노가 의도한 것은 매개되지 않은 "진정한" 자연으로의 낭만적 회귀나 우리 자신의 자연성 초월이 아니었다. 이 두 전략은 서로 다른 성향의 환경론자들이 끊임없이 유혹하는 것으로, 둘 다 잘못된 방향이다. 대신, 아도르노는 자연과 역사의 잠재적 재결합에 대한 명백한 유토피아적 희망을 표명했다. 그러나 이러한 융합은 아무곳에서나 일어날 수 없으며, 의지로도 될 수 없다. 단순히 우리 시대를 인류세라고 이름만 바꾸면 되는 문제가 아니다. 지금과는 다른, 근본적으로 다른 삶이 필요한 것이다. 그리고 이 질문, 지금 "우리"와는 근본적으로 다른 삶에 관한 질문은 마르크스주의가 그다지 잘 대답하지 못했던 것이다.

급진 좌파는 자연으로의 "회귀"에 대한 잘못된 향수, 또는 아마도 결코 없었던 시대로 돌아가려는 시도를 언제나 당연하게도 거부해 왔다. 마찬가지로 가공의 유토피아적 미래에 대해서도 회의적인 태도를 유지해 왔다. 그러나 마르크스주의가 역사를 유물론적으로 받아들였다는 것은, 마르크스주의가 열망하는 미래가 우리가 살고 있는 세상의 더 자유롭고 착취 없는 변주곡에 불과한 경우가 많았다는 것을 의미한다. 실제로 생태사회주의나 기타 "녹색 급진주의"가 등장하기 전에는 공산주의의 미래가 대개 불평등하고 억압적인 자본주의의 지배가 사라진 고도로 발전된 경제, 즉 산업화된 낙원으로 이해되었다. 생태사회주의 비전도 크게 다르지 않다. 이러한 제안에는 거의 항상 "녹색" 기술과 더 정의로운 거버넌스 및 분배 형식이 결합되어 있다. 여기서 우리는 적어도 물질적으로는 지금처럼 계속 살 수 있지만 더 정의롭고 "지속 가능한" 삶을 살 수 있다는 것이다. 이러한 제안들이 근본적으로 다른 삶에 대한 명확한 구상을 제시하는 경우는 거의 없고, 그래서 민주주의에 도움이 되는 방식으로 제시되지만 사실상 결코 주권의 원리에 의문을 제기하지는 않는다.

근본적으로 다르게 산다는 것이 무슨 의미이고 무엇을 요구하는지 생각하게 해 주는 가장 풍부한 자원은 기후 X를 구성할 수 있는 두 번째 궤도의 참여와 융성에서 찾을 수 있다. 즉, 많은 원주민들과 피식민지인들의 생활양식에서 말이다. 급진적인 원주민 사상가들은 주권에 대한 강력한 비판, 그리고 우리가 행성 및 그 환경과 맺고 있는 관계에 대한 강력한 비판을 강탈의 경험 속에서 정초했다. 이는 땅을 빼앗긴 사람들이 주권의 중심성을 재천명하게 해 주는 경향이 있는 경험이고, 그래서 분명 원주민 정치 에너지의 상당 부분이 당연히 정향되어 있는 경험이기도 하다. 하지만 타이아이아키 앨프리드Taiaiake Alfred, 글렌 쿨타드Glen Coulthard, 에일린 모어튼 로빈슨Aileen Moreton-Robinson, 패트리샤 몬튜어Patricia Monture, 오드라 심슨Audra Simpson 같은 작가들은 이러한 충동에 맞서, 그리고 종종 초기 원주민 투쟁이나 사파티스타 같은 반식민주의 투쟁이 일궈 놓은 지형에 공을 들이는 데에 맞서, 식민 권력의 주권적 요구를 무효화하는 데에 그치지 않고, 더 나아가 주권의 바로 그 형식과 본성에 도전

하였다.[32] 앨프리드의 말을 빌리자면, "우리 복수적 존재의 실제 역사는 단일 주권이라는 협소한 허구로 인해 삭제되어 왔다." 그래서 "주권"은 문제의 큰 부분을 차지한다. 말하자면, 그것은 "〔원주민의〕사고방식을 제한해 왔고, 그래서 정착민 국가 거버넌스의 '합법적' 틀 안에 원주민을 수용하는 것을 중심으로 개념 및 규정 관련 문제를 항상 제기"한다. 그의 결론은 이러하다. "'주권'은 원주민의 정치적 목표물로서 부적절하다."[33]

평화로운 공존을 가로막는 주요 장애물 중 하나는 물론 서로 다른 국민들 간의 정치적 관계에 대한 논의의 틀로서 주권이라는 전통적 개념을 무비판적으로 받아들이는 일이다. 주권 담론은 원주민의 가치와 관점을 존중하는 문제 해결 가능성을 사실상 봉쇄해 왔다. 심지어 "전통적" 원주민 독립국조차 일반적으로 국가의 지배적 공식과 달리 관계적으로 규정된다. 절대적 권한도 없고, 결정의 강제 집행도 없으며, 위계도 없고, 별도의 통치체도 없다.[34]

그러나 반식민주의자들이 주권을 위해서, 즉 지배적 국민국가 기반 인정의 정치에서 "완전한" 참여자라는 더 나은 위치를 차지하고자 싸우는 것이 아니라면, 그들은 무엇을 위해 투쟁하는 것인가?

이러한 공약을 실현하는 한 가지 정치 전략은, 콜타드의 표현을 빌리자면 "파괴적 반주권countersoveignty"의 정치적 실천을 증식하는 것이다.* 이때 정말로 어려운 문제는 토지, 자율성, 대안적 통치 방식을 수립할 수 있는 권한과 역량 등 표준적인 자유주의적 재화로 보이는 것들을 위한 투쟁을 반주권이 어떻게 표명할 수 있는가이다.[35] 땅에 대한 물질적 투쟁은 말할 것도 없고, 자본주의 제국주의에 대항하는 투쟁이 어떻게 주권적 통치성의 손아귀에서 벗어나 우리 모두를 기후정의로 나아가게 도와줄 수 있을까? 콜타드의 대답은 단순하지는 않지만 직접적이고, 그래서 기후 X의 대부분이 이동하는 방향을 우리에게 표시해 준다. 최소한 현재의 불완전한 형식으로는 말이다.

자본주의 제국주의에 대한 원주민의 투쟁은 땅 문제를 중심에 둘 때 가장 잘 이해할 수 있다. 이는 땅을 위한 투쟁일 뿐만 아니라, 상호관계 양식으로서의 땅(장소 기반 실천 및 관련 지식 형식이 알려 주는 것)이 우리 상호관계 및 환경과의 관계 속에서 살아가는 삶에 대해 가르쳐 주는 바에 의해 깊이 영향을 받은 투쟁이기도 하다.[36]

---

* 1980년대 후반 캐나다에서 널리 퍼진 원주민 봉쇄에 대해 논하면서, 1990년 여름 몬트리올 외곽의 카네사타케, 카네와케("오카의 위기"라 불리는 토지 분쟁)에서 절정에 달한 (많은 이들의 눈에) 원주민 봉쇄에 대해 콜타드는 다음과 같이 말한다. "자본축적 확대에 우호적인 투자 환경을 조성하기 위해 원주민 토지와 자원에 대한 "확실성"을 보장하고자 정착민 국가의 안정성과 권한이 필요하다면, 1980년대에 빈번하게 나타난 원주민의 파괴적인 **반주권** 행위는 캐나다가 소위 "인디언 문제" 관리에 제대로 대응하지 못한다는 것을 보여 준 부끄러운 일이었다." Coulthard, *Red Skin, White Masks*, 118, 강조 표시 추가.

정통적 주권 개념과 이런 틀 사이의 근본적 구별점은, 즉 거기에 거부 또는 역전이라는 "대항적" 의미를 부여해 주는 역학은 상호관계의 중심성에 있다.[37] 어떤 특정 영토 내에서 주권은 정의상 비-상호적 관계이다. 우리가 주권을 예외의 권위를 참칭하는 슈미트식 "결정권자"에 있는 것으로 이해하든, 한 사람의 권위 앞에서 행해지는 다수의 복종 채택에 있는 것으로 이해하든, 아니면 더 집단적-민주주의적 방식으로 이해하든, 주권은 근본적으로 지배에 관한 모든 것이다.

이는 특정한 식민지적 주권 형식뿐만 아니라, 논리적으로나 역사적으로 "식민"이라는 수식어가 붙을 수 있는 모든 주권 형식들, 즉 모든 자유주의적 자본주의 형식들에 대한 도전이다. 쟁점은 주권에 대한 투쟁이라는 생각으로 포착되지 않는다. 오히려, 반주권의 역동적 구성이란 개인적으로도 집단적으로도 "책임질 권리"를 요구하려는 시도로 이해할 필요가 있다. 즉, 그것은 세력을 얻으려는 시도, 의미를 얻으려는 시도, 자기 자신, 자기 공동체, 자기 역사 등을 이해하려는 시도로 볼 수 있는데, 이 모두는 상호관계 및 땅에서 분리할 수 없을 뿐만 아니라 그로부터 제거할 수도 없다. 이 땅은 개인이나 국가가 자유주의적 또는 자본주의적 의미에서 국가 공간(영토)과 소유물(상품)로 소유하는 땅이 아니라, 누군가가 근본적으로 관여하고 있는 땅이다.** 원주민의 생활양식들이 땅에 "정착하는" 것, 즉 땅

** 캐나다 브리티시컬럼비아의 맥락에서, 주권은 유럽인 정착으로 "결정화된" 것으로 간주된

을 식민화하는 것 또는 땅을 소유물로 만드는 것이 아니라 그 안에서 그리고 그 위에서 함께 살아가는 삶의 연속성에 관한 것인 한, 그것들은 자유주의적 주권 개념의 빈곤함을 보여 준다. "대체할 수 있는 내용"이 아니라 "강제적 관계의 절차, 즉 국가의 영토 국경이라는 이른바 의문의 여지 없는 사실에 기반한 그런 절차"를 "지칭하는" 자유주의적 주권 개념의 빈곤함 말이다.[38] 따라서 파리나 스탠딩 록에서 식민지적 기후 부정의에 반대하는 원주민 지도자들의 집회를 목격할 때, "원주민들이 국가성을 인정받으려 하면서 추구하는 바가 핵심에서는 캐나다나 미국 같은 나라들이 현재 소유하고 있는 것과 동일하다고 가정하는 것은 중대한 실수"이다.[39]

이 두 궤도, 즉 비판적 사고와 실천의 근본적인 전통 중 하나 또는 몇몇 조합에서 영감을 받은 운동들이 (벤야민의 전철을 밟은 아도르노의 말을 따르자면) 위기와 기회로 경험되는 "덧없음의 순간에 교차할" 수 있으리라고 예상하는 것은 정말로 공상에 불과할까?[40]

이러한 덧없음을 성취하려는 벤야민의 정치 전략 모델은 총파업,

다. 1997년 획기적인 델가뮤우크 대 브리티시컬럼비아주 판결에서 캐나다 대법원은 마치 주권이 법적인 반물질反物質인 양 "원주민 소유권은 주권이 선포된 시점에 결정되었다"고 주장했다. *Delgamuukw v. British Columbia* [1997] 3 S. C. R. 1010, at 1017. 식민화 이전 원주민들이 브리티시컬럼비아를 "점령"한 일은 **그 사실에 의하여eo ipso** "사전 주권"으로 간주되었다. 주권은 (과거) 시간상의 사건으로 규정된다. "만일, **주권의 시간에**, 원주민 사회에 토지와 관련된 법률이 있었다면, 그 법률은 원주민 소유권 청구의 대상이 되는 토지의 점유를 확립하는 것과 관련이 있을 것이다": ibid., 1101-2.) 식민주의 국가와 그 국가의 "법 수행" 양식들(법원, 재판소, 계약법 등)로 구축된 것들 외에 원주민의 요구를 표현할 수 있는 통로가 폐쇄되면서 국가주권에 대한 원주민의 요구는 "디폴트default" 정치로 부상했다(Coulthard, *Red Skin, White Masks*, 53).

즉 끊임없는 생산과 소비를 멈추고 무언가 다른 것을 형성하기 위한 집단적 결정이었다. 비록 그 순간이 우리가 완전히 포착할 수 없는 사건이라 할지라도, 이 가능성은 기후 X의 개방성 속에서 배양되어야 한다. 바로 그것이 기후 X가 필요한 이유 중 하나이다. 기후 X는 우리를 해결책의 방향(적어도 그 시작)으로 이끌기 위해 필요한 것이 될 수 있어야 하고, 또 그것을 포함할 수 있어야 한다. 대규모 불매 운동, 투자 철회, 파업, 봉쇄, 상호성 같은 기후정의운동의 가장 급진적인 전략들을 한데 묶으면, 자연사와 인류사가 "덧없음의 순간에 교차하는" 벤야민의 또 다른 세계 비전을 엿볼 수 있을 것이다.

이렇게 힐끗 보는 것만으로는 이 설명을 끝맺음하기에 너무 부정확해 보일지 모른다. 그러나 실제로는 설명이 종결되는 것이 아니라 이제 막 시작되는 것이기 때문에, 우리는 이를 근본적으로 불확실한 시대에 정치적으로, 분석적으로 책임 있는 제스처로 보고 싶다. 행성의 위기는 무엇보다도 상상력의 위기이자 이데올로기의 위기이며, 대두되고 있는 문제들을 다룰 도구로서 벽과 총과 금융을 대체할 대안을 상상하지 못한 결과이다. 우리의 임무는 해방된 세계의 청사진을 그리는 것이 아니라 리바이어던, 마오, 베헤못을 거부하고, 다른 가능성을 긍정하면서 자연사적 순간의 폐허와 파편을 있는 그대로 보는 것이다. 무엇이 남아 있는가? 우리가 가진 모든 것, 우리가 그동안 가졌던 모든 것, 해결해야 할 X와 획득해야 할 세계.

1 _ 우리 시대의 홉스

1 Carl Schmitt, T*he Leviathan in the State Theory of Thomas Hobbes: Meaning and Failure of a Political Symbol*, Chicago, IL: University of Chicago Press, 2008 [1938], 53.

2 Thomas Hobbes, *Leviathan*, New York: Penguin, 1968, 227–28, 강조는 원문의 것.

3 욥기 41장: 1–34. 성서 인용은 New International판.

4 Schmitt, *The Leviathan in the State Theory of Thomas Hobbes*, 21; Gopal Balakrishnan, *The Enemy: An Intellectual Portrait of Carl Schmitt*, London: Verso, 2000, 209-11.

5 Schmitt, Giorgio Agamben, *State of Exception*, Stanford, CA: Stanford University Press, 2005, 52.에서 인용.

6 Walter Benjamin, *Illuminations*, New York: Schocken Books, 1969, 258.

7 Agamben, *State of Exception*, 14.

8 Intergovernmental Panel on Climate Change, Working Group III, Summary for Policymakers, 2014, 7; 다음 또한 참조: Justin Gillis, "Carbon Emissions Show Biggest Jump Ever Recorded," *New York Times*, December 4, 2011; Glen Peters, Gregg Marland, Corinne Le Quéré, Thomas Boden, Josep G. Canadell, and Michael Raupach, "Rapid growth in CO_2 emissions after the 2008-2009 global financial crisis," *Nature Climate Change* 2, no. 1, 2012, 2-4. 우리는 이 추세에 대해 이 장과 다음 장에서 상세히 들여다본다.

9 James H. Butler and Stephen A. Montzka, "The NOAA Annual Greenhouse Gas Index (AGGI)," 2016, Earth System Research Laboratory, esrl.noaa.gov.

10 International Energy Agency, *World Energy Outlook 2012*, Paris: International Energy Agency, 2012, 3. 2015년 말 우리는 파리에서 IEA 정책분석가들과 회담을 가졌다. 예정대로 그들은 탄소 포집에 막대한 투자를 하지 않으면 우리는 급속한 기후변화에 갇히게 될 것이라고 경고했다.

11 역사적 감수성과 기후변화에 관해서는 Dipesh Chakrabarty, "The Climate of History: Four Theses," *Critical Inquiry* 35, no. 2, 2009, 197-222 참조; 또한 Dale Jamieson, *Reason in a Dark Time: Why the Struggle Against Climate Change Failed—and What it Means for Our Future*, Oxford: Oxford University Press, 2014. 참조.

12 그리고 "PC6 선박들이 중앙 북극해와 북서항로(NWP)를 관통하는 전례 없는 최적의 운항 노선이 … 2040~2059 즈음에는 분명하다": Laurence C. Smith and Scott R. Stephenson, "New Trans-Arctic Shipping Routes Navigable by Midcentury," *PNAS* 110, no. 13, 2013, 1191-95.

13 다음과 비교해 보라: Charles Ebinger and Evie Zambetakis, "The Geopolitics of Arctic Melt," *International Affairs* 85, 2009, 1215-32; Richard Sale and Eugene Potapov, *The Scramble for the Arctic: Ownership, Exploitation and Conflict in the Far North*, London: Frances Lincoln, 2010. 더 일반적으로는 Sanjay Chaturvedi and Timothy Doyle, *Climate Terror: A Critical Geopolitics of Climate Change*, London: Palgrave Macmillan, 2015. 참조.

14 Mike Davis, "Who Will Build the Ark?" *New Left Review* II/61, January–February 2010, 46.

15 Naomi Klein, *This Changes Everything: Capitalism Versus the Climate*, New York: Simon and Schuster, 2014, 253–54.

16 Dale Jamieson, *Reason in a Dark Time: Why the Struggle against Climate Change Failed—and What It Means for Our Future*, Oxford: Oxford University Press, 2014, 3. 정치철학과 기후변화에 관해서는, Steve Vanderheiden (ed.), *Political Theory and Global Climate Change*, Cambridge, MA: MIT Press, 2008.도 참조.

17 Ibid., 24.

18 Roy Scranton, *Learning to Die in the Anthropocene*, New York: City Lights, 2015, 68, 강조는 추가된 것.

19 Andreas Malm, *Fossil Capital: The Rise of Steam Power and the Roots of Global Warming*, London: Verso, 2015; John Bellamy Foster, Brett Clark, and Richard York, *The Ecological Rift : Capitalism's War on the Earth*, New York: Monthly Review Press, 2010.

20 Intergovernmental Panel on Climate Change, *Fifth Assessment Report*, Working Group II.

21 Alyssa Battistoni, "Back to No Future," *Jacobin* 10; Malm, *Fossil Capital*.

22 Davis, "Who Will Build the Ark?" 2010; Patrick Bond, "Climate Capitalism Won at Cancun," *Links: International Journal of Socialist Renewal*, December 12, 2010.

23 예를 들자면, Gwynne Dyer, *Climate Wars: The Fight for Survival as the World Overheats*, Oxford: Oneworld, 2010; Cleo Paskal, *Global Warring: How Environmental, Economic, and Political Crises Will Redraw the Map of the World*, London: Palgrave, 2010.

24 Antonio Gramsci, [Q13§17] *Selections from the Prison Notebook*, translated and edited by Quintin Hoare and Geoffrey Nowell Smith, New York: International Publishers, 1971, 180.

25 예를 들어, Kennedy Graham (ed.), *The Planetary Interest: A New Concept for the Global Age*, London: UCL, 1999. 참조.

26 On Hegel's conception of necessity, see Geoff Mann, "A Negative Geography of Necessity," *Antipode* 40, no. 5, 920–33.

27 Quentin Skinner, *Hobbes and Republican Liberty*, Cambridge: Cambridge University Press, 2008; James R. Martel, *Subverting the Leviathan: Reading Thomas Hobbes as*

a Radical Democrat, New York: Columbia University Press, 2007.

28 Hannah Arendt, *The Origins of Totalitarianism*, New York: Harcourt, Brace, 1951, 139-43.

29 Reinhart Koselleck, *Critique and Crisis: Enlightenment and the Pathogenesis of Modern Society*, Boston: MIT Press, 1988, 40: "홉스는 17세기를 특징짓는 문제들을 제기했다. 그의 사상의 힘을 증명하는 것은 내재적 예언적 요소이다."

30 Lucio Magri, *The Tailor of Ulm*, London: Verso, 2011, 54.

31 하나의 잠정적 정의定義. On "the political," 제4장 참조.

32 Immanuel Kant, "The Metaphysics of Morals," in *Practical Philosophy*, Cambridge: Cambridge University Press, 1996 [1797], 392.

33 Carl Schmitt, *Legality and Legitimacy*, Durham, NC: Duke University Press, 2004. 이 구절은 홉스가 1668년 출간한《리바이어던》의 라틴어판 제2부 133쪽에 실렸다.

34 Koselleck, *Critique and Crisis*, 15; see also Schmitt, *The Leviathan in the State Theory of Thomas Hobbes*; Jurgen Habermas, *The Structural Transformation of the Public Sphere: An Inquiry into a Category of Bourgeois Society*, Cambridge, MA: MIT Press, 1991, 90-91.

35 Koselleck, *Critique and Crisis*, 25.

36 Ibid., 182.

37 Carl Schmitt, *The Concept of the Political*, Chicago, IL: University of Chicago Press, 2007, 80-96; Carl Schmitt, *Political Theology II: The Myth of the Closure of Any Political Theology*, Cambridge: Polity, 2008, 129-30.

38 Carl Schmitt, *Political Theology: Four Chapters on the Concept of Sovereignty*, translated by G. Schwab, Chicago, IL : University of Chicago Press, 2005, 8-9, 53-66.

39 Arendt, *Origins of Totalitarianism*, 276-70, 강조는 추가된 것임.

40 Ibid.

41 Agamben, *State of Exception*.

42 Hannah Arendt, *Crises of the Republic*, New York: Harcourt Brace, 1972, 119.

43 Arendt, *The Origins of Totalitarianism*, 434.

44 Koselleck, *Critique and Crisis*, 23, 34. [인간이 인간에게 늑대, 인간이 인간에게 신]

45 Ibid., 33; see also Habermas, *Structural Transformation of the Public Sphere*, 103.

46 우리는 여기서 그람시가 헤겔에서 취한 핵심적 주장을 다시 진술한다. Gramsci, [Q11§12], *Selections from the Prison Notebooks*, 323–43. 참조.

47 Gramsci, [Q3§34]; Selections from the Prison Notebooks, 276.

2 _ 기후 리바이어던

1 Roger Revelle and Hans Suess, "Carbon Dioxide Exchange Between Atmosphere and

Ocean and the Question of an Increase of Atmospheric CO_2 during the Past Decades," *Tellus 9*, no. 1, 1957, 19–20.

2 Gavin Bridge and Philippe Le Billon, *Oil*, London, Polity Press, 2013, 15.

3 배출 증거를 다룬 가장 좋은 과학적 리뷰는 기후변화에 관한 정부간 협의체(IPCC)이다. *Working Group II: Impacts, Adaptation, and Vulnerability. Fifth Assessment Report Technical Summary*, March 31, 2014, Yokohama, Japan. 2012년 2월부터 2013년 2월까지 마우나 로아 관측소는 CO_2가 3.26ppm 증가해 2013년 5월 처음으로 400ppm을 기록했다. 이 수치는 산업화 이전 수준인 대략 280ppm과 비교되는 수치이다. John Vidal, "Large Rise in CO_2 Emissions Sounds Climate Change Alarm," *The Guardian*, March 8, 2013. Kirsten Zickfeld, Michael Eby, H. Damon Matthews, and Andrew J. Weaver, "Setting Cumulative Emissions Targets to Reduce the Risk of Dangerous Climate Change," *Proceedings of the National Academy of Sciences* 106, 2009, 16129–34.

4 국제에너지기구, "CO_2 Emissions from Fuel Combustion: Highlights," 2016, 10.

5 Mike Davis, "Who Will Build the Ark?" 39.

6 Karl Marx, *Capital*, Vol. I, New York: Penguin Random House, 1992 [1867].

7 욥기 28장 25절.

8 2015년 파리회의 이전 외교적 실패에 관해서는, 예를 들어, David G. Victor, *The Collapse of the Kyoto Protocol and the Struggle to Slow Global Warming*, Princeton, NJ: Princeton University Press, 2004; Elmar Altvater and Achim Brunnengraber (eds), *After Cancún: Climate Governance or Climate Conflicts*, Berlin, Germany: Verlag fur Sozialwissenschaft en and Springer, 2011. 참조. 파리회의에 관해서는 아래에서 논의한다.

9 Agamben, *State of Exception*, 14.

10 유엔 안전보장이사회는 다가올 기후유발 사회적 불안을 관리할 "환경평화유지군", "녹색 헬멧greem helmets"의 설립을 고려했다: "UN Security Council to Consider Climate Change Peacekeeping," *The Guardian*, July 20, 2011. 미국에서는 군대가 거의 확실히 기후적응의 첨단을 달리는 분야일 것이다. 미국 해군은 100퍼센트 바이오연료로 전력을 얻는 환경친화적 병기인 "대녹색함대"를 공개했다. "US Navy to Launch Great Green Fleet," *The Guardian*, April 20, 2010 참조; 또한 National Research Council, "National Security Implications of Climate Change for US Naval Forces," 2011 참조, nap.edu. 에서 참조 가능.

11 이전 직책: 하버드대학교 테레사와 존 하인츠 환경정책 교수, 과학기술 대통령 비서, 과학기술정책 백악관 국장.

12 Paul Ehrlich, Anne Ehrlich, and John Holdren, *Ecoscience: Population, Resources, Environment*, San Francisco: W.H. Freeman, 1977, 942-43.

13 공간적 조정에 대해서는, David Harvey, *The Limits to Capital*, Chicago IL: University of Chicago Press, 1982 참조; 사회생태적 조정에 대해서는, James McCarthy, "A Socioecological Fix to Capitalist Crisis and Climate Change? The Possibilities and Limits of Renewable Energy," *Environment and Planning A* 47, no. 12, 2015, 2485-

2502. 참조.

14 Marx, *Capital*, Vol. 1; Richard Walker and David Large, "The Economics of Energy Extravagance," *Ecology Law Quarterly* 4, 1975, 963-85; Harvey, *The Limits to Capital; Neil Smith, Uneven Development: Nature, Capital and the Production of Space*, London, Oxford: Blackwell, 1984; Leigh Johnson, "Geographies of Securitized Catastrophe Risk and the Implications of Climage Change," *Economic Geography* 90, 2014, 155-85. John Bellamy Foster, Brett Clark, and Richard York, *The Ecological Rift : Capitalism's War on the Earth*, New York: Monthly Review Press, 2010; Joel Wainwright, "Climate Change, Capitalism, and the Challenge of Transdisciplinarity," *Annals of the Association of American Geographers* 100, 2010, 983-91.

15 "World Leaders Hail Paris Climate Deal as 'Major Leap for Mankind,' " *The Guardian*, December 12, 2015.

16 Julie Hirschfeld Davis, "Obama, Once a Guest, Is now a Leader in World Talks," *New York Times*, December 12, 2015. 공평하게 말하자면,《더 가디언》은 이 일방적 제1면기 사에, 파리/당사국총회21 장소 근처에 있었던 다양한 형태의 시위를 보여 주는 사진 에세이로 "균형을 맞췄다"; Eric Hilaire, "Thousands Defy Paris Protest Ban to Call for Climate Action—in Pictures," *The Guardian*, December 10, 2015. 참조. 그러나 사진 에세이에는 시위에서 보여 준 이념적 · 사회적 · 공간적 차이들을 독자가 이해할 만한 텍스트가 없었다. 그러므로 시위 묘사는 서로 전혀 다르고 나뉜 그룹들의 차이를 없애고 동질화시켰다.

17 George Monbiot writing in *The Guardian*, December 12, 2015.

18 United Nations, Conference of the Parties, "Adoption of the Paris Agreement," Twenty-first Session, 30 November–11 December 2015, Article 4, para 1, 21, available at unfccc.int.

19 교토의정서, 제11조, unfccc.int.에서 참조 가능.

20 John Foran, "The Paris Agreement: Paper Heroes Widen the Climate Justice Gap," System Change Not Climate Change, December 17, 2015, parisclimatejustice.org.

21 Pablo Solon, "From Paris with Love for Lake Poopó," Observatorio Boliviano de Cambio Climático y "Desarrollo," December 21, 2015.

22 Megan Darby, "COP21: NGOs React to UN Paris Climate Deal," *Climate Home*, December 12, 2015.

23 Oliver Milman, "James Hansen, Father of Climate Change Awareness, Calls Paris Talks 'a Fraud'," *The Guardian*, December 12, 2015.

24 Paris Agreement, p. 3, para 17, available at unfccc.int.

25 Davis, "'Who Will Build the Ark?'"; Giovanni Arrighi, *Adam Smith in Beijing: Lineages of the Twenty-first Century*, London: Verso, 2007, part IV; Patrick Bigger, "Red Terror on the Atmosphere," *Antipode*, July 2012, radicalantipode.fi les. wordpress.com.도 참조.

26 Alain Badiou, T*he Communist Hypothesis*, London: Verso, 2010, 262-79.

27 Minqi Li, "Capitalism, Climate Change, and the Transition to Sustainability: Alternative Scenarios for the US, China and the World," *Development and Change* 40, 2009, 1055-57.

28 Dale Wen, "Climate Change, Energy, and China," in Kolya Abramsky (ed.), *Sparking a Worldwide Energy Revolution*, Baltimore, MD, and Oakland, CA: AK Press, 2010, 130-54.과 비교해 보라.

29 Y. Wang, J. Hao, M. McElroy, J. W. Munger, H. Ma, D. Chen, and C. P. Nielsen, "Ozone Air Quality during the 2008 Beijing Olympics: Effectiveness of Emission Restrictions," *Atmospheric Chemistry and Physics* 9, 2009, 5237-5.

30 "Hummer: China isn't Buying it Either" [Editorial], *Los Angeles Times*, February 25, 2010.

31 Andrew Jacobs, "China Issues Warning on Climate and Growth," *New York Times*, February 28, 2011.

32 중국의 최근 에너지집약 생산품의 수출을 줄이는 데에 목표를 둔 자발적 "탄소국경조정세" 프로그램을 고려해 보라(Wen, "Climate Change, Energy, and China," 143-46); 이와 대비해, Jonathan Watts, "Chinese Villagers Driven Off Land Fear Food May Run Out," *The Guardian*, May 19, 2011.를 비교해 보라.

33 Mao Tse-Tung, "Analysis of Classes in Chinese Society," in *Selected Works of Mao Tse-Tung*, vol. I, Peking: Foreign Languages Press, 1926. 조금도 과장하지 않고 말하자면, 마오의 연구(좀 더 일반적으로 마오주의)는 동시대의, 영어 사용자의 마르크스 학문의 주류 출처가 아니다. 푸코와 들뢰즈가 유럽 중심의 "지적 · 경제적 역사의 함의"를 다루는 데에 실패했다고 비판한 〈하위계급the Subaltern은 말할 수 있는가?〉라는 논문의 유명한 구절에서, 스피박은 두 사람의 모호한 "마오주의" 언급을 강조한다(Spivak, "Can the Subaltern Speak?" in Cary Nelson and Lawrence Grossberg (eds), *Marxism and the Interpretation of Culture*, Urbana: University of Illinois Press, 1988, 272). 스피박은 그들의 "마오주의"가 "아시아를 투명하게 만드는 것 빼고는, 그저 무해하고 수사적으로 진부한 말이 될 뿐인 특별한 화술의 아우라를 만든다"고 주장한다. 서구 마르크스 전통에서 연구하면서 (여전히 기운찬) 마오주의 전통에서 변화의 전망을 찾으려는 사람이라면 누구나 그러한 잘못을 저지를 위험이 있다. 그러나 마오주의를 무시하는 것은 더 나쁘다. 푸코 등의 한계에도 불구하고 우리가 마오와 마오주의를 참고하고 논의하는 것은, 세계사적 현상으로서 마오주의가 마르크스주의에서 갖는 중요성을 경시하려는 유럽 중심의 경향성을 바로잡으려 함이다.

34 "Final Declaration of the World People's Conference on Climate Change and the Rights of Mother Earth," Cochabamba, Bolivia, April 26, 2010, available at readingfromtheleft .com.

35 Mao, "On Contradiction," in *Selected Works of Mao Tse-Tung*, Vol. I, 321-32.

36 Minqi Li, *The Rise of China and the Demise of the Capitalist World Economy*, New York: Monthly Review, 2008; Stefan Harper, *The Beijing Consensus: How China's*

Authoritarian Model Will Dominate the Twenty-First Century, New York: Basic Books, 2010.

37 우리는 우리의 이론도 꽤 다르지만 마오의 영향을 받은 운동들의 간결한 요약이라고 인식한다. Achin Vanaik, "The New Himalayan Republic," *New Left Review* II/49, 2008, 47-72; S. Giri, "The Maoist 'Problem' and the Democratic Left in India," *Journal of Contemporary Asia* 39, 2009, 463-74; and Bruce Cumings, "The Last Hermit," *New Left Review* II/6, November–December 2000, 150-54. 참조.

38 Patricia Springborg, "Hobbes and Schmitt on the Name and Nature of Leviathan Revisited," *Critical Review of International Social and Political Philosophy* 13, 2010, 297-315. 베헤못에 대한 홉스의 영감은 욥기 40장 15절에서 유래한 것으로(이제 소같이 풀을 먹는 베헤못을 볼지어다 내가 너를 지은 것같이 그것도 지었느니라) 알려졌으나, 완전히 명백한 것은 아니다. 그 이유는 이 구절이 "문학에서 가장 극단적인 불합리한 추론 non sequiturs 중 하나이기 때문이다"; D. Wolfers, "The Lord's Second Speech in the Book of Job," *Vestum Testamentum* 40, 1990, 474-99. 슈미트는 세부적으로 세세하게 생각해야 하는 책임을 스스로 면제했다; Tomaz Mastnak, "Schmitt's Behemoth," *Critical Review of International Social and Political Philosophy* 13, 2010, 275-96. 리바이어던과 베헤못의 서사시적 충돌에서 슈미트는 말한다. "헤브라이 신비철학적 해석"이 "세계사를 … 이교도 간의 전투로" 무대에 올렸다; Carl Schmitt, *The Leviathan in the State Theory of Thomas Hobbes: Meaning and Failure of a Political Symbol*, Chicago, IL: University of Chicago Press, 2008 [1938], 8-9.

39 Schmitt, *The Leviathan in the State Theory of Thomas Hobbes*, 21; Robert Kraynak, "Hobbes' Behemoth and the Argument for Absolutism," *American Political Science Review* 76, 1982, 837-47.

40 Franz Neumann, *Behemoth: The Structure and Function of National Socialism*, London: V. Gollancz, 1942.

41 Thomas Hobbes, *Behemoth or the Long Parliament*, London: Simpkin, Marshall and Co., 1889 [1681], 26, 23.

42 경탄할 만한 "현실적인" 사례를 보려면, Christian Parenti, *Tropic of Chaos: Climate Change and the New Geography of Violence*, New York: Nation Books, 2011. 참조.

43 Fredric Jameson, "Future City," *New Left Review* II/21, May–June 2003, 76.

44 Walter Benjamin, *Illuminations*, New York, Schocken Books, 1969, 257.

45 Ibid. 우리의 X 분석은 다음을 따른 것이다. Kojin Karatani, *Transcritique: On Kant and Marx*, Cambridge, MA: MIT Press, 2003 283-306, and Kojin Karatani, "Beyond Capital Nation State," *Rethinking Marxism* 20, 2008, 569-95. X의 지형에 관해서는, Kojin Karatani and Joel Wainwright, "'Critique Is Impossible without Moves': An Interview with Kojin Karatani," *Dialogues in Human Geography* 2, 2012, 30-52. 참조.

3 _ 적응의 정치

1 Albert Einstein, "Foreword," in Max Jammer, *Concepts of Space: The History of Theories of Space in Physics*, New York: Harper, 1960 [1953], xiii.

2 IPCC의 간결한 역사를 보려면, Jamieson, *Reason in a Dark Time*, 32-33. 참조.

3 기후과학 주장에 관한 해석을 보려면 Candis Callison, *How Climate Change Comes to Matter: The Communal Life of Facts*, Durham, NC: Duke University Press, 2014. 참조.

4 Thompson, "Climate Change," 153.

5 Ibid.

6 이 부분은 조엘 웨인라이트가 수정한 자료를 포함한다. "Climate Change and the Challenge of Transdisciplinarity," *Annals of the Association of American Geographers* 100, 2010, 983-91.

7 Bruno Latour, *Science in Action: How to Follow Scientists and Engineers through Society*, Cambridge, MA: Harvard, 1987, 2.

8 Antonio Gramsci, [Q11§12] *Selections from the Prison Notebook*, translated and edited by Quintin Hoare and Geoffrey Nowell Smith, New York: International Publishers,1971, 323-25.

9 Albert Einstein, *Why Socialism?*, New York: Monthly Review Press, 1951, 4.

10 Ibid., 4-5.

11 Ibid., 5, 강조 삽입.

12 Thompson, "Climate Change," 167.

13 냉방에 관한 정치적 생태에 관해서는, Stan Cox, *Losing Our Cool*, New York: New Press, 2010.참조.

14 Thompson, "Climate Change," 167.

15 IPCC 평가보고서 프로세스의 다른 산물과 마찬가지로, 보고서와 기술 요약, 정책입안자를 위한 요약은 하나의 프로세스에 관한 세 가지 표현이다. AR5의 문서와 생산 조건에 관한 설명은,.www.ipcc.ch. 참조.

16 IPCC의 "정부 간' 성격은 이 협의체가 많은 이들에게 성공적이고 영향력 있다고 칭송받는 중요한 이유 중 하나다. 국가 과학원이나 독립 기관의 평가서들은 주목받지 못할 수 있는 반면, 이곳의 보고서는 각국 정부가 지정학적 협상을 벌일 때 주의를 기울여 참고하는 것이다"; Mike Hulme, "1.5°C and Climate Research after the Paris Agreement," *Nature Climate Change* 6, 2016, 223.

17 IPCC의 데이터, 제2실무그룹 데이터표: 기후변화 2014: 영향, 적응, 취약성. AR5 제2실무그룹 문서를 보려면, 제2실무그룹 홈페이지, www.ipcc-wg2.awi.de 참조.

18 IPCC, 제2실무그룹 데이터표.

19 IPCC, AR5 제2실무그룹 정책입안자를 위한 요약의 최고급 연구 결과, www.ipcc.ch.에서 참조 가능.

20 Michel Foucault, *Archaeology of Knowledge*, New York: Routledge, 2002 [1969].

21 IPCC, AR5 Working Group II, Box TS-5 Fig. 1. RCP는 대표농도경로Representative Concentration Pathways이다: 미래 지구 탄소 배출 시나리오.(대기 중 탄소의 상대농도); 유력한 미래 예측.

22 되풀이하자면, 우리의 정치 · 경제적 분석은 RCP 8.5와 맞춘 온도 증가를 가리킨다; 그러나 논의를 위하여 더 보수적인 추산이 유용하다.

23 IPCC, 제5차 평가보고서, 제2실무그룹, 기술적 요약, 25.

24 Ibid., 7.

25 Ibid., 32.

26 정책입안자를 위한 요약, 28

27 이 부분은 적응에 관한 훌륭한 비평 연구에서 도움을 받았다: Roman Felli, *La grande adaptation: Climat, capitalisme, catastrophe*, Paris: Seuil, 2015; Marcus Taylor, *The Political Ecology of Climate Change Adaptation*, London: Routledge, 2014; Michael Watts, "Now and Then: The Origins of Political Ecology and the Rebirth of Adaptation as a Form of Thought," in Tom Perreault, Gavin Bridge, and James McCarthy (eds), *The Routledge Handbook of Political Ecology*, Abingdon, Oxon, UK: Routledge, 2015, 19-50; and Jeremy Walker and Melinda Cooper, "Geneaologies of Resilience," *Security Dialogue* 42, no. 2, 2011, 413–60.

28 George Lakoff and Mark Johnson 인용, *Metaphors We Live By*, Chicago, IL: University of Chicago Press, 1980.

29 생물학에서 이러한 과정을 연구하는 데에 필요한 분석의 단위는 종-개체군인데, 결국 변화는 그 개체군의 유전적 구성 수준에서 일어난다. 이러한 이유로 일부 진화론자들은 분석의 단위로 유전자를 이야기한다. 이러한 논의에 대해서는, Richard Levins and Richard Lewontin, *The Dialectical Biologist*, Cambridge, MA: Harvard University Press, 1985, and Richard Dawkins, *The Selfish Gene*, New York: Oxford University Press, 2016. 비교.

30 식물의 지역 적응에 관해서는, Kristin Mercer and Hugo Perales, "Evolutionary Response of Landraces to Climate Change in Centers of Crop Diversity." *Evolutionary Applications* 3, no. 5-6, 2010, 480-93. 참조. 이 단락에 도움을 준 크리스틴 머서에게 감사한다.

31 Yves Vigouroux, et al., "Selection for Earlier Flowering Crop Associated with Climatic Variations in the Sahel," *PLoS One* 6, no. 5, 2011, e19563.

32 이 적응 개념은 농업 시스템의 농경법적 · 경제적 생존능력을 유지할 수 있는 방법에 대한 논의에 거의 오르지 않는다. 국제 포럼에서 유전형질 전환은 농업 적응을 위한 중요한 기술로서 자주 (문제가 되지만) 지지를 받는다: Kristin Mercer, Hugo Perales and Joel Wainwright, "Climate Change and the Transgenic Adaptation Strategy: Smallholder Livelihoods, Climate Justice, and Maize Landraces in Mexico," *Global Environmental Change* 22, 2012, 495-504. 참조.

33 구조적 기능주의는 인문학에서 몹시 싫은 것bete noire으로서, 폭넓게 비판받지만 잘 보이지는 않는다. 인류지리학을 위한 적응의 의미를 연구한 와츠의 리뷰는 중요한 주장을 펼

친다: "인류 과학에서, '적응'이란 용어는 … 항상 한편으로는 구조적 기능주의, 다른 한편
으로는 생물학적 환원주의의 짐이 지워져 왔다"(Michael Watts, "Adaptation," in Derek
Gregory, Ron Johnston, Geraldine Pratt, Michael Watts, and Sarah Whatmore (eds),
The Dictionary of Human Geography, 5th Edition, Hoboken, NJ: Wiley-Blackwell,
2009, 8; Watts, "Now and Then."도 참조) 여기서 우리의 표적은 지구적 위기를 경시하
려는 근거로서 인간의 적응 능력을 칭송하는 범속한 변종이다.

34 다윈의 텍스트는 그러한 전유專有를 초래한다; Valentino Gerratana, "Marx and Darwin,"
New Left Review I:82, 1973, 60–82. 참조.

35 Philip Shabecoff, "Global Warming Has Begun, Expert Tells Senate," *New York
Times*, June 24, 1988. On the nature and effectiveness of Hansen's 1988 testimony,
Richard Besel, "Accommodating Climate Change Science: James Hansen and the
Rhetorical/Political Emergence of Global Warming," *Science in Context* 26, no.1,
2013, 137-52. 참조.

36 Shoibal Chakravarty, Ananth Chikkatur, Heleen de Coninck, Stephen Pacala, Robert
Socolow, and Massimo Tavoni, "Sharing Global CO_2 Emission Reductions among
One Billion High Emitters," *Proceedings of the National Academy of Sciences* 106,
2009, 11884-88; cited in Jamieson, *Reason in a Dark Time*, 131.

37 Vikrom Mathur and Aniruddh Mohan, "From Response to Resilience: Adaptation in a
Global Climate Agreement," ORF Occasional Paper 76, 2015, 2.

38 탄소 배출에서의 불평등에 대해서는, J. Timmons Roberts and Bradley C. Parks, *A
Climate of Injustice: Global Inequality, North-South Politics, and Climate Policy*,
Cambridge, MA: MIT Press, 2007. 참조.

39 Robert Coase, "The Problem of Social Cost," *Journal of Law and Economics* 3,
1960, 1-44; cf. Tamra Gilbertson and Oscar Reyes, "Carbon Trading: How it Works
and Why it Fails," Dag Hammerskjold Foundation, Occasional Paper no. 7, 2009,
available at tni.org.

40 이 개념에 대한 두 가지 옹호에 대해서는, Francois Gemenne, "One Good Reason to
Speak of 'Climate Refugees'," *Forced Migration Review* 49, 2015, 70-71; Matthew
Lister, "Climate Change Refugees," *Critical Review of International Social and
Political Philosophy* 17, 2014, 618-34. 참조. 기후이주는 IPCC, AR5 워킹그룹 II, 2014,
Chapter 12, section 4, "Migration and Mobility Dimensions of Human Security."에서
다뤄졌다. 이 문건은 관련 문헌의 주요 결과물을 다음과 같이 요약한다.
"기후변화는 인간의 안전을 절충하여 처리하는 이주 형태에 중차대한 영향을 끼칠 것이
다. … 과거에는 주요 극단적 날씨 상황들이 중차대한 인구이동을 초래했다. 많은 취약계
층은 홍수와 폭우, 가뭄 등의 여파를 피하기 위해 이주할 자원이 없다. … 이주와 이동성
mobility은 기후변화를 겪는 세계 모든 지역의 적응 전략이다. 이주할 능력이 부족한 특정
인구층은 또한 날씨와 관련하여 심각한 극단적 상황에 노출될 위험이 크다. 특히 저소득,
중위소득 국가의 시골과 도시지역이 심각하다. 이동성 기회를 확장시키는 것은 기후변화

에 대한 취약성을 줄이고 인간의 안전을 강화시킬 수 있다."

기후난민들로 넘쳐나는 세계에 관한 비판적 관점들에 대해서는, Sanjay Chaturvedi and Timothy Doyle, *Climate Terror: A Critical Geopolitics of Climate Change*, London: Palgrave Macmillan, 2015, Chapter 5; Giovanni Bettini, "Climate Migration as an Adaption Strategy: De-securitizing Climate-induced Migration or Making the Unruly Governable?" *Critical Studies on Security* 2, 2014, 180-95; Carol Farbotko and Heather Lazrus, "The First Climate Refugees? Contesting Global Narratives of Climate Change in Tuvalu," *Global Environmental Change* 22, 2012, 382-90; Roman Felli, "Managing Climate Insecurity by Ensuring Continuous Capital Accumulation: 'Climate Refugees' and 'Climate Migrants'," *New Political Economy* 18, no. 3, 2013, 337-63; Etienne Piguet, "From 'Primitive Migration' to 'Climate Refugees': The Curious Fate of the Natural Environment in Migration Studies," *Annals of the Association of American Geographers* 103, 2013, 148-62. 참조.

[41] McKenzie Funk, *Windfall: The Booming Business of Global Warming*, New York: Penguin, 2014. 녹고 있는 북극을 "보호"하고 거기서 이익을 얻으려는 노력에 대해서는, Leigh Johnson, "The Fearful Symmetry of Arctic Climate Change: Accumulation by Degradation," *Environment and Planning D: Society and Space* 28, no. 5, 2010, 828-47; Eric Bonds, "Losing the Arctic: Th e US Corporate Community, the National-Security State, and Climate Change," *Environmental Sociology* 2, no. 1, 2016, 5-17. 참조.

[42] Eric Swyngedouw, "Apocalypse Forever: Post-Political Populism and the Specter of Climate Change," *Theory, Culture & Society* 27 nos. 2-3, 2010, 213-32. 참조. James McCarthy'의 스빙에다우 비판이 시의 적절하다: "스빙에다우가 보는 '정치 – 이후' 역학 일부와 직접적으로 상충하는 기후변화의 정치와 정치화를 둘러싼 매우 실질적이고, 의미 심장하고, 지속되는 투쟁들이 … 있다." James McCarthy, "We Have Never Been Post-Political," *Capitalism, Nature, Socialism* 24, no. 1, 2013, 23.

[43] Timothy Mitchell, "Carbon Democracy," *Economy and Society* 38, no. 3, 2009, 401. 우리는 민주주의의 자연사에 관한 미첼의 분석에서 많은 것을 배웠지만, 불행히도 Mazen Labban이 지적하듯, "미첼은 탄소 민주주의의 자연사로부터 자본주의를 통째로 제거하고 사람들 간의 사회적 관계를 사람들과 사물들의 관계로 대체하는데, 그것은 마르크스의 용어를 빌려서 표현하자면, '뚜렷한 사회적 결합들이 자연스럽게 사물에 속하는 사회적 특성들처럼 보이는' 방식이다."(Labban, "On Timothy Mitchell's Carbon Democracy: Political Power in the Age of Oil," *Antipode*, 2013, accessed at antipodefoundation.org).

4 _ 정치적인 것의 적응

[1] Antonio Gramsci, [Q13§20] *Selections from the Prison Notebook*, translated and edited by Quintin Hoare and Geoffrey Nowell Smith, New York: International Publishers,

1971, 133.

2 예를 들어, Chantal Mouffe, Jacques Ranciere, Alain Badiou, Slavoj Žižek, and others. 참조.

3 Slavoj Žižek, *Living in the End Times*, New York, Verso, 2011, ix.

4 John Gray, *Liberalism*, Second Edition, Minneapolis, MN: University of Minnesota Press, 1986: x.

5 Domenico Losurdo, *Liberalism: A Counter-History*, New York: Verso, 2011, 322.

6 Harold Laski, *The Rise of European Liberalism*, London: Routledge, 1996, 168.

7 이것이 로수르도의 *Liberalism: A Counter-History*의 주된 주장이다.

8 John Rawls, *A Theory of Justice*, Cambridge, MA: Harvard University Press, 1971; Jurgen Habermas, *Between Facts and Norms*, Cambridge, MA: MIT Press, 2004.

9 John Rawls, *Political Liberalism*, New York: Columbia University Press, 1993.

10 Tracy Strong, "Foreword: The Sovereign and the Exception: Carl Schmitt, Politics and Theology," in Carl Schmitt, *Political Theology*, Chicago: University of Chicago Press, 2005, xvi. 슈미트에게는 "정치에 대한 맹공격보다 더 현대적인 것은 없다"(*Political Theology*, 65).

11 Nicos Poulantzas, "Preliminaries to the Study of Hegemony in the State," in James Martin (ed.) *The Poulantzas Reader: Marxism, Law, and the State*, London: Verso, 2008 [1965], 80, 83, 강조는 원문의 것.

12 Michel Foucault, *Birth of Biopolitics: Lectures at the College de France, 1978–1979*, New York: Picador, 2008, 317, n.21.

13 Ibid.; 또한 64-65. 참조.

14 Schmitt, *Political Theology*, 65.

15 Carl Schmitt, *The Concept of the Political, Chicago*, IL: University of Chicago Press, 2007, 70.

16 Schmitt, *Concept of the Political*, 71.

17 Geoff Mann, *In the Long Run We Are All Dead: Keynesianism, Political Economy and Revolution*, London: Verso, 2017, 182-214, 366-96.

18 이러한 차이점들은 피터 토마스의 연구에서 상세히 설명된다(그리고 슈미트는 비판받는다). Peter Thomas, "Gramsci and the Political: From the State as 'Metaphysical Event' to Hegemony as 'Philosophical Fact'." *Radical Philosophy* 153, 2009, 27–36.

19 Gramsci, [Q4§45] *Selections from the Prison Notebooks*, Vol. II, 194-5.

20 Ibid.

21 Lucio Colletti, "Introduction," in Karl Marx, *Early Writings*, London: Penguin, London, 1975, 8-15.

22 레닌은 훗날 이 완고한 유물론에서 간혹 거리를 두려 했던 것으로 보인다; 예를 들어, V. I. Lenin, *Collected Works*, Vol. 38, Moscow: Progress Publishers, 1972, 114. 참조.

23 Gramsci, [Q4§25] *Prison Notebooks*, Vol. II, 164-65.

24 "칸트학파"라는 말은 게오르크 루카치가 《역사와 계급의식》(translated by Rodney Livingstone, London: Merlin Press, 1971)을 쓴 후 그가 받은 비방이다. 이때는 분명 칸트학파가 되기에 나쁜 시기였다. 마르크스가 헤겔학파보다 더 칸트학파적이었다는 루치오 콜레티와 가라타니 고진의 설득력 있는 주장에 기대어 고려해 볼 만한 사안. Lucio Colletti, *Marxism and Hegel*, London: New Left Books, 1973; Kojin Karatani, *Transcritique: On Kant and Marx*, Cambridge, MA: MIT Press, 2003. 참조.

25 각별히 안토니오 라브리올라와 베네데토 크로체의 맥락. 그람시가 매우 존경한 헤겔주의-마르크스주의 철학자인 라브리올라는 *Notebooks*에서 보통 마르크스주의를 뜻하는 애호되는 암호-어구인 "실천철학philosophy of praxis"을 만들어 냈다; Walter Adamson, *Hegemony and Revolution: A Study of Antonio Gramsci's Political and Cultural Theory*, Berkeley, CA: University of California Press, 1980, 114. "실천철학"이 그저 마르크스주의를 위한 또 하나의 단어가 아니라는 주장에 대해서는, Peter Thomas, *The Gramscian Moment: Philosophy, Hegemony, and Marxism*, Amsterdam: Brill, 2009, 105-108. 참조.

26 Lenin, *Collected Works*, Vol. 14, 292, 146.

27 Perry Anderson, "The Antinomies of Antonio Gramsci," *New Left Review* I/100, 1976/77, 5-78.

28 이 이론은 또한 마르크스에게도 중요하다: Karl Marx and Friedrich Engels, *The German Ideology*, in: Robert Tucker (ed.), *The Marx-Engels Reader*, 2nd Edition, New York: Norton, 1978, 172-74. 참조.

29 Gramsci, [Q16§9] *Selections from the Prison Notebook*, 388-89.

30 Althusser and Balibar, *Reading Capital*, London: New Left Books, London, 119-44; Martin Jay, *Marxism and Totality: The Adventures of a Concept from Lukács to Habermas*, Berkeley, CA: University of California Press, 1984, 424, 427; Colletti, *Marxism and Hegel*, 38, n.28 (a judgment Colletti later renounced; see "A Political and Philosophical Interview," *New Left Review* I/86,1974, 24-25); Sebastiano Timpanaro, *On Materialism*, London: New Left Books, 1975, 236; Perry Anderson, *Considerations on Western Marxism*, London: Verso, London; Anderson, "The Antinomies of Antonio Gramsci," 6; Joseph Buttigieg, "Philology and Politics: Returning to the Text of Antonio Gramsci's Prison Notebooks," *Boundary* 2 21, no. 2, 1994, 130-1.

31 Benedetto Fontana, "The Concept of Nature in Gramsci," *The Philosophical Forum*, XXVII, 1996, 223, 221. 폰타나는 *Prison Notebooks*에서 그람시가 "자연"을 다섯 가지 뚜렷한 방식으로 이용한다고 예증한다: 1. 차별화되지 않은 물질로서의 자연; 2. "제2의 본성"으로서의 자연; 3. 비합리적 본능으로서의 자연; 4. 혼돈과 무질서로서의 자연; 5. "자연의 지배와 (잠재적) 정복의 극복으로서의 자연"(221).

32 Gramsci, [Q10II§54] *Selections from the Prison Notebooks*, 351.

33 Ibid.

34 Ibid.

35 Ibid.

36 Ibid., 351-52.

37 Ibid., 352.

38 Ibid., 강조는 원문의 것.

39 Gramsci, [Q13§20] *Selections from the Prison Notebooks*, 133, 강조 추가.

40 Ibid., [Q12§2] 34-35.

41 Gramsci, [Q10II§48ii] "Progress and Becoming," *Selections from the Prison Notebooks*, 357-60. Q10II§48ii는 노트의 두 번째(더 긴) 부분을 이룬다; 첫 번째 부분(Q10II§48i)은 senso comune (이에 관해서는 Thomas, *The Gramscian Moment*, chapter 8참조)에 관한 것이다.

42 Gramsci, [Q10II§48ii] "Progress and Becoming," *Selections from the Prison Notebooks*, 357.

43 Ibid.

44 Ibid.

45 Ibid., 360.

46 Ibid.

5 _ 녹색 자본주의?

1 Isabelle Stengers, *In Catastrophic Times: Resisting the Coming Barbarism*, London: Open Humanities, 2015, 28.

2 증기에서 석탄 동력으로의 이동과 자본주의 역사에서 이것이 갖는 함의에 관해서는, Andreas Malm, *Fossil Capital*, New York: Verso, 2015. 참조. 인류세의 시작을 언제로 할 것이냐에 관한 논의는, Simon Lewis and Mark Maslin, "Defining the Anthropocene," *Nature* 515, 12 March 2015, 171-80. 참조.

3 Stengers, *In Catastrophic Times; Richard Smith, Green Capitalism: The God That Failed*, Bristol, UK: World Economics Association, 2016.도 참조.

4 Albert Einstein, *Why Socialism?*, New York: Monthly Review Press, 1951, 10.

5 Thomas Piketty, *Capital in the Twenty-First Century*, translated by Arthur Goldhammer, Cambridge, MA: Belknapp Press, 2013 참조; 비평에 관해서는, Geoff Mann, *In the Long Run We Are All Dead: Keynesianism, Political Economy and Revolution*, London: Verso, 2017, 335-65. 참조.

6 Nicos Poulantzas, *State, Power, Socialism*, London: Verso, 1979.

7 Naomi Oreskes and Erik Conway, *Merchants of Doubt*, New York: Bloomsbury, 2011; Hugh Compston and Ian Bailey (eds), *Turning Down the Heat: The Politics of Climate Policy in Affluent Democracies*, London: Palgrave Macmillan, 2008, 265. 참조.

8 J. Timmons Roberts and Bradley Parks, *A Climate of Injustice: Global Inequality, North-South Politics, and Climate Policy*, Boston, MA: MIT Press, 2007, 135.

9 Garrett Hardin, "Tragedy of the Commons," *Science* 162, no. 3859, December 13, 1968, 1243-48.

10 예를 들어, "The Tragedy of the Commons, cont'd," *The Economist*, May 4, 2005, economist.com. 참조.

11 J. T. Mathis, S. R. Cooley, N. Lucey, S. Colt, J. Ekstrom, T. Hurst, C. Hauri, W. Evans, J. N. Cross, and R. A. Feely, "Ocean Acidifi cation Risk Assessment for Alaska's Fishery Sector," *Progress in Oceanography* 136, August 2015, 71-91.

12 Joseph Stiglitz, "How to Restore Equitable and Sustainable Economic Growth in the United States," *American Economic Review* 106, no. 5, 45.

13 세계 탄소세 수준과 교역 개요를 보여 주는 지도를 보려면, org/2014/11/17/all-the-worlds-carbon-pricing-systems-in-one-animated-map. 참조.

14 Andrea Conte, Ariane Labat, Janos Varga and Žiga Žarni, "What is the Growth Potential of Green Innovation? An Assessment of EU Climate Policy Options," Directorate-General for Economic and Financial Affairs, European Commission, Economic Paper no. 413, June 2010: 1, 11.

15 Nicholas Stern, "Stern Review: The Economics of Climate Change," HM Treasury, 2006, 25. 좀 더 최근에 스턴은 "기후변화는 그것이 너무나 많은 사람들에게 끼치는 그 잠재적 피해 규모 때문에, 또한 거의 모든 사람이 외부성externality을 유발하는 데에 관여하기 때문에 세계가 지금까지 경험한 실패 중 가장 큰 시장실패를 대변한다"고 했다. Nicholas Stern, *Why Are We Waiting? The Logic, Urgency and Promise of Tackling Climate Change*, Cambridge, MA: MIT Press, 2015, 195.

16 Deutsche Asset Management, "Economic Stimulus: The Case for 'Green' Infrastructure, Energy Security and 'Green' Jobs," November 2008, 4.

17 Michael Skapinker, "The Market No Longer Has All the Answers," *Financial Times*, March 24, 2008.에서 인용.

18 Peter Hall (ed.), *The Political Power of Economic Ideas: Keynesianism Across Nations*, Princeton, NJ: Princeton University Press, 1989. 이것은 훗날 이른바 "자본주의의 변종" 연구를 창시하게 되는 정치과학자가 편집한 초기 책이다: Peter Hall and David Soskice, *Varieties of Capitalism: The Institutional Foundations of Comparative Advantage*, Oxford: Oxford University Press, 2001.

19 피에르 로산발롱이 주장하듯, 케인스주의는 경제를 관료제를 통해 국가 운용을 최적화시킬 수 있는 영역으로 여긴다. 그것의 목표는 자본주의를 공고화하면서 동시에 현대화시키는 것이다; Pierre Rosanvallon, "The Development of Keynesianism in France," in Peter Hall (ed.), *The Political Power of Economic Ideas: Keynesianism Across Nations*, Princeton: Princeton University Press, 1989, 171-93.

20 Stiglitz, "How to Restore Equitable and Sustainable Economic Growth in the United

States," 45.

21 Ottmar Edenhofer and Nicholas Stern, "Towards a Global Green Recovery: Recommendations for Immediate G20 Action," Report Submitted to the G20 London Summit, April 2, 2009, 6, 12–3, 16.

22 이명박의 "녹색성장"에 관해서는, Sanghun Lee, "Assessing South Korea's Green Growth Strategy," in Raymond Bryant (ed.), *The International Handbook of Political Ecology*, London: Edward Elgar, 2017, 345-58. 참조. 다른 녹색 자본주의 프로젝트에 관한 이론에 관해서는, Mario Candeias, *Green Transformation: Competing Strategic Projects*, Berlin: Rosa Luxemburg Stiftung, 2015. 참조. 칸데이아스는 우리가 합쳐서 생각하는 "권위주의적 신자유주의", "녹색 자본주의", "녹색 뉴딜" 등 세 가지를 구분한다.

23 탄소시장의 비판적 분석에 관해서는, Donald MacKenzie, "Making Things the Same: Gases, Emission Rights and the Politics of Carbon Markets," *Accounting, Organizations and Society* 34, no. 3-4, 440-55; Ian Bailey, Andy Gouldson and Peter Newell, "Ecological Modernisation and the Governance of Carbon: A Critical Analysis," *Antipode* 43, no. 3, 2011, 682-703. 참조. 환경보존을 위한 시장 제한에 관해서는, Jessica Dempsey, *Enterprising Nature: Economics, Markets, and Finance in Global Biodiversity Politics*, West Sussex, UK: Wiley Blackwell, 2016. 참조.

24 Pablo Salon, "From Paris with Love for Lake Poopo," December 21, 2015.

25 Ibid.

26 Karl Marx. and Friedrich Engels, *The German Ideology*, Amherst, MA: Prometheus Books, 1967 [1846], 89.

27 Greta Krippner, "The Financialization of the American Economy," *Socio-economic Review* 3, 2005: 174.

28 Fred Block, "Crisis and Renewal: The Outlines of a Twenty-First Century New Deal," *Socioeconomic Review* 9, 2011: 44.

29 Romain Felli, "An Alternative Socio-Ecological Strategy? International Trade Unions' Engagement with Climate Change," *Review of International Political Economy*, 12, no. 2, 2014, 380; Martin Sandbu, "There Is Profit in Saving the Planet," *Financial Times*, June 16, 2015.

30 Ibid.

31 John Maynard Keynes, "My Early Beliefs," in *Collected Writings*, Vol. X, Cambridge: Cambridge University Press, 1971–1989 [1938], 446-47.

32 오늘날 중국은 의심의 여지 없이 자본주의국가이나, 국가가 가장 큰 은행들을 통제하고 산업자산의 50퍼센트 이상 소유하고 있다. 이 점이 역사적 표준과 큰 차이가 난다. 중국의 정치경제에 대한 규준에서 벗어난 강력한 견해는, G. Arrighi, *Adam Smith in Beijing: Lineages of the Twenty-first Century*, London: Verso, 2007; Joel Andreas, "Changing Colors in China," *New Left Review* II/54. 2008, 123-42; M. Blecher, *China Against the Tides: Restructuring through Revolution, Radicalism and Reform*, London:

Continuum, 2010; Minqi Li, *The Rise of China and the Demise of the Capitalist World Economy*, New York: Monthly Review, 2008; Wang Hui, *China's Twentieth Century*, New York: Verso, 2016. 참조. 중국의 정치경제와 기후변화에 관해서는, Minqi Li, "Capitalism, Climate Change, and the Transition to Sustainability: Alternative Scenarios for the US, China and the World," *Development and Change* 40, 2009, 1039-62; Dale Wen, "Climate Change, Energy, and China," in Kolya Abramsky (ed.), *Sparking a Worldwide Energy Revolution*, Baltimore and Oakland: AK Press, 2010, 130-54. 참조. 국가 소유 기업의 규모에 관해서는, World Bank, "State Owned Enterprises in China," 2010, blogs.worldbank.org. 참조.

33 Zhu Liu, China's Carbon Emissions Report 2016, Cambridge, MA: Harvard Belfer Center for Science and International Affairs, October 2016, belfercenter.hks.harvard.edu.

34 Wang Hui, *China's Twentieth Century*, 292.

35 특히 Wang Hui, *China's Twentieth Century*. 참조.

36 예를 들어, Jamieson, *Reason in a Dark Time*. 참조.

37 Dani Rodrik, *The Globalization Paradox: Democracy and the World Economy*, New York: W. W. Norton, 2011, 247-49. 로드릭은 현재의 지정학이 기반한 "이웃을 거지로 만드는 정책beggar-thy-neighbor"을 생각해 보면, "지구온난화의 경우에 국가들은 자기 이익을 위해 기후변화의 위험을 무시하게 되었다"(249).

38 Piketty, *Capital in the Twenty-first Century*, 568.

39 Joseph Stiglitz, "Sharing the Burden of Saving the Planet: Global Social Justice for Sustainable Development Lessons from the Theory of Public Finance," in Mary Kaldor and Joseph Stiglitz (eds), *A New Global Covenant: Protection without Protectionism*, New York: Columbia University Press, 2013, 186.

40 예를 들어 Daniel Perlmutter and Robert Rothstein, *The Challenge of Climate Change: Which Way Now?*, Oxford: Wiley, 2011. 참조.

41 예를 들어 Joseph Aldy and Robert Stavins, "Designing the Post-Kyoto Climate Regime," in Mary Kaldor and Joseph Stiglitz (eds), *A New Global Covenant: Protection without Protectionism*, New York: Columbia University Press, 2013, 205-30. 참조.

42 Ibid., 212-15.

6 _ 행성적 주권

1 Theodor Adorno, in Adorno and Max Horkheimer, *Towards a New Manifesto*, New York; Verso, 2011[1956], 38-40.

2 Naomi Oreskes and Erik Conway, *The Collapse of Western Civilization*, New York: Columbia University Press, 2014, cover. 이 책은 두 사람이 함께 쓴 두 번째 책이다.

첫 번째 책, *Merchants of Doubt: How a Handful of Scientists Obscured the Truth on Issues from Tobacco Smoke to Global Warming*, New York: Bloomsbury Press, 2010. 이 책은 미국의 기후 부정론자의 출현을 추적한다. 냉전시대 과학자들과 훗날 기후 부정론의 기초를 마련하는 우파 싱크탱크와 협력한 핵·로켓 전문가들의 작업에 초점을 맞춘다. *Merchants of Doubt*은 귀중한 독창적인 연구를 제공한다. 그러나 *The Collapse of Western Civilization*과 마찬가지로 신자유주의에 관한 분석 없이 기후변화에 대한 비난이 결국 신자유주의 사상, 곧 과학자들이 기꺼이 화석연료 산업에 협력한 이유에 맞춰진다. *Merchants of Doubt*에 내재된 자유주의 프레임과 신자유주의 목적 간의 관계는 조사되지 않는다.

3 Oreskes and Conway, *The Collapse of Western Civilization*, ix.

4 Ibid.

5 Oreskes and Conway, *The Collapse of Western Civilization*: Africa's "starvation" (25), "governments . . . overthrown" (25); "wiped out" (33).

6 Ibid., 3-4, 강조는 추가된 것.

7 이 모델들을 연구하는 그룹 중 자금 마련이 원활한 대규모 지식인 그룹이 최소한 하나 이상이다. 그 이유는 이 모델이 자기 조직의 성공에도 필수적이라고 이해한 데에 있다: 미군. 기후와 미국 국가안보(더 비판적으로는 "기후변화와 안보화")에 대한 연구 문헌은 지난 10년 동안 급격하게 성장했다. 좋은 출발점은 미국 외교정책과 정보 관련 기관들에서 나온 한 쌍의 2007년 문서이다: Joshua W. Busby, *Climate Change and National Security: An Agenda for Action*, Council on Foreign Relations, CSR No. 32; and Kurt Campbell, Jay Gulledge, J. R. McNeill, John Podesta, et al., *The Age of Consequences: The Foreign Policy and National Security Implications of Global Climate Change*, Washington, DC: Center for a New American Security (available for download online; republished as a book by the Brookings Institution in 2008). 또한 Daniel Moran (ed.), *Climate Change and National Security: A Country-Level Analysis*, Washington, DC: Georgetown University Press, 2011 (a product of a workshop organized by the US National Intelligence Council). 참조. 더 비판적인 관점에서 보자면, Michael Redclift and Marco Grasso (eds), *Handbook on Climate Change and Human Security*, Cheltenham, UK: Edward Elgar, 2013. 참조. 미래 기후변화 (무)질서를 예측하는 미군 프로그램에 관해서는 연구 문헌이 거의 발행되지 않았다.

8 Jeremy S. Pal and Elfatih A. Eltahir, "Future Temperature in Southwest Asia Projected to Exceed a Threshold for Human Adaptability," *Nature Climate Change* 6, no. 2, 2016, 197-200.

9 공정하게 말하자면, 이러한 통찰력은 기후변화에 관한 정부간 협의체 제5차 평가보고서 실무그룹 II, 2014, www.ipcc-wg2.awi.de.에서 찾을 수 있다. 제12장, 다양한 해석이 열려 있는 "인간 안보." 기후-폭력에 관한 최근 연구 문헌에 대한 비판적 고찰은, Eric Bonds, "Upending Climate Violence Research: Fossil Fuel Corporations and the Structural Violence of Climate Change," *Human Ecology Review* 22, no. 2, 2016, 3-23. 참조.

10 Hans Reiss, "Preface," in Hans Reiss (ed.), *Kant's Political Writings*, Second Edition, Cambridge: Cambridge University Press, 1991, 10.

11 Kant, "On Perpetual Peace," in *Political Writings*, 107-8, 강조는 원문의 것; 또한, Proverbs 22:8, "He who sows iniquity will reap vanity"; and Job 4:8, "Even as I have seen, they that plow iniquity, and sow wickedness, reap the same." 참조.

12 Ibid., 106. 반대의 견해에 관해서는, Chad Kautzer, "Kant, Perpetual Peace, and the Colonial Origins of Modern Subjectivity," *Peace Studies Journal* 6, no. 2, 2013, 58-67; and Ines Valdez, "It's Not About Race: Good Wars, Bad Wars, and the Origins of Kant's Anti-Colonialism," *American Political Science Review* 111, no. 4, 819-34. 참조.

13 The UN "is far from the Kantian idea of the federation of nations." Kojin Karatani, "Beyond Capital-Nation-State," *Rethinking Marxism* 20, no. 4, 2008, 592.

14 Ibid., 591-2.

15 Kant, "On Perpetual Peace," 95.

16 Immanuel Kant, *Groundwork of the Metaphysics of Morals*, Second Edition, Cambridge: Cambridge University Press, 2012, 46.

17 Kant, *Political Writings*, 54, 강조는 추가된 것.

18 Kant, "An Answer to the Question, What is Enlightenment?" in *Political Writings*, 54-60.

19 G. W. F. Hegel, *Philosophy of Right*, Cambridge: Cambridge University Press, 1991, §333, 강조는 원문의 것.

20 Ibid., §334, 강조는 원문의 것.

21 헤겔의 철학적 칸트 비평에 관해서는 많은 연구 문헌이 있다. 유용한 개관을 보려면, John McCumber, *Understanding Hegel's Mature Critique of Kant*, Stanford, CA: Stanford University Press, 2014.참조.

22 Hegel, *Philosophy of Right*, §333.

23 Alexander Wendt, "Why a World State is Inevitable," *European Journal of International Relations* 9, no. 4, 2003, 491-542. 구성주의 국제관계는 국가들 간 인지 형태의 구성에 초점을 맞춘다.

24 Thomas Weiss, "What Happened to the Idea of World Government?" *International Studies Quarterly* 53, 2009, 261. See also Weiss, *Thinking about Global Governance*, New York: Routledge, 2012.

25 Adorno and Horkheimer, *Towards a New Manifesto*, 40.

26 Catherine Lu, "World Government," in Edward N. Zalta (ed.), *Stanford Encyclopedia of Philosophy* (Winter 2016 Edition), plato.stanford.edu. 참조.

27 Albert Einstein, "Towards a World Government," in *Out of My Later Years*, New York: Wings, 1956 [1946], 138, cited in Lu, "World Government."

28 Bertrand Russell, "The Bomb and Civilization," *The Glasgow Forward* 39, no. 33, 18 August 1945, accessible at russell.mcmaster.ca.

29 Russell, "The Bomb and Civilization."

[30] Arendt, *Origins of Totalitarianism*, 142, n. 38.

[31] Ibid., 420.

[32] Hannah Arendt, "Thoughts on Politics and Revolution," in *Crises of the Republic*, New York: Harcourt, Brace, 1972, 230.

[33] Ibid., 229.

[34] Ibid., 229-30.

[35] Ibid., 231, 강조는 원문의 것.

[36] Ibid., 230.

[37] Wendt, "Why a World State Is Inevitable," 493.

[38] Ibid., 491.

[39] Ibid.

[40] Ibid., 493, Deudney, *Bounding Power*. 참조.

[41] 핵 단일-세계주의 논리는 기후정치와 역사적으로 흥미로운 교차점이 있다. IPCC 보고서의 핵심에 자리한 글로벌 기후변화 모델의 개발은 대륙간 탄도미사일 지침용으로, 또 핵전쟁 결과(예를 들어, "핵겨울")를 예측하기 위해서 만든 냉전시대 세계 모델에서 나온 것이다. 기후와 핵을 연계시켜 연구하는 문헌들이 역사와 과학 연구 분야에는 점차 방대해지고 있다. 예를 들어, John Cloud, "Crossing the Olentangy River: The Figure of the Earth and the Military-Industrial-Academic Complex, 1947–1972," *Studies in the History and Philosophy of Modern Physics* 31, no. 3, 2000, 371-404; R. Doel, "Constituting the Postwar Earth Sciences: The Military's Influence on the Environmental Sciences in the USA after 1945," *Social Studies of Science* 33, no. 5, 2003, 635-66; Kristine Harper, "Climate Control: United States Weather Modification in the Cold War and beyond," *Endeavour* 32, no. 1, 2008, 20-26; Jacob Hamblin, "A Global Contamination Zone: Early Cold War Planning for Environmental Warfare," in J. R. McNeill and Christine Unger (eds), *Environmental Histories of the Cold War*, New York: Cambridge University Press, 2010, 85-114; P. Edwards, "Entangled Histories: Climate Science and Nuclear Weapons Research," *Bulletin of the Atomic Scientists*, 68, no. 4, 2012, 28-40. 참조. 이 장의 도입부에서 오레스케스와 콘웨이의 소설을 비판했다. 그러나 그들은 기후 부정주의가 냉전에서 기원했음을 훌륭히 규명했다. Naomi Oreskes and Erik Conway, "Challenging Knowledge: How Climate Science Became a Victim of the Cold War," in *Agnotology: The Making and Unmaking of Ignorance*, Stanford, CA: Stanford University Press, 2008, 55-89; Oreskes and Conway, *Merchants of Doubt*.도 참조.

[42] Raymond Duvall and Jonathan Havercroft, "Taking Sovereignty out of Th is World: Space Weapons and Empire of the Future," *Review of International Studies* 34, 2008, 755-75.

[43] Ibid., 756.

[44] Ibid., 761.

45 Ibid., 756.

46 Ibid., 765.

47 Ibid., 765-66, 강조는 원문의 것.

48 Max Weber, "Politics as Vocation," in Hans Gerth and C. Wright Mills (eds), *From Max Weber: Essays in Sociology*, London: Routledge, 1991, 78, 강조는 원문의 것. *Gewalt*는 "무력force"과 "폭력" 둘 다로 옮길 수 있다.

49 Duvall and Havercroft, "Taking Sovereignty out of This World," 768.

50 David Keith, "Geoengineering the Climate: History and Prospect," *Annual Review of Energy and the Environment* 25, 2000, 245-84; Clive Hamilton, *Earthmasters: Playing God with the Climate*, New South Wales, Australia: Allen & Unwin, 2013; Alan Robock, "Albedo Enhancement by Stratospheric Sulfur Injection: More Research Needed," *Earth's Future*, 4, 2016, doi:10.1002/2016EF000407.

51 Keith, "Geoengineering the Climate"; James Fleming, "The Pathological History of Weather and Climate Modification: Three Cycles of Promise and Hype," *Historical Studies in the Natural Sciences* 37, no. 1, 2006, 3-25; James Fleming, "The Climate Engineers," *The Wilson Quarterly* 31 no. 2, 2007, 46-60; Hamilton, *Earthmasters*; Dale Jamieson, *Reason in a Dark Time*, Chapter 7; Mike Hulme, *Can Science Fix Climate Change? A Case Against Climate Engineering*, London: Wiley & Sons, 2014. 참조.

52 David Keith and Gernot Wagner, "Toward a More Reflective Planet," *Project Syndicate*, June 16, 2016, project-syndicate.org.

53 흔하게 제안되는 다른 전략에는 인공적으로 찬물 용승을 유도하여 표면 온도를 낮추는 것, 바닷물의 화학적 구성을 바꾸어 더 많은 탄소를 흡수하게 하는 것이 있다. David Keller, Ellias Feng and Andreas Oschlies, "Potential Climate Engineering Effectiveness and Side Effects During a High Carbon Dioxide-Emission Scenario 2014," *Nature Communications* 5, article 3304; doi:10.1038/ncomms4304. 참조. 지구공학적 접근법에 대한 리뷰에 관해서는, Zhihua Zhang, John C. Moore, Donald Huisingh, and Yongxin Zhao, "Review of Geoengineering Approaches to Mitigating Climate Change," *Journal of Cleaner Production* 103, 2015, 898-907. 참조.

54 Daniel Bodansky, "The Who, What, and Wherefore of Geoengineering Governance," *Climatic Change* 121, no. 3, 2013, 539-51; Martin L. Weitzman, "A Voting Architecture for the Governance of Free–Driver Externalities, with Application to Geoengineering," *Scandinavian Journal of Economics* 117, no. 4, 2015, 1049-68.

55 Jamieson, *Reason in a Dark Time*, 220.

56 Ibid., 220-21.

57 Ibid., 221.

58 Edward Parson and David Keith, "End the Deadlock on Governance of Geoengineering Research," *Science* 229, 15 March 2013, 1279.

59 우주무기에 관한 기술결정론적 주장에 관해서는, David Baker, *The Shape of Wars to*

Come, Cambridge, MA: Patrick Stephens, 1981. 참조. 우주무기에 대한 대안적 설명은, Duvall and Havercroft, "Taking Sovereignty out of This World." 참조.

7 _ 파리 이후

[1] "Climate Games Response to Recent Attacks," December 1, 2015, creativeresistance. org/climate-games-response-to-paris-attacks.

[2] United States Department of Energy, Office of Electricity Delivery & Energy Reliability, "Hurricane Sandy Situation Report #6," October 31, 2012, available at oe.netl.doe.gov.

[3] United States Department of Energy, Office of Electricity Delivery and Energy Reliability, "Hurricane Sandy Situation Report #6."

[4] 샌디가 드러내 보이고 악화시킨 불평등에 관해서는, David Rohde, "The Hideous Inequality Exposed by Hurricane Sandy," *The Atlantic*, October 31, 2012; Maya Wiley, "After Sandy: New York's 'Perfect Storm' of Inequality in Wealth and Housing," *The Guardian*, October 28, 2013. 참조.

[5] 사람들의 기후행진에 관해서는, 2014.peoplesclimate.org. 참조. 《뉴욕타임스》는 주최 측 추산 31만 1천 명으로 인용한다. Lisa Foderaro, "Taking a Call for Climate Change to the Streets," *New York Times*, September 21, 2014. 조엘 웨인라이트는 여기서 논의된 뉴욕과 파리 시위에 참여했다.

[6] the Flood Wall Street site: floodwallstreet.net. 참조.

[7] 월가 점령 시위에 대한 주 당국/경찰의 압박에 관해서는, The Global Justice Clinic (NYU School of Law) and the Walter Leitner International Human Rights Clinic at the Leitner Center for International Law and Justice (Fordham Law School), "Suppressing Protest: Human Rights Violations in the US Response to Occupy Wall Street," 2012, available at leitnercenter.org. 참조. 월가 범람 시위의 체포에 관해서는, Amanda Holpuch, "Dozens Arrested as Police Face off with Flood Wall Street," *The Guardian*, September 22, 2014, and "Over 100 Arrested at "Flood Wall Street" Protest against Climate Change," Democracy Now! September 23, 2014. 참조. 2015년 두 차례 뉴욕 시위가 갖는 정치적 의미에 관해서는, Terran Giacomini and Terisa Turner, "The 2014 People's Climate March and Flood Wall Street Civil Disobedience: Making the Transition to a Post-fossil Capitalist, Commoning Civilization," *Capitalism Nature Socialism* 26, no. 2, 2015. 참조.

[8] 정치적 목적에서 보자면, 기후정의 원칙에 관한 2002년 〈발리 선언〉과 2010년 〈코차밤바 합의〉가 이 두 질문에 대한 답을 마련하는 강력한 시발점을 제시한다. 그러나 이는 정치적·이론적으로 확장되어야 하고, 태동하는 사회과학 연구는 기후정의운동의 차별적 포괄과 참여 문제를 다룸으로써 이 작업을 하고 있다. 예를 들어, 정치과학 측면에서, Jennifer Hadden, *Networks in Contention: The Divisive Politics of Climate Change*,

Cambridge, Cambridge University Press, 2015 참조; 사회학 측면에서, Richard Widick and John Foran, "Whose Utopia? Our Utopia! Competing Visions of the Future at the UN Climate Talks", *Nature and Culture*, 11, no. 3, 2017, 296-321 참조; 심리학 측면에서, Jonas Rees and Sebastian Bamberg, "Climate Protection Needs Societal Change: Determinants of Intention to Participate in Collective Climate Action," *European Journal of Social Psychology* 44, no. 5, 2014, 466-73; Jonas Rees, Sabine Klug, and Sebastian Bamberg, "Guilty Conscience: Motivating Pro-Environmental Behavior by Inducing Negative Moral Emotions," *Climatic Change* 130, no. 3, 2015, 439-52. 참조.

9 "Climate Games Response to Recent Attacks."

10 Friends of the Earth France, Attac France, Alternatiba, Action Non-Violente COP21, Bizi, Confederation Paysanne, Coordination de l'Action Non-Violente de l'Arche, Mouvement pour une Alternative Non-Violente, End Ecocide, Collectif National Pas Sans Nous, Emmaus Lescar Pau, and l'Union Nationale des Etudiants de France.

11 Global Justice Ecology Project, "Call for a Mass Citizen Gathering to Declare the State of Climate Emergency," December 10, 2015, at globaljusticeecology.org.

12 우리는 단 하루 성공했다(November 30, 1999): Joel Wainwright, "Spaces of Resistance in Seattle and Cancun," in Jamie Peck, Helga Leitner, and Eric Sheppard (eds), *Contesting Neoliberalism: The Urban Frontier*, New York: Guilford, 2006, 179–203.

13 "기후정의"에 대한 정치적 개념의 발전에 관해서는 다음의 글들을 비교하라: "Bali Principles of Climate Justice," 29 August 2002, accessed at ejnet.org; "Peoples' Agreement of the World People's Conference on Climate Change and the Rights of Mother Earth," April 22, 2010, Cochabamba, Bolivia, available at ienearth.org; Building Bridges Collective, *Space for Movement?*, 2010, spaceformovement.fi les.wordpress.com; and the Climate Justice Project website maintained by John Foran, climatejusticeproject.com.

14 Naomi Klein, *This Changes Everything: Capitalism vs. the Climate*, New York: Simon & Schuster, 2014. 제2장 우리의 논의도 참조.

15 Jason Box and Naomi Klein, "Why a Climate Deal Is the Best Hope for Peace," *New Yorker*, November 18, 2015; 클라인의 파리 뉴스 보도에 관해서는, Radio Nation, thenation.com/article/ making-the-paris-climate-talks-count. 참조.

16 책에 실린 구절이자, 파리 기후행동 구역에서 클라인이 한 연설 제목에 들어간 구절, 2015년 12월 11일.

17 Klein, This Changes Everything, 18.

18 Ibid., 18-19.

8 _ 기후 X

1 테오도어 아도르노와 막스 호르크하이머, 1956년 3월 15일, *Towards a New Manifesto*,

New York; Verso, 2011[1956]), 59–62. 이 책 서문을 쓴 익명의 저자는 이 "독특한 문서는 〈공산당 선언〉의 동시대 버전－아도르노의 표현대로－이라는 견해를 가지고 그레텔 아도르노가 1956년 봄 3주 넘게 받아 쓴 기록"이라고 설명한다. "그들은 세계를 뒤흔든 흐루쇼프의 연설이 있은 후 겨우 3주가 지난 시점에서 이야기를 했지만, 아도르노나 호르크하이머가 그에 관해 들었다는 증거는 없다."

2 자유주의의 "자유 공동체"에 대한 철저한 비판(우리가 용어를 빌린 출처)에 관해서는, Domenico Losurdo, *Liberalism: A Counter-History*, New York: Verso, 2011. 참조.

3 Karl Marx, *Capital*, Vol. III, New York: Penguin, 1981 [1894], 911.

4 마르크스의 "강탈에 의한 축적" 분석은 프롤레타리아의 창출을 강조하고 상대적으로 강탈은 소홀히 했다고 비난받았다. 예를 들어, Glen Sean Coulthard, *Red Skin, White Masks: Rejecting the Colonial Politics of Recognition*, Minneapolis: University of Minnesota Press, 2014. 참조. 프롤레타리아 사회에 대한 마르크스의 글에 관해서는, Kevin Anderson, *Marx at the Margins: On Nationalism, Ethnicity, and Non-Western Societies*, Chicago, IL: University of Chicago Press, 2016. 참조.

5 Theodor Adorno, "Education after Auschwitz", in Rolf Tiedemann (ed.), *Can One Live After Auschwitz: A Philosophical Reader*, Stanford, CA: Stanford University, 2003 [1967], 23.

6 Schmitt, *The Concept of the Political*, 26, 53-54.

7 Patrick Bond, "Climate Capitalism Won at Cancun," *Links: International Journal of Socialist Renewal*, December 12, 2010.

8 Minqi Li, "Capitalism, Climate Change, and the Transition to Sustainability: Alternative Scenarios for the US, China and the World," *Development and Change* 40, 2009, 1058.

9 이 단락은 제프 만의 주장을 재생산한다. "Who's Afraid of Democracy?" *Capital Nature Socialism* 24, no. 1, 42-48.

10 Karl Marx and Friedrich Engels, *The German Ideology*, in *Karl Marx and Friedrich Engels, Collected Works*, Vol. 5, New York: International Publishers, 1976, 49.

11 Pope Francis I, "Encyclical Letter Laudato Si′ of the Holy Father Francis on Care for Our Common Home," 2015, w2.vatican.va.

12 Pope Francis, "Laudato Si′," §26.

13 Ibid., §49.

14 Ibid., §§53-54.

15 David Harvey, "Monument and Myth," *Annals of the Association of American Geographers* 69 no. 3, 1979, 362-81. 참조.

16 Walter Benjamin, "Theses on the Philosophy of History," in *Illuminations*, New York: Schocken Books, 1969, 258.

17 Antonio Negri, *The Labor of Job: Th e Biblical Text as a Parable of Human Labor*, Durham, NC: Duke University Press, 2009, 15.

18 Christine Lagarde "Ten Myths about Climate Change," n.d., imf.org/external/np/fad/

environ/pdf/011215.pdf.

19 Michael Hardt and Antonio Negri, *Empire*, Cambridge, MA: Harvard University Press, 2000, 393.

20 인류세의 거짓된 보편주의에 반대하여 일부 대안들이 제안되었다. capitalocene, plantation-ocene, "great derangement;" others will surely follow. See Donna Haraway, "Anthropocene, Capitalocene, Plantationocene, Chthulucene: Making Kin," *Environmental Humanities* 6, 159-65; Jason Moore (ed.), *Anthropocene or Capitalocene? Nature, History, and the Crisis of Capitalism*, Oakland, CA, PM Press, 2016; Amitav Ghosh, *The Great Derangement: Climate Change and the Unthinkable*, Chicago, University of Chicago Press, 2016; Benjamin Kunkel, "The Capitalocene", *London Review of Book*, 39, no. 5, 2017, 22-28.

21 Carl Schmitt, *The Leviathan in the State Theory of Thomas Hobbes: Meaning and Failure of a Political Symbol*, Chicago, IL: University of Chicago Press, 2008 [1938], 85, 100; Carl Schmitt, *Political Theology II: The Myth of the Closure of Any Political Theology*, Chicago, IL: University of Chicago Press, 2008 [1970], 32.

22 Karl Marx, "Contribution to the Critique of Hegel's Philosophy of Law," in *Marx-Engels Collected Works*, Vol. III, New York: International Publishers, 1973 [1843], 6, 23, 강조는 원문의 것.

23 Ibid., 24.

24 G. W. F. Hegel, *The Philosophy of Right*, Cambridge: Cambridge University Press, 1991[1821], §279, 강조는 원문의 것.

25 Marx, "Contribution to the Critique of Hegel's Philosophy of Law," 26, 28.

26 Stathis Kouvelakis, *Philosophy and Revolution: From Marx to Kant*, London: Verso, 2003, 235.

27 Hegel, *Philosophy of Right*, §§278-79.

28 Schmitt, T*he Concept of the Political*, 43-45; Schmitt, *Political Theology* II, 45.

29 Marx, "Contribution to the Critique of Hegel's Philosophy of Law," 86, 강조는 원문의 것.

30 Karl Marx, *Capital*, Vol. I, New York: Penguin, 1976 [1867], xx, 92.

31 Adorno, *Negative Dialectics*, 1966, 356-57, cited in Deborah Cook, *Adorno on Nature*, Durham, Acumen Press, 2011, 15. 쿡의 아도르노 연구는 아도르노의 정치-생태적 사상을 되찾는 임무에 크게 기여했다. Adorno's essay "The Idea of Natural History," in Robert Hullot-Kentor, *Things Beyond Resemblance: Collected Essays on Theodor W. Adorno*, New York: Columbia University Press, 2006, 252-70, and Fredric Jameson's commentary on Adorno's conception of natural history in *Late Marxism: Adorno, or, The Persistence of the Dialectic*, New York: Verso, 2007, 94-110. 참조.

32 예를 들어, Patricia Monture-Angus, *Journeying Forward: Dreaming First Nations' Independence*, Halifax, Fernwood Publishing, 1999; Taiaiake Alfred, "Sovereignty," in Joanne Barker (ed.), *Sovereignty Matters: Locations of Contestation and Possibility in Indigenous Struggles for Self-determination*, Lincoln, NE: University of Nebraska Press.

2005; Aileen Moreton-Robinson, *Sovereign Subjects: Indigenous Sovereignty Matters*, Sydney: Allen and Unwin, 2007; Coulthard, *Red Skin, White Masks; and Audra Simpson, Mohawk Interruptus: Political Life Across the Borders of Settler States*, Durham, NC: Duke University Press, 2014. 참조. 이 학자들이 이전 영국 식민지 영토와 OECD 국가(주로 캐나다) 출신이라는 점을 지적하는 건 가치가 있다. 물론 전 세계에 걸쳐 원주민들의 투쟁과 사상에는 깊은 전통이 있고, 종종 정확히 이러한 관심사를 다룬다. 상호관계, 땅, 자유주의적 – 식민주의 주권 방식에서 벗어날 방법 말이다. 각별히 교훈을 얻을 수 있는 용감하고 비판적인 사례로서 안데스 남부 마푸체, 그리고 반자본주의 계급 – 기반 원주민 투쟁을 불러일으킨 (원주민과 비원주민) 오악사카 사람들의 노력을 살펴볼 수 있다. John Severino, "The Mapuche's Struggle for the Land," *Counterpunch*, November 2013, available at counterpunch.org; A. S. Dillingham, "Mexico's Classroom Wars: An Interview with Rene Gonzalez Pizzaro," *Jacobin*, June 2016, jacobinmag. com; and Amy Goodman's interview with Gustavo Esteva, "Struggling for Our Lives," Democracy Now, June 22, 2016, democracynow.org. 참조.

[33] Alfred, "Sovereignty," 34-35, 38.

[34] Ibid., 41-42.

[35] 예를 들어, ibid., 122; on standard liberal goods, see also Charles Taylor, *Sources of the Self: The Making of Modern Identity*, Cambridge: Cambridge University Press, 1989. 참조.

[36] Coulthard, *Red Skin, White Masks*, 60, 강조는 원문의 것.

[37] 이 단락들은 제프 만Geoff Mann의 "From Countersoevereignty to Counterpossession?" *Historical Materialism* 24, no. 3, 2016, 45-61.을 이용함.

[38] Mark Rifkin, "Indigenizing Agamben: Rethinking Sovereignty in Light of the 'Peculiar' Status of Native Peoples," *Cultural Critique* 73, 2009, 105.

[39] Alfred, "Sovereignty," 42.

[40] Adorno, 359, in Cook, *Adorno on Nature*, 17.

기후 리바이어던

2023년 9월 15일 초판 1쇄 발행
2024년 7월 25일 2쇄 발행

지은이 | 조엘 웨인라이트 · 제프 만
옮긴이 | 장용준
펴낸이 | 노경인 · 김주영

펴낸곳 | 도서출판 앨피
출판등록 | 2004년 11월 23일
주소 | (10545) 경기도 고양시 덕양구 향동로 218
　　　　(향동동, 현대테라타워DMC) B동 942호
전화 | 02-710-5526 팩스 | 0505-115-0525
블로그 | bolg.naver.com/lpbook12
전자우편 | lpbook12@naver.com

ISBN 979-11-92647-19-7